국가윤리 교육론

박 균 열 지음

국가윤리 교육론

박 균 열 지음

철학과현실사

감사의 글

'국가윤리'는 상당히 생경한 용어이다. 더욱이 이를 '교육'하겠다고 하는 것은 일견 그 정도가 더 심하게 느껴질 수도 있다. 하지만 개인윤리, 시민윤리, 국제윤리 등과 같은 자리에 병렬시켜 놓으면 그렇게 이상하게 느껴지는 용어만도 아니다. 국가윤리란 국가공동체 속에서 구성원들의 가치·규범에 관련된 내용이라고 말할 수 있을 것이다.

이 책은 2004년에 저자가 펴낸 졸저 『국가안보와 가치교육』의 후속편에 해당된다. 당시 스스로 이것을 일생의 학문적 주제로 삼기로 마음먹게 되었다. 그래서 금번 책자 편집시에는 계속해서 후속번호를 붙여나가는 것이 좋겠다는 생각도 해보았다. 하지만 장차의 오랜 약속을 스스로가 할 수 없을 것 같다는 점과 현실적인 필요성을 감안하여 '국가윤리 교육론'이라고 명명하게 되었다. 이후 현학들이 이 책의 제목으로 인해 명저를 남기지 못하게 될까 하는 송구한 마음도 든다.

이 책은 총 3부로 구성되었는데, 주로 2003년부터 2005년 동안 학술지에 게재된 저자의 졸고와 국방부 등에 제출한 연구보고서를 엮은 것이다. 이 중 2004년의 산물이 주류이다. 2004년의 한국사회는 그 어느 해보다도 다사다난했다. 다음은 『연합뉴스』 기사(2004. 12. 15)에 나타난 한국사회의 10대 뉴스이다.

1. 헌재, 신행정수도 건설 위헌 결정
2. 노무현 대통령 탄핵파동
3. 황우석 교수, 인간배아줄기세포 세계 최초 배양 성공
4. 경제불황 갈수록 심화
5. '17대 국회의원 선거' 열린우리당 과반 확보
6. 북한 룡천역 열차 폭발 참사
7. 이라크 추가파병과 김선일 씨 피살
8. 휴대폰이용 수능 부정행위 파문
9. 중국 '고구려사 왜곡' 파문, 한·중 5개항 구두 양해
10. 부녀자 연쇄살인범 유영철 체포

이러한 와중에서도 가장 중요한 문제는 소위 '민족공조냐 한미공조냐' 또는 '자주냐 동맹이냐'로 요약되는 국내 안보갈등이었다. 이 책에 실린 대부분의 내용은 이러한 국가적 환경을 토대로 하여 만들어진 것이다. 특히 전쟁을 문화적 맥락 속에 전제하고 군대 역사학 분야의 공고한 위상을 정립한 영국의 거장 키건(John Keegan)의 저작들을 접할 수 있었다는 점과 군대문화가 전쟁문화가 아니라 평화문화이며 그러한 이유 때문에 군인은 '싸움꾼'이 아니라 평화의 목적을 위해 헌신하는 '평화의 사도'라는 점을 알게 되었다. 이에 대한 심화된 견해는 차후에 더욱 구체화할 예정이다.

이 책 『국가윤리 교육론』은 총 3부로 기획되었는데, 먼저 제1부에서는 '가치교육 이론 일반'에 해당되는 내용을 실었다. 제1장에서는

가치교육에서 강조되고 있는 덕목의 위상을 진단해 보고, 이를 토대로 향후 가치교육의 발전적 방향을 제시했다. 여기서 구체적으로 밝히고자 하는 바는, 첫째, 도덕과교육에서 덕목은 매우 중요한 역할을 갖고 있지만 그것은 교육내용이 아니라 범주라는 점이다. 둘째, 덕목의 다양한 층위를 고려해야 한다는 점이다. 셋째, 흔히 통용되고 있는 덕목중심의 도덕과교육에 있어서의 '통합'의 개념에 대해 명확한 인식을 해야 한다는 점이다. 끝으로, 덕목에 대한 소극적 접근의 중요성을 간과해서는 안 된다는 점이다.

제 2 장에서는 현행 초·중등학교에서의 도덕과교육과정에서 강조되고 있는 덕목에 중점을 두고 그것의 현실적인 소요를 파악하기 위한 연구결과를 담았다. 현행 교육과정에서는 덕목을 선험적으로 선정하고, 이를 균등하게 분배하여 여기에 입각하여 교육제재를 개발하는 식으로 교육을 진행하게 되어 있다. 그러나 실질적으로 이러한 현상에 대해 관심을 갖고 깊이 생각해 보면 좀더 효율적인 소요에 근거해야 함을 느끼게 된다. 이러한 소요파악이 바로 이 장의 핵심적인 연구목적이라고 할 수 있다. 이 논문을 작성하기 위해 자료를 수집하는 데만 6개월 이상이 걸렸다. 주자료원인 한국언론재단의 『KINDS』 정보를 현재는 더욱 수월하게 활용할 수 있게 되어 후속연구가 더 용이하게 되었다.

제 3 장에서는 가치교육에 있어서 음악의 효용성을 다루었다. 이 글은 의미 있는 소리의 집합인 음악이 시각적 정보만큼이나 중요한 가치교육적 지위를 가진다고 전제한다. 이를 이끌어내기 위해 중세의 교부철학자인 토마스 아퀴나스의 음악철학을 현대적으로 재조명한다. 아퀴나스의 음악철학은 현대 가치교육에 있어서 지식위주의 교육이 갖는 문제점을 극복할 수 있는 하나의 계기가 될 것이다. 향후 국가수준의 도덕과교육과정을 개발하고, 실제 교육현장에서 수업을 진행하는 교사는 사변적인 철학자의 사상과 인물을 소개하는 것에 치중하는 것보다는 오히려 가수 조용필의 「친구여」를 통해서 덕목으로서의 '동료애'를

학습하게 하는 것이 더 효율적일 것임을 제안했다.

제2부에서는 국가윤리 교육에 대한 기초적인 내용을 다루었는데, 우선 제4장에서는 북한에 대한 국민인식 변화를 담았다. 북한연구소의 요청으로 작성한 것인데, 주로 북한문제에 국한하여 국민인식의 변화를 고찰하였다. 인용자료는 안보문제연구소의 '범국민안보의식조사보고서'를 참고하였다. 분량도 얼마 되지도 않고 그렇게 학술적이지도 못한 졸고에 많은 관심을 가져주시고 격려를 해주신 북한연구소의 김승철 편집장님께 감사드린다.

제5장에서는 군 통일교육을 위한 새로운 접근법을 다루고 있는데, 안보의식과 통일의식 사이의 개념적인 관계가 잘못된 데서 문제해결의 출발점을 삼고 그 해법을 모색해 보았다. 이 논문은 통일부의 2004년도 신진학자 연구사업에 의해 이루어졌는데, 논문의 완성을 위해 국방대학교 김병조 교수님으로부터 많은 도움을 받았다. 평상시에도 김 교수님으로부터 학문수행의 여러 가지 방법론을 배우고 익히고 있다. 베풀어주신 은혜에 감사드린다. 졸고를 논문집의 표제논문으로 선정해준 통일부 정보분석국 최동혁 사무관님께 감사드린다. 또한 이 논문의 이론적 빈곤함에도 불구하고 지나치게 칭찬해 주시면서 많은 격려를 해주신 육군종합행정학교의 김창주 교수님께 감사드린다.

제6장에서는 독일 통일과정과 군 정신교육이라는 주제를 다루었다. 이 내용은 2004년도 국방대학교 안보문제연구소의 기초학술과제에 의해 수행된 결과이며, 국방대학교 구갑문 교수님과 공동작업에 의해 이루어진 것이다. 논문 작성과정에서 구하기 힘든 통독과정기의 독일무관의 귀국보고서를 입수해 주셔서 다른 자료와 비교·검증하는 데 많은 도움이 되었다. 공동연구의 산물을 저자가 활용할 수 있도록 해주심에 감사드린다.

제7장에서는 충무공 이순신의 지도자윤리를 담았다. 이 내용은 2003년도 국방대학교 안보문제연구소의 기초학술과제로 수행된 결과

보고서에서 비롯되었는데, 이 내용을 요약·발전시켜 한국국방연구원의 『국방정책연구』에 실었다. 국방대학교 허남성 교수님을 책임연구원으로 많은 가르침을 받으면서 작성한 것인데, 저자의 졸저에 포함될 수 있도록 허락해 주신 데 대해 감사드린다. 또한 학문에 있어서의 '인문학적 진지함'을 가르쳐주시고 삶의 여유와 깊은 포용심을 가까이서 배울 수 있도록 해주심에 감사드린다.

제3부에서는 국가윤리 교육의 심화내용을 담았다. 우선 제8장에서는 노무현 정부의 대북정책에 대한 북한의 반응을 담았다. 이 내용은 2003년도 국방대학교 안보문제연구소의 전문연구원 의무연구과제로 수행된 연구결과를 수정한 것이다. 당시 이 논문을 끝내고서 스스로 너무 오만한 마음이 들어서 보고서 내용을 그대로 관련 학술지에 투고한 적이 있었다. 심사위원의 한결같은 지적은 "너무 전투적이며, 논리적으로 비약이 심하다"는 것이었다. 이 지적을 받고 다시 한번 꼼꼼히 읽어보니 참으로 부끄러운 점이 많았다. 이후 문장의 오탈자를 수정하는 정도의 보완을 거쳐 졸저에 포함하려는 만용을 다시 부리게 되었다.

제9장에서는 대북 인도적 지원과 통일정책에 관한 내용을 담았다. 이 내용은 2004년도 국방대학교 안보문제연구소의 전문연구원 의무연구과제로 작성된 것으로 한국국민윤리학회의 학술지에 게재된 것이다. 졸고의 완성도를 높일 수 있도록 기획단계에서부터 심사단계에 이르기까지 지속적인 관심과 조언을 해주신 국방대학교 이상근 박사님께 감사드린다. 이 박사님은 군의 정훈장교 대선배님이시자 교수님으로서 청년장교 시절 구 국방정신교육원의 고급반 교육과정에서 많은 가르침을 주신 바 있다.

제10장에서는 베트남전쟁 기억 승화를 통한 한국과 베트남 간의 양국관계 개선을 위한 내용을 담았다. 이 연구는 국방부 군사편찬연구소의 2004년도 베트남연구사업의 일환으로 이루어졌다. 국방대학교 제정관 교수님과 베트남 국방대학교 티우민프엉(Trieu Minh Phuong) 교

무처장(특대령)과 공동으로 연구하게 되었는데, 두 분의 가르침과 교류 속에서 논문을 더욱 풍부하게 할 수 있었다. 이 보고서의 내용을 저자가 활용할 수 있도록 해주신 두 분께 감사드린다. 국방부 군사편찬연구소 김행복, 최용호 두 부장님들의 은혜도 빠트릴 수 없다. 특히 최 부장님은 깨알 만한 글씨의 100페이지가 넘는 분량의 최종보고서를 처음부터 끝까지 정독하시고 애정 어린 충고와 지적을 해주신 바 있어 감사드리며, 또한 국내 유일의 한국전쟁과 베트남전쟁 동시 전공자로서의 그 분의 연구를 위한 강한 정열을 평생 동안 배우고 싶다. 청운대학교의 김종욱 교수님의 베트남어 및 베트남문화에 대한 자상하신 소개와 가르침에 감사드린다.

이 책의 각 장 말미에는 지난해 출판된 『국가안보와 가치교육』에서와 같은 양식으로 '심화 탐구 주제' 코너를 넣었다. 이는 특히 각 장의 본문에 교육적 의미를 부여할 수 있는 하나의 방편으로 도입된 것이다.

저자는 이 책자를 만드는 과정에서 앞서 언급한 분들 이외에도 많은 분들의 과분한 사랑과 도움을 받았다. 우선 국가안전보장문제연구소 소장으로서 지난 2년 동안 배려와 격려를 아끼지 않으신 이숭희 교수님과 새로운 소장으로 부임해 오셔서 저자에게 많은 동기부여를 해주시는 한용섭 교수님께 감사드린다. 저자가 안보전략연구실 전문연구원으로서 직무에 잘 적응할 수 있도록 여러 모로 많은 가르침을 주신 이상진, 이상목, 신용도 교수님께 감사드린다. 직접 대면한 기회는 많지 않았지만 직무에 대한 대단한 애착과 추진력을 보여주시고 그 공덕으로 4성(星)의 대장으로 영전하신 권영기 총장님의 애정 어린 관심에 감사드린다.

저자에게 '리더십'을 '지도자윤리'로 이해할 수 있게 해주신 국방대학교 제정관 교수님과 현재 국방리더십센터장이신 김종두 교수님께 감사드린다. 퇴임하신 후에도 늘 친근하게 챙겨주시는 이동훈 장군님의 후원도 잊을 수 없다. 한국인이 아니면서도 한국의 건국과정에 대한 심층연구를 통해 역작을 남기신 미국 해군대학원(The Naval Postgraduate School)의 올슨(Edward A. Olsen) 교수님의 한국사랑을 존경하며, 또한 저서(『한미관계의 새지평』(Toward Normalizing U.S.-Korea Relations: in due cource), 2003)를 번역할 수 있는 기회를 주심에 다시 한번 감사드린다.

저자의 인생의 상담자이시면서 학문적 표본을 보여주시는 청주교육대학교의 박재주 교수님의 후원에 감사드린다. 지혜의 요람이자 학문의 호수이신 이온죽 지도교수님과 사부님 김경동 교수님의 가르침에 감사드린다. 군대문화에 대한 안목을 갖추도록 해주신 서울대학교 홍두승 교수님과 훌륭한 학술업적으로 국가문제에 대해 올바르게 이해할 수 있도록 인도해 주신 서울대학교 박효종 교수님께 감사드린다. 대학 신입생 시절부터 지금까지 변함 없는 관심과 가르침을 주신 경상대학교 황두환 교수님께 감사드린다.

또한 학부에서부터 대학원 과정에 이르기까지 학문적으로나 인간적으로 큰 두리가 되어주신 경상대학교 이석호, 홍영환, 김용대, 박진환, 손병욱 교수님과 퇴임하신 이병희, 공영립 교수님, 그리고 김대군 선배님께 감사드리며, 서울대학교 정세구, 전인영 교수님, 퇴임하신 진교훈 교수님, 고인이 되신 이용필 교수님께 감사드린다. 저자가 현상학에 입문할 수 있도록 안내해 주신 경인교육대학교 조관성 교수님께 감사드린다. 군의 대선배님이자 성실과 겸양의 덕을 겸비하신 국방대학교 김무일 교수님의 관심과 격려에 감사드린다. 진지한 고전 해석의 중요성을 일러주신 국방대학교 김한식 교수님께 감사드린다. 저자의 작은 재주를 큰 능력으로 인정해 주신 국방대학교 윤현근 교수부장님, 정병호, 김열수, 최석철 교수님께 감사드린다. 또한 국방대학교 최종철 교수님과 정경영 박사님의 인간적인 후의에 감사드린다.

저자가 군 복무를 하는 동안 정신적인 후원자가 되어주신 많은 분들이 계신데, 우선 야전생활 동안 포용과 자애심을 베풀어주신 이종길 대대장님과 PKO 기간 중 단장이셨던 배양홍 장군님께 감사드린다.

국방부 대변인실에서 근무하는 동안 윤창로 장군님, 이동남 장군님, 장창하 과장님, 장영주 과장님, 고영일 과장님, 이운세 전쟁기념관 홍보실장님, 이철상, 양희천, 오용균, 강경옥, 남봉균, 임봉춘, 곽영욱, 정남환, 이원봉, 문춘식, 강덕찬, 전병규, 노재천 선배님, 해군의 박재필, 배명우 선배님, 공군의 안정훈 장군님, 김규진 대령님, 조홍제 박사님의 후원에 감사드린다. 각별한 사랑을 베풀어주신 고 류병렬 대령님의 은혜에 감사하며, 명복을 빈다.

학문과 군 생활 모두에서 많은 영감과 모범을 보여주셨으며, 특히 고대 병법에 대한 인문학적 재해석의 중요성을 일깨워주신 육군대학 교수부장이신 윤광섭 장군님께 감사드린다. 선호하는 학문적 방법론은 다르지만 관심사가 비슷한 한국국방연구원 최광현 박사님의 지도와 배려에 감사드린다. 통일문제에 대한 혜안과 연구기획에 탁월한 능력을 배우고 싶은 통일연구원의 손기웅 박사님의 배려에 감사드린다. 전쟁 윤리에 대한 권위 있는 연구로 저자에게 많은 영감을 주고 계시는 육군사관학교 이민수 교수님께 감사드린다. 자주 연락드리지 못해도 늘 가까운 느낌이 드는 최재석, 김혁중 법무관님의 관심과 격려에 감사한다.

현역시절 정훈장교 동기로서 함께 고민하고 함께 기뻐했던 아름다운 추억을 나눈 이병진, 오기욱, 임원규, 서기택, 정진엽, 그리고 전역한 동기들의 몫까지 열심히 잘 해주고 있는 이광재, 전종수의 애정 어린 충고와 도움, 그리고 관심에 감사한다.

육군제3사관학교 순환직 교수로 복무하는 동안 안준광, 신종호, 박유진 교수님, 이진호 선배님, 심신호, 방정배 후배님의 배려와 후원에 감사드리며, 동시에 영천포럼의 공요한, 공진성, 곽태신, 권경봉, 김선민, 노태선, 박우식, 송상철, 신창원, 안경일, 우상진, 이상원, 이준호,

전민영, 그리고 최호진 후배님들의 신뢰와 후원에도 감사하다는 말을 전하고 싶다. 더 높은 내공 수련을 위해 직장생활을 잠시 접거나 아예 하지 않고 미국으로 떠난 신창원, 송상철, 공요한, 김선민, 그리고 독일로 떠난 공진성의 앞날에 좋은 결실이 있기를 기대한다. 그리고 보람 있는 생활이기는 하지만 고달픈 야전근무 중에도 늘 잊지 않고 소식을 전해 주는 옛 제자 김학주, 김희영 대위에게도 감사하며, 이들의 앞날에 행운이 가득하기를 기원한다.

한국청소년도서재단의 이성원 이사장님과 민용자 사모님의 변함 없는 관심과 격려, 그리고 아낌없는 지원에 감사드린다. 언론에 종사하시면서 항시 저자에게 적절한 조언과 많은 격려를 해주시는 중앙일보 군사전문기자이신 김민석 형님, 한겨레신문 김성걸 차장님, 그리고 조선일보 유용원 기자님, 그리고 국방일보 김봉석 선배님께 감사드린다.

중학교 이후 지금껏 끊임없는 관심과 후원을 보내준 양홍권, 김동균 두 친구에게 감사한다. 서울대학교 '남북한사회연구' 강좌에서 자리를 함께 한 지다영, 안준학, 박종현, 오경택, 김혜선, 서윤, 그리고 김윤주 이상 7명의 학생들에게도 고마움을 표하고 싶다. 이들은 고맙게도 꽃 피는 춘삼월의 여유시간을 이 책의 교정에 할애해 주었다.

끝으로 시장성의 제한에도 불구하고 출판의 기회를 주신 철학과현실사와 편집진 여러분께 감사드린다.

2005년 5월
국방대학교에서 **박 균 열** 사룀

차 례

제3부 국가윤리 교육 심화

제 1 부

가치교육 이론 일반

제 1 장

가치교육에 있어서 덕목의 위상

1. 문제 제기

오늘날 우리나라의 도덕과교육(道德科教育)에서 '덕목'(virtue)은 매우 중요한 위상을 차지하고 있다. 학교급별로 교육과정의 전반적인 틀과 그 교육진행은 모두 이 덕목을 중심으로 이루어지고 있다고 해도 과언이 아니다. 그리하여 덕목은 도덕과교육과정의 기본적인 철학이면서, 교육내용의 핵심이고, 교육방법의 구심점이 되며, 평가를 위한 중요한 기준이 되고 있는 실정이다.

물론 현행 덕목중심의 도덕과교육에 대한 대안적 논의도 다수 있기는 하지만, 근본적인 문제점에 대한 지적이라고 보기에는 부족한 점이

---

* 이 장은 저자가 이미 발표한 논문(「도덕과교육과 덕목의 위상: 초등교육을 중심으로」, 『초등도덕교육』 제13집, 한국초등도덕교육학회, 2003, pp.83-130)을 수정·발전시킨 것이다.

있어 보인다.

현행 도덕과교육에서의 덕목은 매우 다의적인 측면을 갖고 있다. 첫째, 도덕성(morality)과 등치되는 관계로 해석되는 경향이 있다. 그리하여 도덕성이라는 알맹이의 여러 측면들을 제시하고 있다. 그것이 바로 인지적 요소, 정의적 요소, 행동적 요소이다. 둘째, 해석의 가변성을 너무 많이 열어두었다. 예를 들어 '생명존중'이라는 덕목을 가르치고자 할 때, 그 주요 교육내용은 '생명을 소중히 하기'라고 하는 덕목 그 자체의 실천적 범주를 넘어서지 못하는 한계를 갖고 있다. 즉 생명존중의 다양한 소재 및 구체적 실천방안의 다양성은 찾아볼 수 있지만, 정작 생명존중을 실천해야 할 사람을 기준으로 한 범주는 제시하지 않음으로 인해, 다양한 소재는 늘려져 있지만, 실천자의 구체적 실천방안을 제시하는 데는 부족한 면이 있다.

그렇다면 과연 이러한 문제점은 어디서부터 비롯된 것인지를 살펴보아야 할 것이다. 필자는 이와 같은 도덕과교육에 있어서의 근원적인 문제점이 도덕성(또는 덕목)을 도덕교육의 목표로써 상정하지 않고 내용으로 상정한 데서 비롯된 것이라고 본다. 사실 덕목은 실제로 가르칠 수 있는 제재가 아니라, 기본적인 틀을 제공해 주는 일종의 형식이라고 말할 수 있다. 그런데 이러한 바탕하에서 소위 덕 교육 내지 인격교육에서 강조하고 있는 '통합적 접근'은 도덕교육의 목표에 해당되는 영역군(群)을 통합해야 할 내용 내지 요소로 인식함에 따라 더 큰 문제점을 빚게 되었으며, 결국에는 통합적으로 교육하기만 하면 무엇이든지 다 될 것이라고 하는 지나친 낙관론에 빠져들게 된 것이다.

이에 필자는 현행 도덕과교육에서 강조하고 있는 덕목중심 교육의 본원적 의미를 제대로 살려야 될 필요성이 있다고 생각한다. 그 해답은 바로 교육내용으로서의 덕목이 아니라 교육내용의 영역을 표시하기 위한 범주로서 인식되어야 한다는 점이다.

이를 위해 이 장은 현행 도덕과교육에서 강조되고 핵심적으로 사용되고 있는 덕목에 대한 위상을 진단해 보고, 교육과정을 보완발전하기 위한 데 그 목적을 두고 있다. 이를 위해 다음과 같은 몇 가지의 가설을 설정하고자 한다.

총괄가설 : 도덕(과)교육 ≠ 덕목(윤리학 또는 도덕) + 교육(가르치는 일)

가설 1. 도덕과교육에 있어서의 덕목은 가르치기 위한 '내용'(contents)이 아니라 '범주'(category)이다.

가설 2. 덕목의 구분을 위한 '영역'(domain)과 '요소'(element)는 각기 다른 의미이다.

　가설 2-1. '도덕적으로 아는 것'과 '도덕적인 것(또는 도덕)을 아는 것'은 다르다.

　가설 2-2. '도덕적으로 느끼는 것'과 '도덕적인 것을 느끼는 것'과는 다르다.

　가설 2-3. '도덕적으로 행하는 것'과 '도덕적인 것을 행하는 것'과는 다르다.

가설 3. 덕목에 대한 행위자의 입장과 처한 상황을 고려해야 한다.

가설 4. 도덕과교육에 있어서 덕목에 대한 소극적 접근이 언제나 부정적이며, 실패할 것이라고 단정할 수는 없다.

상기 가설은 검증을 위해 상정된 것이 아니라, 일종의 논의를 위한 필자의 전제이다. 따라서 상정된 가설을 토대로 하여 일대일의 토의를 하는 식으로 진행하지 않고, 다만 논리적 전개의 편의를 위해 별도로 설정한 목차의 순서에 따라 상기 가설에 대한 검증내용을 부분적으로 포함하고, 후반부에서 총괄적인 정리를 하고자 한다. 또한 필자는 좀더 효율적인 논의를 위해 주제의 범위를 초등학교 도덕과교육과정에 국한하고자 한다.

2. 현행 도덕과교육의 특징과 덕목의 위상

1) 현행 도덕과교육의 성격

현행 제 7 차 교육과정은 초·중·고등학교의 '도덕'을 학생들로 하여금 자신을 이해하고, 일상생활에 필요한 규범과 예절을 익히며, 국가·민족 구성원으로서, 그리고 세계사회의 일원으로서의 역할과 책임을 파악하게 하여 한국인, 나아가 세계시민으로서의 바람직한 삶을 살아가는 데 도움을 주기 위한 교과라고 정의했다. 아울러 '도덕'교과를 새 교육과정 개정의 기본방향으로 가장 강조되고 있는 인성교육과 민주시민교육, 그리고 국가적인 차원에서 중시되고 있는 통일대비교육과 국가안보교육을 핵심영역으로 다루고 있는 핵심교과로, 그리고 바람직한 삶을 위한 도덕규범과 가치문제를 다루는 규범과학적 관점과 사회질서 유지 및 국가·민족의 발전을 위한 국민의식 형성 문제를 탐구하는 사회과학적 관점을 중심으로 학제적(interdisciplinary) 접근을 시도하는 교과로 규정하고 있다(교육부, 1997:28).

특히 초등학교 도덕과는 학생들이 바람직한 인성을 지닌 한국의 민주시민으로 자라는 데 필요한 건전한 '도덕성' 내지 유덕한 '인격'의 기초를 튼튼히 하고자 진력하는 교과로서 그 기본성격과 특성이 설정되었다. 그 구체적인 내용은 다음과 같다.

첫째, 초등 도덕과교육은 인성교육과 민주시민교육의 가장 중핵이 되는 교과로서의 성격을 지닌다. …

둘째, 초등 도덕과는 학생들이 바른 인성을 지닌 민주시민으로 자라나는 데 필요한 바람직한 도덕적 덕성을 습득하게 함으로써, 유덕한 인격의 기초를 형성하는 데 도움을 주고자 하는 교과로서의 성격을 가진다. …

셋째, 초등 도덕과는 바른 인성을 지닌 민주시민으로서의 유덕한 인격의 기초를 형성하기 위해, 우리 사회의 바람직한 구성원으로서 자라는 데 필요한 기본 생활습관과 예절, 그리고 기본적인 도덕규범을 통합적 인격교육 내지 덕 교육적 접근의 관점에 입각하여 가르치는 교과로서의 성격을 지닌다. …

넷째, 초등 도덕과는 1, 2학년 바른생활 교과교육과 7-10학년 도덕교과교육의 중간에 위치하여 이 두 교과를 연계하여 유덕한 인격의 토대를 구축하는 동시에 그 발전과 심화를 꾀하는 교과로서의 성격을 지닌다. …

다섯째, 초등 도덕과는 교과통합적 기능과 가치통합적 기능을 통해 교과로서의 내실화를 도모하는 동시에 학생들의 유덕한 인격 형성에 기여하는 특성을 가진다. …

여섯째, 초등 도덕과는 학교를 중심으로 하면서 동시에 가정 및 사회와 연계된 지도를 필요로 하는 교과이다. …(교육부, 1998a:187-191)

2) 현행 도덕과교육의 목표

현행 도덕과교육의 목표는 학교급별 구분 없이 다음과 같다.

한국인으로서 바람직한 삶을 살아가는 데 필요한 기본생활 습관과 예절 및 도덕규범을 익히고, 일상생활 속에서 부딪히는 도덕적 문제를 바람직하고 합리적으로 해결할 수 있는 판단능력을 기르며, 올바른 시민의식과 국가·민족의식, 그리고 세계평화와 인류공영의식을 함양하고, 삶의 이상과 원리를 체계화하여 실천할 수 있는 도덕적 성향을 기른다.

가. 인간이 도덕적으로 살아야 하는 이유를 이해하고, 삶의 다양성에 따른 가치갈등 문제를 해결할 수 있는 가치판단 능력의 신장과 함께 인간존중의 삶의 자세를 지닌다.

나. 가정·이웃·학교 생활에서 요구되는 도덕규범과 예절을 익히고, 이러한 생활에서 나타나는 도덕적 문제 사태들에 대한 합리적 해결 방안을 모색하는 가치판단능력을 신장하여, 바르게 살아갈 수 있는 생활태도와 실천의지를 지닌다.

다. 전통도덕과 시민윤리를 중심으로 하는 오늘날 민주사회의 도덕을 이해하고 실천하며, 현대사회에서 발생하는 도덕문제를 합리적이고도 바람직하게 해결할 수 있는 능력을 신장하여 원만한 사회생활을 영위하려는 태도와 실천의지를 지닌다.

　라. 국가, 민족, 민족문화를 아끼고 사랑하는 애국애족의 자세를 지니고, 국토와 민족분단의 현실 및 남북한의 통일정책과 통일과제를 파악하여 통일을 이룩하는 데 필요하며, 통일 이후에 기대되는 바람직한 한국인 및 세계시민으로서의 능력과 태도를 지닌다(교육부, 1997:29).

다만, 상기와 같은 도덕과교육의 전반적인 목표염출을 위해 초등 도덕과교육의 측면에서는 다음과 같은 점들이 고려되었다.

　첫째, 제7차 초·중등학교 교육과정 총론에서 추구하는 인간상과 학교급별 교육목표를 고려하여 바른 인성을 가진 민주시민을 기르는 일, 도덕적 덕성을 함양하는 일, 그리고 우리의 전통과 문화의 얼을 이어받은 주체적인 한국인으로서의 의식과 태도를 기르는 일 등이 반영되도록 하였다.

　둘째, 초등 도덕과 목표를 설정함에 있어서 시대적·사회적으로 요구되고 있는 기본적인 예절과 도덕규범 및 기본생활습관 등이 충실히 형성되도록 하였다.

　셋째, 국민공통기본교육 기간 중에 실시되는 전체 도덕과교육의 연계성과 계열성을 고려하는 가운데 초등 도덕과의 목표가 특성화되도록 하였다.

　넷째, 최근 대두되고 있는 인격교육 내지 덕 교육이론을 반영하여, 궁극적으로 학생들의 바람직한 도덕적 덕성을 형성하는 데 그 궁극적인 지향점을 두고, 이를 달성하기 위해 덕의 세 측면에 따라 기르고자 하는 도덕적 성향의 특성을 구체적으로 설정하고자 하였다.

　다섯째, 학교급·학년간의 계열성을 인정하면서도 각 학교급·학년의 학생들이 인지적·정의적·행동적 영역에 속하는 요소들을 모두 학습할 수 있도록 하였다.

　여섯째, 낮은 학교급·학년일수록 기본생활습관 및 도덕적 규범의 이해에 강조점을 두고, 높은 학교급·학년일수록 높은 수준의 도덕적 사고력과 자율적 도덕성의 습득에 강조점을 두었다.

일곱째, 범위적 특성으로 초등학교에서는 학생들의 발달상의 특징을 고려하여 개인, 가정·이웃·학교, 사회, 국가·민족 생활의 모든 영역을 매 학년에서 다루도록 하였다. 그리고 저학년일수록 개인생활과 가정·이웃·학교, 사회생활에, 고학년일수록 국가·민족생활에 더 중점을 두도록 하였다(교육부, 1998a:193).

이상의 논의를 토대로 살펴볼 때 현행 도덕과교육은 인지적·정의적·행동적 영역에 속하는 요소들이 '통합된 도덕성'(integrated morality)을 달성하는 데 그 목표를 두고 있다. 즉 도덕성의 인지적 요소에서 도덕적 규범과 가치의 의미와 중요성을 이해하고, 도덕적 사고력과 판단력을 신장하며, 정의적 요소에서 도덕적 민감성과 적극성을 키우고, 행동적 요소에서 실천의지와 습관화를 함양하여 궁극적으로는 자율적인 도덕생활을 영위할 수 있도록 한다는 것이다(교육부, 1998b:192).

3) 현행 도덕과교육과정에서의 덕목의 위상

현행 우리나라의 도덕과교육에서는 인격 내지 덕에 대한 통합성(integrity), 즉 '통합된 인격'(integrated character)을 강조하고 있다. 덕목(virtue)과 원리(principle) 사이에서 약간의 개념상 혼동을 제외한다면, 원만한 '창조적 긴장관계'를 유지하면서도 외국의 선행교육사례 등을 참고하여 큰 무리 없이 진행 중에 있는 것으로 보인다. 가치교육을 시행하는 데 있어서 가치덕목을 중심으로 할 것인가, 아니면 도덕적 원리에 따라 할 것인가는 영원한 숙제였다. 이러한 숙제는 서양의 경우 인격교육론자들과 콜버그(L. Kohlberg)의 이론적 논쟁에서 잘 나타나고 있다. 흔히 이러한 갈등은 도덕성을 내용으로 보는지 아니면 형식으로 보는지에 따른 이론적 대립으로 여겨지기도 했다. 미국에서는

1930년대 초반까지 도덕성의 내용으로서의 덕을 가르치는 입장이 우세하였으나, 콜버그의 인지발달적 도덕교육이 대두한 이래로 도덕성을 형식으로 보는 관점이 우세하였고, 이에 따라 도덕적 원리를 중시하는 입장으로 선회하게 되었다. 그리하여 최근에는 인격교육의 부활과 더불어 다시금 덕을 중시하는 입장이 강조되고 있다(추병완, 1996: 308).

한편 우리나라에서는 도덕교육, 인격교육의 경우 전통적으로 덕 교육의 입장을 취해 왔으나 1970년대 이후 미국의 가치명료화나 도덕성 발달이론의 도입과 그 영향하에서 도덕적 추론능력을 강조하는 방향으로 시도되어 왔다. 그러던 중 1990년대의 제6차 교육과정의 시행과 함께 종래의 도덕적 원리와 객관적 도덕규범의 신념화에 입각한 도덕교육의 한계를 인식하고 초·중등 도덕·윤리교과에서 실천과 행동중심으로 강조점을 옮기면서 새롭게 덕 교육을 강조하기 시작했다(정세구 외 역, 1995:3-4).

덕목중심의 도덕과교육에 대한 대안적 논의가 이루어지기도 했는데, 주제중심접근을 통한 대안 모색이 그것이다.[1] 하지만 이는 덕 교육중심의 도덕과교육에 대한 근본적인 개선책이라기보다는 덕목 자체에 있어서 교육내용과 교육영역을 혼동하고 있는 데서 비롯된 것이라고 본다. 요컨대 현행 도덕과교육에서의 덕목은 교육내용으로서의 지위를 갖고 있다. 다분히 가르칠 내용이 어떤 것인가에 따라 교육방법, 교육평가 등의 교육과정상의 일련의 관심이 집중됨으로 인해, 덕목이 갖추어야 할 상징성과 비존재론적 범주성 등의 특성을 상실하는 결과를 초래하게 되었다. 즉 덕목이 넘지 말아야 될 선을 넘게 된 것이다.

---

1) 도덕과교육에서 주제중심접근에 대한 논의로는 김재복(2000:258-260); 오기성
(2002:75-107); 이순영 외(1999); 신현우(2001) 등이 있다.

3. 현행 도덕과교육에서 덕목의 구현 실태

1) 현행 초등 도덕과교육의 내용체계도

현행 초등 도덕과교육의 내용체계는 다음 [표 1]과 같이 정리된다.
현행 초등 도덕과교육의 특징은 우선 지도요소(덕목)는 개인생활 :
사회생활 : 가정·이웃·학교생활 : 국가·민족생활 = 5 : 5 : 5 : 5의

[표 1] 현행 초등 도덕과교육에서의 영역별 덕목-내용체계

		3학년	4학년	5학년	6학년
개인 생활	생명존중, 성실, 정직, 자주, 절제	-청결, 위생, 정리정돈 -맡은 일에 책임 다하기 -물건을 아끼고 소중히 하기	-바른 몸가짐 -스스로 생각하고 실천하기 -시간을 아끼고 잘 지키기	-정직한 생활 -절제하는 생활	-근면하고 성실한 생활 -생명을 소중히 하기
가정·이 웃·학교 생활	경애, 효도, 예절, 협동, 애교·애향	-효도와 우애 -인사, 언어예절 -약속과 규칙을 잘 지키기	-친절과 양보 -친족간의 예절 -친구 사이의 믿음과 우정	-서로 아끼고 공경하는 마음 -이웃과 다정하게 지내기	-사랑과 관용의 자세 -학교·고장의 발전과 협동
사회 생활	준법, 타인배려 환경보호, 정의 공동체의식	-거리·교통질서 지키기 -환경을 보호하기	-공공장소에서의 예절과 질서 -공정한 생활태도	-타인의 권익 존중 -공익추구의 생활 -민주적 절차 준수	-법과 규칙을 잘 지키기 -타인에 대한 배려와 봉사 -자연보전과 애호
국가·민 족생활	국가애, 민족애 안보의식, 평화통일, 인류애	-나라사랑 -분단현실과 통일 필요성 인식	-민족문화 유산 애호 -국가안보를 위한 바른 자세	-국가발전에의 협력 -평화통일의 당위성과 방법 -올바른 국제문화 교류	-통일국가의 미래 상과 민족통일의 의지 -해외동포들에 대한 이해와 사랑 -세계평화와 인류 공영

자료 : 교육부(1997:30).

비율로 균등 분배되어 총 20개 주요 덕목으로 편성되어 있으며, 학년별로는 대체로 3-4학년의 경우는 개인생활 및 사회생활 영역에 제재수를 많이 두었고(3학년 6개, 4학년 6개), 가정·이웃·학교생활 및 국가·민족생활 영역에는 적게 편성하였다(3학년 4개, 4학년 4개). 반면 5-6학년의 경우는 생활영역 확대에 따라 저학년의 비율과는 반대로 편성하였다.

[표 2]　현행 초등 6학년 도덕과 교육내용

	주요 교육내용
개인생활	(가) 근면하고 성실한 생활 : 근면하고 성실한 생활의 중요성을 알고, 이를 일상생활 속에서 실천하려는 태도와 의지를 기른다. ① 근면하고 성실한 생활태도의 의미와 중요성 ② 근면하고 성실했을 때와 그렇지 못했을 때의 사례와 그 결과 ③ 근면하고 성실한 사람들의 특징과 본받을 점 ④ 일상생활에서 근면하고 성실하게 해야 할 일들과 이를 실천하려는 의지 (나) 생명을 소중히 하기 : 생명존중의 의미와 중요성을 알고, 일상생활에서 이를 실천하려는 태도와 의지를 지닌다. ① 생명을 존중하는 태도의 의미와 중요성 ② 역사적 또는 일상생활의 경험 속에서 생명존중을 실천한 구체적 사례 및 본받을 점 ③ 동·식물의 생명을 소중히 여기는 태도와 구체적 실천 방안 ④ 인간생명을 존중하는 태도를 실천하려는 마음가짐과 구체적 실천 방안
가정·이웃·학교생활	(가) 사랑과 관용의 자세 : 다른 사람에게 자애롭고 너그럽게 대하는 태도의 의미와 중요성을 알고, 일상생활에서 이를 실천하려는 태도와 의지를 지닌다. ① 다른 사람을 사랑하고 관용으로 대하는 태도가 가지는 의미와 중요성 ② 역사적 사례나 일상의 경험에서 볼 수 있는 사랑과 관용의 정신과 그 교훈 ③ 생활 주변에서 사랑과 관용의 마음을 실천할 수 있는 일들 ④ 사랑과 관용을 실천할 때의 바른 마음가짐과 자세 (나) 학교와 고장의 발전과 협동 : 학교와 고장의 발전을 위해 협력해야 하는 까닭을 알고, 이를 생활 속에서 실천하려는 태도와 의지를 가진다. ① 학교와 고장의 발전을 위해 협력하는 태도의 중요성 ② 학교와 고장의 발전을 위해 협력하고 기여한 사례와 그 교훈 ③ 자신이 속한 학교와 고장의 발전을 위해 협력해야 할 일들과 그 실천방안 ④ 학교와 고장의 발전에 협력하고 기여하려는 태도

	주요 교육내용
사회생활	(가) 법과 규칙을 잘 지키기 : 법과 규칙의 중요성을 이해하고, 이를 지키려는 태도와 실천의지를 지닌다. ① 현대 민주사회에서의 법과 규칙의 목적, 기능 ② 법과 규칙을 잘 지켰을 때와 그렇지 못했을 때의 사례와 그 결과 ③ 학교, 가정, 지역사회에서 지켜야 할 법과 규칙, 약속들 ④ 자신의 생활반성과 법과 규칙을 잘 지키려는 다짐 (나) 타인에 대한 배려와 봉사 : 타인에 대한 배려는 남을 나와 같이 소중하게 여기는 것임을 알고, 타인의 입장을 올바르게 이해하고 배려하며, 봉사하려는 태도와 의지를 지닌다. ① 타인의 입장 이해와 배려 및 봉사하는 생활의 의미와 중요성 ② 일상생활에서 타인의 입장을 이해하고 배려해야 할 일들 ③ 일상생활에서 자신이 실천할 수 있는 봉사활동과 구체적 실천 계획 ④ 자기생활의 반성과 타인에 대하여 배려하고 봉사하려는 실천의지 (다) 자연보전과 애호 : 자연보전의 의미와 중요성을 깨닫고, 자연애호를 생활화하려는 태도와 의지를 지닌다. ① 자연과 인간생활과의 관계 및 자연보존과 애호의 의미와 중요성 ② 자연 생태계 파괴의 실태와 그 원인 ③ 자연을 보전하기 위한 사회, 국가 및 국제적 노력과 협력 ④ 자연보전을 위해 우리가 할 수 있는 일들과 실천 의지
국가·민족 생활	(가) 통일국가의 미래상과 민족통일의 의지 : 통일조국의 미래 모습을 알고, 평화통일을 위해 노력하려는 생활자세를 지닌다. ① 바람직한 방향으로 통일을 이루었을 때의 조국의 미래 모습 ② 우리의 통일 방안의 당위성과 합리성 ③ 통일에 대비하여 국가적으로 준비해야 할 여러 가지 일들 ④ 평화통일을 위해 자신이 할 수 있는 일들과 그 실천방안 (나) 해외동포들에 대한 이해와 사랑 : 해외동포들에 대해 바르게 이해하고, 그들을 돕고 서로 협력하려는 태도와 의지를 지닌다. ① 해외동포들이 생긴 까닭과 세계 여러 나라에 살고 있는 해외동포들에 대한 인식 ② 해외동포들의 생활모습과 민족동질성 ③ 해외동포들의 어려움, 활약상, 조국애 ④ 해외동포들을 돕고 서로 긴밀한 관계를 발전시키기 위해 할 수 있는 일들 (다) 세계평화와 인류공영 : 세계평화와 인류공영을 추구하는 일의 중요성을 이해하고, 이에 기여하려는 자세를 지닌다. ① 지구촌 시대의 국제교류의 특성과 세계평화 및 인류공영의 중요성 ② 세계평화와 인류공영에 기여한 사례 및 그 본받을 점 ③ 세계평화와 인류공영을 위해 각국과 국제기구들이 노력하는 모습 ④ 세계평화와 인류공영을 위해 할 수 있는 일들과 그 실천의지

자료 : 교육부(1997:40-42).

이를 바탕으로 해서, 각 학년별 세부적인 지도내용이 구성되게 되는데, 편의상 6학년의 도덕과 교육내용의 지도내용을 살펴보면 [표 2]와 같다.

요컨대 현행 초등 도덕과교육의 내용체계는 개인생활부터 국가·민족생활에 이르는 4대 영역을 중심으로 영역별 5개 덕목을 중심으로 하여 그 제재가 편성되었다.

2) 현행 초등 도덕과 교수-학습방법

현행 도덕과의 교수-학습방법은 기 상정된 교육내용을 토대로 하여 세부적으로 조직화되는데, 그 구체적인 내용은 다음과 같다. 물론 여기서 제시된 내용은 초등교육과정을 포함하는 전반적인 도덕과의 교수-학습방법의 대강이다.

첫째, 도덕과 수업에서는 도덕적 지식이나 판단력과 같은 인지적 영역과 함께 도덕적 가치와 태도, 행동 성향과 같은 정의적인 영역을 중점적으로 다루도록 노력한다. …

둘째, 도덕판단력과 가치선택능력을 신장시키기 위해서는 주제별 탐구식 토의기법이 적절하다. …

셋째, 도덕원리를 체계화하고 자율적인 실천성향을 함양하기 위해서는 당면하는 문제 사태에 대한 합리적인 판단능력과 실천의지가 필요하다. …

넷째, 지역의 특성이나 시사성이 강한 내용은 그 지역이나 시기에 알맞게 재구성하여 지도하도록 한다. …

다섯째, 교사들은 학생들의 모방과 동일시의 대상임을 고려하여, 일상적인 언어, 사고방식, 태도, 행동 등에 유의하여 도덕적 모범이 되도록 한다. …

여섯째, 학생들의 지적·도덕적 발달수준에 부합되는 지도방법을 학년별로 고려하고, 같은 학년에서도 목표와 내용에 따라 특색 있는 지도방법을 구사한다. …

일곱째, 학생들의 건전한 도덕성을 형성하기 위해서는 도덕과 수업을 내실 있게 운영하는 한편, 가정교육이나 타교과에서 다루어지는 가치문제, 교내행사, 학교에서 일상적으로 이루어지는 교사와 학생 간의 상호작용 등을 도덕과 수업에 적절히 관련시킴으로써, 학생들이 도덕규범을 내면화하고, 도덕적 실천성향을 높이는 데 도움이 되도록 한다. …(교육부, 1997: 50-51) (강조는 필자)

요컨대 현행 초등 도덕과교육의 교수-학습방법은 매우 이상적으로 제시되어 있다. 교사는 도덕적인 성인군자이면서 실무적으로는 수퍼맨이 될 것을 요청받고 있으며, 도덕과를 학습하는 학생들은 본격적인 학습 이전에 이 과목에 대해 전반적인 내용을 다 알고 있어야 하며, 수업시간에는 오로지 응용력만을 발휘해야 하는 요청을 받고 있는 듯하다.

3) 현행 도덕과에서의 덕목관련 논쟁점

(1) 도덕과교육에서의 교과교육학적 위상 문제

교과는 인간의 가치를 드높이는 데 직결되어 사회적으로 지지를 받고 있으며, 일정한 준거를 가지고 그 생성을 되풀이하는 문화요소 중 학교에서 가르칠 대상으로 설정되어 들어온 학문이나 경험분야를 말한다(곽병선, 1987:162). 이러한 정의는 도덕교육의 직접교수법(direct instruction)을 주장하는 학문적 전통에서 비롯된 것으로 보인다.[2] 그리

---

2) "(이 방법에 반대하는 사람들은) 아마도 도덕을 '교과'로서 가르치려면 반드시 심오한 노닉철학가의 이론을 오냇동안 공부하토록 해야 된다고 생각하고, 고등학교 학생들에게 아리스토텔레스나 칸트의 윤리학을 설명하는 식의 도덕교육에 대하여 반대할지 모른다. 이것은 참으로 이해할 수 없는 편견이다. 우리는 러더포드나 아인슈타인의 이론을 고등학교 학생들에게 가르치지 않으면서도 과학이 머리 좋은 학생이나 대학예비생에게나 적합한 교과라고 생각하지 않는다."(Wilson, 1972:11)

하여 도덕교육에서는 윤리학이 도덕교육의 내용이 되어야 한다고 주장하는 사람들이 있게 된 것이다(이홍우, 1982:104). 그러나 덕목이 도덕과교육의 주요 교육내용이 될 수는 있겠지만, 전적으로 그렇게 단정하는 것은 무리라고 본다.

덕목만을 교수함에 있어서의 문제점에 대한 지적은 많이 제기되고 있다. 그 중에는 도덕적 토론의 중요성과 함께 강조되어야 한다는 주장도 있다. 즉 도덕적 문제사태란 바로 덕목이 갈등을 이루고 있는 사태라고 한다면 도덕적 논의를 배우지 않고 덕목만을 배운 학생들이 그 배운 바를 행동으로 실천한다는 것은 논리적으로 불가능하다는 것이다. 덕목을 행동으로 실천하기 위해서는 그 사태와 관련된 여러 가지 덕목 중에서 하나를 선택하는 행위, 즉 도덕적 논의가 선행되어야 하기 때문에, 도덕적 논의가 따르지 않는 행동은 아무 의미도 없다는 것이다(이홍우, 1977:156).

사실 도덕과교육은 어떤 내용을 가르치는 것이 아니라, 어떤 범주(또는 주제)하에 유의미한 시간과 공간을 공유하는 교육 참여자들이 '도덕적 생활 공동체'를 유지하는 제반활동이다. 즉 어떠한 교육의 결과 도덕적으로 인식하고, 느끼고, 행동할 수 있게 된다면, 그것을 명명하여 '도덕교육'이라고 할 수 있는 것이고, 이를 전담하는 교과가 '도덕과'가 될 것이다. 따라서 '무엇을 가르칠 것인가'에 천착하여 거기에 존재론적인 지위를 지나치게 많이 부여하게 된다면 도덕과교육뿐만 아니라 교과교육학의 학문적인 정체성 전반에 위기를 초래하게 될 것으로 본다. 이러한 논의는 '윤리학과 도덕교육'이라는 고답적 대응관계에서 벗어나서,[3] '미술과 도덕교육', '문학과 도덕교육' 등의 다변화가 가능

---

3) 미술교육의 경우, 비미술분야의 소재를 활용하여 미술교육이 충분히 가능하다. 예컨대 훈민정음의 글자 자체에 대한 교육은 기존의 관점대로 교과교육학적인 관련을 짓자면 국어교육에 가까울 것이다. 하지만 그 글자의 미학적인 모형에 관심을 두고 피교육자에게 그러한 감성을 길러주는 데 초점을 둔다면 미술교

함을 시사하는 것이다.

그런데 현행 도덕과교육학은 교육내용으로서의 도덕 또는 덕목(윤리학)과 교육방법으로서의 교육학을 합친 것으로 요약된다. 이는 교과교육학에 대한 전형적인 부정적 가정들에서부터 비롯된 것이다. 교과교육학에 대한 부정적인 가정은 다음 두 가지로 요약된다. 첫째, 교과교육학의 탐구대상인 교과교육은 교과와 교육이 만나서 이루어지는 중간영역이라는 가정이다. 둘째, 교과교육학에서 교과는 교과교육의 내용에 해당되고, 교육은 교과교육의 방법에 해당되는 것으로 가정한다. 특히 두 번째 가정의 연장선상에서 교과교육학의 학문적 구조 양태는 기초학문과 응용학문의 결합으로 간주된다. 기초학문은 개별교과로 대표되는 교과내용(subject-matter)이고, 응용학문은 그러한 내용을 가르치는 지식과 기술을 제공하는 교육학(pedagogy)을 말한다. 교과교육학은 단일 학문이 아니라 교과교육에 관련된 여러 학문들 — 기초학문, 교육학, 인접학문 — 이 함께 관여하는 일종의 종합학문으로 파악되며, 그것에서 산출된 지식이 결국 교과교육 실천에 도움을 준다는 점에서 실천학문으로 규정된다(허경철 외, 2003:15-19).

이처럼 교과교육학은 기초학문과 응용학문의 결합, 학제적 접근에 의한 종합학문, 그리고 교과교육 개선을 위한 실천 지향적 학문이라는 세 가지 특징을 지닌 것으로 이해된다. 이러한 이해가 전제되어야만

육분야라고 할 수 있을 것이다. 또한 순수한 종교적인 소재, 즉 성모마리아상이나 그리스도상 또는 불교의 승려의 고고한 자태를 그림으로 옮긴다든지 바르게 감상할 수 있도록 하는 교육적 노력은 종교학이나 철학이라기보다는 이를 바탕으로 한 미술교육이라고 보는 것이 마땅할 것이다. 도덕교육도 예외는 아니나. 신교운 외(1997), 박영기·추병완(1996), 추병완 외(2000) 등의 연구 성과물들은 그 학문적 수준과 무관하게 도덕교육연구자들의 이러한 잘못된 의식성향을 잘 반영해 주는 좋은 예라고 하겠다. 그러나 이러한 세칭 배경학문과 교과교육학과의 관계는 비단 도덕과교육만의 문제는 아니다. 이는 우리나라 교과교육학의 총체적인 문제이며, 공감대가 형성되기에는 아직도 많은 과제가 남아 있다.

사범대학과 교육대학의 정체성을 확보할 수 있으며, 장기적인 교과교육학의 생존성을 보장받을 수 있을 것이다.

대체로 지금까지의 도덕과교육학의 연구경향은 '윤리학(순수학문) + 교육학(응용학문)'의 도식으로 이루어졌다. 그 한 예가 (국민)윤리교육학과 교수채용시, 교과교육적인 측면을 중심으로 하기보다는 내용중심으로 이를테면 윤리학이나 철학 등을 전공한 대상자를 선호하는 경우이다. 사실 도덕과교육에서 중점적으로 관심을 갖는 '가치관의 변화' 측면에서 본다면, 윤리학이라고 하는 순수학문적인 배경보다는 종교학, 민속학, 음악, 미술 등의 전공자들의 공헌도 무시할 수 없을 것이다. 특히 최근에 많은 관심이 일고 있는 각종 치료요법(therapy)4)은 이러한 필요성을 더욱 증대시키고 있다.

요컨대 도덕과교육에 있어서 덕목은 내용중심의 근거가 되어 왔으며, 그것도 그 자체가 일종의 지침이나 범주로서의 위상을 가지는 것이 아니라 교육내용 자체가 됨으로 인해 도덕과가 객관적인 교과교육학으로 거듭나는 데 상당한 지장을 초래하였다. 나아가서 덕목중심의 도덕과교육의 전통에 반대하는 학자들은 덕목 자체에 대한 진지한 비판을 해왔다기보다는 그 덕목을 근거로 한 교육과정의 운용상의 문제점을 비판하기에 이른 것이다.

---

4) 그 좋은 예로, 음악치료(music therapy), 향기치료(perfume therapy), 미술치료 또는 예술치료(art therapy), 문학치료(bibliotherapy), 파동치료(wave therapy), 놀이치료(play therapy), 연극치료(drama therapy), 심리치료(psychotherapy), 그리고 무용치료(dance therapy. worship dance도 같은 맥락에서 이해가능함) 등을 들 수 있을 것이다. 이들은 모두 인간의 정서적 순화와 긍정적 가치형성에 많은 도움을 주고 있는 것으로 관련학계에 보고되고 있다. 이들의 순수학문적 배경은 비록 도덕과교육과 윤리학과의 관계보다는 덜 도덕과교육에 근접해 있기는 하지만, 교육적 성과를 위해서는 더 근접할 수 있음을 알 수 있다. 따라서 도덕과교육에 있어서의 순수학문 선호경향은 지양되어야 할 것이다.

(2) 도덕성(또는 덕목) 자체를 가르칠 수 있는지의 문제

소크라테스는 플라톤의 대화편 메논에서 "덕성은 가르쳐질 수 있는 가?"라는 질문을 제기한다. 그리고서 "덕성은 가르쳐질 수 있는 것도 아니고, 날 때부터 가지고 태어나는 것도 아니며, 오직 신의 시여(施與)에 의해서 인간이 얻게 되는 것이다"라고 답한다(Plato, 1956).

물론 소크라테스가 말하고자 하는 바는 존재구속성의 굴레를 벗어날 수 없는 특정인간이 다른 인간들에게 무엇인가를, 그것도 덕성을 가르친다는 것은 마땅한 것이 아니라고 보았던 것이다. 따라서 인간에 의한 것이 아니라 제3자, 즉 신에 의해 부여되는 것이라고 조심스러운 발언을 한 것으로 보인다. 오늘날 도덕과교육에 있어서도 이와 같은 상황은 간과되어서는 안 될 것이다.

이와 같은 선상에서 도덕과의 목표가 '도덕성의 함양'에 있다는 말에 이의를 제기하는 학자도 있다. 이 말은 마치 국어교과의 목표는 국어성에, 수학교과는 수학성에, 사회교과는 사회성에, 과학교과는 과학성을 함양하는 데 그 목표가 있다는 말처럼 애매모호하게 느껴질 수 있다는 것이다(문용린, 1988:69).

현재까지는 도덕성의 개념을 어떻게 정의하느냐에 따라 도덕교육의 목적, 내용, 방법 등이 달라져 왔다. 도덕성이란 "도덕적 행위를 할 수 있는 능력 혹은 성향"(정원식 외, 1975:22) 혹은 "어떤 사회에서 수용하는 규범에 따른 행위"(May, 1971:17)라고 정의되기도 한다. 그러므로 우리는 도덕교육을 위한 기준을 설정할 때 어떤 학생(또는 사람)이 이러한 규범들에 반하는 또는 위배되는 행위를 하였을 때에는 '반도덕적' 또는 '비도덕적'이라고 평가한다.

이와 같이 도덕성을 가르칠 수 있다는 문제는 도덕성이라고 하는 존재적 특성에 관심이 집중된다. 그러나 비록 도덕성이라는 말이 무엇인지는 잘 모르지만 어떤 모종의 과정을 거쳐서 도덕적으로 변화될 수 있다면 그것이 오히려 더 효율적인 도덕교육이 될 수도 있는 것이다.

따라서 존재론적으로 그 개념을 정교하게 정의하려고 하는 고답적 노력은 지양되어야 한다고 본다. 개념적인 혼돈이나 형식적인 정리를 위해서 개념 자체에 대한 연구는 필요하겠지만, 도덕교육의 전반적인 틀을 구성하거나 철학적 기조를 설정할 때에는 발상의 전환이 필요한 것이다. 즉 도덕과교육의 중심은 "규범을 어떻게 하면 잘 가르칠 것인가"보다는 "어떤 과정을 거쳐서 도덕적인 규범에 부합되도록 할 것인가"에 더 많은 관심이 집중되어야 한다고 생각한다.

(3) 덕목의 층위에 대한 문제

현행 도덕과교육에서는 덕목에 대한 영역별 및(또는) 요소별 구분은 되어 있으나 덕목을 실천하게 될 '도덕적 행위자'(moral agent)의 입장에서는 배려가 부족하다. 교과서 내에서도 이러한 점은 상당히 미흡하다.

예를 들어, 국가·민족생활 영역의 '인류애' 덕목은 그 개념 및 지향 방향을 다루면 될 것이다. 이런 경우는 특별한 문제점이 없어 보인다. 하지만 개인생활 영역의 하위 덕목군에 속하는 '책임' 덕목은 그 개념에 대해서는 다른 덕목과 대동소이하겠지만, 행위자 자신의 신상에 대해서 책임감을 가져야 하는 것인지, 다른 사람들의 일에 대해 그렇게 해야 하는 것인지, 아니면 공동체 전반에 대해 그렇게 해야 되는 것인지에 대한 명확한 기준이 현재로서는 없는 실정이다. 문제는 이러한 현상이 모든 덕목에서 같은 형식으로 발생되지 않는다는 데 있다.

따라서 여기에 대한 별도의 연구가 필요하며, 교과서 집필자들은 이 점에 관심을 갖고 덕목 자체가 갖는 다양한 층위에 대해 고려해야 할 것이다.

(4) 통합적 접근의 효율성 문제

도덕과교육에서 '통합'이라는 용어의 등장은 제 7 차 교육과정에서부터이다. 비록 그 이전부터 이러한 유사개념에 의해 전반적인 국가수준의 도덕과교육과정을 추진해 왔다고 할지라도, 용어상의 어원은 이 시기부터라고 할 수 있다. 이유야 어떻든 현행 도덕과교육과정을 전반적으로 기획했었던 팀에서는 국가교육과정의 기본적인 틀을 무시하지 못했을 것으로 생각된다.

'통합'(integration)이라는 용어에 대해 현재 도덕이론과 도덕교육에 있어서의 사용양태를 구별해 볼 필요가 있다. 우선 도덕이론의 통합적 접근은 도덕에 있어서의 본질적 가치와 수단적 가치의 통합을 지향하는 이론적 관점들이라고 할 수 있다. 그 구체적인 내용들로는 도덕의 법칙론적 요소와 목적론적 요소의 통합을 비롯하여, 직관주의적 요소와 자연주의적 요소의 통합, 도덕판단에 있어서의 형식과 내용의 통합 등을 이루고자 하는 것이다. 이러한 통합적 접근의 타당성과 그 의의는 인간의 이성적 특성과 자연적 본성의 통합, 인간의 개별성과 사회성의 조화, 보편적 가치와 상대적 가치의 조화, 인간생활의 유용성과 정당성의 통합, 관습적 도덕과 합리적 도덕의 조화적 통일 등을 이루고자 하는 여러 측면에서 고려되고 있다(이석호, 1997:50).

1995년 5월 31일, 대통령자문기구인 교육개혁위원회에서는 '열린교육사회, 평생학습사회'의 건설을 위한 '세계화·정보화 시대를 주도하는 신교육 체제 수립을 위한 교육개혁 방안'을 발표하였다. 이어 1996년 2월 9일에는 '초·중등학교 교육과정 개혁'을 교육개혁과제의 일환으로 제시하였는데, ① 국민공통기본교육과정체제에 의한 교육과정 편제 도입, ② 학생의 개인차를 고려한 수준별 교육과정 도입, ③ 능력 중심의 목표 진술 및 구체적 내용제시의 최소화, ④ 교육과정 지원 체제의 확립 등에 관한 세부적인 개정 지침 등이 들어 있었다. 제7차 교육과정 개정의 기본방향은 "21세기 세계화·정보화 시대를 주도할 자율적이고 창의적인 한국인 육성"이라는 대명제하에, 목표는 "건전한 인성과 창의성을 함양하는 기초·기본교육의 충실"로, 내용은 "세계

[표 3] 범교과적 관점과 범교육과정적 관점의 특징 비교

	범교과적 관점의 특징	범교육과정적 관점의 특징
가정 및 출발점	- 기존 교과 교육과정의 존립을 전제 - 교과에서 출발	- 기존 교과의 존립을 인정하되 그것을 가로지르는 축으로 이해함으로써 기존 교육과정의 가변성 인정 - 교과와 더불어 사회와 학습자에서 출발
교육과정 상의 위상	- 주변적 - 교과영역 밖에서 별도로 처치(예, 우리의 경우 재량활동, 영국의 경우 별도의 시간 할애)	- 중심적·상위적 - 교과영역 안에서 교과와 더불어 처치(별도의 처치방안이 필요 없음)
교육과정 개발에서의 역할	- 귀납적 접근 - 국가사회적 요구와 변화에 비추어 국가교육과정의 결함을 메우기 위한 수단 - 교육과정 개발의 마무리 역할 - 사후조치(교육과정 재구성 단계의 처리방안)	- 연역적 접근 - 교육과정 축의 역할 - 교육과정 개발의 출발점 역할 - 사전조치(교육과정 설계 및 개발단계에서의 처리)
교육과정 목표 대(對) 내용/평가	- 교육과정 목표는 별도로 설정되어 있고, 교과를 기초로 형성된 교육과정 내용의 잉여분에 해당 - 공식적 교육과정에서 부수적으로 포함될 경우에만 평가 가능	- 교육과정 목표인 동시에 내용 - 내용적 요소와 더불어 기능적인 요소도 포함 - 교과영역을 가로지르는 발달 목표로서 교과별 내용 선정의 준거가 됨(메타 교육과정). - 공식적 교육과정 운영과정에서 평가 가능
법령성	- 비법령적(한국의 경우 교육과정 운영지침으로 처리하며, 영국의 경우 교육과정 문서에 등장하지 않으나 학교교육에서 활성화함)	- 법령적(헝가리와 프랑스의 경우 국가수준의 교육과정 목표의 지위를 차지하며, 교육과정 문서에서 체계적으로 처리)
가능성	- 기존의 교과의 위상과 권익보호(현상 유지적 교육과정)	- 교육과정의 적합성 제고(시대사회적 요청, 학습자의 필요와 요구에 맞는 새롭고 혁신적인 교육과정 구성, 나아가 기존교과의 내용과 방법을 범교육과정적 요구에 적합하게 변용함으로써 교과의 생존력을 새로운 차원에서 보강) - 학습에 대한 학습자의 소유권 강화

자료 : 허경철 외(2003:164).

화·정보화에 적응할 수 있는 자기주도적 능력의 신장"으로, 운영은 "학생의 능력, 적성, 진로에 적합한 학습자중심 교육의 실천"으로, 제도는 "지역 및 학교 교육과정 편성·운영의 자율성 확대"로 구체화되었다(서강식, 2001:143-144).

도덕교육적인 측면에서의 통합은 다시 두 가지로 나누어 생각해 볼 수 있다. 첫째, '범교과 또는 범교육과정상의 통합'(cross-curriculum)이 있다. 범교과는 기존 교과 교육과정의 존재를 인정하는 사후 조치적, 방법적 접근인 반면, 범교육과정은 교과 교육과정을 통제하는 사전조치적, 내용적인 일종의 메타적 성격을 갖는다고 할 수 있다([표 3] 참조) (허경철 외, 2003:163).

둘째, 도덕과 내에서의 통합이 있다. 현행 도덕과교육에서는 교과를 통한 도덕과수업이 교실공간에서 이루어지는 경우가 많기 때문에 이를 토대로 인지적-정의적-행동적 측면이 시간적인 흐름을 갖고 통합적으로 편성·운영되고 있다([그림 1] 참조).

[그림 1] 통합적 접근을 통한 도덕과수업의 일반적 절차

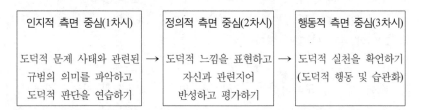

자료 : 조난심(2001:331).

현행 초등학교 교과서의 편성도 이러한 기본적인 철학을 담고 있는데, 그 상세한 편찬방향은 다음과 같다. 이 중에는 필자가 상당히 관심을 갖게 되는 부분도 있지만 전반적으로 제한된 통합의지를 보여주고 있다.

첫째, 학생들의 관심과 흥미를 최대화하여 도덕교육의 실효성을 높이는 직접적인 실천과 활동, 적극적인 참여와 체험위주의 교수·학습방법을 강화하는 방향으로 편찬되었다.

둘째, 도덕성의 인지적 측면, 정의적 측면, 행동적 측면을 통합적으로 기를 수 있도록 내용을 구성하여 교육과정 지도요소의 3차시 구성을 각각 인지적 측면, 정의적 측면, 행동적 측면을 중심으로 하였다.

셋째, 교과서의 획일적인 내용구성 방식에서 탈피하여 교사와 학생이 선택할 수 있는 선택활동을 설정하였다.

넷째, 교사에게는 가르칠 거리가 충분하고 학생에게는 배울 거리가 풍부한 교과서로서, 다른 교과수업에서는 경험하기 힘든 독자적인 교수·학습과정을 안내하는 교과서가 되게 한다. 즉 도덕적 사고나 도덕적 판단의 결과를 직접 제시하지 않고 교과서를 통해 교사가 학생들이 결과에 도달하는 과정을 체험할 수 있게 한다.

다섯째, 하나의 가치 덕목으로 하나의 제재를 구성하는 것을 원칙으로 하되, 하나 이상의 가치 덕목을 관련지어 구성하는 통합적인 제재도 설정하였다.

여섯째, 각 제재는 3차시로 구성된다. 여기서 분명히 해야 할 것은 제재별로 3차시로 구성되지만 이것이 단절되거나 불연속적인 것이 아니라 매차시마다 도덕성의 인지적·정의적·행동적 요소를 골고루 언급하지만 특히 1차시에는 인지적 측면, 2차시에서는 정의적 측면, 3차시에서는 행동적 측면이 더욱 부각되어 수업이 이루어지도록 하다는 것이다(교육부, 2001:42-43). (강조는 필자)

또한 제6차 교육과정에서 도덕교과의 보조교과서의 기능과 아울러 독립된 생활교과서의 기능을 수행했던『생활의 길잡이』는 현행 교육과정에서 성격이 변화되었고, 이에 따라 그 편찬방향은 다음과 같이 조정되었다.

첫째, 도덕교과서의 기능을 보충하고 심화하는 참고자료로 구성했다.

둘째, 학생의 도덕적 행동에 대한 학교와 가정의 대화창구로서의 역할을 하도록 하였다. 생활의 길잡이에 가정의 확인란이나 제시된 자료를 통하여 가정에서 부모와 학생이 함께 하는 시간을 마련하였다.

셋째, 도덕교과서에 제시된 질문과 활동을 정리하여 기록하는 공책으로 구성하였다. 즉 글쓰기, 그림 그리기, 사진 및 그림 붙이기 등으로 다양하게 구성하였다.

넷째, 학생 개개인의 생활을 담는 '생활 기록장'[5)]의 역할을 하도록 하였다(교육부, 2001:46).

이러한 편집방향에 근거하여, 초등학교 도덕교과서는 다음 [표 4]와 같은 구성체계를 나타내고 있다.

여기에는 여러 가지의 문제점을 생각해 볼 수 있는데, 첫째, 시간적 흐름의 순차적 서열에 문제점이 있다. 즉 모든 도덕성의 발달 및 심화가 반드시 인지 → 정의 → 행동의 흐름으로 진행되지 않을 경우가 많다. 교사의 재량이나 주어진 상황에 따라 정의 → 인지 → 행동 또는 행동 → 인지 → 정의 또는 정의 → 인지 → 행동으로도 진행할 수 있을 것이다.

둘째, 차시별 간극을 둘 필요가 없다고 생각한다. 한 차시 내에 모든 요소들을 다 소화할 수도 있을 것이다. 수업의 차시는 제재의 분량에 따라 결정하는 것이 바람직한 것이지 덕목의 특성, 즉 영역에 따라 구분하는 것은 타당하지 않다고 본다. 따라서 수업단위 및 교육의 순서에 구애받지 않는 새로운 형태의 탄력적인 통합적 접근의 필요성이 제기된다([그림 2] 참조).

[그림 2]의 모델을 더욱 심화시켜 나가면, 다음과 같은 두 가지의 통합방안도 생각해 볼 수 있다.

---

5) 이와 같은 생활 기록장은 특히 통제된 교육기관의 교육생들에게 매우 효과적이다. 현재 이와 같은 방법은 기업의 신입사원교육과 군대의 사관생도 및 장교후보생, 그리고 신병교육 등에서도 적용되고 있다.

[표 4] 현행 초등학교 도덕교과서 구성체계

		주요 특징
1차시 (인지적 측면 중심)	1-2쪽	- 제재명 - 도입글 - 양쪽에 걸친 삽화 - 제재를 안내하는 발문이나 학습목표 제시
	3-6쪽	- 도덕적 판단을 위한 다양한 문제상황 제시(생활주변 이야기, 사례 중심), 때에 따라서는 삽화, 만화, 사진 등으로 제시 - 문제상황과 관련된 발문
2차시 (정의적 측면 중심)	7-10쪽	- 감동적인 예화 제시(압축된 자료 형태로 제시, 두 가 지 이상의 예화를 제시해도 좋음. 자신뿐만 아니라 타인의 감정도 공유할 수 있는 기회 제공) - 느낌이나 감정과 관련된 발문, 자신의 생활과 비교
	11-12쪽	- 감동을 주는 동시, 동요, 광고 등 -다른 사람의 입장 생각하기 -감동을 주는 동시, 동요, 사진
3차시 (행동적 측면 중심)	13-14쪽	- 실천할 내용 제시/실천해 보기 -모범적인 실천 사례 찾기 -실제로 해보기
	15-16쪽	- 체험을 위한 활동 -직접체험활동(봉사활동, 예절연습 등) -간접체험활동(역할놀이, 시뮬레이션, 미래/과거체험 하기)
	17-18쪽	- 실천 다짐하기(확언하기) -마음에 새겨둡시다 - 관련된 명언

자료 : 이인재(2002:153).

[그림 2] 도덕과수업의 새로운 통합적 접근(안)

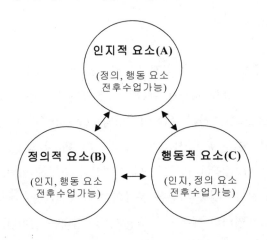

심화 1 : 다양한 형태의 요소간 통합

위의 [그림 2]에 표기된 A, B, C의 요소들은 'A∩B=a, A∩C=b, B∩C=c, A∩B∩C=d'라고 하는 새로운 교집합들을 만들어낸다. 즉 a, b, c, d 등의 교집합들은 모두 한 차시내의 상황으로써 교사의 재량에 따라 그 형태를 다양하게 설정하여 요소간의 유기적인 통합을 할 수 있는 가능성을 열어준다.

심화 2 : 융통성 있는 순서에 의한 요소간 통합

인지적 요소(A), 정의적 요소(B), 행동적 요소(C) 간의 상호유기적인 관계를 통해서 세 요소간의 통합이 요구되는 가장 중요한 분야와 두 개 요소간의 통합이 요구되는 분야를 동시에 구현할 수 있다.[6] 따라서

---

6) 현행 인기 정의 행동적인 요소이 순으로 진행되는 수업의 흐름은 사실 '행동적인 요소'에 더 많은 관심과 중요성을 두고 있다고 보인다. 그러나 특히 초등학교 학생들의 경우 지적 발달뿐만 아니라 육체적인 발달, 도덕적인 발달이 계속 진행 중에 있다. 즉 기존의 인지-정의적 요소를 바탕으로 한 행동이 곧 이루어지기도 전에 새롭게 형성되는 인지적-정의적 판단이 진행되고 있으므로, 사실상 순서를 고정하는 것은 큰 의미가 없어 보인다.

기존의 인지적 요소를 도입에 두고, 행동적 요소를 마지막에 두는 한계를 벗어날 수 있다.

(5) 덕목 구성을 위한 '영역'과 '요소'와의 동이성(同異性)

현재 우리는 도덕과교육과 관련하여 통합된 덕목을 구성하고 있는 각종 요소들을 표현하기 위하여 '영역'(domain)이라는 말과 '요소' (element)라는 말을 흔히 사용하고 있다. 그런데 이 양자는 비슷한 의미를 가지고 있기는 하지만 약간의 의미상의 차이가 있다. 대체로 영역은 인지·정의·행동과 같은 분류의 각각의 집합을 지칭하는 것이며, 요소는 그 영역의 세부적인 구성요소를 말하는 것이다.

이와 같은 문제의식을 전제하면, 예컨대 인지적인 표현으로서의 '도덕적으로 아는 것'(moral knowing)과 '도덕적인 것을 아는 것'(knowing the moral)은 상당히 다른 뜻을 함축하고 있음을 느낄 수 있을 것이다. 즉 전자는 '안다'(know)는 그 자체에 더 많은 관심을 둔 것이고, 후자는 '도덕적인 요소'(the moral)에 더 많은 관심을 둔 것이다. 정의-행동적인 것에서도 이러한 인식의 차이는 찾을 수 있다. 즉 정의적인 면의 '도덕적으로 느끼는 것'(moral affecting)과 '도덕적인 것을 느끼는 것' (affecting the moral), 그리고 행동적인 면의 '도덕적으로 행하는 것' (moral acting)과 '도덕적인 것을 행하는 것'(acting the moral)과의 관계는 상당한 차이가 있는 것이다.

이러한 토의를 토대로, 다음 [표 5]와 같이 양자간의 차이를 정리해 볼 수 있다. 고딕으로 된 부분이 각기 '영역'과 '요소'별로 강조되는 부분이다. 영역의 범주 내에서의 인지·정의·행동적인 측면은 많은 덕목들을 받아들이고 표현하는 실질적인 현재의 교육적 활동의 유형을 중요시하는 것이고, 요소 범주 내에서의 인지·정의·행동적인 측면은 이 각각의 요소에 해당되는 도덕성 내지 덕목으로 어떤 것이 있는지에 더 많은 관심을 갖는 것을 말한다.

[표 5] 덕목에 대한 영역-요소별 표현양태 비교

	영역(domain)	요소(element)
인지적인 면	도덕적으로 아는 것 (moral knowing)	도덕적인 것을 아는 것 (knowing the moral)
정의적인 면	도덕적으로 느끼는 것 (moral affecting)	도덕적인 것을 느끼는 것 (affecting the moral)
행동적인 면	도덕적으로 행하는 것 (moral acting)	도덕적인 것을 행하는 것 (acting the moral)

그리고 각각의 항목들은 3 × 3의 조합구조를 가진다. 즉 인지적인 면을 기준으로 볼 때, '도덕적으로 아는 것'과 '도덕적인 것을 아는 것' 사이에는 등치관계가 성립되지 않을 뿐만 아니라, '도덕적으로 아는 것'의 소재로 '도덕적인 것을 느끼는 것'과 '도덕적인 것을 행하는 것'이 될 수 있다. 나머지 측면 즉 '도덕적으로 느끼는 것'과 '도덕적으로 행하는 것'의 영역에서도 이와 같은 경우는 그대로 적용될 수 있다.

따라서 현재 우리가 흔히 말하고 있는 '인지·정의·행동(또는 운동)'이라는 말은 덕목의 '영역'을 구분하기 위한 표기라고 할 수 있다. 가령 '인지적인 요소'라는 말을 사용한다고 하더라도 '인지적인 영역 속의 하위요소'라는 의미로 해석되어야 하는 것이다.

이러한 필자의 입장을 잘 대변해 주는 논거는 블룸(Bloom) 등이 제시한 교육목표분류학에 잘 나타나 있다. 교수목표에 대한 분류는 지적 영역, 정의적 영역, 운동기능 영역의 세 가지로 구분되어 있다. 지적 영역은 지식의 재생이나 인지 및 지적 능력과 기능의 발달에 관련되는 목표를 포함하며, 정의적 영역에는 흥미, 태도, 가치의 변화 및 심미감의 발달, 적절한 적응 등의 목표가 포함된다. 그리고 운동기능 영역은 조작적 활동에 주안을 두었다.[7]

---

7) 교육목표분류학이나 리코나(Lickona)의 영역구분은 비슷한데, 지적·정의적인

[표 6] Bloom의 인지영역에서의 교육목표분류

	주요 내용
지 식 (knowledge)	- 특수한 것과 보편적인 것의 재생, 방법과 과정의 재생, 양식·구조·장면 등의 재생을 포함한다. -특수한 것에 관한 지식 : 용어에 관한 지식, 특수한 사실에 관한 지식 -특수한 것을 다루는 방법과 수단에 관한 지식 : 형식에 관한 지식, 경향과 연계에 관한 지식, 분류와 유목에 관한 지식, 준거에 관한 지식, 방법론에 관한 지식 -보편적인 것과 추상적인 것에 관한 지식 : 원리와 통칙에 관한 지식, 이론과 구조에 관한 지식, 지적 능력과 기능
이 해 (comprehension)	- 이해(understanding)의 최하위수준을 나타낸다. -전환 -해석 -추론
적 용 (application)	- 특별하고 구체적인 장면에 추상적인 것을 활용하는 것
분 석 (analysis)	- 사고의 위계적 관계를 명확히 하거나 추상적인 관계를 명백히 하기 위해서 하나의 정보를 그 구성요소나 부분으로 분해하는 것 -요소의 분석 -관계의 분석 -조직관리의 분석
종 합 (synthesis)	- 하나의 전체를 형성할 수 있도록 요소나 부분을 종합하는 것 -독특한 정보의 구성 -계획의 작성 혹은 조작의 창안 -일련의 추상적 관계의 도출
평 가 (evaluation)	- 주어진 목적을 위하여 자료와 방법의 가치를 행하는 것 -내적 준거에 의한 평가 -외적 준거에 의한 평가

자료 : Bloom(1956), 정종진(1999:138-139) 재인용.

영역은 같은 개념으로 사용되고 있으나, 전자는 '운동적'(psychomotor)이라는 용어를 사용하는 반면, 후자는 '행동적'(actional)이라는 용어를 사용하고 있다. 필자는 이 양자를 같은 개념으로 보고 같은 조건에서의 비교준거로 삼고자 한다.

[표 7] Bloom의 인지영역에서의 일반적 수업목표와 동사

	일반적 수업목표의 예	학습성과 진술을 위한 동사
지 식	공통용어를 안다, 특정 사실을 안다, 방법과 절차를 안다, 기초개념을 안다, 원리를 안다.	정의하다, 기술하다, 확인하다, 명칭을 붙이다, 목록에 넣다, 짝을 짓다, 명명하다, 개설하다, 재생하다, 선택하다, 진술하다.
이 해	사실과 원리를 이해하다, 언어자료를 해석하다, 도표와 그래프를 해석하다, 언어자료를 수학공식으로 바꾸다, 자료에 함의된 미래의 결과를 추정하다, 방법과 절차를 정당화하다.	전환하다, 옹호하다, 구별하다, 추정하다, 설명하다, 확장하다, 보편화하다, 예를 들다, 추리하다, 의역하다, 예측하다, 고쳐쓰다, 요약하다.
적 용	개념과 원리를 새로운 장면에 적용하다, 법칙과 이론을 실제상황에 적용하다, 수학문제를 풀다, 도표와 그래프를 작성하다, 방법과 절차를 바르게 사용하다.	변경하다, 계산하다, 논증하다, 발견하다, 조종하다, 수정하다, 조작하다, 예측하다, 준비하다, 생산하다, 관계짓다, 풀다, 보이다, 사용하다.
분 석	진술되지 않은 가정을 알아내다, 논리적 모순을 알아내다, 사실과 추리를 구별하다, 자료의 적절성을 평가하다, 작품의 조직적 구조를 분석하다.	분류하다, 도해하다, 구분하다, 판별하다, 구별하다, 확인하다, 예시하다, 추리하다, 개설하다, 지적하다, 관계짓다, 선택하다, 분리하다, 세분하다.
종 합	잘 구성된 글을 쓰다, 잘 짜여진 연설을 하다, 창작을 하다, 실험계획을 세우다, 상이한 영역의 학습을 통합하다, 대상을 분류하기 위한 새로운 설계를 구성하다.	분류하다, 결합하다, 편찬하다, 구성하다, 창작하다, 고안하다, 설계하다, 설명하다, 일으키다, 수정하다, 조직하다, 계획하다, 재배열하다, 재구성하다, 재조직하다, 관계짓다, 교정하다, 고쳐 쓰다, 요약하다, 말하다, 쓰다.
평 가	작품의 논리적 일관성을 판단하다, 결론의 적절성을 판단하다, 작품의 가치를 판단하다.	평가하다, 비교하다, 결론을 내리다, 대조하다, 비평하다, 기술하다, 변별하다, 설명하다, 정당화하다, 해석하다, 관계짓다, 요약하다, 입증하다.

자료 : Bloom(1956), 정종진(1999:140) 재인용.

그런데 왜 오늘날 많은 우리나라의 도덕교육학자들이 '영역'과 '요소'에 대한 이해를 혼용하고 있는지를 생각해 보아야 할 것이다. 필자의 생각으로는 제7차 교육과정 개정작업을 하면서 이러한 문제가 노정되었다고 본다. 왜냐하면 기왕에 '인지·정의·행동'이라는 말은 블룸 등에 의한 교육목표분류학에서 사용되어 왔는데, 이것이 국가수준의 교육과정 철학에 부응하기 위한 도덕과교육과정의 개정단계에서 리코나(Thomas Lickona) 등이 주창한 '통합적 인격교육'을 사용하게 됨으로써 혼란이 시작되었던 것이다. 따라서 이 양자간의 입장에 대한 기초적인 검증을 해보는 것은 의미가 있다고 본다.

앞서 언급한 바와 같이 필자는 상기 세 가지의 측면이 영역에 대한 언명이라고 보았기 때문에, 교육목표분류학을 기준으로 삼고, 리코나의 주장과 그 인용자들의 주장이 갖는 한계점을 언급하고자 한다.

앞의 [표 6]과 [표 7]은 교육목표분류학의 인지적 영역에서의 주요 유목에 대한 간단한 설명과 일반적 수업목표와 동사를 나타낸 것이다.

한편 인지적 측면에 있어서 리코나(Lickona, 1991b)가 생각하는 세부적인 하위요소는 [표 8]에서 보는 바와 같다.

다음은 정의적 영역에 대한 내용이다. 목표분류학에서의 정의적 영역은 감정적 색조나 정서, 수용 또는 거부의 태도 등이 강조된다. 정의적 목표는 선정된 현상에 단순히 주의를 기울이는 것에서부터 복잡하면서도 내면적으로 일관성 있는 인격과 양심에 이르기까지 넓은 범위에 걸쳐 있다.

이런 목표들을 흥미, 태도, 감상, 가치, 정서적 반응 경향 또는 편견 등으로 표현하고 있다.

다음 [표 9]와 [표 10]은 교육목표분류학의 정의적 영역에서의 주요 유목에 대한 간단한 설명과 일반적 수업목표와 동사를 나타낸 것이다.

한편 정의적 측면에 있어서 리코나(Lickona, 1991b)가 생각하는 하위요소는 다음 [표 11]에서 보는 바와 같다.

[표 8] Lickona가 본 인지영역의 하위요소

	주요 내용
도덕적 인식 (moral awareness)	- 아동들에게서의 도덕적 결함은 도덕적 추론의 미성숙에서 기인하는 것이 아니라 도덕적 맹목에서 기인한다. - 우리가 직면한 상황이 도덕적 판단을 요구하고 있다는 것을 파악하기 위하여, 그리고 어떤 것이 올바른 행동방향인가를 주의 깊게 생각하기 위하여 우리의 지성을 사용하는 것이다. - 도덕적 판단을 내리기 전에 그에 관련된 구체적인 사실들을 알고자 노력한다.
도덕적 가치들에 대한 지식 (knowledge of moral values)	- 타인에 대한 책임감, 정직, 공정함과 같은 도덕적 가치들은 훌륭한 사람을 정의하는 기준들이 될 수 있다. - 그러한 도덕적 가치들은 세대를 통해서 계승되어 온 도덕적 유산이다. - 도덕적 가치들에 대한 지식을 지니는 것이 필요하다. - 하나의 가치를 알고 있다는 것은 다양한 삶의 상황 속에서 그러한 가치가 규정하고 있는 것을 이해하는 것이다.
입장채택 (perspective taking)	- 다른 사람의 관점을 취해 보는 능력, 즉 다른 사람들의 입장에 서서 자기가 처한 상황을 바라보고, 그들이 생각하고 느끼고 반응하는 것을 상상해 보는 것이다. 따라서 이는 도덕적 판단을 위한 필수조건이라고 할 수 있다. - 우리 자신을 어떤 상황에 투사하거나 또는 우리들의 행동으로 인해 영향을 받게 될 당사자들의 역할을 투사해 보는 것을 의미하는 도덕적 상상력(moral imagination)의 한 형태이다.
도덕적 추론 (moral reasoning)	- 우리가 도덕적으로 살기 위해서는 타인의 위치에 상상적으로 서 보는 것뿐만 아니라 타인들에 대한 우리의 의무를 올바르게 판단하는 것을 필요로 한다. - 도덕적인 앎의 한 형태로서의 도덕적 추론은 도덕적이라는 것이 무엇을 의미하는지를 이해하는 것뿐만 아니라 왜 우리가 도덕적이어야만 하는지를 이해하는 것을 포함한다. - 도덕적 추론은 우리로 하여금 가치들의 위계를 설정하는 것을 도와주고, 가치들이 갈등을 일으킬 때 무엇을 결정해야 하는지를 도와주는 원리들을 형성하도록 한다.
의사결정 (decision- making)	- 같은 도덕적 추론 단계에 있는 두 사람이라고 할지라도 도덕적 결정을 내릴 때에는 상이한 과정을 사용할 수 있다. - 어떤 사람은 좀더 많은 시간을 투자하고, 많은 사실들을 고려하고, 더욱 반성적일 수 있다. - 따라서 사려 깊고 체계적인 방식 속에서 도덕적 결정을 내리는 것은 도덕적 앎의 중요한 측면이라고 할 수 있다.
자기 자신에 관한 지식 (self-knowledge)	- 자기 자신에 대한 지식을 얻는 것은 도덕적인 앎에 있어서 가장 어려운 일이다. 하지만 그것은 인격발달을 위하여 근본적인 것이라고 할 수 있다. - 도덕적인 자기 지식을 발달시키는 것은 우리 자신의 인격의 장점과 단점들을 인식하게 되는 것, 그리고 우리의 단점들을 보완할 수 있는 방법을 아는 것을 포함한다.

자료 : Lickona(1991b:3-13), 박병기·추병완(1996:339-342) 재인용 요약정리.

[표 9] Krathwohl, Bloom & Masia의 정의영역의 교육목표분류

	주요 내용
감수(receiving)	- 어떤 현상이나 자극을 감지하는 것. 즉 현상이나 자극을 수용하고 유의하는 것. 의도된 다른 목표를 습득하기 위한 최초의 결정적 단계 : -감지 -자발적인 감수 -통제나 선택적 주의집중
반응(responding)	- 현상에 대해서 단순히 감수하는 것 이상으로 능동적으로 반응하는 것. 흥미 목표를 기술하기 위해서 이 유목을 사용한다 : -묵종(默從)반응 -자발적인 반응 -반응에 대한 만족
가치화(valuing)	- 행동의 지침이 되는 근본적인 가치에 관여되어 동기가 유발되는 것. 이 유목은 태도와 가치에 관한 목표를 기술하는 데 사용한다 : -가치수용 -가치선호 -행동화
조직화(organizing)	- 하나 이상의 가치가 관계된 상황에서 하나의 체계로 그 가치들을 조직하고, 그들간의 상호관계를 결정하고, 지배적인 가치체계를 수립하는 것. 조직된 가치체계가 나타나므로, 그 가치들을 개념화하고 위계적 관계를 수립하여야 한다 : -가치의 개념화 -가치체계의 조직
가치 또는 복합가치의 인격화(characterizing by a value or value complex)	- 가치가 개인의 가치위계 내에 자리를 잡고 있으며, 내적으로 일관된 체계로 조직되고, 이 방향으로 행동을 조성하리만큼, 충분한 시간 동안 개인의 행동을 통제하고 위협이나 도전이 체계에 따라 일관성 있는 행동을 하리만큼 인격의 일부로 내면화된 상태 : -일반화된 행동자세 -인격화

자료 : Krathwohl, Bloom & Masia(1964), 정종진(1999:141) 재인용.

[표 10] Krathwohl, Bloom & Masia의 정의영역에서의 일반적 수업목표와 동사

	일반적 수업목표의 예	학습성과 진술을 위한 동사
감 수	주의 깊게 듣다, 학습의 중요성을 알고 있음을 보이다, 인간의 필요와 사회적 문제에 민감함을 보이다, 인종과 문화의 차이를 수용하다, 학급활동에 밀접하게 참여하다.	질문하다, 선택하다, 기술하다, 따르다, 주다, 잡다, 확인하다, 찾아내다, 명명하다, 지적하다, 선정하다, 선출하다, 대답하다, 사용하다.
반 응	부과된 과제물을 완성하다, 학칙을 준수하다, 학급토론에 참여하다, 실험을 완료하다, 특별과제에 자원하다, 교과목에 흥미를 보이다, 즐겁게 타인을 돕다.	대답하다, 보조하다, 반응하다, 순응하다, 논의하다, 인사하다, 돕다, 명칭을 붙이다, 수행하다, 실행하다, 제출하다, 읽다, 이야기하다, 보고하다, 선택하다, 말하다, 쓰다.
가치화	민주적 과정에 대한 신념을 보이다, 문학(예술, 음악) 작품을 감사하다, 과학(또는 다른 교과)의 소임을 인식하다, 타인의 복지에 대한 관심을 보이다, 문제를 해결하려는 태도를 보이다, 사회개선에 책임을 느낀다.	완료하다, 말하다, 구분하다, 설명하다, 따르다, 형성하다, 시작하다, 초래하다, 참여하다, 정당화하다, 읽다, 보고하다, 선택하다, 나누다, 연구하다, 일하다.
조직화	민주주의에서 자유와 책임을 균형을 이룬 조화를 인정하다, 문제해결에서 체계적 계획의 구실을 인정하다, 자신의 행동에 대한 책임을 수용하다, 자신의 강점과 약점을 이해하고 수용하다, 자신의 능력과 흥미 그리고 신념에 어울리는 생활계획을 세우다.	지지하다, 변경하다, 배열하다, 결합하다, 비교하다, 완성하다, 옹호하다, 설명하다, 일반화하다, 확인하다, 통합하다, 수정하다, 명령하다, 조직하다, 준비하다, 관련짓다, 종합하다.
인격화	안전의식을 나타내다, 자립정신을 보이다, 집단활동에서 협력한다, 문제해결에서 객관적 방법을 사용하다, 근면·시간엄수·수양하는 태도를 보이다, 좋은 건강을 유지하는 습관을 갖다.	행하다, 변별하다, 나타내다, 영향을 미치다, 귀를 기울이다, 수정하다, 수행하다, 연습하다, 제안하다, 평하다, 질문하다, 교정하나, 봉사하나, 풀나, 이용하다, 검증하다.

자료 : Krathwohl, Bloom & Masia(1964), 정종진(1999:142) 재인용.

[표 11] Lickona가 본 정의영역의 하위요소

	주요 내용
양 심 (conscience)	- 성숙한 양심은 도덕적 의무감뿐만 아니라 건설적인 죄책감(constructive guilt)을 지니는 능력을 포함하고 있다. - 건설적인 죄책감을 지닐 수 있는 능력은 우리로 하여금 유혹에 맞설 수 있도록 도와준다. - 따라서 양심을 지니고 있는 사람은 도덕적 가치들과 자기 자신을 동일시하고자 노력한다.
자기존중 (self-respect)	- 자기존중은 자기 자신의 가치와 존엄성에 대한 적절한 존중감이다. - 우리가 우리 자신을 소중하게 여길 때 우리의 몸과 마음을 학대하는 경향이 줄어들 뿐만 아니라, 다른 사람들이 우리의 몸과 마음을 더럽히는 것을 허용하지 않게 된다. - 자기존중감은 타인을 존중하는 것을 용이하게 해준다. 자기 자신을 제대로 존중하지 않는 사람이 다른 사람을 존중하는 것은 어렵기 때문이다.
감정이입 (empathy)	- 감정이입은 다른 사람의 내적 상태와의 동일시, 혹은 다른 사람의 내적 상태에 대한 대리적 경험을 의미하는 것이다. - 감정이입은 자아와 타아의 경계를 제거하여 주기 때문에 우리는 감정이입을 통해 다른 사람이 느끼고 있는 것을 같이 느끼게 된다. - 겉으로 드러난 차이의 이면을 바라볼 수 있으며, 인간공통의 휴머니티에 반응할 수 있는 일반화된 감정이익을 지니는 것이 도덕적 감정에 있어서 매우 중요하다.
선(善)에 대한 사랑 (loving the good)	- 인격에 있어서 최상의 형태는 선에 대해 순수하게 이끌려지는 것을 포함하고 있다. - 선을 사랑하는 사람은 스스로 타인을 도와주는 데서 즐거움과 보람을 얻게 된다. - 의무가 아닌 자발적 경향성에서 우러나오는 이러한 성향은 도덕적 감정에 있어서 필수적인 한 부분을 이루고 있다.
자기통제 (self-control)	- 인간의 감정은 쉽게 이성을 압도하기 때문에 자기통제가 필수적인 도덕적 덕이 되어야 한다. - 자기통제는 우리가 도덕적으로 행동하는 것을 원하지 않을 때에도 우리로 하여금 윤리적인 입장을 계속 유지하도록 만들어준다. - 따라서 자기통제는 자기 탐닉을 막아주는 데 있어서 필수적인 것이다.
겸 양 (humility)	- 진리에 대한 순수한 개방성과 우리의 실패를 교정하기 위하여 행동하려는 적극적인 의지를 포함하고 있다. - 겸양은 악을 행하는 것에 대한 최상의 보호막이다.

자료 : Lickona(1991b:3-13), 박병기·추병완(1996:342-345) 재인용 요약정리.

[표 12] Simpson의 행동영역의 교육목표분류

	주요 내용
지각(perception)	감각기관을 통해서 대상, 특징, 관계 등을 지각하는 과정이 신체적 동작을 수행하는 첫 단계이다. 지각은 신체적 운동에 이르는 상황-해석-행위의 연쇄과정 가운데서 주요 부분을 이룬다.
태세(set)	태세는 특정한 운동이나 경험에 대한 준비적 조정을 하는 단계로서 태세는 정신적·신체적·정서적 태세로 구별될 수 있다.
인도된 반응 (guided response)	인도된 반응은 운동기능 발달의 초기단계에 속한다. 따라서 더 복잡한 지도 밑에 행하는 외형적 동작의 기초가 된다.
기제화 (mechanism)	이 수준에서 학습자는 어느 정도의 자신과 숙련도를 가지고 동작을 수행할 수 있다. 습관인 동작은 자극에 대한 가능한 반응 가운데서 학습자의 레퍼토리의 일부이다.
복합적 외현반응 (complex overt response)	이 수준에서 학습자는 복잡한 기능동작을 최소의 에너지와 시간을 소비하여 효과적으로 부드럽게 수행할 수 있다.

자료 : Simpson(1966:110-144), 정종진(1999:143) 재인용.

[표 13] Simpson의 행동영역에서의 일반적 수업목표와 동사

	일반적 수업목표의 예	학습성과 진술을 위한 동사
지 각	기계의 소리에 기능 부전을 알아내다, 음식의 맛과 양념의 필요성과의 관계를 짓다, 음악과 특정의 무용스텝과의 관계를 짓다.	선택하다, 기술하다, 찾아내다, 변별하다, 구분하다, 식별하다, 분리하다, 관계짓다, 선택하다.
태 세	나무에 니스를 칠하는 순서를 안다, 공을 치기 위한 적절한 신체적 자세를 취하다, 타이핑에 대한 욕구를 효율적으로 나타내 보이다.	시작하다, 나타내다, 설명하다, 움직이다, 진행하다, 반응하다, 보이다, 출발하다, 지원하다.
인도된 반응	시범대로 골프 스윙을 하다, 시범대로 붕대를 감다, 식사준비를 위한 순서를 결정하다.	조립하다, 건축하다, 측정하다, 구성하다, 분해하다, 연주하다, 묶다, 고정시키다, 갈다, 가열하다, 조종하다, 측정하다, 조직하다.
기계화	부드럽고 명료하게 쓰다, 실험장비를 짜맞추다, 슬라이드 프로젝트를 조작하다, 간단한 무용스텝을 밟다.	상동
복합적 외현반응	능력톱을 능숙하게 소삭하나, 정확한 수영자세를 취하다, 능숙하게 자동차 운전을 해 보이다, 능숙하게 바이올린을 연주하다, 전기장비를 빠르고 정확하게 수리하다.	상동

자료 : Simpson(1966:110-144), 정종진(1999:143) 재인용.

[표 12]와 [표 13]은 교육목표분류학의 행동영역에서의 주요 유목에 대한 간단한 설명과 일반적 수업목표와 동사를 나타낸 것이다.

한편 행동적 측면에 있어서 리코나(Lickona, 1991b)가 생각하는 하위요소는 다음 [표 14]에서 보는 바와 같다.

이상에서 교육목표분류학에서의 인지적·정의적·행동적인 분류와 리코나의 분류를 비교해 보았다. 이 양자는 용어상으로는 매우 유사하게 보이지만, 실제로 그 하위요소는 상당히 다르게 구성되어 있다. 전자는 교육의 목표로서 그 목표를 구성하는 세 가지의 영역을 말하는

[표 14] Lickona가 본 행동영역의 하위요소

	주요 내용
능 력 (competence)	- 도덕적 능력은 도덕적 판단과 감정을 효과적으로 도덕적 행동으로 옮기는 능력을 지닌 것을 의미한다. - 본래 도덕성이라는 개념은 근본적으로 다루기 힘든 인간관계와 상호작용들을 다루고 있다. - 하나의 갈등을 공정하게 해결하기 위하여 우리는 듣는 것, 타인의 의견을 묵살하지 않는 가운데 우리의 관점을 이야기하는 것, 서로 수용할 수 있는 해결을 찾아내는 것 등과 같은 실천적인 기능들을 필요로 하고 있다.
의 지 (will)	- 의지는 우리의 도덕적 에너지를 동원시켜 준다. 또한 우리가 옳은 것이라고 알고 있으며 느끼고 있는 것을 행동으로 옮기는 것을 가능하게 해준다. - 쾌락에 앞서서 의무를 이행하고자 하며, 최선을 다해서 책임을 완수하려는 것 또한 의지를 필요로 한다. 유혹을 거부하고 외부의 압력에 맞설 수 있는 의지가 있어야 가능한 것이다.
습 관 (habit)	- 습관은 단순히 행동뿐만 아니라 사고와 감정의 일관된 유형을 의미한다. - 도덕적 행동 가운데 상당수는 습관을 통하여 이루어진다. - 도덕적 행동에 있어서 습관의 힘을 중시해야만 한다.

자료 : Lickona(1991b:3-13), 박병기·추병완(1996:345-346) 재인용 요약정리.

것이고, 후자는 각 영역별 하위요소를 열거하는 것이 아니라 그 성격이나 특성에 대해 언급하고 있다. 그런데 현재 도덕과교육에서의 세 영역은 후자의 입장을 택하고 있다. 분명히 도덕과교육을 위한 내용으로서의 덕목, 그리고 그것을 유목화하는 작업은 매우 위험한 발상이라고 본다. 따라서 '영역'과 '요소'는 전혀 별개의 의미이며, 도덕과교육에서 중시되어야 하는 개념은 교육목표 내지 범주로서의 '영역'인 것이다.

(6) 덕목 자체의 형식성

도덕과교육에 있어서의 덕목은 가르치기 위한 '내용'(contents)이 아니라 '범주'(category)이다. 기존의 도덕교육에서는 원리와 형식의 문제로 많은 토론이 이루어졌으나, 필자는 덕목 자체가 원리와 형식을 다 포함하는 일종의 범주라고 생각하는 것이다.

대체로 덕목을 하나의 교육내용으로 보기 시작한 것은 교육목표의 분류기준으로 보려고 하지 않고, 일종의 통합된 인격의 하위 구성요소로 인식한 데서 비롯되었다. 이는 바로 리코나의 학문적 업적에서부터 시작된다.

원래 리코나는 오늘날 사회의 도덕성 타락은 바로 개인의 인격 결함에서 비롯되고 있다고 규정하고 있다. 즉 지금 미국사회는 심각한 도덕적 문제들에 직면해 있다고 규정하면서, 그러한 도덕적 문제들의 기원은 개인들의 인격적 결함 또는 윤리적 문맹(ethical illiteracy) 현상에서 비롯되고 있다고 보고 있다. 따라서 미국사회의 도덕적 재건은 각 구성원들이 훌륭한 인격을 구비하는 것을 통하여 이루어질 수 있으며, 학교는 이 과정에 있어서 윤리적 방관자가 되어서는 안 된다고 주장하고 있다.[8]

리코나는 아리스토텔레스의 인격에 대한 논의를 바탕으로 인격을 행

---

8) Lickona(1991a:5), 박병기 · 추병완(1996:338) 재인용.

동에서의 가치들, 즉 활동적 가치(operative values)들로 이루어진 것으로 규정하고 있다. 즉 그는 하나의 가치가 하나의 덕이 될 때 우리의 인격이 발달해 나간다고 보고 있다. 그는 아리스토텔레스를 따라서 덕을 도덕적으로 선한 방식에서 상황에 반응하기 위한 신뢰할 수 있는 내적 성향들이라고 규정하고 있다.9) 그는 훌륭한 인격은 선을 아는 것, 선을 열망하는 것, 선을 행하는 것을 모두 포함하고 있다는 것이다. 그는 이것을 정신의 습관, 마음의 습관, 행동의 습관이라는 용어로도 바꾸어 표현하고 있다. 이 세 가지 요소들이 도덕적 생활을 해나가는 데 있어서 필수적인 것이며, 성숙한 도덕성을 구성한다는 것이다. 그러므로 그의 인격개념은 인지적·정의적·행동적 차원을 모두 통합하고 있는 하나의 포괄적인 개념이라고 볼 수 있다. 특히 인격의 세 가지 특징인 도덕적으로 아는 것, 믿는 것, 그리고 행동하는 것은 분리된 영역 속에서 기능하는 것이 아니라 모든 방식에서 서로 영향을 주고받으며 기능하는 것이다. 즉 인격의 세 가지 구성요소들은 우리가 잘 인식하지 못하는 매우 복잡하고도 동시적인 상황 속에서 상호작용을 해나가고 있다.10)

이와 같이 원래 덕목 자체가 갖고 있었던 복합적인 상징성과 통합적 형식성은 소위 통합적 인격교육을 주장하는 리코나와 같은 학자들과 그의 이론을 국내에 도입하게 된 일부 학자들의 곡해에서 비롯된 것으로 본다. 즉 목표설정을 위한 논리적 준거로서의 덕목과 교육내용으로서의 덕목은 구분되어야 한다는 것이다. 그 이유는 덕목 자체가 교육내용이나 교육방법 등 도덕교육이 전반적으로 지향하고자 하는 가치내재적인 제반요소를 결정하는 사실상의 범주이기 때문이다.

---

9) Lickona(1991a:51), 박병기·추병완(1996:338) 재인용.
10) Lickona(1991b:3-13), 박병기·추병완(1996:339) 재인용.

(7) 덕목간의 갈등이 아닌 조화의 가능성

현행 덕 교육 내지 인격교육 중시 경향의 도덕과교육의 전통 이전에는 가치갈등에 의한 교수-학습모형을 선호하였다. 현행 국가교육과정의 기본적인 철학이 피교육자로 하여금 통합된 지식, 살아 있는 지식을 강조하기 때문에 도덕과교육도 그러한 시대적 조류에 부응하기 위해 이제는 가치 및 덕목간의 갈등에 의한 전략수립은 중요한 도덕과교육과정에 있어서의 전략이라고는 할 수 없다. 그렇다고 해서 현행 도덕교육이 덕목간의 갈등이 아닌 적극적인 조화의 방법을 수용하고 있는 것 같지는 않다.

그런데, 어떠한 가치도 항상 갈등만을 일으키는 것은 아니다. 기존의 교육과정에서 목숨을 바쳐 국가에 충성을 다하려고 하는 것과 살아서 부모님께 효도를 다해야 한다는 덕목을 그야말로 '교묘하게 찾아내어' 학생들에게 억지로 갈등을 일으키려고 한 측면이 있다는 것이다.

따라서 이러한 갈등을 유발케 하는 덕목들도 있겠지만, 상호 조화를 이루어내는 덕목들도 분명히 있음을 전제하고 이들 덕목들이 상보적인 효과를 발휘하는 경우도 생각해 보아야 할 것이다. 그 한 예로, 겸손, 배려, 양보, 무욕, 절제, 검소 등의 덕목들은 같은 성격으로 하나의 동아리에 묶을 수 있을 것이다. 그 외에도 묶음의 방식을 더욱 다양하게 상정할 수 있을 것이다.

(8) 덕목에 대한 소극적 접근의 중요성

여기서 말하고자 하는 '소극적 접근'(negative approach)이란 덕목에 대해 단순히 적극적이지 않기만 하는 접근법이 아니라, 상대적으로 덜 관심을 가지면서도 더 좋은 교육효과를 발휘하는 접근을 말한다. 즉 제범주별 가능태의 '최상·최선·최고'(＝탁월성, excellency)를 추구하는 데 천착하지 않는다는 뜻이다.

여기에는 두 가지의 측면의 노력을 생각해 볼 수 있다. 첫째, 덕목영역간의 통합을 이루지 않고서도 훌륭한 덕을 발휘하는 경우이다. 예를 들어 사회적으로 아주 훌륭하다고 평가받고 있는 특정 종교지도자를 보면, 그들은 자신의 종교적 신념에 의해 평생을 오로지 하나의 덕목에 천착하여 그것을 실천하려고 한 인물들이 많다. 그런데 우리는 그들이 다른 종교적 신념 내지 덕목을 골고루 구비하지 못하였다고 하여 훌륭하지 않다고 단정하지 않는다. 이는 곧 영역별 모든 덕성을 반드시 통합해야만 한다는 논리에 반하는 주장이다. 즉 그들의 행동이 반드시 위배되었다고 말할 수 없는 것이다.

둘째, '지체부자유자'나 '정신박약아'의 입장에서 본 영역별 덕목의 완전성의 기준과 정상인이 보는 입장에서의 그것은 다르다는 점을 고려해야 한다. 아무 것도 듣지도 못하는 사람에게 '타인에게 고운 목소리로 말하기'(= 공손)와 같은 덕목을 요구할 수는 없을 것이다. 그리고 그 사람이 최대한의 경의를 발휘하여 드러내는 언행은 비록 정상인의 범주에서는 다소 이상하게 들릴지는 모르지만 그것은 가히 도덕적이라고 말할 수 있다는 점이다.

이와 같은 소극적 접근은 비단 도덕교육에 국한된 주장이나 운동이 아니다. 다양한 분야에서 이와 같은 움직임이 나타나고 있다.[11] 결국 도덕과수업은 '할 수 있다. 느낄 수 있다. 행동할 수 있다'를 요구하는 것이 아니라 '하는, 느끼는, 행동하는'으로 바뀌어야 하는 것이다. 전체

---

11) '소극적 접근'의 대표적인 한 예로는 패스트푸드(fastfood) 문화에 대항하여 이탈리아에서 일기 시작한 슬로푸드(slowfood) 운동이 있다. 원래는 음식문화와 관련된 운동이었는데, 제반 현대문명의 지나친 상징성과 탈자연주의적 경향에 경종을 울려주는 운동으로 승화되었다. 현재 이 운동은 많은 분야의 학자들이 참여하여 전문학술지도 발간하고 있다. 국내에도 관련 인터넷 사이트가 있다 (http://www.slowfood korea.com). 비록 이 학회와는 직접적인 관련을 갖고 있지는 않지만, 이와 비슷한 분류에 속할 수 있는 사례로는 Breton(2003); Sansot (2001); Simmons(2002); 이남호(1997) 등이 있다.

적으로 항상 어떤 가치로운 덕목이 있는 것을 전제하는 교육이 아니라, 도덕적으로 '의미로운 인간'이 되도록 하면 되는 것이다.[12]

(9) 덕목의 최고형태에 대한 문제

현행 도덕과교육에서 덕목은 매우 중요한 역할을 차지하고 있다. 그런데 덕목 자체를 우리 인간들이 어떤 형식으로 받아들이는가에 따라 교육에 있어서 많은 기대차이를 가져온다. 그 유형은 다음 두 가지로 생각해 볼 수 있다.

첫째, 인간이라면 누구나 공통으로 추구해야 하는 가장 이상적이면서도 최고의 형태로 덕목을 상정하는 것이다. 이와 같은 입장은 미국의 '장학 및 교육과정 개발위원회'(ASCD: Association for Supervision and Curriculum Development)가 제시한 '도덕적으로 성숙한 인간의 모습'(the morally mature person)에 가깝다. 여기서는 도덕적으로 성숙한 사람은 다음과 같은 여섯 가지 특성을 습관적으로 행하는 사람이라고 한다.

첫째, 인간의 고귀함을 존중한다. ① 모든 사람들의 가치와 권리에 대한 존중을 나타낸다. ② 속임수와 거짓을 피한다. ③ 인간의 평등을 드높인다. ④ 양심의 자유를 존중한다. ⑤ 다른 견해를 지니고 있는 사람들과

---

12) 여기서 필자가 말하고자 하는 바는 '의미로운(significant) ≠ 의미있는(there is significance)'이다. 그런데 우리 말에는 은연중에 존재론적인(ontological) 측면이 강조되고 있다. 이런 우리의 언어구조 및 특징으로 볼 때 우리나라 사람들은 매우 존재지향적임을 알 수 있다. 여기에서 두 가지 사실을 들추어낼 수 있는데, 첫째, 우리나라 말과 우리나라 사람들의 의식구조가 '의미'보다는 '존재'에 천착되는 경향이 있다는 점이다. 둘째, 설령 '의미'에 대해 관심을 가진다고 하더라도 강한 존재지향성으로 인해 '의미롭다'는 말 대신에 '의미있다'라는 말을 선호한다는 점이다. 이러한 차원에서 필자는 우리의 생활공간 속에서 흔히 발견하고 접하게 되는 '존재하지 않는 것'이 과연 '의미롭지 못한 것'이라고 단정적으로 치환될 수 있는가 하는 의문을 제기하고자 하는 것이다.

함께 일한다. ⑥ 편견을 가진 행동을 삼간다.

둘째, 타인들의 복리에 대해 신경을 쓴다. ① 사람들간의 상호의존성을 인정한다. ② 자신이 속해 있는 국가를 사랑한다. ③ 사회정의를 추구한다. ④ 타인들을 돕는 것을 즐거워한다. ⑤ 다른 사람들이 도덕적 성숙에 이를 수 있도록 도와주는 일을 한다.

셋째, 개인적 이해관계와 사회적 책임을 통합한다. ① 공동체 생활에 관여한다. ② 공동과업에서 자기에 할당된 몫을 이해한다. ③ 자아관련 가치들 그리고 타인관련 도덕적 가치들을 일상생활에서 나타낸다. ④ 서약을 충실히 이행한다. ⑤ 타인들과의 관계들을 통해서 자기 자신에 대한 존중감을 발달시킨다.

넷째, 일상생활에서 성실함을 표명한다. ① 근면함을 실천한다. ② 도덕적 원칙을 견지한다. ③ 도덕적 용기를 나타낸다. ④ 타협할 때와 대결할 때를 분별할 줄 안다. ⑤ 자신의 선택에 따르는 책임을 수용한다.

다섯째, 도덕적 선택들에 대하여 숙고한다. ① 상황에 관련되어 있는 도덕적 문제들을 인식한다. ② 도덕적 판단을 내릴 때에 도덕적 원리들을 적용한다. ③ 결정의 결과들에 대하여 생각해 본다. ④ 자신이 속해 있는 사회와 세계적으로 중요한 도덕적 이슈들에 대하여 알고자 노력한다.

여섯째, 평화적인 갈등 해결을 모색한다. ① 개인적 갈등과 사회적 갈등의 공정한 해결을 위하여 애쓴다. ② 언어적·물리적 공격을 삼간다. ③ 타인에 대하여 주의 깊게 귀를 기울인다. ④ 서로 의사소통할 수 있도록 타인들을 고무한다. ⑤ 평화를 위하여 일한다(ASCD Panel on Moral Education, 1988:19-20).

둘째, 비록 특정인간이 정신박약자나 지체부자유자라고 할지라도, 그로 인해 보편적인 덕목의 수위에 도달할 수는 없지만, 자신에게 부여된 품성에 맞게 최선을 다하기만 한다면 선한 삶을 살아가는 것으로 보는 입장이다.

필자는 후자의 입장에 있다. 즉 덕목을 통해 달성해야 할 교육의 목표수준을 최고형상만을 추구하는 상승과정으로 설정하지 말아야 한다. 인간은 현실적으로 존재구속성을 가지고 있으므로, 개체로서의 최소한의 자율성만을 가지고도 사람답게 생존할 수 있을 정도의 기준을 충족하면 된다. 따라서 무한대의 최상의 목표를 위해 끊임없이 수양해 가는 접근법보다는 현실적인 임계수준을 다각적으로 연구하여 이것을 기준으로 상정하고, 거기에 부합하기만 하면 되는 것으로 봐야 할 것이다.

4. 향후 도덕과교육을 위한 바람직한 덕목 구현 방향

1) 도덕과교육 내적인 발전방향

향후 도덕과교육에서 바람직한 덕목을 구현하기 위해, 도덕과교육 내적인 발전방향으로 다음 몇 가지를 제안하고자 한다.

첫째, 도덕과교육에 있어서 선행인지중심의 접근에 대한 반성적 접근으로 통합적 인격의 중요성은 의미 있는 시사를 주기는 하지만 그것이 능사인 것으로 단정해서는 안 될 것이다. 즉 도덕교육에 있어서 덕목이라고 하는 요소는 매우 중요하기는 하지만, 그 자체가 곧바로 교육의 내용이 되는 데는 상당한 문제점이 있으며, 덕목을 교육의 범주 내지 영역으로 이해하는 것이 마땅하다고 본다. 그리하여 교육과정의 기본적인 틀을 설정할 경우에는 통합적인 인격을 구비할 수 있도록 총괄적인 대강을 구축하고, 이를 구현하기 위해서는 덕목의 영역별로 구체화의 노력을 다각적으로 진행해 나가야 할 것이다.

둘째, 덕목의 다양한 층위를 고려해서 교육에 반영해야 할 것이다. 예를 들어 '신뢰'(trust)라는 덕목이 있다면, '다른 사람을 믿어야 한다'는 입장, '다른 사람이 믿도록 한다'는 입장, '모든 사람이 믿을 수 있는 공동체를 만든다'는 입장, '다른 사람이 거짓말쟁이인데도 나는 그를 계속해서 믿어야 하는지' 등의 입장을 동시에 고려해야 할 것이다.

셋째, 비슷한 양식으로 발현되는 덕목은 유목화하여 가르쳐야 할 것이다. 다음과 같은 구분을 해볼 수 있겠다. 즉 유형 ① '도덕적 행위자 본인이 간절히 열망해야만 이루어지는 덕목'(= 책임, 생명존중, 성실, 경애, 효도, 예절 등), 유형 ② '아무런 욕심을 내지 않아도 이룰 수 있는 덕목'(= 겸손, 무욕, 검소 등), 유형 ③ '자기가 가진 재화나 이익을 버림으로써 얻을 수 있는 덕목'(= 희생·봉사, 절제 등) 등이다.

넷째, 다양한 형태의 교육과정개발을 위해 협력을 해야 할 것이다. 교육과정개발의 세 주체인 국가·지역·학교별 교육과정개발에 따른 교육과정의 분담 역할의 유형과 성격에 대한 내용인데, 부여된 기본적인 역할분담을 토대로 적극적으로 도덕과교육을 위한 공감대를 형성해 나가야 할 것이다([그림 3] 참조).

[그림 3] 교육과정개발의 세 수준별 주체 - 유형 - 성격

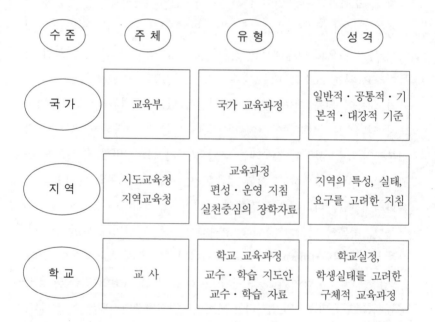

자료 : 허경철 외(2003:215).

다섯째, 도덕과교육의 목표설정시, 최고단계를 '행동'영역이라고 단정하는 것을 지양해야 하며, 특히 초등학교 도덕과에서는 요망하는 행동수준의 비율을 낮추는 것이 좋을 것으로 본다. 지능과 육체적인 발달이 아직 다 이루어지지 않은 초등학교 학생들에게 '완전한 덕'을 행동으로 요구한다는 것은 무리이기 때문이다. 현재 초등학교의 전반적인 교육과정 철학도 이와 같은 필자의 주장에 부합된다고 생각한다. 그리하여 어떤 훌륭한 행동을 할 수 있는 인지적·정의적인 가능태 (potentiality)를 더 풍부하게 하는 것이 주(主)가 되어야 하는 것이다. 즉 초등 도덕과교육은 '마음의 씨앗'(= 마음씨)을 잘 간직하도록 도와주면 소기의 목적은 달성된 것으로 보아야 할 것이다.13)

여섯째, 도덕과수업을 위한 다양한 형태의 통합형 접근을 시도해야 할 것이다. 그리고 수업의 진행순서도 인지 → 정의 → 행동의 고정적 틀을 탈피해야 할 것이다.

일곱째, 덕목과 관련하여 사용되고 있는 용어에 대한 바른 이해를 해야 할 것이다. 예컨대 덕목을 '영역'으로 분류할 것인지, '요소'로 분류할 것인지의 문제이다. 필자는 영역에 의한 분류가 타당하다고 본다.

여덟째, 덕목을 수업현장에서 구현할 때, 유사한 성격으로 묶어서 할 수 있는 방법과 함께, 항상 최고의 가치만을 최상의 조건에서 가르치려고 하는 지상주의에서 벗어나야 하겠다.

---

13) 초등학교 교육목표 중에서 가장 마지막 부분의 내용은 필자가 보기에, 가장 적합한 중점이다. 사실 초등학생들이 다양한 경험이나 태도를 가진다는 것은 무리라고 본다. 어떤 행동이나 감성을 품을 수 있는 '마음의 씨'만을 심어둔다면 그것으로 족하다고 본다. ① 몸과 마음이 균형 있게 자랄 수 있는 다양한 경험을 가진다. ② 일상생활의 문제를 인식하고 해결하는 기초능력을 기르고, 자신의 생각과 느낌을 다양하게 표현하는 경험을 가진다. ③ 다양한 일의 세계를 이해할 수 있는 폭넓은 학습경험을 가진다. ④ 우리의 전통과 문화를 이해하고 애호하는 태도를 가진다. ⑤ 일상생활에 필요한 기본생활습관을 기르고, 이웃과 나라를 사랑하는 '마음씨'를 가진다(교육부, 1997:3). (강조는 필자)

아홉째, 덕목과 관련하여 교과교육에 적용할 때, 미래지향적인 덕목을 소홀히 해서는 안 될 것이다. 도덕·윤리학사적으로 볼 때, 가장 오랜 역사는 고전적 덕목을 사회화(socialization)하려고 하는 전통이었다. 그리고 난 뒤 발달론이 대두되었고, 여기에 이 양자의 통합을 위한 시도가 소위 통합적 인격교육을 주장하는 학자들에 의한 주장이다. 이러한 주장은 현행 우리나라의 도덕과교육의 교육과정을 구축하는 기본철학이라고 할 수 있다. 하지만 아무리 좋은 통합적 노력으로 이상적인 교육을 한다고 하더라고 교육 자체가 갖고 있는 기능이 기본적으로 사회화라고 하는 점은 부인할 수 없다. 따라서 현재 통합적 인격의 맥락에서 강조되고 있는 덕목도 어느 정도 전통화된다면 기존의 전통적 사회화론자들이 받게 되는 비판을 피할 수 없을 것이다. 이러한 점들을 고려하여 변화하는 시대에 능동적으로 부응할 수 있는 덕목을 발굴해야 할 것이다. 예컨대 창의성, 희망 등의 덕목이 여기에 해당될 수 있다고 본다.

2) 도덕과교육 관련 범학회적 노력 및 기타노력

현재 국내에는 도덕과교육 및 국민윤리와 직접적인 관련이 있는 학회로는 한국국민윤리학회, 한국윤리교육학회, 한국도덕윤리과교육학회, 한국초등도덕교육학회, 한국교육학회 도덕교육연구회, 그리고 각도별 소연구모임 등이 있다. 현재로서는 교육학과중심의 도덕교육연구회를 제외하고는 도덕과교육 전공자들이 중심이 되어 학회활동이 이루어지고 있다. 하지만 지금껏 이러한 학회들은 다양성과 지역적 편의성 등의 이유 때문에 함께 하려고 하는 공동노력을 적극적으로 하지 못했다. 이와 같은 차원에서 다음의 몇 가지 제언을 하고자 한다.

첫째, 도덕과교육과 관련된 학회들간의 다양한 형태의 학술대회 (congress)를 개최하여, 학문적인 발전은 물론이거니와 도덕과가 안고 있는 현실적인 문제에 대해 공동대처하는 노력을 해야 할 것이다.

둘째, 도덕과교육과 관련된 학회 회원들은 스스로의 학문적 정체성에 대해 깊은 애착을 가져야 할 것이다. 그 기준은 '국가수준의 윤리'와 '도덕과교육'이다. 국가단위(또는 국가중심)의 사고를 스스로 내면화하고, 더 나아가서는 교과교육을 위한 노력을 경주해야 할 것이다. 전국의 교대·사대의 국민윤리교육(윤리교육 또는 도덕교육) 학과의 일부 교수 및 연구진들은 마치 '국민윤리' 내지 그 교과교육학에 대해 자신들이 줄곧 연구해 온 순수학문의 연장선상에서 추구하려고 하는 경향이 많다. 그리하여 심지어 학회활동이나 저술활동도 교과교육이나 국가수준의 공동체윤리의 문제에 대해서는 등한히 하면서 자신들이 소속한 순수학문적 발전을 위해서만 노력하려는 경향이 많다. 이는 매우 개탄스러운 일이다. 모든 사물이 그러하듯 가장 아름다운 것은 그 자신의 정체성에 충실할 때이다.

셋째, 국가수준의 윤리적 문제와 학교급별 도덕·윤리교육의 발전을 위해 다양한 교육 및 연구 외적인 노력에도 관심을 기울여야 한다. 예컨대 최근 안보불감증의 심각한 사태에 대해서는 많은 윤리과교수 및 연구진들이 직접 나서서 신문의 기고나 독자 투고, 그리고 관련되는 시사적인 활동을 통해 적극적으로 사회활동을 병행하여 국민들의 건전 여론을 이끌어 갈 수 있는 노력도 해나가야 할 것이다.

5. 맺음말

본 연구는 현행 도덕과교육에서 강조하고 있는 덕목중심 교육의 본원적 의미를 제대로 살려야 할 필요성에서 출발하여, 현행 도덕과교육에서 강조되고 핵심적으로 사용되고 있는 덕목에 대한 위상을 진단해 보고, 교육과정을 보완발전하기 위한 데 그 목적을 두었다.

현행 도덕과교육에서의 덕목은 교육내용으로서의 지위를 갖고 있다고 본다. 이는 인격 내지 덕에 대한 통합성을 강조한 국가수준의 통합적 교육과정의 추진과 함께 더욱 더 교육내용화되어 가게 되었다. 이 와중에 교육의 범주 내지 목표의 지위를 가져야 할 덕목이 교육내용이 됨으로 인해 국가수준의 도덕과교육과정의 틀을 구성하는 데 있어서 약간의 혼란이 초래되었던 것이다.

이와 같은 덕목은 현실적으로 다른 대안적인 틀을 허용하지 않는다. 왜냐하면 국내외적인 도덕교육의 흐름과 국가교육과정의 요청이 지속적인 관계유지를 강요하고 있기 때문이다. 그리하여 주제중심의 대안적 논의가 이루어지고 있기는 하지만, 이는 덕목중심의 교육과정 전반의 문제점을 지적하는 논의라기보다는 그 자체도 덕목중심 속에서 포용될 수 있는 것이기 때문에 현행의 체제는 유지될 것으로 전제하였다.

이를 토대로 하여 몇 가지의 논쟁점을 부각시켜 다음과 같은 논의를 해보았다. 첫째, 도덕과교육에서의 교과교육학적 근저를 확고히 하기 위한 논의를 부각시켰다. 둘째, 도덕성 자체를 가르칠 수 있는 것인지의 고전적 질문을 제기하면서, 덕목 자체를 신성시하여 박제화하려는 경향에 지적을 가하고자 했다. 셋째, 덕목의 가변적 층위의 중요성을 제기하였다. 넷째, 통합적 접근의 효율성을 강조하였다. 다섯째, 덕목 자체는 영역과 요소 중에서 어느 개념에 부합되는가를 논하고서, 덕목은 영역임을 강조하였다. 여섯째, 앞선 논의를 더욱 전개하여, 덕목은 교육내용이 아니라 일종의 범주임을 강조하였다. 일곱째, 덕목간의 갈등을 조장하기보다는 조화를 통해 교육을 도모할 수 있는 방안을 검토해 보았다. 여덟째, 덕목이 갖는 최고지향성에 대한 반성과 함께, 오히려 소극적인 접근의 중요성도 동시에 중요함을 지적하였다. 아홉째, 덕목의 최고형태에 대해 반성적 검토를 해보았다.

이를 바탕으로, 향후 도덕과교육에서 바람직한 덕목의 구현방향을 두 분야로 나누어 제시하였다. 우선은 도덕과교육 내적인 발전방향이다. 첫째, 도덕과교육에 있어서 선행인지중심의 접근에 대한 반성적 접근을 통해 통합적 덕목의 중요성은 의미 있는 시도이기는 하지만 그것이 능사만은 아니라는 점을 지적하고 영역별 구체화 노력을 해야 함을 제시하였다. 둘째, 덕목의 다양한 층위를 고려해서 교육에 반영할 수 있는 대안을 제시하였다. 셋째, 비슷한 양식으로 발현될 수 있는 덕목에 대한 유목화 방안을 제시하였다. 넷째, 다양한 형태의 교육과정개발을 위한 협력방안을 제시하였다. 다섯째, 도덕과교육의 목표설정시 최고단계를 행동영역으로 국한하지 말 것을 지적하고, 그 대안적인 모델을 제시하였다. 여섯째, 도덕과 수업을 위한 대안적 통합형태를 제시하였다. 일곱째, 덕목과 관련된 바른 용어사용을 제시하였다. 여덟째, 덕목수업시 최상주의를 경계해야 함을 제시하였다. 아홉째, 덕목과 관련하여 교과교육에 적용할 때, 미래지향적인 덕목을 강조했다.

다음으로 도덕교육과 관련된 기타 노력의 일환으로 몇 가지를 제시하였다. 다양한 공동학술대회의 개최, 교과교육의 전통을 살려나갈 수 있는 바른 연구풍토의 조성, 국가수준의 윤리적 문제와 교과교육에 대한 관심을 더 많이 가져야 할 것이며, 비학술적인 분야에 대해서도 다각적인 노력을 해야 할 필요성이 있음을 제안하였다.

결론적으로 현행 도덕과교육과정에서의 덕목은 매우 중요한 역할을 수행하고 있으며, 이를 현실적으로 교육과정에 잘 적용하기 위해서는 교과교육학적인 바탕을 굳건히 하는 데 더욱 노력해야 한다고 본다. 특히 초등학생들에게 있어서의 덕목은 그 자체가 갖는 중압감으로 인해 매우 어려운 주제가 되기 쉽다. 따라서 초등 도덕교육과정을 기획할 때에는 학생들이 수업 제재로서의 덕목을 잘 알아볼 수 없을 정도로 아주 자연스럽게 해야 할 것이다.

심화 탐구 주제

1. 가치교육에 있어서 덕목은 내용인지 아니면 범주인지 자신의 입장을 개진해 보세요.

2. '도덕적으로 아는 것'과 '도덕적인 것을 아는 것' 사이의 차이점에 대해 설명해 보세요.

3. 덕목을 중시하는 교육에서 여유, 느림, 포용 등의 요소를 어떻게 구현할 수 있을지 의견을 제시해 보세요.

4. 중등에 비해 초등도덕교육의 특성으로 어떤 것이 있는지 의견을 제시해 보세요.

참고문헌

곽병선,「교과에 대한 한 설명적 모형 탐색」,『한국교육』 14(2), 1987.
교육부,『도덕과교육과정』, 대한교과서주식회사, 1997.
교육부,『초등학교 교사용 지도서』, 대한교과서주식회사, 2001.
교육부,『초등학교 교육과정 해설 (I)』, 대한교과서주식회사, 1998a.
교육부,『초등학교 교육과정 해설 (III)』, 대한교과서주식회사, 1998b.
김재복,『통합교육과정』, 교육과학사, 2000.
문용린,『도덕과교육론』, 갑을출판사, 1988.
박병기 · 추병완,『윤리학과 도덕교육 1』, 인간사랑, 1996.
서강식,『초등도덕과 교육과정의 이해』, 양서원, 2001.
신현우,『도덕과 교육과정의 주제중심 내용요소 탐색에 관한 연구』, 서울 대학교 대학원 박사학위논문, 2001.
오기성,「초등도덕과 내용체계의 재구성: 주제중심 접근」,『초등도덕교육』

제10집, 한국초등도덕교육학회, 2002, pp.75-107.

이남호, 『느림보다 더 느린 빠름』, 하늘연못, 1997.

이석호, 「도덕이론에서의 통합적 접근의 이론적 논거」, 진교훈 외, 『윤리학과 윤리교육』, 경문사 1997.

이순영 외, 『열린교육을 위한 주제탐구 표현활동』, 창지사, 1999.

이인재, 「제7차 초등학교 도덕과교육과정에 근거한 도덕수업의 효율화 방안」, 한국초등도덕교육학회, 『초등도덕교육』 제10집, 2002.

이홍우, 「도덕과교육과정 구성의 원리」, 이돈희 외, 『도덕과교육』, 능력개발사, 1977.

이홍우, 「도덕교육의 내용으로서의 윤리학」, 『도덕교육연구』 제1집, 한국교육학회 도덕교육연구회, 1982.

정세구 외 역, 『인격교육과 덕교육』, 배영사, 1995.

정원식 외, 『도덕과교육』, 한국능력개발사, 1975.

정종진, 『학교학습의 극대화를 위한 교육평가의 이해』, 양서원, 1999.

조난심, 「초등학교 도덕과교육의 발전방향」, 한국도덕과교육학회, 『도덕과교육론』, 교육과학사, 2001.

진교훈 외, 『윤리학과 윤리교육』, 경문사, 1997.

추병완 외, 『윤리학과 도덕교육 2』, 인간사랑, 2000.

추병완, 「도덕교육 이론에 대한 비판적 평가」, 『도덕윤리과교육』 제7호, 한국도덕윤리교육학회, 1996.

허경철 외, 『교과교육학신론』, 문음사, 2003.

ASCD Panel on Moral Education, *Moral Education in the Life of the School*, Alexandria, VA: Association for Supervision and Curriculum Development, 1988.

Bloom, B. S., *Taxonomy of Educational Objectives*(Cognitive Domain), New York: David McKay Co. Inc., 1956.

Breton, David Le, 김화영 역, 『걷기예찬』(*Eloge de la marche*), 현대문학, 2003.

Krathwohl, D. R., Bloom, B. S. & Masia, B. B., *Taxonomy of Educational Objectives*(Affective Domain), New York: David McKay co. inc., 1964.

Lickona, Thomas, *Educating for Character: How Our Schools Can Teach Respect and Responsibility*, New York: Bantam Books, 1991a.

Lickona, Thomas, *What is Good Character? And How Can We Develop It in Our Children*, Unpublished Paper presented at Poynter Center Ethics Colloquium, Indian University, May 1991b.

May, P. R., *Moral Education in School*, London: Methuen Educational Ltd., 1971.

Plato, *"Meno" in Protagoras and Meno*, W. K. C. Guthrie traslation, Penguin Classic, 1956.

Sansot, Pierre, 김주경 역, 『느리게 산다는 것의 의미 1 · 2』(*du bon usage de la lenteur*), 현대신서, 2001.

Simmons, Philip, 김석희 역, 『소멸의 아름다움』(*Learning to fall: The Blessings of an Imperfect Life*), 나무심는사람, 2002.

Simpson, E. J., *The Classification of Educational Objectives*(Psychomotor Domain), Illinois Teacher of Home Economics, 10, pp.110-144.

Wilson, John, *Practical Methods of Moral Education*, London: Heineman, 1972.

http://www.slowfoodkorea.com

제 2 장

가치교육에 있어서 덕목의 현실성 제고

1. 문제의 제기

도덕교육에서 덕목을 중시하는 경향은 예나 지금이나 큰 변함이 없다. 오늘날에 와서 인격교육(character education)과 맥을 같이 하면서 가치·덕목 자체에 대한 선별작업이 매우 중요하게 대두되었다. 그런데 이러한 가치·덕목에 대한 연구는 주로 그 자체의 우리 현실의 적합성과 기여성 등을 중심으로 다루어져 왔다.

반면 어떤 덕목이 얼마만큼 비중 있게 다루어져야 하는지에 대한 연구는 없었다. 즉 '충'(忠)이라는 덕목과 '효'(孝)라는 덕목을 가르친다고 할 때, 현재까지의 연구는 이 둘 중 어느 덕목을 더 비중 있게 다루어

* 이 장은 저자가 이미 발표한 논문(「도덕과교육에서 강조되는 가치·덕목의 현실성 제고를 위한 실태 분석: 1990-2001년」, 『도덕윤리과교육』 제15호, 한국도덕윤리과교육학회, 2002, pp.31-51)을 수정·발전시킨 것이다.

야 하는지에 대한 기초자료를 확보하지 못하고 있다. 현재로서는 산술적으로 균등 배분하여 시행하고 있는 실정이다.

본 연구는 도덕과교육에서 중시하는 가치 · 덕목에 대한 우리 사회의 경향을 살펴보고, 이러한 경향을 교육현장에 반영하고자 하는 것이다. 하지만 일반사회에서 통용되고 있고 관심이 높다고 해서 반드시 그 덕목의 가치서열이 상대적으로 높다는 뜻은 아니다. 이 점은 매우 유의하여 해석되어야 한다.

본 연구는 현행 제 7 차 교육과정의 도덕과교육에서 중시하는 가치 · 덕목의 현실성을 제고하기 위한 기초자료를 확보하고자 하는 데 그 목적을 둔다. 조사결과는 일차적으로 개별 가치 · 덕목에 대한 여론의 '관심'이 얼마나 높은 것인지를 살펴볼 수 있는 좋은 자료가 될 것으로 기대한다. 나아가서는 도덕과수업에서 제재수의 결정과 수업시수를 판단하여, 편성하는 데 매우 긴요한 자료가 될 것으로 기대한다.

2. 덕목과 도덕교육

1) 도덕교육의 제재로서의 덕목

도덕교육에 있어서의 덕 또는 덕목은 동서양을 막론하고 새로운 개념은 아니다. 동양에서는 전통적인 유교의 영향으로 충(忠), 효(孝), 인(仁), 예(禮), 의(義), 지(智), 그리고 신(信) 등의 덕목이 강조되어 왔다.[1]

---

1) 동양의 도덕교육에 있어서의 덕목에 관해서는 박재주 교수의 연구가 두드러진다. 특히 1장의 「공자 덕윤리의 통합윤리적 성격과 도덕교육적 함의」에서의 관련내용과 10장의 「주역의 생성논리적 윤리관」에서의 '전일적 덕(인격)윤리'에 대한 내용이 참고가 된다(박재주, 2000). 이외에도 이홍우(2000); 한형조 외(2002); 이계학 외(1998) 등이 있다.

우리나라의 현행 도덕과교육에 있어서의 덕목은 미국의 영향을 많이 받았다. 사실 전적으로 미국의 영향이라고 볼 수는 없지만, 우리의 문화적 전통을 바탕으로 하고 교육일반의 내용과 형식을 받아들이게 되면서, 자연스럽게 미국의 영향을 많이 받았다고 볼 수 있다. 도덕교육에서의 이러한 덕목은 교육의 요소나 제재로서 역할뿐만 아니라 교육의 방법까지 지배하는 경우가 많았다. 따라서 하향식(top-down)의 전수형식이 되었고, 존재론적으로 인간 이전에 덕목이 실재하는 것으로 가정되었다. 따라서 필요 이상으로 그 덕목을 지나치게 숭상하는 경우도 있었다.

이러한 경향은 미국의 인격교육을 통해서 잘 살펴볼 수 있다. 미국은 금세기 초까지만 해도 학교들은 자율, 신뢰, 의무와 같은 일반적으로 수용된 덕목들을 강조하는 교육과정을 개발하기 시작했다. 예를 들어 책의 시작부분에서 세 개의 선택물들의 특징을 이루는 인기 있는 중간수준의 읽기자료 시리즈는 다음 학년도의 분위기를 잡기 위한 목적을 가지고 있다. 선택물들은 카알라일의 「성취」(achievement), 키플링의 「~이라면」(if), 그리고 스티븐슨의 「인간의 임무」(A Man's Task) 등이다. 종종 학생들은 이러한 작품들을 암기할 것을 요구받았다. 또한 학교건물의 출입구 위에 새겨진 모토는 '덕스러운' 생활에 대해 강조하는 것을 기록하고 있다.[2]

또한 제2차 세계대전 이후, 덕에 대한 관심은 『딕과 제인』(Dick and Jane)의 독자들에게 반영되어 행위, 말, 그리고 의상에 대한 특수한 방식으로 나타났다. 새로 출현된 전자매체들은 완전한 가정, 완전한 직업, 그리고 완전한 삶의 방식을 추방시켰다. 이러한 이상적인 접근은 후원해 주는 부모, 우호적인 이웃, 그리고 적극적인 공동체 조직들을 가정하고 있었다. 학교는 학생들에게 분명한 일련의 해야 할 것들과

---

2) Burrett & Rusnak(1993), 정세구 외 역(1995:98) 재인용.

하지 말아야 할 것들을 주장함으로써 아동들의 순종심을 키워주고자 노력했다. 인격발달은 애국심과 관련되어 있었다. 그러나 곧 국제적이고 국내적인 발달은 이러한 '완전한 체계'를 와해시키곤 했다.[3]

록우드(Alan L. Lockwood)는 미국의 인격교육에 대해 진단하고, 인격교육에 있어서의 덕목의 단점과 함께 그 순기능을 다음과 같이 지적하고 있다.

> 인격들과 가치들의 목록에 대한 일반적인 문제는 그것들이 인격교육자들의 주장에 비하여 단순하고 직접적으로 실천적 지침을 제공하지 못한다는 점이다. 가치들은 종종 갈등을 일으키며 목록들은 그러한 갈등을 해결하지 못한다. 때때로 사람이 우리가 무엇을 해야 할지를 언급하지 않은 채 가치와 덕목들에 기초하여 어떻게 행동할 것인가가 불확실하다. 덕목들의 이러한 문제에 대한 쉬운 해결책은 없다. 그러나 덕목들의 인식을 거부하는 가치교육의 어떠한 프로그램도 인격교육과는 단절되고 공허한 것으로 남아 있을 뿐이다.[4]

도덕교육의 내용으로서의 덕목의 장점에 대해 좀더 구체적인 언급은 다음에서 그 일단을 찾아볼 수 있다.

첫째, 덕이라는 개념에 초점을 맞춤으로써 도덕행위자 자체에 대하여 더 깊은 관심을 기울일 수 있다는 점이다. 도덕행위자가 계발해야 할 인격적 특성이나 덕의 내용들에 초점을 맞춤으로써 의무의 윤리에서 흔히 볼 수 있는 도덕행위자의 관심이나 복리에 대한 간과 경향을 극복할 수 있다는 것이다.

둘째, 인격 혹은 덕이라는 개념에 집중함으로써 도덕적 행동과의 연계성이 강화될 수 있다는 것이다. 이러한 논리에 따르면, 인격은 인지적·정의적·행동적 요소들을 포괄하고 있는 개념이다. 아울러 덕이라는 개

---

3) Burrett & Rusnak(1993), 정세구 외 역(1995:99) 재인용.
4) Lockwood(1991), 정세구 외 역(1995:77) 재인용.

넘은 지적·정의적 차원을 지니고 있을 뿐만 아니라 본질적으로 하나의 행위성향(disposition)을 나타내는 것이기에 도덕적 행동과의 연계성이 크다는 것이다.

셋째, 도덕교육에서 덕이나 인격 특성들을 강조하는 것은 도덕교육의 위대한 전통과도 일치하는 것이라고 한다. 즉 도덕교육의 위대한 전통들은 도덕적 원리보다는 인격 특성이나 도덕적 행동 그리고 좋은 습관의 계발에 강조점을 두고 있다는 것이다(추병완, 1999:48).

이렇듯 도덕교육에 있어서의 덕목은 동서양은 물론 오늘날에 있어서도 매우 중요한 의미를 갖는다.

2) 현행 제7차 도덕과교육과정에서 강조되는 가치·덕목

(1) 현행 교육과정에서의 도덕과교육과정의 탄생 배경

제7차 교육과정에서는 초·중·고등학교 '도덕'을 학생들로 하여금 자신을 이해하고, 일상생활에 필요한 규범과 예절을 익히며, 국가·민족 구성원으로서, 그리고 세계사회의 일원으로서의 역할과 책임을 파악하게 하여 한국인, 나아가 세계시민으로서의 바람직한 삶을 살아가는 데 도움을 주기 위한 교과로 정의하였다. 아울러 '도덕'을 새 교육과정 개정의 기본방향으로 가장 강조되고 있는 인성교육과 민주시민교육, 그리고 국가적인 차원에서 중시되고 있는 통일대비교육과 국가안보교육을 핵심영역으로 다루고 있는 핵심교과로, 그리고 바람직한 삶을 위한 도덕규범과 가치문제를 다루는 규범과학적 관점과 사회질서 유지 및 국가·민족의 발전을 위한 국민의식 형성 문제를 탐구하는 사회과학적 관점을 중심으로 학제적 접근을 시도하는 교과로 성격을 규정하고 있다(교육부, 1997:28).

이러한 도덕과는 국가 교육과정의 개정이라는 현실적인 배경과 교과 자체가 안고 있는 개정의 시대적 상황을 바탕으로 기본 성격에 부합되는 새로운 변화를 맞이하게 되었다. 이에 정세구 교수 등(1997)은 제 7 차 교육과정의 도덕과 개정에 관련하여 다음과 같이 언급하고 있다.

1996년과 1997년의 국내·외적 상황은 제 6 차 교육과정이 고시되었던 때와 같은 격변의 시기라고 할 수는 없지만, 천년을 마감하고 새로운 천년을 맞이하는 2002년대를 눈앞에 두고 있는 시기로서 21세기 초두에 심화되는 국제경쟁의 파고를 넘어 우리 민족과 국가를 이끌고 나갈 바람직한 한국인 육성을 위한 교육적 설계가 그 어느 때보다 절실한 시기라고 할 수 있다. 여기에 덧붙여 국내적으로는 민주정치문화의 미성숙으로 인한 정치적 혼란과 국제통화기금의 관리체제하에 들어가는 경제적 위기의 심화, 북한의 공산주의 체제 쇠퇴와 경제난에 따른 붕괴 등이 우려되고 있어 새로운 각도에서의 도덕과교육과정 개정이 필요하다고 요청되고 있다(정세구 외, 1997:2-3).

제 7 차 도덕과교육과정은 이와 같은 요구를 수용함과 동시에 21세기에 인간다운 삶을 누릴 수 있는 도덕공동체로서의 한국사회를 형성하기 위하여, 학생들이 건전한 인성을 지닌 덕스러운 인격을 지닌 사람으로 성장할 수 있도록 더욱 실효성 있고 강화된 학교 도덕교육이 이루어져야 한다는 차원에서 그 개정을 도모하게 된 것이다(서강식, 2001:154). 이와 같은 교과 내외적인 배경을 바탕으로 하여 현행 도덕과교육과정이 탄생하게 되었다. 구체적인 내용은 다음과 같다. 초등학교 1, 2학년의 바른생활 교과는 제 6 차 교육과정기에는 도덕과의 저학년교과였으나, 제 7 차 교육과정기에는 도덕과의 내용을 다루되 도덕과의 저학년 교과가 아닌 통합교과의 성격을 지니게 되었고, 고등학교 2, 3학년에 해당되는 11학년과 12학년은 선택교과목의 성격을 지니게 되었다. 즉 바른생활(초등 1-2학년), 도덕(초등 3-고등 1), 시민윤리(고등 2), 윤리와 사상/전통윤리(고등 3)의 순으로 편성되었다(정세구 외, 1997:111).

(2) 현행 도덕과교육과정에서 강조되는 덕목 개괄

현행 제7차 교육과정에서 도덕과 관련된 과목은 '바른생활' 등 몇 가지가 있으나, 본 연구에서는 도덕교육의 가장 많은 부분을 차지하고 있는 3학년부터 10학년까지에 국한하고자 한다.

현행 제7차 교육과정에서의 도덕과 내용체계는 다음 [표 1]과 같다.

[표 1] 현행 제7차 교육과정에서의 도덕과 내용체계

		개인생활	가정·이웃·학교생활	사회생활	국가·민족생활
주요 가치·덕목		생명존중, 성실, 정직, 자주, 절제	경애, 효도, 예절, 협동, 애교·애향	준법, 타인배려, 환경보호, 정의, 공동체의식	국가애, 민족애, 안보의식, 평화통일, 인류애

초등
학교
	3학년	- 청결, 위생, 정
		  리정돈
		- 맡은 일에
		  책임 다하기
		- 물건을 아끼고
		  소중히 하기
			- 효도와 우애
			- 인사, 언어예절
			- 약속과 규칙을
			  잘 지키기
				- 거리·교통질서
				  지키기
				- 환경을 보호하기
					- 나라사랑
					- 분단현실과
					  통일필요성 인식

	4학년	- 바른 몸가짐
		- 스스로 생각하
		  고 실천하기
		- 시간을 아끼고
		  잘 자키기
			- 친절과 양보
			- 친족간의 예절
			- 친구 사이의
			  믿음과 우정
				- 공공장소에서의
				  예절과 질서
				- 공정한 생활태도
					- 민족문화유산
					  애호
					- 국가안보를
					  위한 바른 자세

	5학년	- 정직한 생활
		- 절제하는 생활
			- 서로 아끼고 공
			  경하는 마음
			- 이웃과 다정하
			  게 지내기
				- 타인의 권익존중
				- 공익추구의 생활
				- 민주적 절차 준
				  수
					- 국가발전에의
					  협력
					- 평화통일의
					  당위성과 방법
					- 올바른
					  국제문화 교류

	6학년	- 근면하고 성실
		  한 생활
		- 생명을 소중히
		  하기
			- 사랑과 관용의
			  자세
			- 학교·고장의
			  발전과 협동
				- 법과 규칙을 길
				  지키기
				- 타인에 대한
				  배려와 봉사
				- 자연보전과 애호
					- 통일국가의
					  미래구상
					  민족통일의 의지
					- 해외동포들에 대
					  한 이해와 사랑
					- 세계평화와
					  인류공영

		개인생활	가정·이웃·학교생활	사회생활	국가·민족생활
주요 가치·덕목		생명존중, 성실, 정직, 자주, 절제	경애, 효도, 예절, 협동, 애교·애향	준법, 타인배려, 환경보호, 정의, 공동체의식	국가애, 민족애, 안보의식, 평화통일, 인류애

중학교	7학년	- 삶의 의미와
		  도덕
		- 개성신장과
		  인격도야
		- 인간다운 삶의
		  자세
		- 청소년기와
		  중학생 시절
			- 행복한
			  가정생활
			- 친족간의 예절
			- 이웃간의 예절
			- 학교생활 예절
				×	×

	8학년	×	×	- 현대사회와
				  전통도덕
				- 현대사회와
				  시민윤리
				- 민주적 생활태도
				- 생활 속의
				  경제윤리
					- 민족의 발전과
					  민족문화 창달
					- 국가의 중요성과
					  국가발전
					- 올바른 애국애족
					  의 자세
					- 남북통일과
					  통일실현 의지

	9학년	- 삶의 설계와
		  가치추구
		- 인간의 삶과
		  가치갈등
		- 도덕문제와
		  도덕판단
			- 진학과 진로
			  탐색
			- 가정·친족·
			  이웃생활과
			  도덕문제
			- 학교생활과
			  도덕문제
				×	×

고등
학교
	10학년	×	×	- 공동체 의식문제
				  와 환경문제
				- 청소년 문화와
				  청소년 문제
				- 도덕공동체의 구
				  현과 공동선의 추
				  구
					- 민족분단의
					  원인과 과정
					- 남북한의 통일
					  정책과 통일의
					  과제
					- 민족공동체의
					  번영과 통일 한
					  국의 모습

자료 : 교육부(1998:134-135) 중에서 변인의 방향 등을 약간 수정하여 표기함.

(3) 현행 도덕과교육과정에서 강조되는 덕목 도출을 위한 영역 체계

도덕과에서 지도내용을 체계화하는 방법에는 생활영역을 중심으로 하는 방법과 주제나 문제(subject or issue)를 중심으로 하는 방법이 있다.5) 현재는 전자의 생활영역을 중심으로 하면서, 성장과정에 따라 확대형을 취하고 있으며, 교육일반이론에 따라 학교급별로는 반복되어 편성되게 된다.

우리나라 도덕과교육과정은 제1차 교육과정기부터 제7차 교육과정기에 이르기까지 일관되게 생활영역을 중심으로 지도내용을 체계화해 오고 있다. 자세한 내용은 다음 [표 2]와 같다(정세구, 2001:26-27; 서강식, 2001:302-304).

[표 2] 도덕과 지도내용 영역의 변천 내역

교육과정기	지도내용 영역
정부수립 이후	공민과와 사회과에 통합되어 실시됨
제1차 교육과정기	개인생활, 대인생활, 공민생활, 경제생활, 반공
제2차 교육과정기	예절생활, 개인생활, 사회생활, 국가생활
제3차 교육과정기	예절생활, 개인생활, 사회생활, 국가생활, 반공생활
제4차 교육과정기	개인의 발전을 위한 생활, 명랑한 사회를 위한 생활, 나라의 발전, 평화통일
제5차 교육과정기	개인생활, 가정・이웃생활, 시민생활, 국가생활, 통일・안보생활
제6차 교육과정기	개인생활, 가정・이웃・학교생활, 사회생활, 국가・민족생활
제7차 교육과정기	개인생활, 가정・이웃・학교생활, 사회생활, 국가・민족생활

자료 : 서강식(2001:302-303).

---

5) 정세구 외(1997:23). 이 밖의 이외의 분류방식도 생각해 볼 수 있다. 예를 들어 Greer & Kohl(1995)에 의하면, 크게 4등분하여 덕목이 분류된다. 첫째, 자기 자신에 관한 영역(용기, 자기절제, 성실성, 창의성, 유희성(playfulness)), 둘째, 자신이 알고 있는 사람들과의 관계에 관한 것(충성심, 자비심, 동정심, 정직, 적응성), 셋째, 자신이 모르는 사람과 자연에 관한 것(이상추구, 동정, 책임, 균형, 공정), 마지막으로 사랑에 관한 것으로 구분하였다.

이처럼 생활영역을 중심으로 지도내용을 선정해 오고 있는 주된 이유는 일상생활에서 실제 경험한 사실을 교육에 적용하는 데 용이하기 때문이다. 또한 학생들의 발달 특성에 맞게 설정하기 용이하기 때문이다. 위의 표에서 보는 바와 같이 현재와 같은 개인생활 → 가정·이웃·학교생활 → 사회생활 → 국가·민족생활의 생활장면 확대의 원리가 정착된 것은 제6차 교육과정기에 접어들어서였다.

(4) 현행 도덕과교육과정 내에서의 내용 분량

실제 수업시수는 덕목보다는 제재수와 상관관계가 높다. 대체로 제재수의 3배수보다 약간 많은 시수를 수업하게 되는데, 상대량을 비교하는데는 제재수를 비교해도 무방할 것으로 생각한다.

현행 도덕과교육과정 내에서의 내용은 다음 [표 3]과 같이 20개의 지도요소(덕목)와 68개의 제재수로 구성되어 있다.

[표 3] 현행 도덕과교육과정 내에서의 내용: 지도요소(덕목)수와 제재수

			개인생활	사회생활	가정·이웃·학교생활	국가·민족생활	계
지도요소(덕목)의 수			5	5	5	5	20
제재수	초등학교	3학년	3	3	2	2	10
		4학년	3	3	2	2	10
		5학년	2	2	3	3	10
		6학년	2	2	3	3	10
	중학교	7학년	4	4	×	×	8
		8학년	×	×	4	4	8
		9학년	3	3	×	×	6
	고등학교	10학년	×	×	3	3	6
소계			17	17	17	17	68

주 : 앞의 [표 1]을 토대로 추출해 내어 만든 자료임.

3. 연구방법 및 자료수집

1) 연구방법 및 절차

본 연구는 현행 도덕과교육에서 교육제재로서 활용되고 있는 가치·
덕목에 대한 현실진단을 위해 여론검증법(verification through public
opinion)을 취할 것이다. 여론의 주요한 자료원으로는 가장 많은 정보
를 취급하고 있는 중앙종합일간지로 하고자 한다.

지금까지 도덕과와 관련하여 여론검증법을 취한 연구로는 차우규의
연구(1997)와 신현우의 연구(2001)가 특기할 만하다. 특히 신현우의 연
구는 기존의 덕목중심에서 주제중심으로의 전환을 위한 기초연구의 성
격을 갖고 있는데, 그는 여기서 현행 도덕과교육과정 내에서의 주제를
우리나라의 주요 신문사설과 비교함으로써 실효성 있는 덕목을 도출해
내고자 했다. 이 연구는 이러한 점에서 본 연구가 지향하고자 하는 연
구방법과 대동소이하다. 신현우의 연구는 두 가지 점에서 큰 의의가
있다고 본다. 우선 앞서 언급한 바와 같이 덕목중심에서 주제중심으로
의 전환을 생각했다는 점이다. 두 번째는 신문의 사설을 동원하여 현
장감 있는 검증을 시도했다는 점이다. 후자의 시도는 아마도 우리나라
학계에서는 처음인 것으로 생각한다. 물론 여기에는 영역군으로 '자연
및 종교와 관련된 도덕적 주제'가 추가되면서 신문사설의 주제와 현행
도덕교육과의 작위적인 대비를 하고자 했다는 느낌이 들게 하지만, 큰
문제는 안 된다고 본다. 그러나 신문사설이 갖는 철저한 가치개입성으
로 말미암아 객관적인 국민의 여론이 수렴되었다고 볼 수 없다. 왜냐
하면 사설(社說)이란 그 자구의 한자어에서도 나타나듯이, 해당 신문사
의 주관적인 견해이기 때문이다.

일찍이 미국 커뮤니케이션 연구의 선구자인 라스웰(Harold Lasswell)
은 1948년에 대중매체의 3대 기능으로 ① 환경감시(surveillance) : 정

보의 수집과 배포를 통해(뉴스), ② 사회의 각 부문과 환경과의 상관조정(correlation) : 사설을 통해, ③ 사회유산의 전달(transmission of the social heritage) : 교육 또는 사회화를 통해 등을 제시했다. 이어 1960년 라이트(Charles R. Wright)는 오락(entertainment) 기능을 추가했고, 1984년 맥퀘일은 동원(mobilization) 기능을 추가했다(강준만, 2001:74-75).

라이트는 이 중 뉴스가 아닌 해설기사나 사설을 통해 이루어지는 대중매체의 상관조정기능은 사람들로 하여금 세상사에 대한 이해를 쉽게 해준다는 순기능은 있으나 사람들이 스스로 뉴스를 찾아내어 가려서 분류하고 해석하고 평가할 수 있는 비판적 능력을 약화시킨다는 역기능을 낳을 수 있다고 지적하고 있다.[6]

그렇다고 이와 같은 주관적인 사설이 사회의 흐름을 읽어내는 데 있어서 그 가치가 전무하다고는 말할 수 없다. 다만 객관적인 자료(뉴스)[7]를 포함되어야만 제대로 된 자료원이 될 수 있다는 뜻이다.

본 연구는 크게 두 부분으로 나뉜다. 하나는 현실태에 대한 분석으로써 현행 도덕과교육에서 강조되는 덕목에 대한 분석, 그리고 이와 관련한 시민들의 반응은 어떠했는지를 조사·분석하는 것이다. 다른 하나는 덕목과 관련된 여러 가지 보완책을 강구하여 이를 토대로 차후 도덕과교육과정의 개정소요 제기시 참고자료로 활용하고자 하는 것이다. 따라서 본 논문에서는 제3자에 의해 구축된 원래의 자료원(raw data)을 토대로 하여 새로운 분석을 위한 자료를 생성해 내는 일종의 2차적 자료분석법을 취하고 있다. 이를 토대로 하여 생성된 2차 자료는

---

6) 찰스 라이트(1988:43), 강준만(2001:76) 재인용.

7) 객관적인 뉴스는 매스컴 용어로는 '스트레이트성 기사'라고 일컬어진다. 핵심적인 사실(fact) 위주로 독자·시청자들에게 그대로 전달되는 기사를 말한다. 따라서 이 속에는 기사를 작성하는 기자의 주관성이 상대적으로 낮고, 사실의 객관적인 정보가 더 많이 포함되었다고 볼 수 있다.

연구의 진행에 따라 그 증빙자료로 활용하고자 한다.

본 연구의 특징은 발드리지(J. V. Baldridge)가 말한 바 있는 이상적인 사회조사 연구의 순환을 완전히 추종하지는 않는다는 점이다.8) 왜냐하면 조사 자체에 연구의 가설을 충족시켜 주는 어떤 요인이 숨겨져 있는 것이 아니기 때문이다. 따라서 직접 관련되지 않은 몇 가지 단계는 생략하거나 축소하여 다루어질 것이다. 조사 및 분석은 다음 [표 4]에서 명기한 바대로 진행될 것이다.

[표 4] 조사 · 분석 절차

	내 용
1단계	- 조사항목 설정
2단계	- 조사도구 선정
3단계	- 조사시행 -덕목분석을 위한 실제 검색관련 단어 선정 -분석의 편의를 위한 영역-덕목 계열 부여 -조사에 따른 참고사항

4단계	- 결과분석
	-조사결과로부터 직접적으로 얻을 수 있는 사항
	-추가로 논의할 수 있는 내용 도출
	  _현행 도덕과의 가치 · 덕목에 대한 평가
	  _추후 논의해야 할 몇 가지 사항 도출
	  _자료해석상의 유의사항

---

8) Baldridge(1975:66), 김경동(1994:43) 재인용. 발드리지에 의한 이상적인 사회조사 연구란 1단계(작업가설 정립) → 2단계(조사연구설계의 계획 : 실험, 표본조사, 사례연구) → 3단계(자료수집법의 선택 : 면접, 질문서, 관찰, 문헌) → 4단계(자료분석 및 해석) → 5단계(가설검증 및 이론에의 통합)의 개괄적인 과정을 거치는 것을 말한다.

2) 조사항목 설정

여기서 말하는 조사항목이란 일반 통계분석에서 말하는 검증이 요구되는 가설(hypothesis)과는 다르다. 원래 가설이란 아직 경험적으로 검증되지 않은 일종의 예비이론으로서 둘 혹은 그 이상의 변인들간의 추측적 진술이다. 하지만 본 연구는 비교의 준거가 될 수 있는 쌍체가 없기 때문에 단순현황분석만을 하면 된다.

따라서 본 연구에서 밝히고자 하는 주제, 가치·덕목에 대한 여론의 반응을 더욱 선명하게 해줄 수 있는 조사항목은 다음 세 가지로 설정하고자 한다. 이러한 기초자료는 토론에서 더욱 심층적인 응용이 이어지고, 이 토론결과는 차후 도덕과교육에 있어서 가치·덕목과 관련된 후속논의를 더욱 활발하게 할 수 있는 근거가 될 것이다.

[조사항목 1] 여론의 반응은 시기별로 특이한 변화를 보이지 않는가?9)

[조사항목 2] 여론의 반응은 도덕교육의 4대 영역별로 특이한 결과를 보이지 않는가?

[조사항목 3] 여론의 반응은 개별 덕목별로 특이한 결과를 보이지 않는가?

3) 조사도구

KINDS(Korea Integrated News Database System) 정보란 한국언론재단(http://www.kpf.or.kr)이 구축하여 서비스하고 있는 한국 최대·최

---

9) 시기별로는 연도별 및 월별의 두 가지를 상정한다. 특히 연도별 추이를 분석함에 있어서 당해연도의 특이사건과의 연계성 등을 조명해 보면 좋은 연구결과가 나올 수 있겠으나, 본 연구에서는 단지 망라하는 데 초점을 맞추고자 한다.

고의 뉴스검색사이트로서, 1990년 이후의 각종 기사자료를 수록하고 있다.

KINDS의 주요한 기능으로는 ① 기사검색, ② 언론자료검색, 그리고 ③ 용어사전을 지원하고 있다. 본 조사연구에서 참고할 기능은 기사검색 기능이다. 기사검색은 다시 몇 개의 하위기능을 수행하고 있는데, ① 종합일간지, ② 경제일간지, ③ TV 방송뉴스, ④ English Papers, ⑤ 시사잡지, ⑥ 전문지, ⑦ 지방일간지, ⑧ 주제별검색, 그리고 ⑨ 1960-1989년 신문보기로 구성되어 있다. 여기서는 첫 번째 종합일간지 기능만을 활용할 것이다. 종합일간지는 총 10개인데, 경향신문, 국민일보, 대한매일, 동아일보, 문화일보, 세계일보, 조선일보, 중앙일보, 한겨레, 그리고 한국일보 이상 10개 매체이다.[10]

4) 현행 도덕과교육에 있어서의 덕목분석을 위한 실제 검색관련 단어

현행 도덕과교육에 있어서 가르쳐지는 덕목은 주요 덕목 20개와 하위 덕목(학년별 교육제재) 12개를 합하여 총 32개이다. 그런데 이러한 덕목들을 객관적으로 검색하기 위해서는 그 뜻은 같거나 비슷하지만 다른 용어를 활용해야 할 필요성이 있다. 자료검색을 위한 기존 덕목에 대체되는 단어의 현황은 다음 [표 5]와 같다.

5) 분석의 편의를 위한 영역-덕목 계열부여

분석의 편의를 위해 영역-덕목 계열을 부여했는데, 자세한 사항은 다음 [표 6]에서 보는 바와 같다.

---

10) 2005년부터는 새로운 방식으로 적용되고 있으며, 중앙일보의 경우 2003년도부터 삭제되었다.

[표 5] 도덕과의 가치 · 덕목을 기준으로 빈도검색을 위해 추출한 단어 현황

	개인생활	가정 · 이웃 · 학교생활	사회생활	국가 · 민족생활
주요 가치 · 덕목 (총20개)	생명 존중, 성실, 정직, 자주, 절제 (5개)	경애, 효도, 예절, 협동, 애교 · 애향 (5개)	준법, 타인 배려, 환경 보호, 정의, 공동체 의식 (5개)	국가애, 민족애, 안보의식, 평화통일, 인류애 (5개)
하위 가치 · 덕목* (총12개)	청결, 근면, 책임 (3개)	우애, 친절, 사랑 (3개)	공정, 질서, 공동선 (3개)	세계 평화, 인류 공영, 애국 애족** (3개)

실제 검색을
위한 입력
단어***
	- 생명 존중→좌동
	- 성실→좌동
	- 정직→좌동
	- 자주→좌동
	- 절제→좌동
	- 청결→좌동
	- 근면→좌동
	- 책임→좌동
	(이상 8개)
		- 경애→존경①
		- 효도→좌동
		- 예절→좌동
		- 협동→좌동
		- 애교 · 애향→
		  학교 사랑②,
		  고향 사랑③
		- 우애→친구 사
		  랑④
		- 친절→좌동
		- 사랑→좌동
		(이상 9개)
			- 준법→좌동
			- 타인 배려→배려
			⑤
			- 환경 보호→좌동
			- 정의→좌동
			- 공동체 의식→
			  좌동
			- 공정→좌동
			- 질서→좌동
			- 공동선→좌동⑨
			(이상 8개)
				- 국가애→나라 사랑⑥
				- 민족애→민족 사랑⑦
				- 안보의식→좌동
				- 평화통일→좌동
				- 인류애→인간 사랑⑧
				- 세계 평화→좌동
				- 인류 공영→좌동
				- 애국 애족→좌동⑩
				(이상 8개)

주 1) '*' 표시의 유사덕목은 주요 가치 · 덕목 내에는 언급되어 있지 않지만, 각 학년별 교육제재로써 이는 주요 가치 · 덕목 다음으로 중요한 것으로써 덕목화하여 표기할 수 있음. 대체로 덕목으로 요약될 수 있는데, 각 영역별 3개씩을 요약, 상정함.

2) '**' 표시의 덕목군, 즉 2개 이상의 단어가 합해져서 하나의 의미를 가진 덕목이 될 경우는 계산하기가 쉽지 않음. 예를 들어 '세계평화'는 하나의 의미를 갖기 때문에, 붙여서 사용하는 것이 맞다. 하지만 이럴 경우 매우 적은 회수로 나타남. 따라서 원래의 뜻을 살릴 수 있도록 글자를 띄어서 '세계 평화'로 입력하여 산정할 것이다. 이는 뒤의 '학교 사랑', '고향 사랑', '나라 사랑', '민족 사랑', '인간 사랑'에도 그대로 적용됨.

3) '***' 표시의 실제 검색을 위한 입력 단어란 원래의 덕목이 갖는 상용성의 제한을 극복하기 위한 조치에서 비롯된 개념임. 즉 검색 결과에서 최초 덕목상의 빈도를 제대로 반영하지 못할 것으로 예상되는 단어에 대해서는 약간의 수정을 가한 것이며, 그 일환으로 자구 수정을 한 경우는 ① 존경, ② 학교 사랑, ③ 고향 사랑, ④ 친구 사랑, ⑤ 배려, ⑥ 나라 사랑, ⑦ 민족 사랑, 그리고 ⑧ 인간 사랑이 있음. 여기서 ②와 ③의 덕목은 명확히 구분되는 덕목이기 때문에 구분하여 검색하고, 그 결과를 합산하였음. 하지만 이와는 별개로 특이한 경우가 있는데, ⑨ 공동선의 경우, 비슷한 덕목으로 '공공선'이 있는데, 전자는 공동운명체와 같은 공동체의 체취, 즉 감정이 느껴지는 단어인 것 같고, 반면에 공공선은 최근의 합리적 공공선택론과 결부될 수 있을 것으로 봄. 필자의 생각으로는 후자가 더 바람직한 덕목일 것이라고 사료됨. 실제 검색해 본 결과 전자가 더 많은 결과가 나와서 여기서는 그 추가논의는 생략하고, 더 많은 결과를 나타낸 공동선을 택하여, 그대로 실었음. ⑩ 애국 애족의 경우 앞서 언급한 ⑥, ⑦의 덕목을 합할 수도 있으나, 그 자체로도 독립적인 의미를 갖고 있다고 판단하여, 그대로 사용하여 조사하였음.

[표 6] 분석의 편의를 위한 영역-덕목군에 대한 별칭 부여 현황

영역별	주요 / 하위 가치별	가치·덕목별
개인생활 (A계열)	주요 가치·덕목 (A-a계열)	생명 존중 / 성실 / 정직 / 자주 / 절제
	하위 가치·덕목 (A-b계열)	청결 / 근면 / 책임
가정·이웃·학교생활 (B계열)	주요 가치·덕목 (B-a계열)	경애 / 효도 / 예절 / 협동 / 애교·애향 (애교 + 애향)
	하위 가치·덕목 (B-b계열)	우애 / 친절 / 사랑
사회생활 (C계열)	주요 가치·덕목 (C-a계열)	준법 / 타인배려 / 환경보호/ 정의 / 공동체의식
	하위 가치·덕목 (C-b계열)	공정 / 질서 / 공동선
국가·민족 생활 (D계열)	주요 가치·덕목 (D-a계열)	국가애 / 민족애 / 안보의식 / 평화통일 / 인류애
	하위 가치·덕목 (D-b계열)	세계평화 / 인류공영 / 애국애족

주 : ( ) 안의 고딕 부분은 이하 내용분석에 있어서 용어의 빈번한 중복을 회피하기 위하여 사용한 별칭이다.

6) 조사에 따른 참고사항

KINDS는 우리나라의 거의 대부분의 보도된 자료를 검색할 수 있는 방대한 시스템을 구축하고 있다. 그러나 이러한 자료의 방대함으로 말미암아 오히려 아쉬운 점이 있다면, 그것은 검색 최고치가 1,000 단위이기 때문에 그 이상의 자료검색은 끈질긴 인내가 요구되는 수작업이 수반된다. 또한 매년도별로 한 번 검색이 시행되고 나면, 시작일이 항상 7월 1일로 자동적으로 이동하게 되어, 매번 비워서 입력하는 번거로움도 있었다. 추후 연구자들은 이러한 육체적 노력동원을 감수해야만 할 것이다.

4. 분석결과 및 해석

1) 분석결과 개괄

앞서 언급한 연구 절차에 따라 1990년부터 2001년까지 전수조사한 각 영역별 덕목의 연도별 빈도 추이는 [표 7]과 같다.

2) 시기별 변화에 따른 덕목에 대한 빈도

연도별 빈도의 변화 추이는 [표 8]에서 보는 바와 같이 시간이 지나면서 계속해서 증가하는 경향을 보이고 있다. 이는 사회의 분화 양상과 맥을 같이 하는 것으로 보이며, 따라서 도덕교과의 제재도 많이 있지만 그 교육의 목표를 흐트릴 수도 있는 소지도 상대적으로 많아진다고 볼 수 있다.

덕목별-월별 빈도 변화는 [표 9]와 같다. 여기서 우리가 쉽게 느낄 수 있는 특징을 찾기 힘들다. 대체로 덕목별로 월별추이의 변화가 있다는 점과 미세한 차이이기는 하지만 계절별로의 어떤 흐름이 있음을 느낄 뿐이다.

3) 영역별로 덕목에 대한 반응 빈도

영역별(A계열, B계열, C계열, D계열) 덕목에 대한 반응빈도는 [표 10]에서 보는 바와 같이 31.09%, 19.39%, 35.36%, 14.16%의 분포를 보이고 있다. 차후 교육제재수와 수업시수판단에 있어서 참고할 수 있을 것이다.

[표 7] 영역별 각 덕목에 대한 KINDS 검색결과 관련어 등장 빈도 추이
(1990-2001년도)

			1990	1991	1992	1993	1994	1995
개인생활	주요 가치·덕목	생명존중	76	100	124	156	168	195
		성실	1706	1672	2407	3317	2756	2523
		정직	778	827	1505	1741	1325	1525
		자주	5576	4497	5496	6158	7761	7223
		절제	431	405	435	587	696	650
	하위 가치·덕목	청결	95	122	173	349	352	282
		근면	232	227	333	314	229	256
		책임	13771	13169	16400	16581	19064	20021
가정·이웃 ·학교생활	주요 가치·덕목	경애	731	696	989	1248	1325	1344
		효도	258	273	478	606	708	1192
		예절	1050	987	1463	1659	2226	2381
		협동	1010	956	1178	1748	2115	2054
		애교	385	388	833	1194	1516	1577
		애향	146	129	339	385	474	517
	하위 가치·덕목	우애	139	152	359	598	795	916
		친절	291	263	532	950	1027	843
		사랑	1834	1950	3949	6270	8057	8024
사회생활	주요 가치·덕목	준법	581	436	592	623	619	630
		타인배려	713	1167	1779	2025	2063	2342
		환경보호	1295	1508	2739	2779	3482	2981
		정의	10190	10240	12772	15990	15360	15485
		공동체의식	425	406	517	791	678	633
	하위 가치·덕목	공정	4392	5125	9218	7760	7707	7773
		질서	6530	6573	6044	5893	5606	5169
		공동선	701	660	447	728	1164	611
국가·민족 생활	주요 가치·덕목	국가애	559	482	1244	1675	1948	1815
		민족애	449	356	795	1228	1488	1293
		안보의식	674	627	466	952	1073	685
		평화통일	4702	3689	2709	2496	3933	2604
		인류애	295	280	635	1328	1831	1638
	하위 가치·덕목	세계평화	6186	6854	5390	5541	6599	5941
		인류공영	23	39	27	38	45	57
		애국애족	31	42	83	77	96	83
계			66255	65297	82450	93785	104286	101263

			1996	1997	1998	1999	2000	2001	계
개인생활	주요 가치·덕목	생명존중	240	230	170	234	340	366	2399
		성실	2441	2765	2668	3128	3614	3262	32259
		정직	1487	1765	1683	1750	1687	1698	17771
		자주	9090	8937	6732	9147	11339	11416	93372
		절제	921	4125	879	994	1053	1078	12254
	하위 가치·덕목	청결	377	422	278	412	435	537	3834
		근면	254	353	255	191	211	250	3105
		책임	19377	25358	24211	24988	27191	27986	248117
가정·이웃 ·학교생활	주요 가치·덕목	경애	1615	1771	1587	1960	2410	2492	18168
		효도	1067	1040	1074	1078	1358	1215	10347
		예절	2680	3052	2248	3772	4229	4095	29842
		협동	2342	2064	2100	2326	2604	2022	22519
		애교	2371	2567	2081	3211	3633	3745	23501
		애향	685	803	649	807	1029	942	6905
	하위 가치·덕목	우애	1281	1488	1261	2026	2648	2894	14557
		친절	1081	995	910	1812	1909	1947	12560
		사랑	10370	12295	10739	15909	20691	19256	119344
사회생활	주요 가치·덕목	준법	695	836	983	798	1001	791	8585
		타인배려	3029	2614	2507	3477	4504	4325	30545
		환경보호	3339	3129	2553	3177	3965	3363	34310
		정의	15805	17296	19705	20396	22431	20976	196646
		공동체의식	625	671	506	705	789	630	7376
	하위 가치·덕목	공정	10185	11399	9498	9627	11679	12528	106891
		질서	5260	5223	4049	5224	6030	5689	67290
		공동선	663	1706	1073	1384	5056	3989	18182
국가·민족 생활	주요 가치·덕목	국가애	2361	3425	2387	2944	3612	3478	25930
		민족애	1662	2025	1402	2021	2629	2266	17614
		안보의식	1182	952	699	616	679	606	9211
		평화통일	2619	2518	2317	2589	5872	3011	39059
		인류애	2157	2248	1731	2783	3290	3061	21277
	하위 가치·덕목	세계평화	5377	4891	4171	6472	8853	7399	73674
		인류공영	31	43	23	47	63	66	502
		애국애족	48	107	67	61	68	125	888
계			112717	129113	113196	136066	166902	157504	1328834

주 : 여기서의 숫자는 1990-2001년간의 우리나라 중앙일간지의 관련용어 등장 빈도를 말함.

[표 8] 연도별 덕목 전체의 빈도 변화

연 도	1990	1991	1992	1993	1994	1995
횟 수	66255	65297	82450	93785	104286	101263
연 도	1996	1997	1998	1999	2000	2001
횟 수	112717	129113	113196	136066	166902	157504

주 : 여기서의 숫자는 1990-2001년간의 우리나라 중앙일간지의 관련용어 등장 빈
도를 말함.

[표 9] 덕목별-월별 빈도 변화

	평화통일	세계평화	질서	자주	공정	정의
1월	2519	5873	6539	7640	8662	14499
2월	2336	5206	4981	7108	8318	13861
3월	2726	5502	5350	8034	8940	14935
4월	2914	5744	5090	7442	8991	14247
5월	3118	6152	5835	7926	9379	15521
6월	5324	7773	5594	8091	9874	14565
7월	4083	6232	5781	8146	9540	14348
8월	3708	5826	5282	7908	8366	13944
9월	3495	6944	5300	7282	7660	13421
10월	3551	7144	5384	8176	9066	14849
11월	2509	5413	6214	7763	8860	15508
12월	2776	5865	5940	7856	9235	15972

주 1) 여기서의 빈도는 1990-2001년간의 우리나라 중앙일간지의 관련용어 등장 횟
수를 말함.
　2) 위에서 제시된 여섯 개의 덕목들(평화통일, 세계평화, 질서, 자주, 공정, 정의)
은 임의로 선정된 것으로 큰 의미는 없음. 단시 사료 검색과정에서 검색결과
매년도별 1,000건이 초과하여 이를 구분하여 정리하였는데, 이를 월별 빈도
변화에 어떤 의미가 있는지를 살펴보기 위해 새롭게 가져와서 활용하는 것
임.

[표 10] 영역별로 나타난 총빈도

			종류별 빈도		
			개별 가치·덕목별 빈도	가치·덕목군(群)별 빈도	영역별 빈도 (백분율)
개인생활 (A계열)	주요 가치·덕목 (A-a계열)	생명존중	2399	145801	413111 (31.09%)
		성실	32259		
		정직	17771		
		자주	93372		
	하위 가치·덕목 (A-b계열)	절제	12254	267310	
		청결	3834		
		근면	3105		
		책임	248117		
가정·이웃 ·학교생활 (B계열)	주요 가치·덕목 (B-a계열)	경애	18168	80876	257643 (19.39%)
		효도	10347		
		예절	29842		
		협동	22519		
	하위 가치·덕목 (B-b계열)	애교·애향 (애교+애향)	30306 (23501+6905)	176767	
		우애	14557		
		친절	12560		
		사랑	119344		
사회생활 (C계열)	주요 가치·덕목 (C-a계열)	준법	8585	270086	469825 (35.36%)
		타인배려	30545		
		환경보호	34310		
		정의	196646		
	하위 가치·덕목 (C-b계열)	공동체의식	7376	199739	
		공정	106891		
		질서	67290		
		공동선	18182		
국가·민족 생활 (D계열)	주요 가치·덕목 (D-a계열)	국가애	25930	91814	188155 (14.16%)
		민족애	17614		
		안보의식	9211		
		평화통일	39059		
	하위 가치·덕목 (D-b계열)	인류애	21277	96341	
		세계평화	73674		
		인류공영	502		
		애국애족	888		

주 : 여기서의 숫자는 1990-2001년간의 우리나라 중앙일간지의 관련용어 등장 빈 도를 말함.

그런데 앞에서 언급한 바 있는 [표 3]에서의 현행 도덕과교육과정 내에서의 내용배분은 덕목의 배분율은 5 : 5 : 5 : 5로써 동등하게 편성되어 있고, 제재의 수도 17 : 17 : 17 : 17로써 동등하게 편성되어 있다. 하지만 실제 조사를 해본 결과 위의 [표 10]에서와 같이, C (35.36%), A(31.09%), B(19.39%), D(14.16%) 계열 순으로 차등적인 관심을 보이고 있다.

4) 제(諸)변수별(영역별×가치군별) 덕목에 대한 반응

다음은 제변수별(영역별×가치군별) 덕목에 대한 반응이다. 자세한 사항은 다음 [그림 1]에서 보는 바와 같다. 사실 이 그림은 전자의 영역별에 대한 강조보다는 후자의 가치군별에 대한 강조를 위해 나타낸 것이다.

[그림 1]

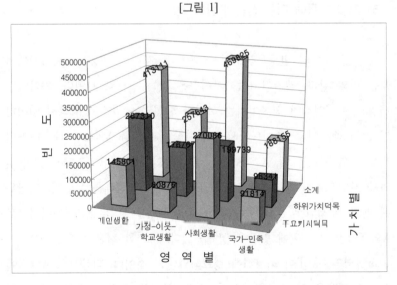

주 : 여기서의 숫자는 1990-2001년간의 우리나라 중앙일간지의 관련용어 등장 빈도를 말함.

본 연구에서의 하위 가치·덕목으로 분류된 가치군들은 현재 도덕과교육에 있어서 교육제재에 해당된다. 이를 필자가 덕목화하여 표기한 것이다. 이 하위 가치·덕목은 교육주제이면서, 동시에 교육의 작은 덕목으로서의 역할을 수행해 주고 있다. 그럼에도 불구하고, 전체적인 20개 덕목의 범주가 갖는 권위에 종속되는 듯한 느낌을 받게 된다. 이러한 심리적 위축은 20개 덕목을 절대시화하여 더욱 다양한 덕목의 개발이나 재조정의 논의에 제약이 될 수도 있다.

하위 가치·덕목은 주요 가치·덕목에 비해 숫자상의 단순 비교에서도 3 : 5로 열세에 있다. 그럼에도 불구하고 가정·이웃·학교생활 영역과 국가·민족생활 영역에서는 상대적으로 주요 가치·덕목군의 덕목들에 비해 더 높은 빈도를 나타내고 있다. 이 점은 하위 가치·덕목 영역에 속한 덕목과 그 주제에 관련된 내용에 여론의 관심이 높은 것을 나타내주고 있다.

5) 개별 덕목에 대한 전반적 반응 빈도

우선 덕목들의 빈도우선순위 결과이다. 자세한 내용은 [표 11]에서 보는 바와 같다. 계열간의 큰 차이점은 없는 것으로 보인다. 왜냐하면 책임감은 개인적인 덕목이기는 하지만 발현되는 장소에 따라서 일어나지 않기 때문이다. 총빈도에서 2% 이상의 빈도를 보이고 있는 13개의 덕목을 위주로 볼 때, A : B : C : D계열의 비율은 3 : 3 : 5 : 2의 결과를 보임으로써 상대적으로 C와 D계열이 우열양태를 보인다. 최상위에 랭크된 '책임'과 '정의'는 A-b, C-a의 양태를 보임으로써 전반적으로 A와 C영역이 우위에 있음을 알 수 있다. 특이한 점은 주요 가치가 아닌 b영역의 '책임'이 최상위에 랭크되었다는 점이다. 다음으로 A영역에 우위가 있음을 알 수 있는 위의 13개 덕목 중 주요 덕목(a) : 하위 덕목(b) 간의 빈도비율은 7 : 6으로 큰 차이를 보이지 않고 있다.

[표 11] 여러 덕목의 빈도우선순위 결과

순위	덕 목	빈 도	백분율 (%)	순위	덕 목	빈 도	백분율 (%)
1	책임 (A-b계열)	248117	18.67	17	공동선 (C-b계열)	18182	1.37
2	정의 (C-a계열)	196646	14.80	18	경애 (B-a계열)	18168	1.37
3	사랑 (B-b계열)	119344	8.98	19	정직 (A-a계열)	17771	1.34
4	공정 (C-b계열)	106891	8.04	20	민족애 (D-a계열)	17614	1.33
5	자주 (A-a계열)	93372	7.03	21	우애 (B-b계열)	14557	1.10
6	세계평화 (D-b계열)	73674	5.54	22	친절 (B-b계열)	12560	.95
7	질서 (C-b계열)	67290	5.06	23	절제 (A-b계열)	12254	.92
8	평화통일 (D-a계열)	39059	2.94	24	효도 (B-a계열)	10347	.78
9	환경보호 (C-a계열)	34310	2.58	25	안보의식 (D-a계열)	9211	.69
10	성실 (A-a계열)	32259	2.43	26	준법 (C-a계열)	8585	.65
11	타인배려 (C-a계열)	30545	2.30	27	공동체의식 (C-b계열)	7376	.56
12	애교·애향(애교+애향) (B-b계열)	30306	2.28	28	청결 (A-b계열)	3834	.29
13	예절(B-a계열)	29842	2.25	29	근면 (A-b계열)	3105	.23
14	국가애 (D-a계열)	25930	1.73	30	생명존중 (A-a계열)	2399	.02
15	협동(B-a계열)	22519	1.69	31	애국애족 (D-b계열)	888	.07
16	인류애 (D-b계열)	21277	1.60	32	인류공영 (D-b계열)	502	.04

주 1) 여기서의 빈도는 1990-2001년간의 우리나라 중앙일간지의 관련용어 등장 횟수를 말함.
  2) 백분율은 소수 셋째자리 반올림하여 표기함.

6) 현행 도덕과교육에서 매우 중요시하는 '주요 가치·덕목'간의
  순위 및 비율

다음은 현행 도덕과교육에서 매우 중요시하는 '주요 가치·덕목'간
의 순위 및 비율 현황이다. 자세한 내용은 [표 12]에서 보는 바와 같다.

[표 12] 현행 도덕교과의 20개 주요 가치·덕목 내에서의 순위 및 비율

순 위	가치·덕목	총빈도에서 차이하는 비율(%)	주요 가치·덕목 내에서의 비율(%)
1	정의	14.80	30.03
2	자주	7.03	14.26
3	평화통일	2.94	5.96
4	환경보호	2.58	5.23
5	성실	2.43	4.93
6	타인배려	2.30	4.67
7	애교·애향	2.28	4.63
8	예절	2.25	4.56
9	국가애	1.73	3.51
10	협동	1.69	3.43
11	인류애	1.60	3.25
12	경애	1.37	2.78
13	정직	1.34	2.72
14	민족애	1.33	2.70
15	절제	.92	1.87
16	효도	.78	1.58
17	안보의식	.69	1.40
18	준법	.65	1.32
19	공동체의식	.56	1.14
20	생명존중	.02	.04
계		49.29%(총빈도대비)	100%

주 : 여기서의 숫자는 1990-2001년간의 우리나라 중앙일간지의 관련용어 등장 빈
  도를 말함.

7) 분석 및 해석에 대한 종합 정리

토의에 앞서 최초 설정한 조사계획을 잘 달성했는지에 대해 점검, 종합해 볼 필요가 있다. 당초 설정한 조사항목은 세 가지였는데, 첫째는 여론의 시기별 변화에 대한 것이었고, 둘째는 도덕교육의 4대 영역별 결과에 대한 것이었다. 마지막 세 번째는 개별 덕목별로 특이한 결과를 보이지 않는가였다. 기본적으로 이러한 세 가지 사항을 중심으로 해서 진행되었는데, 조사간에 몇 가지 유의미한 결과물을 더 도출한 것도 있었다. 그러나 새로운 항목을 설정해야 할 만큼 영역을 넘어서는 문제는 아니다. 따라서 같은 항목으로 묶어서 다루었다.

첫째, [조사항목 1] 시기별 변화에 대한 조사결과이다. 시기에는 연도별과 월별이 있는데, 전자는 해당덕목의 시계열적인 추이를 고찰하는데 도움이 될 것이다. 후자는 연간 수업계획을 수립하고, 실제 수업을 진행할 때, 교육의 제재나 예화로 활용될 수 있다.

둘째, [조사항목 2] 도덕교육의 4대 영역별로의 결과이다. 조사결과 4대 영역(A-B-C-D계열)의 관심비는 C → A → D → B의 순으로 나타났다. 현행 도덕교과의 교과서편성, 덕목수의 결정, 제재수의 결정 그리고 수업시수의 조정 등의 고려를 하는 데 좋은 참고가 될 것이다.

셋째, [조사항목 3] 개별 덕목들에 대한 전반적인 반응이다. 우선 가치·덕목의 주요군(群)과 하위군(群) 간의 가치서열 내지 중요도의 전도현상을 발견하게 되었다. 우리가 흔히 중요하다고 생각하는 것에 대해서는 별로 관심이 없고, 중요하지 않다고 생각하는 덕목이나 제재에 관심이 많은 것이다. 이는 실제 그 가치·덕목의 중요도나 덕목의 순수성과는 별개로 시류를 잘 수용하여 발전시켜야 할 과제이다. 이와 연계하여 최고 관심이 높은 가치·덕목으로 하위군의 '책임'이 전체의 18.67%의 선호도를 보였다. 이는 가치군의 주요-하위 간의 서열화 내지 중요도를 다시 판단해야 한다는 시사를 주고 있다.

5. 제언 및 결론

이 절에서는 앞선 4절의 분석과 해석을 토대로 도덕교과 발전에 장기적으로 응용하여 발전시킬 수 있는 사항과 개념상의 자구 수정 등과 같은 세부적인 사안에 대한 발전방안을 제시하고자 한다.

첫째, 가치·덕목(군)에 대한 구체적 설명이 필요하다. 가치·덕목 및 가치·덕목군에 대한 구체적 설명을 교사용지도서에 담아야 할 것이다. 이는 개념의 애매모호성으로 본질을 왜곡할 개연성을 안고 있다. 한편 좋은 방향으로는 해당되는 덕목과 유사한 내용을 담고 있을 경우 다른 덕목으로 대체하여 상황에 따라 쉽게 가르칠 수도 있을 것이다. 미국의 여류 도덕교육학자인 미첼 볼바는 자신의 주저인 『도덕지능신장론』에서 이러한 시도를 한 바 있다(Borba, 2001:8).

이를 참고하여, 향후 우리나라 도덕교육에 있어서의 덕목관련 교수-학습 참고자료(교과서 포함)를 제작할 때, 다음 [표 13]은 유용성이 다소 있을 것으로 생각한다.

[표 13] 덕목과 관련한 교수-학습 참고자료 : 덕목별 정의-인접(유사)용례

덕 목	덕목에 대한 개념 정의	인접(유사) 덕목
덕목 A 덕목 B 덕목 C · ·	덕목에 대한 기본적인 사전적 정의뿐만 아니라 적용될 수 있는 범위까지 직시해 줌.	인접하거나 유사한 덕목을 기입해 주어 교육시 참고할 수 있도록 한다. 학생들에게는 제시된 덕목에 지나치게 얽매어서 창의성을 잃어버리는 경우를 예방할 수 있을 것이다.

둘째, 가치·덕목에 대한 시기별 변화를 고려해야 한다. 가치·덕목에 대한 시기별 변화에 대한 고려를 함에 있어서 특히 월변변화의 차

이는 주의 깊은 관찰을 하여야 할 것이다. 현재로서는 이러한 변동이
의미가 있는 것인지 정확히 판단할 수는 없다. 참고할 만한 자료는 [그
림 2]에 개괄적으로 나타나 있다. 대체로 중간부분이 올라가는 경향이
있어, 여름방학 직전·직후가 교육적으로 유의미한 시사를 준다.

[그림 2]

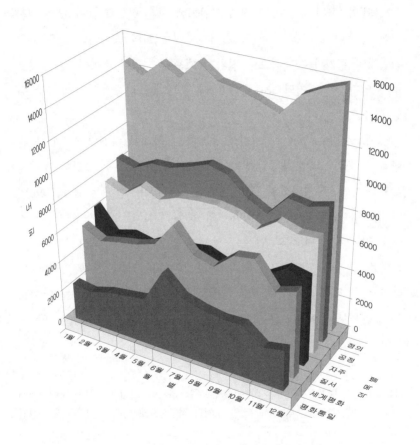

주 1) 여기서의 빈도는 1990-2001년간의 우리나라 중앙일간지의 관련용어 등장 횟
　　　수를 말함.
　　2) 월별 분석 대상 덕목으로 본 [그림 2]의 여섯 덕목을 선정한 이유는 [표 9]의
　　　주 2)에서 설명함.

이와 관련하여 국경일 등은 매우 흥미로운 관련사항이다. 특히 인상 깊은 것은 '평화통일'과 '세계평화'의 가치·덕목은 6월을 전후해서 흥미로운 반등(peak)을 보이고 있는데, 아마도 현충일(6월 6일)과 6·25가 같은 달에 있기 때문인 것으로 보인다. 현재의 교과서 체제상 대체로 이러한 주제들은 뒷부분에 실려 있다. 그렇다면 일반 국민들의 관심사가 될 수 있는 기간을 회피하고 있는 경우라고 생각한다.11)

'정의'와 '공정'의 덕목에 대해 하반기에 많은 빈도를 보인 것은 예산결산 및 행정결산 등과 맞물리면서 부 및 기회의 재분배와 같은 사회전반적인 평가와 시기적으로 겹치기 때문에 그러한 경향이 높은 것으로 보인다. 이 시기의 교육에는 이러한 문제를 집중적으로 배치할 수 있을 것으로 본다.

셋째, 인접(유사) 덕목 처리의 문제를 조정해야 하겠다. '절제'와 관련된 덕목을 살펴보자. '절제'는 경제적인 곤궁과 아주 밀접한 관련을 갖고 있는데, 우리나라의 IMF 위기와 그 시련을 겪어야 했던 1998년의 경우를 예로 들어보면, 1998년의 경우 '절제'의 빈도가 879회에 지나지 않는다. 반면 이와 인접한 절약과 검소는 [표 14]와 [표 15]에서 살펴볼 수 있는 것과 같이 각각 2911회와 334회의 빈도를 보임에 따라 유사한 덕목 중에서 도덕교육에 중핵의 가치라고 생각하는 단어보다 일반 시민들이 더 선호하는 다른 단어 내지 덕목이 있음을 알 수 있다.

---

11) 별도의 논의가 더 있어야 하는 주제이기는 하지만, 현재 대부분의 국어교과서에서 첫 시간의 제재가 시기적인 소재의 적합성으로 인해 3·1운동과 관련된 경우가 많다. 이는 지나친 민족주의를 불러일으키는 역효과를 초래할 수도 있다. 하지만 민족의식과 민족애를 가르치는 도덕과에서는 중요한 관련성이 있다. 이는 곧 과목간의 연계에 의한 도덕교육의 좋은 시사점이라고 본다. 도덕교과 쪽에서는 시수판단 등의 불리한 점도 있지만, 비교적 그러한 문제가 심각하지 않은 초등의 경우 교과간 통합적 노력을 할 수 있는 좋은 소재라고 할 수 있다.

[표 14] '절약' 관련 월별 빈도 변화(1998)

월 별	횟 수
1월	597
2월	385
3월	334
4월	292
5월	231
6월	168
7월	181
8월	115
9월	145
10월	136
11월	190
12월	137
계	2911

[표 15] '검소' 관련 월별 빈도 변화(1998)

월 별	횟 수
1월	78
2월	44
3월	25
4월	20
5월	21
6월	15
7월	23
8월	15
9월	27
10월	25
11월	14
12월	27
계	334

넷째, 분리할 수 있는 단어에 대한 명확한 기준을 정해야 한다. 이러한 문제점은 생명존중, 타인배려, 평화통일, 애국애족, 애교애향 등의 덕목에서 찾아볼 수 있다. 우선 '생명존중'의 경우 '생명'과 '존중'이라고 하는 제재는 모두 소중한 가치라고 말할 수 있다. 현행 도덕과는 뒤의 존중이라는 것보다는 '생명'에 더 많은 비중을 두고 있는 듯한 느낌을 받는다. 기왕에 '생명윤리학회'에도 윤리교육전공학자들이 많이 참여하고 있기 때문이다. 그렇다면 이는 '생명감'이라고 표기하는 것이 어떤가 하는 생각을 해본다. 생명에 대해 바른 생각과 정서를 갖는 것을 말한다. 뒤이은 타인배려, 평화통일, 애국애족, 애교애향의 경우도 마찬가지이다. 완전히 분리된 덕목을 구어적으로 흔히 사용한다고 해서 그대로 붙여서 사용하는 경우가 바로 이런 류라고 할 수 있다. 그런데 애국애족의 경우 더욱 신중한 접근이 필요하다. 우리나라처럼 사실상의(de facto) 1민족 2국가체제를 취하고 있는 남북한의 경우 애국애족을 같은 범주에 계속해서 묶어둘 경우, 애국과 애족이 충돌을 일으키는 경우가 종종 발생할 수가 있다. 애국을 하면서도 애족이 되지 않는 경우가 있고, 애족이라고 말할 수 있지만 애국이라고는 볼 수 없는 경우가 있다. 따라서 '신중한 분리'가 바르다고 생각한다. 애국(나라사랑)과 애족(민족사랑)은 분리하여 다루어져야 한다고 본다.

다섯째, 중복되는 가치문제에 대해 검토해야 할 것이다. 이 문제의 경우는 예를 들어 인류애, 애국애족, 애교애향, 경애, 민족애, 조국애, 사랑 등의 덕목에서 발견된다. 이들은 모두 사랑(愛, love)이 포함되어 있다. 따라서 덕목으로서의 '사랑'에 모두 귀결된다. 현행 도덕과교육은 덕목으로 본다면 사랑을 가장 많이 가르치는 것이라고 말할 수 있다. 이는 지나친 편중이라고 본다. 사랑을 주로 하는 기독교의 경우도 믿음(信)·소망(望)·사랑(愛)을 동시에 중요시하고 있는데, 일반적인 국가의 도덕교육에서 사랑(愛)을 그렇게까지 강조할 필요는 없다고 본다. 물론 다른 가치로운 덕목이 전혀 없을 경우는 사정이 틀리겠지만 말이다.

여섯째, 복합적인 가치의 처리문제를 조정해야 할 것이다. 이 문제는 현행 덕목에서는 직접적으로 발생하지 않는 것으로 관찰되지만, 실제 수업 중에 예화제시를 할 경우, 충분히 발생할 개연성이 있는 경우이다. 예를 들어 덕목으로서의 충·효·예는 매우 중요한 의미를 갖는다. 그런데 이 충·효·예가 복합적인 단일 덕목군을 형성할 때에는 특정한 종교나 사상적 맥락과 궤를 같이 할 수가 있어, 보편적인 도덕교육이 특수한 종교교육에 귀속되거나 오해를 불러일으킬 소지가 있다.

일곱째, 보편적인 덕목이 반영되지 않은 점을 보완해야 할 것이다. 이 문제는 전세계적으로 보편성을 갖는 가치·덕목임에도 불구하고, 현행 도덕과교육과정의 가치·덕목에 반영되지 않은 경우이다. 예를 들자면, 자유, 박애 그리고 평등 등의 경우가 여기에 해당된다.

마지막으로, 덕목에 대한 계열성을 더욱 세밀히 검증해야 할 것이다. 덕목에 대한 계열성 검증의 노력을 시급히 해야 하겠다. 현행 도덕과 교육과정 내에서의 반복의 주기를 살펴보면, 7학년부터는 2개군으로 구분하여 작위적으로 해놓고 있다는 느낌을 많이 준다. 이 문제에 대해서는 별도의 논의를 해보아야 할 것이다. 결국 도덕과교육의 내용으로서의 덕목에 대한 정확한 계열성을 검증하지 못했다는 반증이기도 하다.

결론적으로, 본 논문은 현행 도덕과교육과정에서 강조되고 있는 가치·덕목에 천착하여 향후 교육과정 전반에 대한 개선을 그 목적으로 두고 이루어졌다. 이러한 노력은 실제 수업현장에서 다소간의 가감을 거쳐 실제 적용하여 보완, 발전에 기여할 수도 있을 것이다. 더 나아가서는 향후 교육과정의 개정에 어느 정도의 기여를 할 수 있을 것으로 기대된다. 본문에서도 언급한 바 있지만, 본 연구에서 다룬 가치·덕목에 대한 빈도는 그 자체의 중요도를 그대로 반영한 것만은 아니라는 점을 강조한다. 이는 단지 운용상 교육시간을 더 많이 배려해야 한다는 자료로 활용될 것을 염두에 두고 작성된 것이다. 조사결과는 일차적으로 개별 가치·덕목에 대한 여론의 '관심'이 얼마나 높은 것인지를 살펴볼 수 있는 좋은 자료이다. 나아가 도덕과내용의 제재수 결정과 수업시수 판단 및 편성에 있어서 매우 중요한 자료로 활용될 것으로 기대한다.

심화 탐구 주제·

1. 20세기 초 미국에서 행해진 덕 교육은 오늘날의 실태와 어떤 차이점이 있다고 보는지 의견을 제시해 보세요.

2. 일상생활 속에서 책임, 사랑, 정의, 공정 등과 같은 덕목이 특히 많은 관심을 받고 있는데 그 이유를 제시해 보세요.

3. 도덕교과교육에서 강조하고 있는 20가지 덕목을 월별로 구분하여 교육할 때 그 분포도를 만들어보고, 그 이유를 설명해 보세요.

4. 동양 전통문화 속에서 생활 속에 용해된 덕목의 예로서 육예(六藝 : 禮, 樂, 射, 御, 書, 數)의 의의를 진단해 보고, 이와 비슷한 현대적 예를 만들어보세요.

참고문헌

강준만,『대중매체 이론과 사상』, 개마고원, 2001.
교육부,『도덕과교육과정』, 1997.
교육부,『초등학교 교육과정』(제7차 교육과정 교육부 고시 제1997-15호 [별책 2]), 대한교과서주식회사, 1998.
김경동,『현대의 사회학』, 박영사, 1994.
박재주,『동양의 도덕교육 사상』, 청계, 2000.
서강식,『초등도덕과교육과정의 이해』, 양서원, 2001.
신현우,『도덕과 교육과정의 주제중심 내용요소 탐색에 관한 연구』, 서울 대학교 대학원 박사학위논문, 2001.
이계학 외,『덕성함양의 전통적 방법론』, 한국정신문화연구원, 1998.
이홍우,『성리학의 교육이론』, 성경재, 2000.

정세구 외, 『제7차 초·중·고등학교 도덕과교육과정 개정연구』, 서울대
　　학교 도덕과교육과정개정연구회, 1997.

정세구 외 역, 『인격교육과 덕교육』, 배영사, 1995.

정세구, 「초·중등 도덕·윤리과교육 반세기의 회고 및 반성과 21세기 초
　　의 과제」, 한국도덕과교육학회, 『도덕과교육론』, 교육과학사, 2001.

차우규, 『초·중학교 학생들의 도덕 의식 및 도덕 문제에 대한 조사연구』,
　　서울대학교 대학원 박사학위논문, 1997.

찰스 라이트, 김지운 역, 『매스커뮤니케이션』, 나남, 1988.

추병완, 『도덕교육의 이해』, 백의, 1999.

한형조 외, 『전통예교와 시민윤리』, 청계, 2002.

Baldridge, J. V., *Sociology*, New York: Wiley, 1975.

Borba, Michele, *Building Moral Intelligence*, San Francisco: Jossey-Bass,
　　2001.

Burrett, Kenneth & Timothy Rusnak, *Integrated Character Education*,
　　Phi Delta Kappa Educational Foundation, Bloomington Indian, 1993.

Greer, Colin & Herbert Kohl, *A Call to Character: a family treasury*,
　　Harper Perennial, 1995.

Lockwood, Alan L., "Character Education: The Ten Percent Solution",
　　Social Education, Vol. 55 No. 4, April/May, 1991.

http://www.kinds.or.kr

제 3 장

가치교육에 있어서 음악의 효용성 : 토마스 아퀴나스를 중심으로

1. 서 론

인간은 '음악적 존재'(being of music)이다. 좀더 포괄적으로 재정의하면, 인간은 '소리의 존재'(being of sound)이다. 음악과 소리는 인간의 의사소통의 중요한 수단일 뿐만 아니라 인간의 감성을 싣고 있기 때문에, 가치교육을 위한 도구 차원에서 볼 때 매우 중요한 의미를 가지고 있다.

메리암(A. P. Merriam)은 음악의 기능(function)을 여러 가지로 제시하고 있는데, 개인 내적으로 볼 때 상당한 공감각(共感覺, Synesthesia)이 요구된다.[1]

---

* 이 장은 저자가 이미 발표한 논문(「Thomas Aquinas 음악철학의 가치교육적 시사」, 『윤리교육연구』 제7집, 한국윤리교육학회, 2005, pp.209-230)의 내용이다.

1) 메리암은 음악의 기능이자 이유로 다음 열 가지를 제시하고 있다. 즉 ① 감정

하지만 인류문명의 발전이 장기화되면서, 특히 소위 무한재생과 시공간의 무제약성으로 요약되는 컴퓨터와 인터넷 기능의 비약적 발전으로 인해 '살아 있는 그 자체의 삶'이 지속적인 소외의 과정으로 돌입하게 되었다. 특히 축적된 경험의 지혜가 후세대에 전승되면서 시각적 정보가 청각적 정보에 비해 상대적으로 더 중요하게 다루어지는데, 이는 인간이 '온전한 소리'(integral sound)를 통해 정보와 가치관을 제대로 전수받는 데 있어서 주요한 제약 요인이 되었다.[2]

이에 필자는 시각적 정보에 기반을 둔 경험의 축적(= 덕목)이 강조되고 있는 현대 도덕교육의 한계점을 지적하고, 청각중심의 체험을 중시하는 접근법을 제안한다. 이를 위해 서구 사변철학의 대표적인 인물인 토마스 아퀴나스(Thomas Aquinas)의 음악철학으로부터 그 시사점을 찾고자 했다.[3]

2. 가치교육의 기제로서의 음악의 효용성에 관한 이론적 배경

1) 청현상(akumena) 중시의 음악현상학

철학의 역사는 아리스토텔레스 이후 시각(sight)과 광선(light)에 묶

표현, ② 미적 즐거움, ③ 오락, ④ 커뮤니케이션, ⑤ 상징적 표현, ⑥ 신체적 반응, ⑦ 사회적 규범, ⑧ 사회기관과 종교의식의 확인, ⑨ 사회와 문화의 연속성에 기여, ⑩ 사회통합이다. Merriam(1964), Radocy & Boyle(2001:22-23) 재인용.

2) 소쉬르(Ferdinand de Saussure, 1857-1913)의 용어를 빌자면, 여기서 말하는 '온전한 소리'란 표현(signifiant)과 내용(signifié)으로 나누어지기 이전의 통합된 메시지를 말한다.

3) 본 연구에서 3, 4절의 내용은 이탈리아 도미니크수도회 수사인 콜(Basil Cole)의 저술 중에서 주요 부분을 번역하여 참고하였다. 따라서 특별한 재인용 표기는 생략한다. Cole(1993[1991]:68-81).

여 있었다. 사물이 우리 눈에 어떻게 보이며 그 모습이 어떠한가 하는 것이 주요한 접근법이었던 것이다. 그러나 근대 철학의 양적 발전과 이후 반성적 토대를 형성하기 위해 현상학(phenomenology)의 발전으로 인해 빛과 시각적 비유를 넘어서는 개념의 필요성이 제기되었다. 이러한 조류는 현상학 자체에 대한 재정의를 의미할 뿐만 아니라 철학에 있어서 음악의 중요성을 재발견하게 되는 계기가 되었다. '보임'에 대칭되는 '들림'은 그리스시대에는 중요한 의미를 가졌다. 후설(E. Husserl) 등을 중심으로 한 초기 현상학자들은 인식과정에서의 엄밀함을 위해 보임의 현상(phenomena)을 분명하게 강조했다. 이러한 시도는 기존의 다른 철학분과의 접근법에 비해 상당히 진일보된 것임에도 불구하고 들림인 청현상에 대해서는 상대적으로 중요시하지 않았었다. 이러던 것이 레비나스(E. Lévinas)에 의해, 인간의 사유의 세계에 있어서 '소리'가 전면으로 부각되었다.4) 이러한 주장은 메라비안(Albert Mehrabian)의 실증연구에서도 확인할 수 있다. 즉 특정 메시지의 전달에 있어서 그 영향력의 순서는 언어적(verbal) 요소 7%, 음성적(vocal) 요소 38%, 그리고 비언어적(non- verbal) 요소 55%라고 한다.5)

이와 같이 들림의 소리는 보임의 가시적 현상만큼이나 그 중요성에 있어서 뒤지지 않는다. 유의미한 소리인 음악도 마땅히 중요성을 갖게 된다.

---

4) 서우석(1997a:138-150). 음악현상학에 대한 권위 있는 국내 연구자로는 서우석을 꼽을 수가 있는데 그의 다른 저서로는 서우석(1997b; 2000; 2001) 등이 있다.

5) 피스(A. Pease)는 이 분야의 선행연구로 Mehrabian(1969, 1971)을 제시하고 있다. Pease(1993), Corke(2002:7) 재인용. 그런데 피스가 제시한 메라비안의 선행연구가 참고문헌에 제시되지 않아 적확한 출처를 알 수가 없다. 하지만 소리에 대한 Mehrabian(1972a; 1972b; 1974a; 1974b; 1975; 1976; 1978; 1980a; 1980b; 1991)의 다양한 후속연구는 이 분야에 대한 그의 연구역량을 충분히 대변해 준다.

2) 현재성 중시의 공감각적 음악

공감각에 대한 주요한 시사는 프랑스의 철학자 메를로-퐁티(M. Merleau-Ponty)에서 찾을 수 있는데, 그는 "감각들은 사물의 구조에 열림으로써 상호간에 의사소통을 한다"고 말했다. 즉 사물의 구조에 맞닿아서 발생하는 모든 감각들은 매우 복합적인 감각(= 공감각)에 의해 인지되는 것이다(Merleau-Ponty, 2004[1945]:348-351).

이와 같은 공감각을 가장 많이 내포하고 있는 문화적 요소가 바로 음악이다. 그런데 음악을 제외한 대부분의 문화적 장르들, 특히 미술, 건축, 의상 등은 시간과 공간의 제약을 거의 받지 않는다. 오래된 미술품과 건축물, 그리고 의상은 오늘날에도 그대로 현전하고 있으며 그 메시지 또한 비슷하게 전달되고 있다. 하지만 음악은 비록 그 자체의 음악적 기호들 즉 녹음된 소리 등이 앞선 방식대로 전승될 수도 있지만, 관련된 모든 분위기와 환경까지도 포함한다고는 할 수 없다. 또한 음악 내부적으로도 화성이나 협연 등의 방식으로 동일 시간과 공간 내에 복합적인 음악적 요소가 구현될 수도 있기는 하지만, 여전히 여기와 현재(now and here)를 벗어날 수가 없다.

동시성이 현재를 공간적으로 확장시키는 동안, 전통적으로 과거와 미래로 간주되어 온 현재를 시간적으로 확장시켜 근접한 과거와 미래를 부분적으로 포함시키려는 시도들도 행해졌다(Kern, 2004:209). 고대 그리스시대 이래로 시간의 구조와 관련하여 계속 논란이 되어 온 논점이 한 가지 있는데, 즉 시간이 개별적인 부분들로 구성되느냐 아니냐의 문제였다. 전자는 흄(David Hume)이 그 가장 전형이며(Hume, 1730-1740: part 2, sec.1). 후자는 제임스(William James), 로이스(Josiah Royce), 후설(Edmund Husserl) 등이 대표적이다.[6] 여기서 필

---

6) James(1950[1890]:613-614); Royce(1901:111-149); Husserl(1964:41, 43, 52,

자가 주목하고자 하는 후자는 상대적으로 '두터운 현재'를 주장했다.[7] 음악은 이와 같은 소리의 현재성을 필요로 하며, 그 내부에 이를 구현한다. 음악의 이러한 성격은 현재성이 중요시되는 인간의 생활세계(Lebenswelt)에서 매우 중요한 지위를 차지한다.

76, 149), Kern(2004:209-216) 재인용. 특히 후설의 연구는 괄목할 만한데, 그는 『내적 시간의식의 현상학』 서문에서 시간문제에 관한 아우구스티누스(Augustinus)의 명언 "만일 아무도 나에게 묻지 않는다면 나는 알고 있으나 물음에 대답하고자 하면 나는 알지를 못한다"(Si nemo e me quaerat, Scio, Si quaerenti explicare velim, nescio)는 구절을 인용하면서 이 문제의 난해성을 실토한 바 있다. 이 문구는 노자(老子)의 『도덕경』(道德經)에 나오는 "도를 도라고 이야기하면 벌써 말하고자 했던 도가 아니다"(道可道非常道)라는 구절과 통한다. 아우구스티누스는 그의 『고백록』 제18장과 20장에서 특히 과거도, 미래도 모두가 존재하는 것은 현재로서만이 존재할 수밖에 없는 소이를 논하고 시간에는 현재·과거·미래의 3종류가 있다고 함은 오히려 정확히 말하자면 '과거의 것의 현재'(praesens de praeteritis), '현재의 것의 현재'(praesens de praesentibus), '미래의 것의 현재'(praesens de futuris)의 이들 세 가지 시간이 존재하는 것이라고 했다. 즉 그것들은 단지 현존하는 anima 속에서만 결국 기억, 지각, 예기되는 것인 바, 이러한 심적 기능 그 자체는 모두가 현존인 것이다. 다시 말해서 현재의 기억과 예기가 과거의 시간과 미래의 시간을 현전화하고 있는 것이다. 이와 같은 시간은 결국 체험시간, 의식의 시간이라고 할 것인 바 시간의 주관적 해석이라고 할 수 있다. 아우구스티누스의 이와 같은 시간관은 후설의 시간론과 매우 공통되는 바가 많은데 특히 음(音)의 지각을 취하여 시간분석이 행해지고 있는 점도 하나의 공통점이다. 하지만 아우구스티누스는 후설이 기도한 외적 시간과 내적 시간과의 사이에 다리를 놓는 일은 성공하지 못했다(Eigler, 1961:S.44f, 박상규, 1989:17 재인용).

7) 시간 전반에 대한 국내연구로는 소광희 교수의 연구가 탁월하다. 그는 철학적 탐구에서는 시간적 흐름을 인간의 '체험적 시간'(Erlebniszeit)으로 파악하고, 과거·현재·미래의 관계 속에서 오직 비연상적 시급이 있을 뿐이지 과거와 미래란 있을 수 없다는 입장에 있다(소광희, 2001:165-166). 특별히 미래시간에 국한하여 프랑스 철학자 귀요(Jean Guyau)는 칸트(I. Kant)의 선험적 시간관에 반대하여 인간의 시간관념이 진화와 개인의 심리학적 발달의 산물이라고 주장하면서, "미래가 우리 쪽으로 다가오는 것이 아니라 우리가 미래 쪽으로 다가간다"고 말한 바 있다(Guyau, 1890:44, Kern, 2004:261 재인용).

3) '음악교육'이 아닌 '음악을 통한 가치교육'

음악교육이란 '음악을 배우는 교육'이라고 할 수 있다. 피아노를 배우거나, 우리의 창을 배우는 식으로 각기 예술의 한 분야를 터득하는 교육인 것이다(고경화, 2004).

하지만 음악교육 자체만으로는 도덕과교육에서 말하는 가치교육과 큰 관련성이 없어 보인다. 현재 도덕과교육에서 행해지는 많은 교육내용 중에서, 인물학습, 독서, 체험학습, 친사회화교육, 전통문화, 북한 및 통일 등이 교수되고 있다는 점을 고려한다면, 적어도 교육내용의 측면에서 그야말로 통합적인 인격이 요구되는 도덕과교육에 공감각적 음악이 동원된다고 해서 이상할 것은 거의 없어 보인다. 다만 음악교육이 '음악의 특정 지식이나 악기'에 국한되는 교육이거나 '특정인을 대상으로 하는 교육'이라면, 가치교육과는 거리가 멀다.

요컨대 음악을 통한 가치교육의 가능성은 여전히 열려 있으며, 이로 인해 가치교육과 음악교육의 다양한 상관성을 고려하여 풍부한 감성을 동반하는 교육목표 달성을 설계할 수 있을 것으로 보인다.

4) '철학교육'이 아닌 '철학을 통한 가치교육'

한국의 현재의 도덕교육은 '사고에 관한 교육'(teaching of thinking)과 '사고를 위한 교육'(teaching for thinking)의 양자 선택지 중에서 전자와 후자의 갈등구조 속에서 점진적으로 발전하고 있다. 전자의 접근법은 사고 자체에 대한 제반 지식과 정보를 가르치는 것이고, 후자의 접근법은 복합적 사고를 실제로 할 수 있도록 하는 교육이다. 더 요약하자면 전자는 주입식이고, 후자는 탐구식이라고 할 수 있다.[8]

---

8) 가치교육에서 이 양자의 접근법과 관련하여, 덕목(value)의 문제는 별개이다.

립맨(Lipman)과 그의 동료들(1980)은 유치원에서부터 12학년에 이르기까지의 학생들을 대상으로 철학적으로 사고하는 방법의 습득을 돕기 위한 '어린이를 위한 철학'(P4C) 프로그램을 제시했다. 이들의 프로그램에 근거한 철학적 탐구공동체(Community of Philosophical Inquiry) 활동은 아동들이 스스로 바르게 생각하여 세계와 인간과 삶에 대해 자기 나름대로 의미와 관점을 세우도록 도움으로써, 아동의 비판적·창의적·배려적 사고로 구성된 '한 차원 높은 사고력'(higher-order thinking)을 함양할 수 있는 것을 의미한다.9) 여기서 '철학적으로 사고하기'란 사고와 추론뿐만 아니라 추론능력의 향상, 창의성의 개발, 개인적 성장과 대인관계의 발달, 윤리적 이해력의 발달 등을 모두 포괄한다.10)

즉 양자 모두에게 있어서 덕목은 소중할 수도 있고, 그렇지 않을 수도 있다. 가치교육에서의 덕목(또는 덕목접근법)은 하나의 교육제재이지 교육방법이 아닌 것이다. 따라서 한국 내 도덕교육을 위한 학문공동체 내의 연구자의 충원 메커니즘을 고려할 때, 순수 인문학을 하는 소위 '철학전공자'들의 학문적 접근법은 전자에 부합된다. 이러한 논리로 인해 이후 본 논문에서의 '철학을 통한 가치교육'은 철학전공자를 전제한 것이 아니라 교육학에 토대를 두고 있는 도덕교육전공자를 중심으로 한 방법을 기본적으로 의미하는 것이다.

9) 'higher-order thinking'이라는 용어는 현재 국내에서 '고차적 사고'로 통상적으로 번역되고 있는데, 이는 바람직하지 않다고 본다. 왜냐하면 이 말 자체는 교육활동을 통한 전후의 사고력 비교를 강조하기 위한 것으로써, 기존의 절대적 의미로 해석되는 사고력의 수준과는 상당한 이게의 차이가 있다고 본다.

10) Lipman, Sharp & Oscanyan(1980). 한편 국내의 이 분야는 주로 유아 및 초등 학생 교육을 위해 많은 연구가 진행되었다. 조선희 외(1998:75-113); 조선희·유연옥(1999); 조선희(2000:23-45); 김희용(2002:85-104). 최근 들어 도덕과교육에서도 이러한 접근법이 활발하게 논의되고 있다. 정보주(2001:125-152); 박진환(2003a:231-252); 박진환(2003b:29-50); 박재주(2000: 111-134).

3. 토마스 아퀴나스 음악철학의 특징

1) 토마스 아퀴나스의 인물과 사상 개요

토마스 아퀴나스(1225-1274)는 이탈리아의 한 명문가에서 태어나, 피라와 쾰른에서 도미니크학파의 대표적 인물 가운데 한 사람으로 꼽히던 알베르투스 마그누스(Albertus Magnus)의 지도 아래 아리스토텔레스에 관한 라틴어 번역본을 중심으로 수학했다. 그리고 교황청 및 나폴리에서 강의도 했다. 그는 생을 마감하기 전까지 스콜라주의를 최고수준의 발전단계로까지 끌어올렸다. 또한 그는 조직신학자로서 자신의 스승이었던 알베르투스(St. Albertus)를 능가하였을 뿐만 아니라, 아리스토텔레스의 사상과 기독교 전통을 유기적으로 결합하는 데 큰 공적을 남겼다.

아퀴나스가 신학과 철학에 관하여 저술한 작품들은 대체로 다음과 같이 요약된다. 즉 ① 조직신학 주석(신학자로서 생애 초기), ② 몇 권의 성격주석, ③『이교도 대전』, ④『신학대전』, ⑤ 몇 권의 소작, ⑥ 아리스토텔레스의 작품들에 대한 주석 등이 있다.11)

---

11) 아퀴나스의 라틴어 저작 주요 목록은 다음을 참조.『명제지 주해』(Scriptum Super Sententiis);『신명기 주해』(In librum beati Dionysii devinis nominibus expositio);『영혼론 주해』(In libros de anima expositio);『자연학 주해』(In octo libros Physicorum expositio);『이교도 대전』(신학 전분야에 걸친 변증서)(Summa Contra Gentiles[Liber de veritate... catholicae fidei contra errores infidelium]);『권능론』(Questiones disputatae de Potentia Dei);『진리론』(Questiones disputatae de Veritate);『삼위일체론 주해』(Expositio super librum Boethii De Trinitate[or: Comm. de Boeth.]);『윤리학 주해』(In decem libros Ethicorum Aristotelis ad Nicomachum);『시편 강독』(In Psalmos Davidis Lectura);『시편 주해』(Commentarium in Psalmis);『예레미아 · 애가 주해』(Postilla supr Jeremiam et super Threnos);『형이상학 주해』(In duodecim libros Metaphysicorum expositio);『신학대전』(Summa Theologiae);

아퀴나스에 의하면, 미는 언제나 정제된 비례(debita propotione) 속에서만 존재하며, 정제된 비례란 곧 부분과 전체의 조화를 일컫는다. 이는 마치 건축물에서의 각 부분과 건물 전체와의 조화와도 같은 문제이다. 그가 말하는 완벽한 조화비례란 시각이나 청각을 구별하지 않는 공감각을 말하며, 완벽한 비례(perfect proportion) 또는 종합적인 조화(total harmony)는 지극히 음악적이거나 최소한 음악과 관련이 있다는 사실을 의식하고 있다(이대암, 2001:91).

2) 예술로서의 음악

오늘날에도 특별한 예술로 이해되고 있는 아퀴나스의 음악논법을 실제로 언급하기 전에, 예술에 대한 아퀴나스의 일반적인 태도[12]에 대한 것을 알아보는 것이 도움이 될 듯하다. 아퀴나스를 분석하는 데 있어서 어려운 점은 그가 예술을 위한 예술(= 예술지상주의)과 도덕적인 문헌으로부터 예술의 자율성이 존재한다고 믿는 철학적 세계 속에 살고 있다는 것이다. 그에 의하면, 예술가, 시인 혹은 음악가는 평범하게 '창조된 세계' 위에서 하늘로부터 '영감을 받은 세계'에 살고 있다고 생각한 것으로 보인다. 여전히 예술은 그 자체의 특별하고 즐거운 세계

『형이상학』(*Metaphysics*, Aristotle); 『신 브리태니커 백과사전』(*New Encyclopedia Britannica*); 『오세르바토르 로마노』(*Osservatore Romano*); 『정치학』(*Politics*, Aristotle); 『프로타고라스』(*Protagoras*, Plato); 『국가론』(*Republic*, Plato); 『티마이오스』(*Timaeus*, Plato); 『거룩한 공의회』(거룩한 전례에 관한 헌장)(*Sacrosanctum Concilum*[The Decree on the Sacred Liturgy]), Cole (1993[1991]:vii). 이하 한글 8서로 표기함.

12) 『신학대전』의 모든 영문번역은 토마스 길비(Thomas Gilby, O. P.)가 편집한 Blackfriars, Cambridge, Great Britain, 1960-1973, 1-60권으로부터 인용. 『신학대전』 이외에 특별한 언급이 없으면 모든 영문번역은 아만드 마우러(C. S. B. Armand Maure)의 *About Beauty: A Thomastic Interpretation*, Center for Thomistic Studies, Houston, Tex., 1983에서 인용함.

에 속해 있다는 의식이 있고, 그런 의미에서 예술은 상대적 자율성을 누리고 있다. 하지만, 어떤 의미에서 모든 예술은 사회적인 책임이 있다. 예술은 고도로 훈련된 인간 노력[13]의 부산물이기 때문에 예술작품이 덕행에 미치는 영향에 관심 있는 신중한 사람들의 판단에 종속될 수도 있다. 이런 간략한 배경을 가진다면, 우리가 도덕성과 음악의 전후관계를 이해하고 아퀴나스가 제시한 몇 가지 원칙을 이해하고 평가하는 데 있어 좀더 유리한 입장에 있게 될 것이다.

3) 지성과 도덕성

아퀴나스에 의하면, 지성(= 지적인 덕성) 그 자체는 인간을 선하게 만들지 않는다.[14] 지성은 현실을 이해하거나 현실을 이루기 위해 사색적 혹은 실제적으로 정신을 집중시킨다. 지성은 '생산된 것들에 대한 정확한 판단'을 포함한다. 후자의 측면이 우리의 마음을 사로잡을 것이다. 사색적이고 실제적으로 정신을 완벽하게 만드는 것은 확실히 위대한 미덕이지만 고독한 지성이다. 그럼에도 불구하고 의지와 연관된 지

---

13) 포트노이(Julius Portnoy)는 다음과 같이 말한다. "작곡가는 깊은 영감에 감화되어야만 한다. 하지만 많은 우리 동시대 작곡가들은 영감과 감상적인 것을 혼동하고 영감과 기계론적인 용어로 단순히 설명된 세계에서 더 이상 존재하지 않는 낭만적 기사도의 시대를 혼동한다. 많은 동시대 작곡가들은 고생을 하며, 자신의 기능에 숙달하려고도 하지 않는다. 그들은 분명하지 않으며 주관적이고 스스로를 미학적 순수주의로 가리고 있어서 음악적으로 그들과 의사소통을 할 방법이 없다. 그들은 단순히 일시적인 충동을 따른다. 그리고 그 충동은 개인적으로 그들을 위한 치료로서 아주 유용하다. 하지만 불행하게도 그들은 그 이상을 넘어서지 못한다. 결국 이와 같은 결과는 잘 배열된 음악작품이 아니라 혼돈이라고 할 수 있다. 많은 젊은 작곡가들은 음악의 신을 섬기는 데 있어 가장 중요한 겸손의 자질을 상실했다. 겸손이 없다면 사랑이나 자비도 없다. 그리고 독단주의가 일반적으로 뒤따른다."(Portnoy, 1963:234)
14) 『신학대전』 I-II, 57, 3 ad 2, Cole(1993[1991]:69) 재인용.

성은 그것의 사용 여하에 따라 인간에게 거대한 도움을 가지고 오거나 그 반대를 가져올 수 있다. 그 자체로 지성은 타인들과 혹은 신과의 관계를 완성하지 못한다. 그러므로 과학, 지혜, 이해력 그리고 예술 스스로가 우리에게 도덕적인 선을 행하도록 하는 것이 아니라 선이 존재하거나 존재할 수 있기 때문에 우리에게 현실을 알도록 한다.15) 그런 의미에서, 지성은 즉각적이고 공식적으로 사람을 도덕적으로 선하게 만들거나 사람의 욕망을 교정하지는 못한다. 그렇다고 이것이 정신을 완전하게 하는 내재적인 선을 부인하는 것은 아니다.

장인(artifex)에게 봉사, 성실 등을 행할 마음이 일어나게 하는 다른 덕을 통해서 스스로를 선하게 만들려는 정도까지, 그는 자신의 일을 더 충실하게 할 것이고 이것은 일종의 정의이다.16) 장인은 인간에게 봉사한다는 것을 뜻하기 때문에, 장인이 하는 것은 도덕적으로 말하는 유익하거나 해로운 효과를 가질 수 있다. 『신학대전』(II-II, 94, 1)에서

---

15) 『신학대전』 I-II, 57, 1.
16) 『신학대전』 II-II, 57, 3. 머시어 추기경(Cardinal Mercier)은 유사한 관점에서 그 입장을 밝히고 있다: "도덕은 예술과 완전히 분리되어 있어서, 예술은 결국 미적인 목적이 도덕보다 우월하거나 도덕에 종속한다는 생각을 하도록 한다고 주장하는 사람들이 있다. 예술을 위한 예술은 예술의 가장 가까운 목적과 일치한다. 하지만 예술가는 최소한 도덕을 타락시키지 않기 위해서 어떤 방식으로든 사회적인 목적에 맞게 그의 작품을 규제해야만 한다. 예술가는 도덕 교수가 아니지만 비평에 종속될 수 있다. 왜냐하면 인간의 활동은 궁극적으로 신에게 지향되어야만 하고 영구법(eternal law)에 종속되어 있기 때문이다. 아름다움은 정직과 의지와 감정에 호소한다. 어떤 감정들은 악할 수 있다. 예술 역시 결국은 정직하고, 고양되어 있으며, 자신을 망각하고, 사심 없고, 희생적인 것으로 이르게 된다. 그러므로 예술은 선하고 고상하다. 하지만 예술은 개인과 사회에 반받을 주는 이기주의 즉, 기기숭배, 육욕 즐기기(flatter voluptuousness)를 유발할 수도 있다."(Cardinal Mercier, "Le genie poetique de Dante", *A paper read at the 7th centenary of Dante*, Royal Academy, Belgium, 1921, as cited by Leonard Callahan, *Theory of Aesthetic: According to the Principles of St. Thomas Aquinas*, Washington D.C.: Catholic University of America Press, 1947, second printing, p.114)

아퀴나스는 예술의 덕은 인간이 사용하는 대상을 생산하기 때문에 사악한 목적으로 사용될 수 있다고 한다. 예를 들어, 우상숭배 실천이라는 잘못된 경배와 같은 경우이다. 이것이 사실일 때, 장인의 작품은 다른 측면에서 본다면 아름답거나 유익할 수 있을지라도 객관적인 질서에서 보면 장인은 죄를 지은 것으로 결론을 내린다. 그래서 제조된 '물건'(thing)이 타인들에게 행동하게 하는 것이라는 관점에서 예술과 도덕성의 관계가 존재한다. 좀더 확실한 의미에서 우리 인간은 모든 인위적인 것들의 마지막이다.[17] 만들어진 '어떤 것'(something)이라는 최고의 관점에서부터 제작자가 도덕적으로 선하다는 것이 요구되는 것이 아니라, 생산된 '어떤 것'(something)이 잘 제작되어 있고[18] 좋은 목적에 이바지하는 것이 요구되고 있다. 하지만 하나의 예술작품은 전체 사람으로부터 '진행하기'(proceeds) 때문에, 개인적인 덕은 어떤 것을 만드는 것과 관계가 없다고 생각하는 것은 아주 순진한 것이다. 아퀴나스는 "예술에는 이중 행렬이 있는데 예술가의 마음으로부터의 예술 행렬과 그 자체로 이루어진 예술로부터의 예술작품의 행렬이 있다"고 말한다.[19]

현재로 아퀴나스에게는 예술의 두 종류가 있다는 것은 명확하다. 두 종류의 예술이란 사용(utility)을 위한 예술과 미(beauty)를 위한 예술을 말한다.[20] 우리의 다음 임무는 아퀴나스가 의미한 미가 무엇인지 그리

---

17) 『자연학 주해』 II, cap. 4.

18) 『신학대전』 I-II, 57, 5, ad 1.

19) 『자연학 주해』 I, 32, 1. 마리탱(Jacques Maritain)이 시각예술과 모든 미술의 상황에서 잘 표현한 것처럼, 가장 높은 도덕적 덕은 예술적인 덕의 결핍과 평범성을 결코 보충할 수 없다. 하지만 도덕적 악인 게으름, 겁 혹은 자기만족은 예술적 활동을 연습하는 좋지 않은 토양이 된다는 것은 명백하다. 인간 주체의 도덕적인 구성은 인간의 예술에 몇몇 간접적인 영향을 준다(Maritain, 1960: 92).

20) 『신명기 주해』 4, lect. 5, n. 354.

고 가능하다면 인간에게 주는 미의 도덕적 효과가 무엇인지를 검토하는 것이다.

4) 미와 음악

음악과 도덕성의 관계를 알기 위해, 우리는 아퀴나스의 미의 개념을 설명해야만 한다. '미'라는 질문에 관한 아퀴나스의 공식적인 저작은 없지만, 그는 가끔 그 단어를 사용했을 뿐만 아니라 다양한 주제에 대한 그의 저작의 많은 부분에서 그 개념을 정의하고 구체화하고 있다. 그가 그 단어를 정의하고 사용할 때, 그가 미와 음악과 미술의 관계를 살펴본 것은 명확하다. 아퀴나스의 미의 개념에서 '미'라는 용어가 다양한 주제에 적용되고 있기 때문에 우리는 사고의 역동적인 변화를 발견한다. 예를 들자면, 『신학대전』(I-II, 27, 1 ad 3)에서 "미적인 소리와 미적인 풍경은 있지만 미적인 냄새는 없다(spores vel odores)"고 말한다.

동일한 대상이 동시에 감각적이고 지적인 방식 양쪽 모두에 있어서 아름답게 되는 것을 막는 어떤 것은 없다고 아퀴나스는 지적하고 있다.[21] 자신의 경험이라는 견지에서부터, 아퀴나스는 미는 보여질 때 쾌감(pleasure)을 주는 것이라고 말한다.[22] 생각해 보면 그것은 선에 쾌감을 더하는 것이다.[23] 추론에 의한다면 아퀴나스의 정의는 들려지는 것 역시 포함하며, 쾌감은 감각적이고 정신적인 기쁨 모두를 포함한다. 하지만, 음악의 기쁨에 관해서 말할 때 아퀴나스가 그것을 '유쾌한' (gratifying)[24]이라고 부른 것은 흥미롭다.

---

21) 『시편 강독』 25e; 『신학대전』 II-II, 145, 2 참조.
22) 『신학대전』 1, 5, 4, ad 1.
23) 『신학대전』 I-II, 27 1 ad 3.
24) 『시편 강독』 44; 『신명기 주해』 4.5.

아퀴나스의 작품을 통해, 비록 그것이 흩어져 있을지라도 우리는 아퀴나스가 미가 무엇을 의미하는지를 발견하게 된다. 그 자체로 너무 균형이 잡혀 있어서 인간 인지에 적당한 것이 바로 단일한 본질이라는 성향(a disposition of the singular substance)이다.25) 이런 균형은 일종의 조화26)라고 부르며 이 조화는 사물을 배열하는 데 있어서 마지막27)에 온다. 마찬가지로 그것은 각 경우에 있어서 다를 것이다. 즉, 그것은 결코 단순히 한 종류가 될 수 없을 것이다. 다른 말로 하자면, 한 사물의 미는 또 다른 사물에게 있어서 미가 아니다.28) 이 모든 다양한 미는 아름다운 사람이나 사물의 형태로부터 온다.29) 그래서 미의 두 번째 특징은 형태의 빛남 즉, 광채(brilliance)이다.30) 시각예술로부터 아퀴나스의 단서를 찾아보면, 동일한 위치에서 아퀴나스는 "밝은 색깔을 가진 사물들은 아름답다"고 말하고 있다.

마지막으로, 미는 총체성(wholeness)이나 완전성(integrity)을 필요로 한다.31) 미는 그것이 당연히 있어야 하는 것이 되면서 완벽성을 가질 때와 행위에 있어서 적절한 효력을 가질 때 온전하다. 그러므로 추한 것은 어떤 측면에서 그것이 당연히 추해야 되는 것보다 덜 추한 것이다.32) 분별력 있고 비물질적인 미가 존재하기 때문에, 추함이나 간악함의 종류가 존재한다.

---

25) 『신학대전』 I-II, 55, 2, ad 1; 『예레미아 · 애가 주해』 cap. 4, g-h; 『신명기 주해』 cap. 4, lect. 5; 『신학대전』 I-II, 49, 2, ad 1.

26) 『신학대전』 I, 4, 4, ad 1; I, 39, 8; II-II 145, 2.

27) 『신명기 주해』 c. 4, lect. 5, n. 339.

28) 『시편 강독』 44, 2.

29) 『신학대전』 I, 5, 4, ad 1.

30) 『신학대전』 I, 39, 8c.

31) 『신학대전』 I, 39, 8.

32) 『신명기 주해』 c. 4, lect. 21, n. 554; 『신학대전』 I, 39, 8c; 『신학대전』 II-II, 145, 4c.

이러 모든 부분에 있어서, 아퀴나스는 미를 본질로서 검토하고 있다. 예술작품에 대하여, 아퀴나스는 다음과 같이 말한다.

인공적인 형태는 우연이다. 본질적인 형태보다 인공적인 형태가 우리에게 더 잘 알려져 있다. 왜냐하면 인공적인 형태가 우리의 감각에 더 근접해 있기 때문이다.[33]

인간이 만든 아름답다고 불리는 작품에 관해서, '자연을 모방하는 예술'이란 당연히 예술이 조화, 명료 그리고 총체성을 가지고 있다는 것을 의미하고 있어야 한다. 하지만, 아퀴나스는 이런 개념을 발전시키지 않았고, 이것을 음악에 적용하지도 않았다. 아마도 그는 아름다운 그림과 음악의 창조를 지배하는 실제적인 법칙은 명확하거나 절대적인 것이 아니라 조건적인 것으로 본 듯하다.[34]

미의 가장 명확한 효과 중 하나는 사랑이다. 모든 사람은 미를 사랑한다.[35] 그래서 아퀴나스는 우리가 사물을 사랑하기 때문에 사물이 아

---

33) 『영혼론 주해』(The Commentary on the Soul) II, 2, 235.
34) 세라핀(Mary Louise Serafine)은 음악이 얼마나 아름다운지에 대한 신비를 매우 잘 표현했다. "우리가 음악을 만드는 데 관여할 때 우리는 무엇을 하고 있는지 명확하지 않다. 음악이 왜 우리에게 영향을 주는지는 전혀 분명하지 않다. 음악을 창조하고 감상할 동안에, 우리는 유기체, 통일성, 그리고 일탈을 경험한다. 하지만 그런 효과들이 어떻게 발생하는지 혹은 음악 속에 이들이 어디에 위치해 있는지 명확하지 않다. 음악에서 이 문제를 파악하는 것은 더 어렵다. 왜냐하면 그것은 우리가 그것을 보고 있을 동안에도 여전히 계속되지 않는 스쳐 지나가고 순간적인 것이기 때문이다. 우리는 어떤 지점에서 그것을 멈추어서 '거기에 패턴이 있고 … 반복이 있고 … 형태가 있다'라고 말한 수 없다 왜냐하면 우리가 지적하는 것은 소실되고 사라져버리기 때문이다. 음악은 일시적인 경험을 펼쳐 놓는다. 아직도 여전히, 우리에게 음악은 특징적인 경험과 관계되어 있는 명백한 인상 즉, 순간적인 사건의 흐름이 어떤 방식으로 조직되는 하나의 인상이다."(Serafine, 1988:35-36)
35) In Ps., 25, 5; 『신학대전』 II-II 5, 2, ad 1.

름다운 것이 아니라, 사물이 아름답고 선하기 때문에 우리가 사물을 사랑한다고 말한다.36) 그는 모든 동물 중에서 인간만이 단지 지식을 위해 즉, 미에 대한 지식을 위해서 분별 있는 육체의 지식을 기뻐한다는 점을 지적하고 있다.37)

아퀴나스는 오르간 음악을 사랑하는 사람들은 파이프에 귀를 기울이면서 가지는 쾌감 때문에 동시에 설교에 귀를 기울일 수 없을지도 모른다고 주장하고 있다. 이 예가 이해되지 못하는 것처럼 보일지라도, 쾌감은 쾌감들 사이에서도 아주 다르며 하나의 쾌감은 다른 쾌감을 압도할 수도 있다고 아퀴나스는 주장하고 있다. 감각의 순서에 있어서, "감각은 자체로 유사한 것으로서 정당하게 조화로운 사물들을 기뻐하고 감각능력은 모든 다른 알고 있는 능력과 같이 일종의 조화이기 때문에" 쾌감은 발생한다.38) 마찬가지로 아퀴나스가 음악에 대해서 말하면서, 그는 "인간은 감각에서부터 쾌감을 얻으며 … 사물들이 감각에 대해 가지는 적합성 때문에 … 그래서, 인간은 아름답게 조화된 소리에서 쾌감을 갖는다"고 말한다.39)

하지만 소리와 쾌감은 때때로 서로에게 방해가 될 수도 있다. 따라서 인간은 자신을 위해서 분별력 있는 대상의 미로부터 기쁨을 얻지만 다른 유용한 것에 대해서는 그렇지 않다.40) 어떤 감각들은 그 자체로 단순히 쾌감을 줄 수 있다. 이것은 우리가 음악을 들을 때 해당하는 경우이다.41) 아퀴나스 역시 거기에 영적인 기쁨이 있다는 것을 확신하고 있는가? 아퀴나스는 『신학대전』(III, 83, 4 & 6)에서, 성스런 어휘와

---

36) In Div. Nom., lect. 10, n. 439.

37) 『신학대전』 I, 91, 3.

38) 『신학대전』 I, 5 ad 4.

39) 『신학대전』 II-II, 145, 2c.

40) 『신학대전』 I, 91, 3 ad 3; II-II, 141, 4, ad 3; VI Eth. 1., 10, n. 1259; V Met. 120m, n. 1080; I-II, 4, 5c.

41) 『신학대전』 II-II, 141, 4, ad 3.

함께 청중들을 '고무시키는' 음악에 대해서 말하고 있다. 또한 그는
『시편 주해』(Commentarium in Psalmis, 32, 2)에서 역시 신과의 관계
에 있어서도 음악은 아주 강력한 영향력을 발휘한다고 말하고 있다.

정신의 미는 지성으로 잘 형성되고 확산되어 있는 대화나 행동으로
구성되어 있다.[42] 그러므로, 도덕의 관점에서 보면, 모든 생명의 미는
이성에 따른 인간의 많은 활동을 조정하는 덕행이 있는 삶에 기초하고
있다.[43] 본능과 감정은 이성의 지시 아래에 있기 때문에, 이것은 교대
로 화합하고 인간의 삶에 조화를 부여한다.[44] 다른 한편으로, 적당하지
않은 쾌감은 "이성의 기쁨을 둔하게 하는데, 이성에서부터 모든 명료
함과 미의 덕이 유래한다."[45]

영적으로 말하자면, 만약 미의 본질이 이성에서 발견된다면[46] 그것
은 미의 속성이 합리적인 것으로부터 흘러나오기 때문이다(합리적인
것의 예를 들자면, 명료함, 조화와 빛남을 들 수 있다). 특히 아름다운
삶은 명상적인 삶이며, 그 이유는 명상 속에서 이성은 최고수준까지
사용될 수 있기 때문이다.[47] 여기에서 음악과 도덕은 원칙적으로 연결
되어 있다. 『신학대전』에서, 아퀴나스는 명상(contemplation),[48] 정신
(the mind),[49] 그리고 의지(the will)[50]의 쾌감에 대해서 잘 서술하고
있다.

---

42) 『신학대전』 II-II, 145, 2c.
43) 『신학대전』 II-II, 145, 2 & 4.
44) 『신학대전』 II-II, 180, esp. 2, ad 3에서 아퀴나스는 도덕적인 삶이 이성에 관
여하는 한 아름답다고 말하고 있다. 『이교도 대전』 III, 37 참조.
45) 『신학대전』 II-II, 145, 2c.
46) 『신학대전』 II-II, 116, 2 ad 2.
47) 『신학대전』 II-II, 180.
48) 『신학대전』 I-II, 35, 5.
49) 『신학대전』 I-II, 31, 5.
50) 『신학대전』 I-II, 35, 4.

아퀴나스에게 있어서 명상은 "하나의 진리에 대한 단순한 주시"(a simple gaze upon a truth)이다.[51] 동시에 아퀴나스는 "명상은 영혼의 통찰력 있음과 인식 대 대상에 대한 편안한 주시"(contemplation is the soul's penetrating and easy gaze on things perceived)라는 리차드 (Richard of St. Victor)의 개념을 인용하고 있다. 이 정의는 음악을 포함한 모든 예술에 쉽게 전이될 수 있는 것이다. 음악을 듣는 것은 아름답고 탁월하게 진실된 것을 명상하는 것이다. 왜냐하면 이것은 신 자신의 무한한 미를 반영하고 있기 때문이다.[52]

말러(Mahler)나 스트라빈스키(Stravinsky)의 작품이 갖는 내적 관계성에 귀 기울인다면, 지식인이 신을 더 쉽게 명상을 통해 영접할 수 있도록 훈련받을 수 있다. 이와 마찬가지로, 심사숙고되고 있는 아름다움은 사람에게 단순하거나 독점적으로 감각의 미덕보다는 삶에 더 많은 것이 있다고 인식할 마음이 내키도록 할 수는 없겠는가? 하모니와 리듬에 연결된 잘 작곡된 선율의 복잡함을 통해서 소나타 곡이나 협주곡 (concerto)이 사람에게 더 위대한 덕의 삶, 실제로 완벽한 삶을 희망하도록 할 수는 없겠는가? 그런 삶이 인간의 궁극적인 행복에 공헌하지 않을까?

---

51) 『신학대전』 II-II, 180, 3 ad 1.
52) 미의 주관적 요소를 말하고 있는 캘러핸(Leonard Callahan)은 감정 뒤에는 더 깊은 어떤 것이 있다고 주장하고 있다. "최종적으로, 우리는 작품에 영감을 주는 관념과 작품을 비교하면서 미의 진정한 비밀을 파악한다. 그리고 이것은 대부분 각자가 스스로의 힘으로 해석하는 개인적인 문제이기 때문에, 사람이 작품 배후에 있는 관념에 도달하거나 미치지 못함에 따라 작품해석은 다양해질 것이다. '취향에 대해 논란을 해서는 안 된다'(de gustibus non est disputandum)는 격언은 성격, 기질, 교육, 나이와 성과 같은 무수한 요인들이 형성되고 우리의 취향을 만든다는 점에서 유효하다. 하지만 그것은 절대적이지 않다. 왜냐하면 모든 인간은 어떤 방식으로든 아름다운 것에 의해 영향을 받기 때문에, 미에 대해서 보편적으로 수용된 평가는 존재함에 틀림이 없다."(Callahan, 1928:55)

아퀴나스에 의하면, 행복은 무엇보다도 성령(the Holy Spirit)[53]에 의해 습득된 그러한 묵상과 도덕적 덕에 결코 손상이 되지 않는 곳[54]에 존재한다. 음악이 사람에게 묵상활동과 생활의 맛과 기쁨을 가져다 준다는 정도에서, 음악은 덕스런 삶의 목적으로 사람을 인도한다. 왜냐하면, 도덕적 덕은 사람에게 자연스럽고도 초자연적으로 묵상의 삶을 살기를 기대하고 그런 마음을 주는 경향이 있기 때문이다.

선과 같이, 이런 삶에 있어서 미는 완전한 만족을 주는 것은 아니다. 마치 인간 자체에 내재적 한계와 결점이 있는 것처럼, 모든 음악과 모든 예술에는 어느 정도 내재적인 결점이 있다. 이런 결점들은 가변성(changeableness)이 있으며, 제한성(limitedness) 혹은 유한성(finiteness)이 있다.[55]

4. 토마스 아퀴나스 음악철학의 현대 가치교육적 시사

1) 음악의 효과에 대한 아퀴나스의 평가

음악이론이나 귀 기울일 만한 특별한 작곡을 하지는 않았기 때문에, 아퀴나스는 하나의 학문으로서의 수학이 음악을 위해 필요하다고 하는 아리스토텔레스와 보에티우스적인(Boethian) 개념을 단순히 반복하고 있다. 왜냐하면 음악은 선율과 하모니를 생산하는 균형의 학문이기 때문이다. 그러므로 음악이 수학자들이 가르친 원칙들을 권위 있게 수용하는 것처럼, 거룩한 학문은 신이 계시한 원칙들을 받아들이고 있다.[56]

---

53)『신학대전』 I-II, 147, 3 & 4.
54)『윤리학 주해』 X, Lect. XI, n. 2110, n. 2092.
55)『신명기 주해』, c. 4, lect. 5, n. 345.
56)『신학대전』 I, 1, 2.

그의 선배들과 같이, 아퀴나스는 젊은이에게 철학의 비밀을 소개하는 도구로써 실제로 선율을 작곡하는 것에 대해서 말하고 있는데, 그것은 당시에는 음악이 인문학의 하나였기 때문이었다.[57] 아리스토텔레스는 작곡하는 것을 추천하지는 않았지만, 젊은이들에게 전통적으로 이들에게 이미 주어진 음악을 연주하도록 가르치는 것을 선호했다.

신학에 대한 독창력이 풍부한 생각은 음악에 대한 아퀴나스의 일상적인 소견에서부터 발견되고 발전될 수 있었을 것이다. 어떤 때에, 아퀴나스는 아리스토텔레스, 보에티우스(Boethius), 그리고 덜 중요하기는 하나 피타고라스(Pythagoras)와 심지어 플라톤(Plato)이 분명히 말한 전통적인 글을 따르고 있는 것처럼 보인다. 다른 때에, 그는 그의 선배들을 능가함으로써 우리를 놀라게 하기도 한다.

아퀴나스는 『신학대전』에서, "인간은 음악에 의해서 많은 영향을 받는다. 여기에서 기도에 헌신하도록 자극하는 음악의 가치가 존재한다"(II-II, 91, 2, ad 4)라고 말한 바 있다. 그에게 있어서 헌신은 신에게 봉사하도록 즉각적으로 스스로를 내어 주는 기질이라는 구체적인 의미를 가지고 있다(II-II, 82, 3). 종교음악(sacred music)을 이해하는 데 있어 가장 중요한 같은 조항(II-II, 91, 2: 91조 2항)의 본문에서, 그는 악기는 "음악 속에 있는 좋은 기질을 창조하는 것보다 일반적으로 영혼을 감동시켜야 한다"라고 주장한다. 그의 주장은 일관성이 있는가? 또 다른 저작에서 그는 키타라(Kithara)[58]라는 악기는 의로운 삶을 상

----

57) 『보에티우스의 삼위일체론에 대한 주해서』(Boeth. de Trin.), 5, 1, ad 3.
58) 여기서의 '키타라'는 고대 그리스 현악기로서 고대 그리스의 대표적 악기인 리라를 개조한 것이다. U자 모양의 나무로 된 공명통과 2개의 구부러진 팔 및 횡목으로 이루어졌으며, 현의 수는 5줄(BC 8세기)에서 7줄(BC 7세기), 11줄(BC 5세기)로 늘어났다. 왼쪽 가슴에 안고 오른손가락이나 상아로 된 피크로 퉁긴다. 구조도 튼튼하고 음향도 커서 실용적이었다. 직업연주가들에게 애호되어 BC 7세기부터 키타라 반주에 의한 노래 키타로디가 많이 애창되었다. 키타라와 리라는 중세 이후 쓰이지 않게 되었으나, 키타라라는 이름은 기타, 키타

징하고 있으며,59) 정직은 플루트와 트럼펫 같은 관악기에 의해서 유발된다(관은 열정을 생산하고 현은 유쾌함을 발생시킨다)고 주장하고 있다.60) 아퀴나스는 실제로는 스스로가 모순되는 것처럼 보일 수 있다. 다른 한편으로 다양한 악기의 서로 다른 음색을 듣는 것과 다른 소리가 나는 악기가 실제로 연주하는 음악을 듣는 것은 별개의 것이다.

칼 홀터(Carl Halter)는 이러한 아퀴나스의 주장에 대해 다음과 같이 설명하고 있다.

피아노 위를 손으로 세게 쳐서 나는 소리는 음악이 아니라 단순한 소리의 떨림에 불과하다. 음악은 강조와 대조, 다양한 악기의 음색, 한 음의 등장을 급하게 하거나 지연시키는 루바토(Rubato)를 제공하기 위해서 하모니, 대위법, 다양한 정도의 큰소리의 강약법을 사용한다(Halter, 1963: 36).

아마도 아퀴나스 시대의 악기는 음악의 더 순수한 형태를 제공하는 오늘날의 세밀한 악기보다 더 녹이 슬었을 것이다. 신에 대한 헌신에 있어서 음악이 도움이 된다고 확신하면서, 아퀴나스는 가르침과 설교를 통해서 신에게 더 숭고하게 접근한다는 것에 대해서도 확신했다.61) 어떤 경우에서든 음악은 신앙심에 도움을 주는 의심할 여지가 없는 즉, 노래하는 사람과 독립된 방식은 아니다. 아퀴나스는 같은 조항의 두 번째 반론에 대한 대답에서 제롬(Jerome)에 대해 다음과 같이 비평을 하고 있다.

모네, 치디, 시틴 등의 악기이름으로 뮤트제 악기에 남이 있다. (자료 : ompao 백과사전)

59) 『시편 주해』 2.
60) 『시편 강독』 32, 3. 이 부분의 아퀴나스의 생각은 동양전통의 5행(行)에 따른 궁상각치우(宮商角徵羽)의 개념과 상통하는 점이 있어 보인다.
61) 『신학대전』 II-II, 91, 2, ad 3.

제롬은 [반대하는 본론에서] 노래하는 것을 절대적으로 비난하지는 않고 있지만, 극적으로 노래하거나 신앙심을 불러일으키기 위해서가 아니라 쾌감을 보여주거나 유발시키기 위해 노래하는 사람들을 꾸짖었다. 여기에서 아우구스티누스(Augustine)는 "내가 불려진 가사보다 목소리에 의해서 더 감동을 받는 일이 발생할 때, 나는 죄를 지었다고 고백하고 난 다음 노래하는 사람에게는 귀를 기울이지 않으려고 할 것이다"라고 말한다.62)

아퀴나스는 또 다른 관점에서 성찬식 음악에서 쾌감을 즐기는 것이 선(善)한 것인지 아닌지에 대한 아우구스티누스의 유명한 문제에 접근하고 있으며, 그 문제를 명확히 이해하고 있는 것으로 보인다.

단순히 쾌감을 불러일으키기 위해 노래가 불려질 때, 영혼은 노래의 의미로부터 혼미해진다. 하지만 사람이 신앙심으로부터 노래할 때, 그는 내용과 의미에 더 집중을 한다. 왜냐하면 그는 가사에 더 많이 머물게 되기도 하고, 아우구스티누스가 말한 것처럼 영혼의 다양성에 따르면 우리 영혼 각각의 애정(affection)은 소리와 노래 속에서 적절한 박자를 가지고 있으며 숨겨진 교신에 의해 그것이 자극되기 때문이다. 듣는 사람에게도 동일한 것이 적용된다. 왜냐하면 듣는 사람이 무엇이 노래되고 있는지를 이해하지 못할지라도, 그들은 왜 이것이 노래되어야 하는지(즉, 신의 영광을 위해)를 이해하고 있으며 이것은 그들의 신앙심을 일깨우기에 충분하기 때문이다.63)

명확하게 아퀴나스는 의미와 감정과 관련된 문제는 없었지만, 종교음악에서 쾌락을 가지는 것은 성찬식이라는 전후관계에서 비추어보면 음악에 귀를 기울이는 것을 정당화하기에는 충분하지 않다. 이것이 더 명백하게 아우구스티누스의 딜레마를 해결하고 있다.

---

62) 『신학대전』 II-II, 91, ad 2.
63) 『신학대전』 II-II, 91, ad 5.

2) 음악의 도덕적 효능

음악은 어떤 도덕적 효과를 가지는가? 아퀴나스 스스로는 지혜, 지식, 이해력과 예술 그 자체가 우리로 하여금 선한 행동을 하도록 하지는 않는다고 확신하고 있다.[64] 음악의 실제적이고 현저한 기쁨에 관해서 말하면서, 아퀴나스는 다음과 같이 말한다.

이런 감각은 그 자체로 쾌감을 줄 수 있다. 예를 들자면, 우리가 음악에 귀를 기울일 때와 같은 경우가 이것이다. 그러므로 이것은 우리의 본성에 보존되어 연결된 쾌감은 아니다. 그래서 당연히 이런 종류의 쾌락은 우리가 오토노마시아(autonomasia)[65]에 의해서가 아니라 감각과 절제를 연결시키도록 하는 근본적인 특징을 소유하지 않는다.[66]

아퀴나스는 그의 『윤리학 주해』에서, 아리스토텔레스가 엄격하게 수용된 절제의 덕을 정확히 집어내기 위해 노력했다는 점을 입증한 다음, 아리스토텔레스의 후기 사상에서도 시작하지 못한 새로운 한 개념을 제시하고 있다.

… 그[아리스토텔레스]는 절제가 감상과 관련된 쾌감과 동일한 방식으

---

64) 『신학대전』 I-II, 57, 1.
65) 여기서 말하는 '오토노마시아'란 명명법(命名法)을 말한다. 여기에는 두 가지가 있는데, 첫째는 특정 인물의 직위나 성격 등을 대체하는 것으로, 폐하(Your Majesty) 또는 대통령 각하(His President) 등과 같은 용례가 있다. 둘째는 어떤 집단이나 계층에 대해 그 특징을 토대로 개인적인 이름을 명명하는 경우인데, 베네딕트 아놀드(Denedict Arnold: 미국의 독립전쟁 당시 영국군에 내통한 인물로 미국에서 '배신자'의 대명사임)가 그 한 예이다. (자료 : http://www.dictionary.com) 베네딕트 아놀드와 관련하여 소설, 평론 등 관련서적을 세계 최대 사이버서점인 아마존(Amazon)에서 검색해 보면 157권에 이른다. (자료 : http://www.amazon.com)
66) 『신학대전』 II-II, 141, 4, ad 3.

로 관련되어 있다고 말한다. 하지만 감상하는 것과 절제는 관련되어 있지 않다. 만약 어떤 사람이 선율(=인간 목소리의 조화)과 교향곡(=악기를 통해 달성된 인간 목소리의 모방)에서 많은 기쁨을 얻지 못한다면, 이런 이유 때문에 그가 절제 또는 무절제한 인물이라고 평가받을 수는 없을 것이다. 왜냐하면 선율과 교향곡은 양쪽 모두 아주 강렬한 쾌감이 아니기 때문이다. 하지만 이 문제는 절제보다는 다른 덕이나 악에 속할 수 있다.[67]

아퀴나스는 "불의한 사람은 의로운 사람의 쾌감을 어떻게 누릴 수 없는지"를 예로 들기 위해서, "음악의 기쁨을 즐길 수 없는" 음악감성이 둔한 사람을 비유로 사용하고 있다.[68]

또한 아퀴나스는 말과 행동 양쪽 모두가 있는 연극에서 덕이 존재하는지에 관한 질문을 제기하고 있다.[69] 피곤은 삶의 일부이다. 그래서 심지어 신적인 것을 직접적으로 명상하는 일에 종사할지라도 육체는 휴식이 필요하다. 몸이 육체적인 휴식을 필요로 하는 것처럼, 영혼 역시 쾌감으로부터 오는 휴식을 필요로 한다. 이것은 타인에게 원기를 주는 사람, 장소, 시간에 적절하고 익살스런 대화를 통해서 이루어질 수 있다. 그럼에도 불구하고, 이것은 중독이 될 수도 있고(Vehementiam affectus), 다른 한편으로 사람을 미소짓게 만드는 어떤 것도 결코 말하지 않는 것일 수 있다. 결과적으로 그들은 엄격하고 촌스러워진다(duri et agrestes). 놀이는 통제와 지시를 필요로 하며, 통제와 지시는 절제의 덕이라는 잠재적 능력의 일부에서부터 기인한다. 이런 것들은 인생의 전부는 아니지만 중요한 특징들이고 사람의 운명을 실현시키는 데 있어서 필요하다. 그리고 이것은 아마도 음악감상의 덕이 즉, 놀이와 배움에 대한 애착(studiositas)과 연계된 절제라는 덕의 잠재적 일부분이 속해 있는 곳이다.

---

67) 『윤리학 주해』 III, Lect. 69, n. 606,
68) 『윤리학 주해』 X, c, iv, 2000.
69) 『윤리학 주해』 II-II, 168, 2-4.

『신학대전』(II-II, 166, 1-2; 167, 1-2)에서, 아퀴나스는 '배움에 대한 애착의 덕'(studiositas)과 이것과 반대되는 '극단적으로 호기심 많은 악덕'(curiositas)을 대비하여 분석하고 있다. 덕의 경우에 있어서 배우고 공부하는 것에 대한 사랑은 덕이며, 그것에 의해서 사려 깊은 지적 덕이 얻어진다. 모든 인간에게 자연스러운 알고자 하는 것에 대한 사랑은 조정될 필요가 있다. 우리는 지식에 대해서 게을러서는 안 되지만 적당한 수준 이상의 어떤 것에 대해서 너무 배우려고 해서도 안 된다. '배움에 대한 애착'은 학습에 대한 적절하지 못한 욕망을 억제하고, 육체가 느슨해져 있고 노력을 하지 않을 때에는 진리를 추구하도록 정신을 격려한다. 음악에 관한 우리의 질문과 관계되는 중요한 원칙이 바로 "기쁨이 없다면 누구도 존재할 수 없으며, 사람이 영혼의 기쁨을 누릴 수 없을 때 그는 육체의 기쁨을 추구한다"는 것이다.[70] 이 주목할 만한 문장에는 음악과 도덕의 관계에 대해 우리가 고찰하는 것의 핵심이 포함되어 있다.

음악감상은 육체와 영혼을 위해 놀라운 많은 것들을 할 수 있다. 음악을 듣게 되면 선율, 하모니, 좌우 균형, 리듬, 그리고 서정시 때문에 음악을 감상하는 것은 목표 달성을 기쁜 마음으로 할 수 있게 한다. 다른 개념을 언급하지 않더라도 음악 그 자체에 대한 명상은 숭고할 정도의 기쁨이 될 수도 있다. 만약 이 즐거움이 신의 형상(image)과 유사함(likeness)으로 창조된 인간으로서 인간의 성숙에 기여를 한다면, 기쁨에 대한 이성적인 통제와 작곡자의 예술을 어떻게 감상할지를 배움으로써 이 즐거움은 반드시 규제되어야만 한다. 라디오, CD와 비디오를 통해 음악을 접하게 되면 음악사용을 알맞도록 조절하고 '호기심'(curiosity)으로 최신음악에 터무니없이 많은 돈을 쓰지 않는 것이 청취자의 의무가 된다. 어떤 선에 대한 사랑처럼 음악에 대한 사랑은 경계

---

70) 『신학대전』 I-II 35, 2, ad 2.

내에서 보존되어야만 한다. 덕은 항상 신중하고 창조적인 절제 속에
존재한다.

모든 예술 중에서 음악은 실제로 구체적인 상황으로부터 대부분을
발췌하기 때문에, 음악으로부터 흐르는 감정과 기쁨은 사람으로 하여
금 더 쉽게 인생에 대한 깊은 질문을 묻게 한다. 이에 대하여 멘들(R.
W. S. Mendl)은 다음과 같이 말하고 있다.

음악의 종교적인 속성과 그것의 윤리적인 효과 사이의 세계에는 엄청
난 차이가 있다. 음악이 도덕적인 영향을 줄 수 있다는 것을 부인하는 것
은 무익하다. 군대행진곡의 가락에 의해 용기와 인내라는 공훈에 고무된
군인, 감상적인 발라드에 다정다감함이 증가되는 상사병에 걸린 처녀, 잘
알려진 찬송가를 접한 후에 그가 선한 사람임을 느낀다고 맹세하는 정직
한 사람. 모든 사람들은 음악이 만들어낼 수 있는 윤리적인 결과의 증거
가 된다. 하지만 도덕적인 영향은 예술적인 가치와 관계가 없는 것처럼
보인다. 행진곡은 진부하고, 발라드는 몹시 감상적이며, 찬송가는 진부한
선율이 될 것이다(Mendl, 1950:55).

3) 아퀴나스 음악철학의 현대 가치교육적 시사

아퀴나스의 작품을 분석하면서, 우리는 음악을 듣는 것이 단순한 감
각적 쾌감 이상을 포함하고 있다는 결론을 내릴 수 있다.[71] 마치 복음
서와 대조를 이루는 가치와 연결될 때 악에 대한 음악의 잠재력이 막

---

71) 가스통(E. T. Gaston)은 음악을 감상하는 것과 관련된 전체적인 문제를 꺼내고
있다. "각 개인에게 있어서 음악적 경험은 그가 살았던 개인의 태도, 신념, 편
견, 시간과 장소라는 측면에서 조건의 총합을 이끌어 온다. 또한 개인의 음악
적 반응에 있어서, 각자는 자신의 신체적 필요와 독특한 신경학적이고 내분비
학적인 체계를 이것들의 독특한 특징과 함께 가지고 온다. 이 중에서도 가스통
은 독특한 개인으로서 그의 전체적인 실체(total entity)를 제시하고 있다."
(Gaston, 1958:25)

대한 것처럼, 선에 대한 음악의 능력은 지대하다. 현대 음악계가 가진 문제는 좋거나 나쁜 취향에 대한 문제를 넘어서 새로운 선율과 도발적인 리듬을 즐기는 많은 음악 소비자들이 복음에 반대되는 삶의 방식을 너무 자주 선택하고 있다는 사실을 기꺼이 받아들인다는 것이다. 이런 경향은 개인뿐만 아니라 전체적으로 사회를 위한 분파를 가지고 있다. 이런 이유와 음악이 사람의 의식 깊이 아주 쉽고도 빠르게 잠입할 수 있는 능력을 가지고 있다는 사실 때문에, 신학은 음악을 더 신중하게 수용하는 것이 필요하다.

중국, 그리스와 고대 인도에 있던 그들의 선조와는 달리, 현대 신학자들은 인간 영혼에 미치는 음악의 해로움이나 이로움의 깊은 영향을 거의 무시하고 있다. 아퀴나스 자신은 목가적인 어조로 "욕구가 진, 선, 그리고 미로 종결될지라도, 욕구는 다른 목적으로 끝나는 것은 아니다"라고 말했다.72) 아퀴나스 이후 700년 동안 음악에 대한 선택적인 검토는 음악이 도덕관과 우리 시대 도덕에 준 영향에 대해 분석하는 데 더 효과적인 통찰력을 제공할 것이다. 더욱이 도덕철학을 전공하는 많은 학자들은 소위 보이는 바의 진리를 정리해 둔 말씀(lexa)에 경도된 경향을 여실히 드러내고 있다.

5. 결 론

본 연구는 현행 한국의 도덕과교육에 '음악을 통한 교육'의 장점이 갖는 몇 가지 특성을 도입하기 위해 그 이론적 근거를 탐색하는 데 일차적인 목적을 두고 진행되었다. 지금껏 사변철학의 대명사처럼 인식

---

72) *Truth*[De Verit], 22, 1, ad 12, trans. by James V. McGlynn, S. J., Henry Regnery Co., 1953.

되어 온 토마스 아퀴나스의 음악철학은 학자들의 경도된 연구 편향성으로 인해 제대로 재조명을 받지 못하였다. 특히 음악과 가치관의 변화에 대한 그의 연구업적은 신학적 기여만큼이나 큰 조명을 받을 만한 가치가 있다.

이와 같은 아퀴나스의 음악철학은 현대 가치교육에 있어서 지식 위주의 교육이 갖는 문제점을 극복할 수 있는 하나의 계기가 될 수 있을 것으로 본다. 실제로 도덕과교육과정 설계자들은 이미 전제된 국가 교육과정의 상위 기본철학이 있다는 미명하에 자발적인 교육과정철학을 개발하는 데 미온적이었다.

특별히 기존의 윤리교육 또는 도덕교육은 그 이름 자체가 갖는 용어상의 유사성으로 인해 '철학', '윤리학', 그리고 '도덕철학' 등과 같은 철학 자체 또는 그 분과학문과의 연계성을 찾는 데 많은 노력을 기울여 왔다. 하지만 교과교육의 정체성이 분명하다는 전제에 동의한다면, 교과로서의 '음악'이 순수인문학으로서의 '윤리학'보다 '윤리교육'을 함에 있어서 결코 덜 중요하다고는 말할 수 없을 것이다.

따라서 향후 국가수준의 도덕과교육과정을 개발하고, 실제 교육현장에서 수업을 진행하는 도덕과 교사는 사변적인 철학자들의 사상과 인물을 소개하는 것보다는 오히려 가수 조용필의 「친구여」라는 가요를 들려주고, 덕목으로서의 '동료애'를 학습하게 하는 것이 더 효율적인 수업전략이 될 수 있을 것으로 생각한다.

심화 탐구 주제

1. '음악교육'과 '음악을 통한 교육'의 차이점을 찾아내고, 후자의 입장이 가치교육에 어느 정도 긍정적인 영향을 미치는지를 주변의 예로서 제시해 보세요.

2. '철학교육'과 '철학을 통한 가치교육'을 구분하고, 후자의 입장을 지지할 수 있는 의견을 개진해 보세요.

3. 과거 - 현재 - 미래의 시간 흐름에서, 과거와 미래가 현재와 밀접한 관계를 맺으면서 심리적으로 현재화되고 있는 사례를 제시해 보고, 그 각각이 가치관의 변화에 어떤 영향을 미칠 수 있을지 의견을 개진해 보세요.

참고문헌

고경화, 「제7장 예술과 교육」, 『교육철학의 지평』, 동문사, 2004.

김희용, 「어린이 철학교육의 방법론 및 도덕교육에의 활용」, 『초등교육연구』 15(2), 2002, pp.85-104.

박상규, 「청현상학 서설: 음현상의 분석적 기술」, 『홍대논총』 21(1), 1989.

박재주, 「3장 공자에 있어서의 말(언어)의 도덕철학적 함의」, 『동양의 도덕교육 사상』, 청계, 2000, pp.111-134.

박진환, 「도덕판단에 대한 정합적 접근: 철학적 탐구공동체 방법을 중심으로」, 『국민윤리연구』 52, 2003a, pp.231-252.

박진환, 「철학적 탐구공동체 방법을 통한 인격 교육」, 『국민윤리연구』 53, 2003b, pp.29-50.

서우석, 『음악현상학』, 서울대학교 출판부, 1997a.

서우석, 『말과 음악, 그리고 그 숨결』, 문학과지성사, 1997b.

서우석, 『음악의 연구』, 문학과지성사, 2000.

서우석, 『음악, 마음의 산책』, 서울대학교 출판부, 2001.

소광희, 『시간의 철학적 성찰』, 문예출판사, 2001.

이대암, 「토마스 아퀴나스 미학에서의 비례론에 대한 음악적 고찰」, 『시간 과 공간과 음악과 건축』, 대우출판사, 2001.

정보주, 「어린이 철학에 기초한 도덕교육」, 『초등도덕교육』 7, 2001, pp. 125-152.

조선희 외, 「철학적 탐구공동체 활동에서 유치원 교사의 역할과 질문 유형 에 대한 연구: 프로토콜 분석을 통하여」, 『진주전문대학 유아교육연구 소 논문집』 창간호, 1998, pp.75-113.

조선희, 「'어린이를 위한 철학(P4C) 프로그램을 통한 철학적 탐구공동체 활동이 유아의 철학적 탐구에 미치는 영향」, 『미래유아교육학회지』 7(1), 미래유아교육학회, 2000, pp.23-45.

조선희·유연옥, 『유아 사고교육의 이론과 실제: 철학적 탐구공동체 접근 법』, 창지사, 1999.

Callahan, Leonard, *Theory of Aesthetic: According to the Principles of St. Thomas Aquinas*, Washington D.C.: Catholic University of America Press, 1947[1928], second printing.

Cole, Basil, *Music and Morals: a theological appraisal of the moral and psychological effects of music*, N.Y.: the Fathers and Brothers of the Society of St. Paul, 1993[1991].

Eigler, G., *Metaphysische Voraussetzungen in Husserls Zeitnanlysen*, 1961.

Gaston, E. T., "Factors contributing to responses to music", *Music Therapy*, ed. by E. T. Gaston, Kansas: The Allen Press, 1958.

Guyau, Jean, *La Genèse de l'idéa de temps*, Paris: L'Harmattan, 1890.

Halter, Carl, *God and Man in Music*, Saint Louis: Concordia Publishing House, 1963.

Hume, David, *Treatise on Human Nature*, 1730-1740.

Husserl, Edmund, *The Phenomenology of Internal Time-Consciousness*, edited by Martin Heidegger, trans. by James S. Churchill, Bloomington, Indiana: Indiana University Press, 1964.

James, William, *Principles of Psychology*, N.Y, 1950[1890].

Kern, Stephen, 박성관 역, 『시간과 공간의 문화사 1880-1918』(*The Culture of Time and Space*), 휴머니스트, 2004.

Lipman, M., A. M. Sharp, & F. S. Oscanyan, *Philosophy in the Classroom*, Philadelphia: Temple University Press, 1980.

Maritain, Jacques, *The Responsibility of the Artist*, Charles Scribner's Sons, N.Y., 1960.

Mehrabian, Albert, *Measures of affiliative tendency and sensitivity to rejection*, UCLA Press, 1972a.

Mehrabian, Albert, *Nonverbal Communication*, Walter De Gruyter Inc., 1972b.

Mehrabian, Albert, *A theory of affiliation*, Lexington Books, 1974a.

Mehrabian, Albert, *An approach to environmental psychology*, MIT Press, 1974b.

Mehrabian, Albert, *A questionnaire measure of individual differences in achieving tendency*, UCLA Press, 1975.

Mehrabian, Albert, *Public places and private spaces: The psychology of work, play, and living environments*, Basic Books, 1976.

Mehrabian, Albert, *Basic Behavior Modification*(New vistas in counseling series), Human Sciences Press, 1978.

Mehrabian, Albert, *Basic dimensions for a general psychological theory: Implications for personality, social, environmental, and developmental studies*, Oelgeschlager, Gunn & Hain, 1980a.

Mehrabian, Albert, *Silent Messages: Implicit Communication of Emotions and Attitudes*, Wadsworth Pub. Co., 2nd edition, 1980b.

Mehrabian, Albert, *Your Inner Path to Investment Success: Insights into the Psychology of Investing*, Probus Professional Pub., 1991.

Mendl, R. W. S., *The Soul of Music*, London: Rockliff, Salisbury Square, 1950.

Merleau-Ponty, Maurice, 류의근 역,『지각의 현상학』(*Phénoménologie de la Perception*), 문학과지성사, 2004[1945].

Merriam, A. P., *The Anthropology of Music*, Northwestern University Press, 1964.

Pease, A., *Body Language*, London: Sheldon Press, 1993,

Margaret Corke, *Approaches to Communication Through Music*, London: David Fulton Publishers, 2002.

Portnoy, Julius, *Music in the Life of Man*, Holt, N.Y.: Rhinehart and Winston, 1963.

Radocy, Rudolf E. & J. David Boyle, 최병철 · 방금주 공역,『음악심리학』(*Psychological Foundations of Musical Behavior*), 학지사, 2001.

Royce, Josiah, *The World and the Individual: Nature, Man, and the Moral Order*, N.Y.: Kessinger Publishing, 1901.

Serafine, Mary Louise, *Music as Cognition: The Development of Thought in Sound*, New York: Columbia University Press, 1988.

http://www.amazon.com

http://www.dictionary.com

제 2 부

국가윤리 교육 기초

제 4 장
북한에 대한 국민인식 변화

1. 머리말

정부의 정책은 국민여론을 토대로 할 때 권위를 가진다. 국민의 북한에 대한 인식은 대북정책을 수행함에 있어서 매우 중요한 근거가 된다. 따라서 대북한 국민인식의 변화를 시계열적으로 추적해 보는 것은 정부의 대북정책을 수립하는 데 있어서 매우 중요한 자료가 될 수 있을 것으로 판단된다. 이 연장선상에서 본 연구는 북한에 대한 한국 국민의 인식 변화를 분석하는 데 목적을 둔다.

이와 같은 인식의 변화를 분석하기 위해서는 사실상 여론조사에 근거할 수밖에 없다. 실제 사회과학 분야에서 체계적인 최초의 여론조사

---

* 이 장은 저자가 이미 발표한 논문(「북한에 대한 국민의 인식 변화」, 『북한학보』 제29집, 2004, pp.161-180)을 수정·보완한 것이다.

는 1880년 독일의 마르크스(Karl Marx)가 2,500명의 프랑스 노동자들을 대상으로 의식조사를 하면서부터라고 알려져 있다.[1] 이후 여론조사는 본질적인 사회의 변화를 측정함으로써 사회주의의 위협에 대처할 수 있다는 주장을 근거로 초기의 페이비안주의자들과 과학적인 전문지식을 보유한 관료들에 의해 실시되었다. 이들 두 집단은 국가적 사회주의 건설의 필요성이라는 슬로건에 국가발전을 위한 당위성을 제공하기 위하여 여론조사를 지속적으로 시도하였으며 20세기에 들어서는 이러한 노력이 복지국가의 건설이라는 측면에서 더욱 발전되었다(홍성복, 1999:141).

이 여론조사가 비록 사회주의적 발상에 의해 비롯되기는 했지만, 자유 자본주의 사회에서도 대의민주주의의 기본정신을 좀더 적극적으로 구현하기 위해 정부기관이나 연구기관에서 많은 발전을 이룩하였다. 특히 자본주의 시장의 선호도 조사를 위해 경제적 측면에서 비약적인 발전을 이룩하였다.

오늘날 대의민주주의를 표방하고 있는 국가에 있어서 그 권위의 근거가 국민으로부터 비롯된 것임은 자명한 사실이다. 역대 한국의 대북정책 추진과정에 있어서 과거 권위주의 정권 시기에 일시적으로 제한된 권위 위임 과정이 있었다고 할지라도 여전히 한국사회에 있어서 대북정책을 추진하기 위한 가장 근본적인 근거는 국민으로부터 비롯된다. 따라서 한국의 대북정책 추이를 살펴보기 위해 국민들의 대북인식의 변화를 살펴보는 것은 의미 있는 작업으로 사료된다.

이 연구의 결과는 향후 대북정책 수립 및 대국민 홍보 등 국가적 수준에서의 대북정책 활동에 참고자료로 활용될 수 있을 것으로 본다.

---

1) Babbie(1973:42), 홍성복(1999:141) 재인용.

2. 기초자료 소개 및 분석범위

본 연구는 국민들의 시계열적인 인식의 변화를 살펴보는 것이다. 따라서 보편성과 타당성에 대해 이미 검증받은 바 있는 공신력 있는 자료확보가 매우 중요하다. 이를 위해 필자는 국방대학교 안보문제연구소에서 1989년 이후 현재까지 지속해 오고 있는 『범국민안보의식조사』 결과를 토대로 하고자 한다([표 1] 참조).[2]

자료의 활용은 우선 주제면에 있어서, 북한문제와 직·간접적으로 관련 있는 문항을 중점적으로 다루고자 한다. 다음으로 분석범위면에 있어서, 기본적으로 1989년부터 2004년까지의 모든 자료를 참고하고자 한다.[3] 연도별 비교할 수 있는 문항이 부족할 경우에는 비슷한 주제로 대체하여 산정하였다. 특히 비교의 척도조정 문제는 본 연구가 최초 기획단계에서부터 안고 있던 난제이기도 했는데, 미국의 'Chicago Council on Foreign Relations'의 선행연구를 참고하였다.[4] 이 선행 조

---

2) 이 『범국민안보의식조사』는 국내 유일의 안보관련 단일주제의 10년 이상 지속된 전문 조사연구로서, 일반국민과 군인으로 대별되어 이루어지고 있다. 조사대상은 대체로 만 18세 이상의 전 국민으로 하고, 조사방법은 면접조사를 원칙으로 하며, 조사도구는 구조화된 조사표(structured questionnaire)였으며, 표본추출 방법은 다단계무선층화추출법(multistage stratified random sampling)으로 이루어졌다. 군인에 대한 조사 및 연구는 국방대학교 내 자체 연구진에 의해 진행되었는데, 필자는 2003, 2004년도 조사연구에 공동연구원으로 참여하였다.

3) 여기서 유사시기의 다른 여론조사도 참고할 수 있겠으나, 설문기획자의 주관적 기획의도가 객관성을 확보할 수 없다고 판단했기 때문에, 동일기관에서 연속적으로 추진한 여론조사를 택했고, 이를 일관되게 활용하는 접근법을 취한 것이다. 여기민 국방대학교 안보문제연구소 주관에 의한 동일주제의 여론조사에서도 조사시점, 설문대행기관, 문항의 비일관성 등의 문제로 인해 객관성 확보가 그렇게 자유롭지는 못할 것이다. 그럼에도 몇 가지 용어의 조정과 척도 등에 대한 재해석을 하는 과정을 거쳐 시계열적 분석의 토대를 마련하고자 했다.

4) 'Chicago Council on Foreign Relations'는 '감정온도'라는 개념을 도입했는데, 이는 특정 국가, 인물, 혹은 집단에 대해 느끼는 호불호(好不好) 정도를 0에서

[표 1] 연도별 국방대학교 주관 안보의식조사 개요

연 도	조사기간	표본연령	실제 분석대상	조사기관
1989	2.24-26(3일)	15-59세	1185명	서강대 언론사회문제연구소
1990	-	18-59세	1190명	서강대 언론사회문제연구소
1991	-	18-59세	1178명	서강대 언론사회문제연구소
1992	11.7-9(3일)	18-59세	1200명	서강대 언론문화연구소
1993	5.22-24(3일)	18-59세	1601명 (일반국민1200명+여론선도층401)	국방대 안보문제연구소
1994	5.7-9(3일)	18-59세	1485명 (일반국민1206명+사회지도층279)	서강대 언론문화연구소
1995	7.7-9(3일)	18세이상	1211명 (일반국민1211+여론선도층401)	서강대 언론문화연구소
1996	6.28-30(3일)	18세이상	1357명 (일반국민1207+여론선도층150)	서강대 언론문화연구소
1997	6.16-29(14일)	20세이상	1243명 (일반국민1198+전문가50)	연세대 사회과학연구소
1998	5.23-6.7(2주)	18-59세	1158명(일반국민)	연세대 사회과학연구소
1999	5.21-23(3일)	18세이상	1171명(일반국민)	서강대 언론문화연구소
2000	7.15-17(3일)	18세이상	1171명(일반국민)	서강대 언론문화연구소
2001	7.2-9(1주)	20세이상	1416명 (일반국민1182+여론선도층234)	연세대 사회과학연구소
2002	6.22-7.6(2주)	18세이상	1525명 (일반국민1223+여론선도층302) *네티즌21626별도	(주)NHN
2003	6.13-7.4(3주)	18-59세	1187명	(주)현대리서치연구소
2004	5.17-6.25(5주)	20세이상	1263명 (일반국민1200+전문가63)	(주)현대리서치연구소

주 : 조사기간은 일반국민을 기준으로 한 것이며, 전문가 대상 조사는 동일기간에
실시하되 대면조사와 병행하여, 우편, 팩스 등의 방법을 혼용하여 이루어졌음.

100까지 온도계의 눈금상에 표시하는 것을 말한다. 이 수치는 50을 중립으로
가정하고 있다. 최근 이 연구기관에서는 한국과 미국 양국 국민들의 현안문제
에 대한 여론조사 결과를 인터넷 홈페이지에서 제공하고 있는데, 이 중에서 한
국과 미국 간의 상호비교 분석결과가 총 29문항에 걸쳐 제시되었다(*Global
Views 2004*, The Chicago Council on Foreign Relations and the East Asia
Institute at http://www.ccfr.org/globalviews2004/index.htm, 2004. 11. 11 검색).

사연구의 '감정온도'(feeling thermometer)의 개념을 원용하여, 본 연구에서는 '현재의 국민정서상' 공감하고 지지하는 것과 그 반대의 경우로 구분해 보았다. 이렇게 하여 매년 실시된 조사에서, 각 주제별 감정변화의 흐름을 분석할 수도 있고, 연도별로 각 문항에 따른 척도에서 약간의 변화가 있었던 단점을 상쇄할 수 있을 것으로 본다.

분석수준의 측면에서는, 컴퓨터로 입력된 기초 통계자료(raw data) 미확보로 인해 다양한 통계분석은 하지 않고, 빈도를 주로 활용하고자 한다. 대상별 자료에 있어서 일반국민을 위주로 하고, '전문가'(또는 여론주도층, 사회지도층. 이하 전문가라 함)는 포함하지 않았다.[5] 왜냐하면 전문가에 대한 자료는 지속적으로 조사되지 않았고, 그 표집수(數)도 설문시마다 상당한 차이가 있었기 때문이다.

사실 이 전문가 조사결과의 경우 상당히 시사하는 바가 크다. 일찍이 전문가집단에 대한 별도의 조사연구의 필요성은 미국의 ICPSR (Inter-University Consortium for Political & Social Research)에서 시작되었으며 주된 목적은 미국의 대외정책에 대한 미국 국민의 일반적인 여론과 지도자급의 여론의 차이점을 분석하여 외교정책 수립에 있어서 국내여론의 방향에 대한 기초자료를 의회 및 행정부에 제공하는 데 있었다. 당시 ICPSR에서 외교정책에 대한 여론조사를 실시, 분석함에 있어서 발견되었던 것은 다른 어떤 인간의 행동영역에 대한 분석보

---

5) 본 논문에서 활용하고자 하는 국방대학교 안보문제연구소의 일반국민을 대상으로 한 여론조사에서, 특별히 전문가집단을 고려하여 표집을 구성한 경우를 찾을 수 있는데, 이때 이들에 대한 용어가 '여론선도층', '여론주도층', '사회지도층', 그리고 '전문가' 등으로 혼용되고 있다. 대체로 여론선도 또는 여론주도라는 말은 일성한 정보를 국민들에게 설득히는 데 주안을 둔 권위주이저 성격을 가진 것으로 보인다. 한편 요즈음은 인터넷 등의 의사소통수단의 발달로 인해 오히려 누리꾼(네티즌)으로 일컬어지는 비교적 젊으면서도 컴퓨터를 잘 활용하는 사람들의 의견이 더 지배적인 경향도 보이고 있는 점을 감안한다면, 원래의 '각 분야에 대해 전문적 식견을 가진 사람'이라는 뜻의 '전문가'로 사용하는 것이 바람직하다고 본다.

다도 각 계층별 분석에서 집단간의 상이한 결과가 존재한다는 것이었으며, 또한 정치적 지도자급의 여론에 있어서 그들의 진실한 의도와 실제로 여론조사시 설문에 응답하는 답변 간의 내용에서 일반인들보다 현저하게 불일치한다는 것이 발견되었다.6)

하지만 이와 같은 선행연구에서 지적하는 바와 같이 전문가들이 소위 전략적 판단을 하기 때문에 정확도가 떨어진다고 볼 수는 없다. 왜냐하면 실제 국제관계나 국내정치의 정책수립 과정 자체가 일반적인 여론보다는 그야말로 전략적인 관계에 의해 결정되는 경우도 많이 있을 뿐만 아니라 전문가의 고도의 직관을 통해 예견된 의견일 수도 있기 때문이다.

이와 같은 배경에 의해 국방대학교 여론조사에서는 전문가를 대상으로 한 여론조사의 필요성이 1991년에 제기되고, 1993년도부터는 실제 여론조사에서 표집대상에 포함되었다. 이후 포함되기도 하고 포함되지 않기도 했지만, 비록 실제 조사에는 전문가가 표집대상에 포함되지는 않았더라도 분석단계에서는 지속적으로 고려되고 있었다.

본 연구는 북한에 대한 한국 국민의 인식을 분석하는 데 초점을 두고, 첫째, 북한 자체에 대한 인식을 분석하고, 둘째, 남북한 관계에 대해 분석하며, 셋째, 미국과 관련된 한반도 안보에 대해 분석하고, 마지막으로 한반도 통일 및 한국의 통일정책에 대해 살펴보고자 한다.

본 연구의 분석대상은 한국 국민의 인식이므로, 한국 국민에게 미친 여러 가지 영향변수와 그 상관관계 등에 대해서는 심층적인 분석은 하지 않을 것이다. 다만 부분적으로 필요성이 제기되면 사실(facts) 자체만을 언급하고자 한다.

---

6) Hennessy(1985:148), 홍성복(1999:142-143) 재인용.

3. 북한관련 주요 사안별 국민인식 변화 분석

1) 북한 내부의 문제에 대한 인식

북한 내부 사안에 대한 인식은 북한 최고지도자에 대한 신뢰도, 북한의 핵개발 관련 인식, 그리고 북한체제의 변화를 중심으로 살펴보고자 한다.

우선 북한의 최고지도자에 대한 신뢰도에 대한 인식이다. 사실 한국민들에게 있어서 북한의 김일성과 김정일에 대한 인식은 곧 북한에 대한 지원 여부를 결정하는 데 매우 중요한 요인이 될 수도 있다. 즉 김정일의 각종 언행에 따라 북한에 대한 지원이나 정책수립을 지연, 회피, 지원 등의 방향으로 진행할 수도 있기 때문이다. 따라서 북한의 최고지도자에 대한 국민들의 인식은 북한에 대한 인식의 중요한 부분을 차지한다고 볼 수 있다.

첫째, 북한 최고지도자에 대한 신뢰도에 대한 국민인식이다. 남북정상회담 이후 한국에서는 '김정일 패션'이라는 말이 유행할 정도로 김정일 국방위원장에 대한 호감이 증가하고 있는 것으로 보였다. 그러나 이후의 남북한 관계의 변화에 대한 평가를 고려한다면 김정일 국방위원장에 대한 이러한 피상적 이미지에도 변화가 있었을 것으로 보인다 (양승함 외, 2001:52).

김정일에 대한 신뢰도 조사는 2000년 남북정상회담이 있고 난 이듬해인 2001년부터였다. 이 조사결과에 의하면, 김정일에 대해 '신뢰하기 어렵다'고 하는 의견(신뢰하기 어렵다＋절대 신뢰하지 않는다)이 2001년 이후 지속적으로 70%선에서 아주 낮은 신뢰수준을 나타나고 있다 ([표 2] 참조). 특히 2003년의 경우에는 북핵관련 6자회담의 성과가 미미한 것이 김정일에 대한 신뢰도 저하의 주요한 요인 중의 하나로 분석된다.

[표 2] 북한 최고지도자에 대한 신뢰도 추이(단위 : %)

	2001년	2002년	2003년	2004년
신뢰한다	17.0	4.6	4.9	5.4
신뢰하지 않는다	39.0	69.2	76.4	69.4

주 1) 연도별로 설문의 척도가 약간의 차이가 있으나, '신뢰한다', '신뢰하지 않는다'
　　로 처리함.
　　2) 설문에서 '그저 그렇다'와 '모르겠다'고 답한 수치는 버림.
자료 : 『범국민안보의식조사』, 국방대학교 안보문제연구소, 2001-2004.

　　둘째, 북한의 핵개발과 관련한 국민인식이다. 북핵관련 조사는 1997
년부터 시작되었다. 그 발단은 황장엽의 한국 망명으로부터 기인된다.
당시 설문조사 직전에 황장엽의 망명은 국방대학교 안보의식조사에 그
대로 반영되었는데, 이때의 설문조사 내용은 이후 시기의 내용과 상당
한 차이가 있기는 하지만 국민의 96%(1997년)가 북한이 핵무기를 보
유하고 있거나 핵개발에 성공은 하지 못했지만 그 의도가 명백하다는
의견을 보이고 있다. 공백기간이 지나고 2003년부터 다시 6자회담이
본격적으로 시도되는 와중에서 다시 질문하였다. 약간 낮은 수준이기
는 하지만 72.5%가 북한이 핵무기를 보유하고 있음이 기정사실로 인
식하고 있고, 2004년에는 이보다 약간 높은 76.1%가 북한이 핵을 보
유하고 있는 것으로 인식하고 있다([표 3] 참조).
　　셋째, 북한체제의 변화에 대한 인식이다. 과연 얼마나 지속할 수 있
을지에 대한 질문이다. 이 문항은 1993년부터 시작되었는데, 2002년
이후부터는 조사항목에서 빠졌다. 설문 당해연도를 기준으로 향후 10
년 내에 어떠한 체제변화가 일어날 것인지에 대한 의견을 묻는 질문인
데, 여기에서는 '내부붕괴'에 대한 의견에 초점을 두고 북한의 체제붕
괴 가능성에 관심을 가진다. 각 연도별로 6.0%(1993년), 43.9%(1994
년), 12.7%(1996년), 55.0%(1997년), 31.7%(1998년), 16.2%(1999년),

[표 3] 북한 핵개발 관련 인식 추이(단위 : %)

	1997년	2003년	2004년
보유하고 있다	54.0	72.5	76.1
보유하지 않고 있다	46.0	14.6	12.4

주 1) 연도별로 설문의 척도가 약간의 차이가 있으나, '보유하고 있다', '보유하지
않고 있다'로 처리함.
   2) 설문에서 '모르겠다'고 답한 수치는 버림.
자료 :『범국민안보의식조사』, 국방대학교 안보문제연구소, 1997; 2003; 2004.

17.0%(2001년)의 내부붕괴 가능성을 지목했다. 대체로 국민들은 시간
이 경과함에 따라 급격한 체제의 변화보다는 온건한 변화로 나아갈 것
으로 인식하고 있다([표 4] 참조). 이 중 1994년의 경우 특별히 체제붕
괴 가능성을 높게 평가하고 있다. 이후 북한체제에 대해 붕괴우려는
다소 낮아지고 있는 듯하지만 여전히 긍정적인 방향으로의 체제변화에
대해서는 수긍하지 않고 있는 것으로 나타났다.

[표 4] 북한체제의 변화에 대한 인식 추이(단위 : %)

	1993년	1994년	1996년	1997년	1998년	1999년	2001년
급격한 변화	81.8	56.0	42.0	55.0	31.7	16.2	26.0
온건한 변화	17.4	11.4	27.9	44.0	61.0	71.4	74.0

주 1) 연도별로 설문의 척도가 약간의 차이가 있으나, '무력도발', '내부붕괴', '강경
보수 정권 등장', '전면적 개혁·개방' 등은 '급격한 변화'로 처리하고, '한국
주도 평화통일', '온건실용주의 노선 추구', '개방세력 등장' 등은 '온건한 변
화'로 처리함.
   2) 설문에서 '모르겠다'고 답한 수치는 버림.
자료 :『범국민안보의식조사』, 국방대학교 안보문제연구소, 1993-1994; 1996-1999;
2001.

이상은 북한 내부의 문제에 대한 국민의 인식을 각 항목별로 살펴본 것이다. 여기서 상기 세 가지 주제를 종합 비교해 보면 다음 [그림 1]과 같은 결과를 확인할 수 있다. 이 결과는 북한의 최고지도자에 대한 신뢰도 측면은 '신뢰한다'의 의견을, 북한 핵개발에 대해서는 '보유하고 있다'는 의견을, 북한체제의 변화에 대해서는 '급격한 변화' 의견을 중심으로 도출한 것이다.

여기서 확인할 수 있는 사실은, 북한 김정일에 대한 신뢰도와 북한 체제의 급격한 변화 가능성은 점점 떨어지는 반면에 북한이 핵개발을 계속해서 하고 있다는 인식은 상대적으로 높아가고 있다는 점이다.

[그림 1] 연도별 북한 내부 문제에 대한 국민인식 비교(단위 : %)

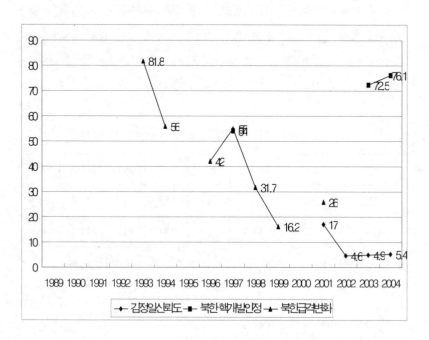

2) 남북한 관계에 대한 인식

남북한 관계에 대해, 우선『국방백서』에 북한군을 주적으로 명시하는 문제, 주한미군을 제외한 남북한의 군사력 비교, 북한의 한국에 대한 군사적 도발관련 문제를 중심으로 다루고자 한다.

첫째,『국방백서』에 북한군을 주적으로 명시하는 것에 대한 인식이다. 이 주제는 2001년 처음으로 조사되기 시작해서 계속적으로 질문되었다. 주적을 계속해서 사용해야 한다는 의견을 중심으로 보면, 각 연도별로 34.0%(2001년), 41.4%(2002년), 52.7%(2003년), 47.3%(2004년)의 추이를 보이고 있는데, 대체로『국방백서』에 주적 사용을 지속해야 된다는 의견이 강하다. 2004년의 경우, 전년도에 비해 5% 이상의 감소경향을 보이는 점이 특징이다([표 5] 참조).

둘째, 주한미군을 제외한 남북한 군사력 비교 인식이다. 이 주제는 1989년 이후부터 가장 많이 질문지에 포함되었다. 일방이 앞선다는 인식을 중심으로 본 각 연도별 인식 추이는 1997년, 1998년, 1999년의 경우 예년에 비해 대북 군사력 비교우위에 있다고 인식했다([표 6] 참조). 특히 1999년의 경우는 1998년의 강릉지역 무장간첩 침투사례가

[표 5] 『국방백서』에 북한군을 '주적'으로 명시하는
문제에 대한 인식 추이(단위 : %)

	2001년	2002년	2003년	2004년
명시해야 한다	34.0	41.4	52.7	47.3
명시하기 않아야 한다	55.0	49.1	32.0	41.2

주 1) 연도별로 설문의 척도가 약간의 차이가 있으나, '명시해야 한다', '명시하지
않아야 한다'로 처리함.
2) 설문에서 '모르겠다'고 답한 수치는 버림.
자료 :『범국민안보의식조사』, 국방대학교 안보문제연구소, 2001-2004.

[표 6] 주한미군을 제외한 남북한 군사력 비교 인식 추이(단위 : %)

	1989	1990	1991	1992	1997	1998	1999	2000	2001	2002	2003	2004
한국 우위	6.9	10.7	22.3	20.0	50.0	36.6	72.5	17.9	15.0	12.4	19.7	27.3
북한 우위	64.7	34.5	44.7	44.0	28.0	30.2	9.9	55.4	59.0	63.4	60.2	46.4

주 1) 연도별로 설문의 척도가 약간의 차이가 있으나, '충분히 대처', '훨씬 앞서 있
　　　다' 등은 '한국우위'로 처리하고, 그 반대는 '북한우위'로 처리함.
　　2) 설문에서 '모르겠다'고 답한 수치는 버림.
자료 : 『범국민안보의식조사』, 국방대학교 안보문제연구소, 1989-1992; 1997-2004.

많은 영향을 미친 것으로 보이며, 2000년의 경우 이러한 현상은 역전
되었는데 이때에는 미군 장갑차에 의한 '두 여중생 사망사고' 이후의
일련의 민족주의적 경향이 반영된 것으로 보인다.

셋째, 북한의 한국에 대한 군사적 도발에 관한 인식이다. 여기에서는
도발 가능성, 도발의 원인, 도발 형태, 도발했을 경우 대응의지 등으로
나누어서 조사되었다. 북한의 대남 '도발 원인'에 대해서는 1990년과
1996년에 조사되었으나, 시간의 과다경과뿐만 아니라 추이를 분석하기
가 곤란하여 여기서는 생략한다.

① 도발 가능성 : 북한의 한국에 대한 군사적 도발 가능성은 각 연
도별 많은 질문이 이루어졌는데, 도발 가능성이 있는 것을 기준으로
볼 때, 41.8%(1989년), 35.5%(1993년), 43.3%(1994년), 29.0%(1997
년), 14.9%(1998년), 22.5%(1999년), 11.5%(2000년), 11.0%(2001년),
31.3%(2002년), 28.5%(2003년), 23.4%(2004년)의 인식 추이를 보인다.
2000년 이후에는 북한의 대남 도발 가능성에 대해 낮은 평가를 하고
있으며, 최근 3년 동안의 추이도 이러한 경향을 나타내고 있다([표 7]
참조).

[표 7] 북한의 한국에 대한 군사적 도발 가능성 인식 추이(단위 : %)

	1989	1993	1994	1997	1998	1999	2000	2001	2002	2003	2004
가능성 있다	41.8	35.5	43.3	29.0	14.9	22.5	11.5	11.0	31.3	28.5	23.4
가능성 없다	58.0	64.4	56.5	71.0	83.4	77.4	88.2	89.0	68.7	71.5	76.6

주 1) 연도별로 설문의 척도가 약간의 차이가 있으나, '군사적 도발 가능성 있다',
    '군사적 도발 가능성 없다'로 처리함.
  2) 설문에서 '모르겠다'고 답한 수치는 버림.
자료 : 『범국민안보의식조사』, 국방대학교 안보문제연구소, 1989; 1993-1994; 1997
    -2004.

② 도발 형태 : 북한의 대남 도발 형태에 대해서는, 당해연도 내에
서 보면 '핵전쟁을 포함하는 전면전쟁'을 가장 높게 꼽았고, 연도별로
는 37.6%(1991년), 42.0%(1992년), 60.1%(1993년), 42.4%(1996년)의
인식 추이를 보이고 있다([표 8] 참조).

[표 8] 북한의 대남 도발 형태에 대한 인식 추이(단위 : %)

	1991년	1992년	1993년	1996년
핵전쟁	37.6	42.0	60.1	42.4
재래식 전면전	3.8	3.1	14.4	17.6
비정규전	35.5	30.1	19.1	29.1

주 1) 연도별로 설문의 척도가 약간의 차이가 있으나, '핵전쟁', '재래식 전면전', '비
    정규전'으로 처리함.
  2) 설문에서 '모르겠다'고 답한 수치는 버림.
자료 : 『범국민안보의식조사』, 국방대학교 안보문제연구소, 2001-2004.

③ 도발에 대한 대응 : 북한이 대남 도발을 했을 경우, 이에 대한 대
응으로 적극적인 반응(충분히 저지할 수 있다+북진도 가능하다+종

국에는 격퇴할 것이다 등)을 보인 것을 중심으로 볼 때, 연도별로는 64.9%(1989년), 62.4%(1990년), 67.5%(1993년), 62.4%(1996년)의 인식 추이를 보이고 있다([표 9] 참조).

[표 9] 북한의 대남 도발에 대한 대응 인식 추이(단위 : %)

	1989년	1990년	1993년	1996년
적극적 대응	64.9	62.4	67.5	62.4
소극적 대응	35.1	37.5	31.7	23.6

주 1) 연도별로 설문의 척도가 약간의 차이가 있으나, '저지할 수 있다', '북진도 가능하다', '초기에는 밀리나 격퇴할 것이다' 등은 '적극적 대응'으로 처리하고, '서울이 함락당할 것이다', '남한이 완전히 점령당할 것이다' 등은 '소극적 대응'으로 처리함.
　　2) 설문에서 '모르겠다'고 답한 수치는 버림.
자료 : 『범국민안보의식조사』, 국방대학교 안보문제연구소, 1989-1990; 1993; 1996.

이상은 남북한의 관계에 대한 국민의 인식을 각 항목별로 살펴본 것이다. 여기서는 크게 북한의 도발에 대한 의견과 북핵문제로 인해 미국의 군사행동에 대한 의견으로 나뉜다. 이들에 대한 국민인식을 종합 비교해 보면 다음 [그림 2]와 같다.

여기서 확인할 수 있는 사실은, 『국방백서』에 주적을 명시하는 문제는 최근의 일이기는 하지만 상당한 지지를 받고 있으며, 주한미군을 제외한 순수 한국군의 대북 군사적 우위는 최근 들어 소폭 상승하고 있는 것으로 나타났다. 남북한 관계에 대한 조사항목간에는 높은 상관관계를 유지하고 있는 것으로 추정된다. 전반적으로 국민들은 남북한 관계에 있어서 북한보다는 한국의 심리적 우위를 전제하고 있고, 북한의 도발 가능성에 대해서는 견제와 적극 대응의 의사가 있음을 전제한 것으로 보인다.

[그림 2]   연도별 남북한 관계에 대한 국민인식 비교(단위 : %)

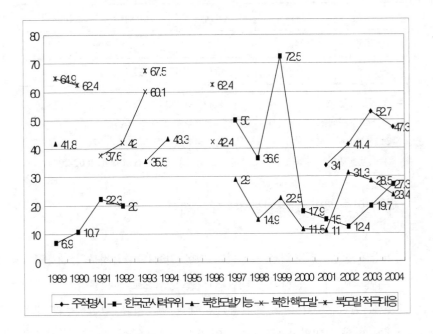

3) 미국과의 관련성에 대한 인식

북한 핵문제는 남북한간의 관계일 뿐만 아니라 주변국과의 역학관계에 있어서 매우 중요한 독립변수로 작용하고 있다. 특히 미국과의 관계에 있어서 북핵문제는 매우 중요하게 작용하고 있는데, 이와 같은 북핵문제로 인해 미국이 군사적 행동을 할 것인지의 여부에 귀추가 주목된다. 미국의 군사적 행동에 대한 적극적 입장(지지한다＋가능성이 높다)을 중심으로 볼 때, 연도별로는 24.6%(1999년), 59.2%(2002년), 55.2%(2003년), 43.2%(2004년)의 인식 추이를 보이고 있다([표 10] 참조).

[표 10] 북한 핵문제로 인한 미국의 대북 군사행동 인식 추이(단위 : %)

	1999년	2002년	2003년	2004년
긍정적	24.6	59.1	55.2	43.2
부정적	75.0	40.9	39.	50.5

주 1) 연도별로 설문의 척도가 약간의 차이가 있으나, '적극 지지', '가능성 높음' 등
　　은 '긍정적'으로 처리하고, 그 반대는 '부정적'으로 처리함.
　　2) 설문에서 '모르겠다'고 답한 수치는 버림.
자료 : 『범국민안보의식조사』, 국방대학교 안보문제연구소, 1999; 2002-2004.

4) 한반도 통일 및 통일정책에 대한 인식

한반도 통일 및 통일정책 전반에 대한 인식은 한국정부의 대북정책
에 대한 진단과 통일시기에 대한 인식을 중심으로 살펴본다.

첫째, 한국정부의 대북 지원정책에 대한 인식이다. 한국정부의 대북
정책에 대해 국내외적으로 회의적인 반응이 있다. 이 반응은 상호주의
에 입각하지 않은 대북 인도적 지원의 한계와 연계되어 있다. 특히 한
국의 일방적 지원에도 불구하고 대남 도발이 계속 지속되었을 경우 이
와 같은 여론이 비등하게 나타났다. 정부의 대북 인도적 지원에 대한
긍정적인 시각을 중심으로 살펴보면, 연도별로는 67.4%(1996년),
72.0%(1997년), 18.3%(1998년), 39.2%(1999년), 12.8%(2000년), 9.0%
(2001년), 7.7%(2002년), 30.8%(2003년), 26.3%(2004년)의 인식 추이
를 보였다([표 11] 참조).

둘째, 통일시기에 대한 인식이다. 남북한의 통일시기에 대해서는 비
교적 가까운 시기에 통일이 될 것이라는 의견을 통일에 대한 적극적
의사표시로 간주하고, 이들의 의견(2-3년 이내 + 5년 이내)을 중심으로
살펴보면, 연도별로 16.0%(1997년), 6.3%(1998년), 3.7%(1999년),
5.7%(2000년), 6.0%(2001년)의 인식 추이를 보였다([표 12] 참조).

[표 11] 대북 인도적 지원에 대한 인식 추이(단위 : %)

	1996	1997	1998	1999	2000	2001	2002	2003	2004
긍정적	67.4	72.0	18.3	39.2	12.8	9.0	7.7	30.8	26.3
부정적	27.8	28.0	80.0	60.6	85.2	87.0	88.4	65.9	71.3

주 1) 연도별로 설문의 척도가 약간의 차이가 있으나, 여하한 조건에서든 지원해야
      한다는 의견은 '긍정적'으로, 그렇지 않은 의견은 '부정적'으로 처리함.
   2) 설문에서 '모르겠다'고 답한 수치는 버림.
자료 : 『범국민안보의식조사』, 국방대학교 안보문제연구소, 1996-2004.

[표 12] 남북한 통일시기에 대한 인식 추이(단위 : %)

	1997년	1998년	1999년	2000년	2001년
5년 이내	16.0	6.4	3.7	5.7	1.0
6-10년	46.0	39.8	34.5	26.9	5.0
11년 이상	37.0	51.3	66.5	66.1	94.0

주 1) 연도별로 설문의 척도가 약간의 차이가 있으나, '5년 이내', '6-10년', '11년
      이상'으로 처리함.
   2) 설문에서 '모르겠다'고 답한 수치는 버림.
자료 : 『범국민안보의식조사』, 국방대학교 안보문제연구소, 1997-2001.

4. 결론: 북한에 대한 국민인식 변화 종합평가

본 연구는 우리나라 국민들이 북한에 대해 어떠한 인식을 하고 있는
지를 분석하고, 이를 토대로 성책적 시사점을 도출하는 데 그 목적을
두고 진행되었다.

북한에 대해 어떻게 생각하고 있는지에 대한 분석은 다음 네 가지에
중점을 두고 이루어졌다. 첫째, 북한 내부의 문제에 대한 인식이다. 우

선 ① 북한 최고지도자(= 김정일)에 대한 북한 핵문제 등과 같은 한반도 안보 및 현안 사안에 대한 진척이 북측의 미온적인 태도에 의해 지지부진하게 되었을 때와 북한의 대남 도발 등에 의한 남북관계의 진척이 되지 않았을 경우에 지지도가 낮은 것으로 나타났다. ② 북한의 핵 개발에 대해서는, 지속적으로 북한이 핵개발을 하고 있는 것에 우려하고 있으며 그 우려의 정도도 점차 높아가고 있는 것으로 나타났다. ③ 북한 체제의 변화에 대해서는, 북한 체제에 대한 붕괴우려는 다소 낮아지고 있지만 체제의 내구성에 대해서는 높은 신뢰를 보이고 있지 않는 것으로 나타났다.

둘째, 남북한 관계에 대한 인식이다. 우선 ① 『국방백서』에 북한군을 주적으로 명시해야 한다는 인식은 계속적으로 높게 나타나고 있지만 최근 들어 소폭 감소 경향을 보이고 있는 것이 특징이다. ② 주한 미군을 제외한 남북한의 군사력 비교에 대해서는 1997년, 1998년, 1999년을 제외하고는 현격하게 북한이 군사적 우위에 있다고 인식하고 있다. 다만 이 3년 동안 황장엽의 한국 망명과 그 이후 각종 강연 등을 통해 국민의 심리적인 대북 군사적 우위의식을 고양시킨 것으로 사료된다. ③ 북한의 한국에 대한 군사적 도발에 대한 인식으로, 우선 도발 가능성은 2000년 이후부터 점차 낮아지는 것으로 나타났고, 대남 도발 형태로는 핵전쟁을 포함하는 전면전쟁을 가장 높게 꼽았는데 그 비율은 40-60% 수준에서 지속적인 우려를 표명하고 있으며, 이와 같은 대남 도발에 대해 적극적으로 대응할 것이라는 의견이 65% 수준에서 지속적으로 이어지고 있는 것으로 볼 때 국민들의 안보관은 높은 수준으로 유지되고 있는 것으로 사료된다.

셋째, 미국과의 관련성에 대한 인식이다. 북한이 핵개발을 지속적으로 포기하고 있지 않을 경우, 미국이 군사적 행동을 감행할 것인지에 대한 문제는 우리의 안보에 있어서 매우 중요하다. 이 문제에 대해서는 1999년에 처음으로 제기되어, 2002년 이후부터 계속해서 조사에 포함되었다. 1999년의 경우 약 25% 수준에 불과했지만, 이후 시기에는 50%±10 범위 내에서 높은 가능성을 예상하고 있다. 이와 같은 가능성은 객관적인 입장에서의 평가이기도 하지만, 주관적 의지의 표명으로도 분석할 수 있다. 이러한 점에서 북한의 핵개발 저지의 국민적 관심도는 매우 높다고도 볼 수 있다.

넷째, 한반도 통일 및 통일정책에 대한 인식이다. ① 대북지원에 대한 인식인데, 여기서는 상호주의에 입각하지 않더라도 적극적으로 지원해야 한다는 입장을 지지하는 의견을 중심으로 살펴보았는데, 특히 IMF 직후인 1998년의 경우 전년도에 비해 급격하게 감소했으며, 서해교전이 있었던 2002년의 경우 가장 낮은 반응을 보이고 있다. 이를 통해 볼 때 국내의 경제적 여건과 북한에 의한 무력 도발 의지 등이 대북지원에 있어서 매우 중요한 요인으로 보인다. ② 남북한의 통일시기에 대해서는 1997년 이후 지속적으로 예상시기가 늦추어지고 있음을 볼 때 여러 가지 복합적인 요인에 의해 통일 가능 시기를 앞당길 수 없다는 것으로 풀이된다.

본 연구에서 살펴본 북한에 대한 상기 네 가지 측면의 하위 다섯 가지 주요 주제에 대한 논의는 다음 [그림 3]에서 종합적으로 조망할 수 있다. 즉 김정일에 대한 신뢰도는 2001년 이후 지속적으로 하락하고 있으며, 『국방백서』에 북한을 '주적'으로 명시하는 문제는 점차 지지경향이 높아가고 있으나 2004년에는 다소 하락했으며, 북한 핵문제로 인해 미국의 군사적 행동에 대해서는 높은 가능성을 예상하면서도 최근들어 다소 낮게 인식하는 경향이 있다. 한편 정부의 대북 인도적 지원에 대해서는 2000년 이후 지속적으로 지지경향이 높아지고 있으나 2004년의 경우 소폭 하락했으며, 한반도 통일에 대해서는 아주 오랜 뒤에나 가능할 것이라는 응답이 점증하고 있으며, 5년 이내 근시일 내의 통일에 대해서도 회의적인 반응을 보이고 있다.

[그림 3] 연도별 북한관련 주요사안별 국민인식 변화 종합 비교(단위 : %)

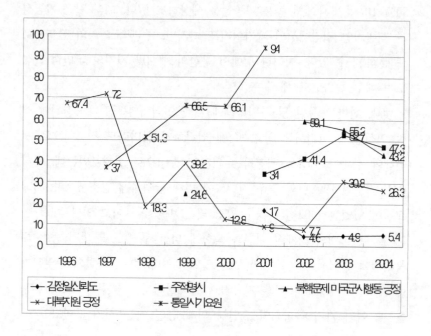

결론적으로, 우리 한국 국민들의 의식성향은 상당한 수준의 안정성을 보이고 있으며, 이는 향후 대북정책을 수립·시행하는 데 있어서 중요한 자료로 활용할 수 있을 것으로 본다. 우리 국민들의 대북한 인식은 여러 가지 상황에 직면하여 몇 가지 특징적인 경향을 보이기는 했지만 이것이 정책수립을 위한 부정적 요인으로 작용하기보다는 매우 중요한 판단의 기준이 될 수 있을 것으로 기대한다.

심화 탐구 주제

1. 북한에 대한 인식에 있어서 우리 국민들이 가장 민감하게 생각하는 내용으로 어떤 것이 있는지 의견을 개진해 보세요.

2. 북한지역에서 폭동 등으로 인해 급격한 무질서 사태가 발생할 경우, 우리 한국과 미국의 개별적 또는 상호 협조하의 군사적 개입이 필요한지 본인의 입장을 개진해 보세요.

3. 대북지원에 대해 국민들은 대체로 부정적으로 인식하고 있는데, 그 이유가 무엇이라고 생각하는지, 그리고 그 대안으로 어떤 것을 제안하고 싶은지 의견을 개진해 보세요.

참고문헌

『범국민안보의식조사』, 국방대학교 안보문제연구소, 1989-2004.
양승함 외, 『2001년도 범국민 안보의식조사』, 연세대학교 사회과학연구소, 2001.
홍성복, 「지도층의 여론조사실시를 위한 소고」, 『범국민 안보의식조사분석 — 실태분석 및 대응책연구』, 국방대학원 안보문제연구소, 1999.

Babbie, Earl R., *Survey Research Methods*, Belmont, CA: Wadsworth Publishing Co., 1973.
Bernard Hennessy, *Public Opinion*, Monterey, CA: Brooks/Cole Publishing Co., 1985.
Global Views 2004, The Chicago Council on Foreign Relations and the East Asia Institute at http://www.ccfr.org/globalviews2004/index.htm, 2004.

제 5 장

안보의식과 통일의식의 관계정립을 통한 군 통일교육

1. 머리말

본 연구는 현재 우리 군의 통일교육을 위한 발전방향을 모색하는 데 그 목적을 두고 있다. 통일교육이란 역사적 필연성에 의해 실현될 수밖에 없는 국가적 과제 중의 하나이다. 현재의 통일교육지원법 제 2 조에 의하면, 통일교육은 우리 국민으로 하여금 자유민주주의에 대한 신념과 민족 공동체의식 및 건전한 안보관을 바탕으로 통일을 이룩하는 데 필요한 가치관과 태도의 함양을 목적으로 하고 있다.

이러한 국가 전반적인 통일교육의 필요성은 군대에서도 예외 없이 적용되고 있다. 특히 군대의 통일교육은 현실적으로 군사적 대치 상황

___

* 이 장은 저자의 통일부 연구보고서(「안보의식과 통일의식의 개념적 관계정립을 통한 군 통일교육 발전방향 연구」, 『신진연구 논문집 3』, 통일부, 2004, pp.83-130)를 수정·발전시킨 것이다.

에 있는 통일의 대상이기도 한 북한과의 관계를 고려할 때, 일견 그 필요성이 없는 것으로 생각될 수도 있다. 하지만 이는 잘못된 발상이다. 왜냐하면 통일이 국가의 중대사인 한 국가의 정체성을 그대로 이어받은 군대는 당연히 이를 임무수행의 연장선상에 놓아야 하는 당위성을 갖고 있기 때문이다.

그런데 이와 같은 국가적 통일교육의 필요성과 군대 내에서의 통일교육을 위한 정당성에도 불구하고 '통일'과 '안보'에 대한 관계를 제대로 설정하는 데는 그 인식의 토대가 튼튼하지 못한 실정이다. 통일부의 통일교육을 위한 기본지침에서는 통일과 국가안보의 관계에 대해 다음과 같이 기술하고 있다.

> 통일과 국가안보는 불가분의 관계이다. 통일교육은 국제적인 탈냉전과 남북간 교류협력의 진전에도 불구하고 국제적 안보환경의 변화, 한반도의 군사적 대치상황, 북한의 핵문제 등 여러 가지 안보위협 요인이 상존하고 있음을 분명히 인식시켜야 한다. 또한 남북간 교류협력의 심화 및 여러 가지 통일노력은 튼튼한 국가안보를 전제로 이루어져야 함을 가르쳐야 한다(통일부, 2004:7).

또한 통일부의 자료에 의하면, 통일교육을 위한 각급 교육현장에서 실천해야 할 과제 중에서 안보와 통일에 대한 교육내용을 다음과 같이 제시하고 있다.

> 나. 평화통일의 바탕인 국가안보의 중요성 인식
> 냉엄한 국제질서와 한반도의 군사적 대치상황을 직시하게 함으로써 국가안보가 반드시 필요하며 중요하다는 점을 인식시킨다. 튼튼한 안보가 뒷받침이 되어야만 한반도에 평화가 정착되고 남북한간에 안정적인 교류협력이 추진되어 평화통일을 이룩할 수 있기 때문이다(통일부, 2004:8).

이렇듯 현재의 우리 통일교육은 '민족의 통일'과 '국가안보'를 동시에 강조하고 있다. 하지만 우리 국민들의 일반적인 정서는 이 두 가지의 개념은 상충되는 것이라고 느끼는 경우가 많다. 즉 일반 국민들은 동해안에서 금강산 관광선이 운항을 할 때 서해안에서는 북한 함정에 의한 북방한계선(NLL: Northern Limited Line) 월선으로 인해 우리 측 해군과의 교전이 발생한 사실을 쉽게 이해할 수가 없을 것이다.

더욱이 군인들은 이와 같은 일반 국민들의 통일과 안보에 대한 정신적인 혼란 이상의 어려움을 안고 있다. 즉 실제 상충적으로 느껴지는 국가안보와 통일의 관계 속에서 전자의 영역 속에서 후자를 교육하려고 하는 것은 일견 군인들에게 모순되게 보이기도 하다.

아울러 군대는 부여된 임무를 수행해야 하는 특수한 상황과 특히 군사적으로 대치하고 있는 북한 측이 통일의 대상이라고 하는 이중적인 특성에도 불구하고, 정부의 방침에 따라 통일교육을 받아야 하는 약자의 입장에 놓이게 한다.

이와 같은 점은 군 통일교육의 당위성을 주장하는 데 있어서 군 내부적인 저항요소이기도 하다. 즉 말 그대로 튼튼한 안보가 바탕이 되어야 통일이 된다고 한다면 군인은 튼튼한 안보에만 집중하면 되는 것이지 통일에까지 신경 쓸 겨를이 없다고 주장할 수도 있다는 것이다. 그런데 사실상의 통일단계에서는 분야별로 통합이 동시에 추진된다는 점과 군 내부에서의 인적 자원이 계속해서 순환된다는 점, 그리고 직업군인의 경우 대민·대관 교류가 지속적으로 이루어지기 때문에 그 당위성은 충분히 있다고 할 수 있다.

이에 본 연구는 기존 통일교육에 있어서 통일과 안보의 관계를 상대적 경중 또는 선후의 관계로 설정한 것으로 진단하고, 그에 대한 해결책으로 체용(體用)의 관계로 전제하고자 한다. 즉 근본(＝體)에 해당되는 것은 '국가안보'이며, 국가의 전략적 목표(＝用)에 해당되는 것은 '통일'이라고 보는 것이다. 이와 같은 관계 속에서는 일반 국민을 대상으로 한 통일교육에서나 군 통일교육에서나 근원적인 문제제기를 받지 않을 수 있다. 이러한 토대하에 군대의 통일교육 방향을 제시하고자 하는 것이 본 연구의 핵심적인 주제이다.

2. 안보의식과 통일의식의 개념 및 관계

1) 안보의식과 통일의식의 개념

"튼튼한 안보가 뒷받침이 되어야만 평화통일을 이룩할 수 있다"(통일부, 2004:8)는 말은 안보와 통일에 대한 관계 설정에 있어서 선안보·후통일의 관계로 인식될 수 있다. 이러한 구도는 그 적용 대상이나 공간, 제한된 시간 등의 문제에 있어서 매번 그렇게 해야 되는 것인지 아니면 최초 기획을 할 단계에서만 고려되는 것인지 분명하지 않은 점이 있다. 또한 안보는 전담부처인 국방부(＝군)에서 하고, 통일은 그 전담부처인 통일부에서 한다는 식으로 이해될 수도 있다. 이에 국가적 차원에서 통일부의 입장에서는 앞서 말한 바와 같은 '선안보·후통일'의 주장을 할 수도 있겠으나, 실제 안보를 담당하고 있는 군의 입장에서는 '통일'을 얘기한다는 자체가 현실적으로 상당히 이율배반적인 요소를 내포하고 있다.

우선 이러한 문제점의 해결을 위해서는 안보(의식)와 통일(의식)에 대한 명확한 개념 고찰이 필요하다. 첫째, 안보란 '국가의 안전보장'을 의미한다. 흔히 안보에 대해 말할 때, 두 가지의 오용 사례를 생각해 볼 수 있다. 먼저 과거 권위주의 시대의 정권 연장을 위해 악용되었던 '안보논리'이다. 다음은 수구보수(守舊保守)와 개념상의 친화로 이해하고 있는 점이다. 그러나 객관적으로 볼 때 국가 범주의 불변성이라는 점과 옛것을 고집하는 것이 아니라 정책 결정과 집행의 신속성이 국가의 안위를 보장해 주는 점도 있다는 점에서 이 두 가지의 오용 사례는 국가안보에 대한 바른 이해라고 할 수 없다. 따라서 안보는 국가공동체 속에서 어떠한 세력에 편향된다거나 어떠한 정권에 의해 곡해되어서도 안 되는 그야말로 국가와 정체성을 함께 하는 매우 중요한 개념이라고 할 수 있다. 마찬가지 논리로 안보의 개념이 국가와 일치하듯 안보의식도 국가의식과 일치하는 것으로 이해되어야 한다.

이와 같이 안보의 개념이 절대적 개념이라고 한다면, 두 번째의 통일 개념은 상당히 제한적이며 상대적인 개념이다. 즉 통일이란 국가의 분단으로 인해 국가의 주요한 구성요소 중의 하나인 국민들이 통일을 염원할 때 국가의 중요사업 중의 하나로 대두되는 것이다.

2) 안보의식과 통일의식의 관계

안보의식과 통일의식의 관계에 대해 살펴보겠다. 다음 두 가지의 측면에서 생각해 볼 수 있다. 논리적 우선성의 입장과 포함관계에 의한 시각이다.

첫째, 논리적 우선성의 입장에서 본 안보와 통일의 관계이다. 앞서 언급한 바 있는 "튼튼한 안보가 뒷받침이 되어야만 평화통일을 이룩할 수 있다"([그림 1])는 통일부의 입장은 똑같은 내용이 포함되면서도 전혀 다른 뉘앙스를 풍기는 말로 생각해 볼 수 있다. 즉 "튼튼한 안보가 지속될 때 평화통일도 생각할 수 있다."([그림 2]) 전자는 안보보다는 통일에, 후자는 통일보다는 안보에 더 많은 비중을 두고 있는 견해일 것이다.

[그림 1]은 통일이라고 하는 지상과제를 이룩해 내기 위해서는 국가정책의 주요한 요소 중의 하나인 안보가 전제되어야 한다는 것을 나타내 주고 있다.

[그림 1] 통일을 위한 요건 중의 하나로서의 안보

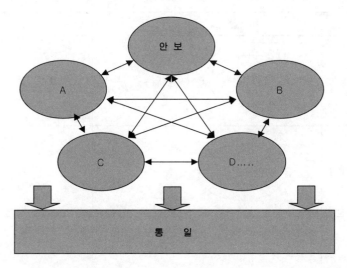

한편 [그림 2]는 국가의 생존을 보장해 주는 안보가 전제되고 난 뒤에 국가의 과업 중의 하나인 통일을 추진해 나갈 수 있다는 것을 나타내 준다.

[그림 2] 안보를 토대로 한 통일추구 모형

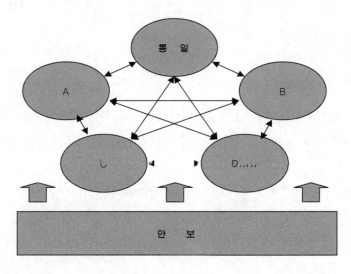

[표 1] 안보와 통일의 포함관계 유형

	논리 그림	논리식
유형 I	안보 통일	안보 ∪ 통일
유형 II	안보 통일	안보 ∩ 통일
유형 III	안보 통일	안보 ⊂ 통일
유형 IV	통일 안보	안보 ⊃ 통일

둘째, 포함관계에 의한 입장이다. 즉 통일과 안보 중에서 어느 개념이 다른 것을 포괄하는지의 문제이다. [표 1]과 같이 네 가지의 유형을 상정해 볼 수 있다.

위의 [표 1]에서 유형 I-IV는 현재 안보와 통일의 논리적 포함관계를 요약한 것이다. 우선 유형 I은 안보와 통일을 상호 독자적인 관계로 인식하는 것이다. 유형 II는 안보와 통일은 독자적인 요소이기는 하지만 중요한 부분에서는 공조를 통해 협력해야 할 필요가 있다는 것이다. 유형 III은 통일이 안보를 포괄한다는 것이다. 유형 IV는 안보가 통일을 포괄하는 것이다. 앞의 두 개는 양자간의 독자성을 강조하는 데 관심이 있고, 후자의 두 개는 양자간의 포함·불포함을 나타내고 있는 것이면서 약간의 이념성, 즉 국가주의와 민족주의의 대립양상을 보이고 있다.

3. 군 통일교육의 의의와 영향요인

1) 군 통일교육 개념 및 의의

'군 통일교육'에 대한 국방부에서의 공식적인 용어는 현재로서는 없다. 통일부의 한 용역 연구과제에 의하면 군 통일교육에 대해 다음과 같이 정의하고 있다.

군 통일교육은 튼튼한 안보를 바탕으로 통일국가 건설에 대비하고 이를 완성시키기 위해, 장병들에게 북한의 실체와 변화하는 남북관계 및 통일환경의 실상을 정확하게 이해시키고 남북관계를 미래지향적인 관점에서 풀어나가는 역량을 배양하는 데 필요한 가치관과 태도를 함양하기 위한 것으로 올바른 국가관, 안보관, 통일관 확립을 위한 교육적 노력을 의미한다(오기성 외, 2003).

통일교육에 대한 통일부의 정의는 향후 연구에 어느 정도 밑바탕이 될 수 있을 것이다. 군의 입장에서 본 새로운 정의를 위해서는 다음과 같은 기준틀을 토대로 심도 있는 논의를 해야 할 필요가 있다([표 2] 참조).

[표 2] 군 통일교육을 정의하기 위한 기준틀

| | | 통일교육 (B) | | | | | | |
| | | 통일과 관련된 내용과 주제를 통해서 통일의식 형성을 목표로 함 (b-1) | | | | 안보를 튼튼히 하는 것으로 통일교육을 대체 (b-2) | | |
		통일의 당위성 (b-1-1)	통일의 대상 바로 알기 (b-1-2)	통일의 주체 (b-1-3)	통일의 이념 등 (b-1-4)	국가관 (b-2-1)	군대관 (b-2-2)	군인관 등 (b-2-3)
군대 (A)	군 막사(=장소) (a-1)	-	-	-	-	-	-	-
	군 관련 소재(=내용) (a-2)	-	-	-	-	-	-	-
	군 장병(=대상) (a-3)	-	-	-	-	-	-	-

[표 2]에서 보는 바와 같이 군 통일교육을 정의하기 위해서는 군대라고 하는 주제에 천착하여 고려해 볼 필요가 있다. 군 통일교육을 포괄하기 위해서는 A(a-1, a-2, a-3) × B(b-1, b-2, b-3)의 구도를 동시에 고려할 때 충분히 논의되었다고 할 수 있다. 우선 '군대'(A)라고 하는 변수에 관심을 두고 생각해 보면, 군대는 군 막사, 군 관련 내용, 군인 등을 포함해야 한다. 즉 군 막사 내에서, 군 관련 내용으로, 군 장병을 대상으로 통일교육을 할 때 이를 군 통일교육이라고 할 수 있을 것이다.

한편 '통일교육'(B) 변수를 생각한다면, 우선 통일과 직접적으로 관련된 내용과 주제를 교육함으로써 통일의식을 고양하는 것을 말한다 (b-1). 전형적인 통일교육의 정의가 될 수 있겠지만, 적을 통일의 대상으로 인식해야 하는 군의 특수성을 감안하여, 이 분야에 대한 하위요소(b-1-1, b-1-2, b-1-3, b-1-4)를 많이 개발해야 할 필요가 있을 것이다. 다음으로 통일지상주의자나 민족주의자 또는 반국가주의자들이 간과할 수도 있는 측면인데, 사실 군의 고유한 임무수행은 그 자체로서 통일을 지지하고 보장해 주는 전제가 되는 것이므로 이 분야에 대한 하위요소(b-2-1, b-2-2, b-2-3 등)의 개발에도 관심을 가져야 할 것이다.

이상의 논의를 총합해 볼 때, 군 통일교육이란 "국가·사회적인 통일교육의 보편성과 군 고유의 임무수행을 병행하면서, 군대 내에서, 군 관련 내용으로, 군인들을 대상으로 실시하는 통일교육"이라고 할 수 있을 것이다.

이렇듯 군 통일교육은 일반사회에서의 통일교육과 다소 성격이 다르다. 일반사회에서의 통일교육은 객관적 실체로서의 '북한 바로 알기'와 통일의 동등한 파트너로서 '북한과의 대화와 협력'에 초점이 두어진다. 군 통일교육은 군의 가장 큰 존재이유(raison d'être)인 국가의 안전보장과 밀접한 관련을 가져야 한다. 군 통일교육은 안보의식에 기반을 두면서 일반사회의 통일교육과 연계성을 갖고 통일을 이루어낼 수 있는 판단능력, 행동능력, 가치와 인식, 갈등처리능력 등을 배양할 수 있도록 해야 한다. 그 동안 통일교육은 일관된 지침 없이 반공교육, 안보교육, 통일안보교육 등 정권이나 통일환경 내지는 남북관계 변화에 따라 가변적으로 이루어져 교육현장에 혼란을 주었다. 이러한 실정은 군 통일교육에 있어서도 크게 다름이 없으며, 군 임무의 특수성에 입각한 군 통일교육 지침이 없이 일반 국민 대상의 통일교육의 지침에서 크게 벗어나지 않고 있다.

그런데 최근에는 안보를 중요시한다고 하면서도 소위 포괄적 안보(comprehensive security) 개념을 강조하면서 군사안보의 중요성을 과소평가하려는 경향이 사회 저변에 깔려 있는 듯하다. "국가의 안전보장과 국토방위의 신성한 의무를 수행함을 사명으로 한다"는 헌법 제5조의 시원적 정체성과 "국민의 생명과 재산을 보호한다"는 군인복무규율은 군대가 갖는 자체 정신에 그 바탕을 두고 있으며, 더욱이 "통일을 지향하고; 민족문화의 창달에 노력해야 한다"는 헌법 제4조와 제9조의 정신은 군인들로 하여금 안보의식과 통일의식이 갈등 없이 발현될 수 있음을 나타내 주고 있다.

군대는 사회 내의 어느 집단보다도 조직화되고 규율화되어 있어서 특정 목적을 달성하는 데 큰 효율을 발휘할 수 있다. 장병들에 대한 효과적인 통일교육을 통해 통일국가를 대비하고 진정한 의식적·심리적 통합을 완성시키기 위한 노력과 통일 이후 민족공동체의 삶에 관한 자세를 확립할 경우 그 영향은 군 내부에만 머무르는 것이 아니다. 장병들이 군에서 통일에 대한 긍정적인 가치관과 태도를 함양할 경우, 이들이 전역 후 사회 전반에 미치는 영향력은 상당할 것이다.

군대의 입장에서 볼 때 통일교육은 사실 사치와도 같이 느껴진다. 통일교육이라고 하는 특별한 주제의 교육을 하지 않고 맡은 바 임무만을 수행한다고 해도 책망하거나 비난받을 일이 아니다. 하지만 군 통일교육의 충분한 당위성은 아니라고 하더라도 군대사회가 일반사회와의 연계 속에서 끊임없는 구성원들의 교류가 있다고 하는 점을 생각해 보면 그 당위성을 과소평가하여 맡은 바 임무만을 수행하겠다고 말할 수는 없을 것이다. 이 점이 바로 군 통일교육의 의의라고 할 수 있다.

2) 군 통일교육 영향요인

군 통일교육을 위한 사실상의 영향요인은 우선 단일 주체로는 국민으로부터 가장 많은 권위를 위임받은 대통령 요인이다. 둘째, 통일과 관련된 제반 업무를 관장하는 통일부 요인이다. 셋째, 안보·국방분야를 관장하는 국방부 요인이다.

첫째, 청와대에 의한 영향요인이다. 대통령의 통일과 관련된 의지와 입장 표명은 통일문제에 그대로 직결되는 가장 중요한 영향요인 중의 하나이다. 역대 정권에서도 이러한 사실은 여실히 드러났다. 현재의 참여정부에서도 이와 같은 점은 그대로 유지되고 있다. 최근 국가안전보장회의(NSC)에서 발간한 책자에 의하면, 참여정부는 국가안보전략으로 평화번영정책 추진, 균형적 실용외교 추구, 협력적 자주국방 추진, 그리고 포괄안보 지향 등 네 가지를 제시하였다. 그 중에서 군 통일교육을 위한 영향요인이라고 말할 수 있는 것은 첫 번째의 평화번영정책 추진과 관련이 있다. 참여정부는 평화번영정책을 추진하는 과정에서 다음과 같은 원칙을 제시하고 있다. 첫째, 어떠한 형태의 전쟁에도 반대하며, 모든 갈등과 현안은 대화를 통해 평화적으로 해결한다. 둘째, 서로를 인정하는 토대 위에서 상호 신뢰우선 원칙과 호혜주의를 추구한다. 셋째, 모든 한반도 문제는 남북 당사자 원칙에 기초한 국제협력을 통해 해결한다. 넷째, 국민적 합의를 토대로 '국민과 함께 하는 정책'이 되도록 한다(국가안전보장회의, 2004:24).

국가안전보장회의 발행 책자를 통해서 본 현 청와대의 군 통일교육에 대한 시사는 '평화, 공동번영, 화해, 안정' 등의 가치를 강조하고 있는 것으로 요약된다. 이를 교육내용에 구현하는 데 있어서는, 민족주의와 같은 가치주관적인 내용보다는 현재 상태를 그대로 상호 인정하면서 전쟁을 반대하고 모든 문제를 당사자간의 평화적인 수단을 통해서 공동번영을 더 강조해야 할 것이다.

결국 이 요인에 의한 군 통일교육에 대한 시사는 군대에 대해 장병들에게 적개심을 강조하는 것보다는 평화의지를 더 강화해야 하며, 전쟁은 평화를 위한 수단에 불과하며, 일단 유사시에는 현재 상태의 안전을 보장하기 위해 최선의 노력을 다해야 한다는 것으로 이해할 수 있다.

둘째, 통일부에 의한 영향요인이다. 현행 통일교육의 총론적 지침은 대체로 통일문제의 성격, 북한이해의 관점, 통일 미래상과 통일준비의 3대 영역으로 구분된다. 통일부의 군 통일교육을 위한 기본적인 과제는 다음 몇 가지로 정리된다. 첫째, 군 통일교육은 민주사회 건설을 위한 올바른 국가관에 기초한 민주시민을 육성할 수 있도록 실시되어야 한다. 둘째, '선안보·후통일' 논리의 당위성이 명확히 교육되어야 한다. 셋째, 확고한 대적관을 견지하는 가운데 포괄적인 안보교육을 지향한다. 넷째, 군 통일교육은 인간중심의 교육을 지향하면서, 체제 확산적이며 적극적인 방향에서 이루어져야 한다. 다섯째, 통일교육 자체가 민주적이어야 한다. 여섯째, 수요자중심의 통일교육을 실시하여야 한다. 일곱째, 불변요소와 가변요소의 적절한 균형교육을 실시한다.[1]

이와 같이 통일부의 '통일교육지침'에 의하면(오기성 외, 2003), 군 통일교육은 우리나라의 모든 이념적 스펙트럼을 모두 포괄하려고 하고 있는 듯한 느낌을 준다. 특히 둘째와 셋째는 같은 맥락이기는 하지만 첫 번째와 상충되는 면이 있고, 넷째와 다섯째 등은 군대의 속성과 큰 관련이 없고 오히려 학교 및 사회 통일교육에서 강조되어야 할 것으로 보인다. 그 중에서도 특히 두 번째의 "'선안보·후통일' 논리의 당위성이 명확히 교육되어야 한다"는 지침은 앞서 지적한 바와 같이 포함관계(또는 중요도)라기보다는 선후의 문제로 안보와 통일의 관계를 설명하는 논리이다. 이는 상기 일곱 가지 지침 중에서도 가장 애매모호하다. 상세한 내용은 다음과 같다.

안보와 통일의 상호 독립성과 우선순위 및 순차성에 대한 분명한 인식이 정립되어야 한다. 통일은 단순한 국가통합의 차원에서 해결될 문제가 아니라, 한민족 사회구성원 모두의 삶의 질을 높이는 데 목표를 두고 민족사회 구성원의 터전을 하나로 만든다는 것을 의미한다. 통일의 당위성은 북한 동포에게도 남쪽 사람들의 사람의 질을 나누어 갖게 하자는 이타적 동포애로부터 출발한다. 이러한 점에서 통일은 자유민주주의 체제 속에 북한 주민을 포용하는 방식의 통일이어야 한다.

아무리 통일을 원한다 하더라도 한국이 지향하고 있는 '모두가 자유롭고, 고른 복지를 누리며, 동등한 정치참여의 기회를 누리는' 자유민주주의 체제를 포기할 수는 없다. 자유민주주의 기본가치는 통일에 선행하는 것이며, 통일의 목표가 되는 것이다. 통일이 포기할 수 없는 민족적 과제라

---

1) 상세한 내용은 오기성 외(2003:105)를 참조할 것.

고 해서 어떤 통일이든지 성급하게 받아들일 수 없으며, 그렇기 때문에 통일을 위해서는 우선적으로 공고한 국가의 안전보장이 전제되어야 하는 것이다. 경제력과 군사력 등의 힘이 뒷받침되지 않는 통일논의는 자유민주주의에 기초한 통일국가의 실현을 보장할 수 없다.

굳건한 안보와 남북의 교류협력은 평화와 통일로 나아가는 두 개의 수레바퀴이며, 굳건한 안보는 통일로 나아가기 위한 선행조건이다. 이러한 점에서 확고한 평화에서 의지와 안보가 뒷받침될 때 통일과업을 달성할 수 있다는 '선안보·후통일' 논리의 당위성이 명확히 교육되어야 할 것이다(오기성 외, 2003:151).

이와 같이 현행 통일교육지침은 '안보'와 '통일'의 관계를 선후의 관계로 놓고, 안보를 선행되어야 할 조건으로 전제하고 통일을 달성해야 할 과제로 상정함으로써 가시적으로는 전자의 중요성을 높여주는 듯한 느낌을 주지만 실제로는 통일을 위해서는 안보가 전제되고, 희생되어야 한다는 느낌을 줄 수 있다. 또한 시간적으로 현존하는 두 개의 개념을 선후의 관계로 놓고 보는 것도 사실상 현실성이 낮다. 안보는 국가와 생멸을 같이 하는 것으로서 한순간 달성되었다고 해서 마지막까지 보장되는 것이 아니다. 국가의 안전을 보장받는 일은 순간이 아니라 지속적인 관계 속의 움직이는 시간 속에서 가능하다.

또한 기술방식에 있어서도 교육 내용, 방법, 이념 등이 복합적으로 섞여 있어서 정확한 실태파악에 근거한 통일교육의 추진이 용이하지 않은 듯한 느낌을 준다.

셋째, 국방부에 의한 영향요인이다. 국방부 차원에서 군 통일교육을 다루기 위해서는 연례적인 정신교육지침에 그 내용이 반영되어야 한다. 현재로서는 이 지침에 통일에 대한 구실이 일찔 없는 실정이다. 다만 그 중점에서 다음과 같은 점을 강조하고 있을 뿐이다.

안보상황에 부응하는 장병 정신무장 강화를 위하여 교육내용 체계를 신병은 '국가관과 군인정신' 함양에 중점을 두고, 장병은 '군인정신'과 '국가관' 그리고 '안보관' 확립을 중점으로 하여 이를 숙지 및 신념화함으로써 대적필승의 군인정신을 함양한다(국방부, 2004:1).

국방부의 또 다른 자료에 의하면, 장병 정신교육의 방향을 제시하고 있는데, 그 내용은 다음과 같다.

장병 정신교육 방향은 먼저, 확고한 대적관을 확립하기 위하여 현재의 안보상황을 장병들에게 올바르게 인식시키고 변함 없는 북한의 위협 및 실체를 교육함과 아울러, 정부의 '평화번영정책'은 강력한 힘이 바탕이 되어야 함을 장병들에게 분명히 인식시키는 것이다. 아울러, 우리 안보의 기본축인 한·미동맹관계에 대해서 한·미동맹과 주한미군의 한반도 안보에 대한 역할을 충분히 이해시키고, 경제적·군사적 이익 등 주한미군 주둔의 필요성에 대한 인식을 제고시켜 확고한 한·미연합대비태세를 유지해 나가는 것이다. 또한 투철한 군인정신을 바탕으로 올바른 가치관 정립과 군인윤리에 기초한 건전한 직업관을 정착시켜 행동화하는 참군인을 육성하는 것이다(국방부, 2003b:55).

이를 통해 볼 때, 현재 군 정신교육 계획자에게 있어서의 통일교육은 앞서 [표 2]에서 언급한 바 있는 '안보를 튼튼히 하는 것으로 통일교육을 대체'(b-2)하려는 입장을 견지하고 있는 느낌을 준다.

이렇듯 군 통일교육에 영향을 미치는 국방부 요인은 현실적으로는 가장 권위 있는 구속력이 있어야 함에도 불구하고, 통일부의 '통일교육지침' 개발을 고려해 볼 때 다소 소극적인 것이 아닌가 하는 느낌이 든다.

전반적으로 군 통일교육에 영향을 미칠 수 있는 요인(= 법령 등)들이 많이 있을 수 있겠지만, 대체로 청와대, 통일부, 국방부 요인을 관심 있게 살펴보았다. 상대적으로 국방부 자체적인 군 통일교육을 위한 노력이 요구된다. 그 구체적인 방식으로 통일부의 경우처럼, 외부 연구용역 형식도 고려해 볼 만하다.

4. 군 통일교육의 변천과 현실태 분석

1) 군 통일교육의 변천

군대 내에서 장병들을 대상으로 하는 정신교육 중에서 특히 이념적인 성격이 강한 교육을 '정훈교육'이라고 말한다.[2] 앞서도 언급한 바와 같이 현재 우리 군내에서는 '통일교육'이라고 하는 독자적인 명칭의 교육과정이 없는 실정이다. 따라서 기존의 정신교육이나 정훈교육 내에서 이 분야와 관련이 있는 부분을 중심으로 연계하여 살펴보고자 한다. 또한 동시대의 이념교육을 담당해 왔던 학교교육에서의 통일교육에 대한 시대적 흐름을 간접적으로 살펴보고자 한다. 이는 군 통일교육에 대한 편린을 체계화하는 데 간접 참고자료가 될 수 있을 것이다.

우선 학교교육에서의 통일교육에 대해 탐색해 보고자 한다. 통상 교육과정에서 교육목표는 해당 교육의 이념을 담고 있기 때문에, 교육과정의 변천에 있어서 교육목표를 참고하고자 한다.

우리나라의 광복 이후 교수요목기부터 현재까지의 교육과정 개정에 있어서 도덕·윤리과에서 취급해 온 교육목표 중 통일관련 교육목표는 주로 멸공, 필승, 반공, 승공, 격멸, 애국애족, 분쇄, 민주주의 우월성 등의 용어에서 알 수 있듯이 전투적·정의적 입장을 고수하고 있다. 하지만 1981년부터 1992년(제4차 교육과정-제5차 교육과정)까지는

---

2) 정훈교육이란 군내에서의 '정치훈련'(political training)을 담당하는 교육활동을 말한다. 정치학에서 말하는 정치사회화(political socialization) 또는 정치교육(political education) 등과 유사한 성격을 가진다. 현재 우리 한국군에서는 이 분야에 대한 전문적인 업무를 관장하는 정훈병과가 있다. 하지만 최근에는 정훈병과의 업무 분화로 인해, 정훈교육, 공보활동, 문화활동 등으로 3분화 현상이 매우 심화된 실정이다. 더욱 우려되는 것은 정훈병과의 정체성과 직결되는 교육기능이 탈냉전 이후 급격한 자기개발 노력의 부족으로 인해, 공보활동이나 문화활동 등에 비해 소홀히 다루어지고 있다는 사실이다.

민주주의의 우월성을 바탕으로 사상적 역량 기르기, 분단현실에 대한 이해와 북한의 실상과 허구성 파악, 그리고 자유민주주의 체제의 수호를 통한 평화통일 등의 이데올로기 비판교육 내지 정신교육적 목표를 강조하고 있다. 이어서 통일교육기인 1992년(제6차 교육과정)부터는 인류공영, 민족공동체의식, 통일 이후, 세계시민 등을 강조하여 공동체 번영의 관점에서 교육목표가 설정되었다(권순환, 2004:10). 학교교육에 있어서 시기별, 학교급별 통일교육의 목표체계는 [표 3]과 같다.

이와 같은 학교교육에서의 통일교육은 그 시대적 흐름의 분류기준에서 보는 바와 같이, 반공교육 → 통일·안보교육 → 통일교육 순으로 그 강조점이 변화하여 왔다.

한편 군 정훈교육의 역사는 그 시기에 있어서 약간의 전후 차이는 있겠지만, 대체로 정훈교육을 위한 기본교재 개정과 맥락을 같이 한다. 정훈교육의 교재는 많은 굴곡이 있었으나, 1976년 국방부 단위의 최초 교재 통일이 있기 이전까지는 특별정훈교육 교재로서 한시적으로 교육목적에 부합되게 제작, 활용되었다.

군 정훈교육의 기본교재는 1976년 12월 국방부에서 『국군정훈교정』이라는 최초의 국방부 단위의 교재를 발간하고 난 뒤, 1979년 제1차 개정으로 『국군정신교육교본(1·2·3부)』이 발간되었고 제2차 개정으로 1981년 개정본인 『국군정신교육교본』이 발간되었으며, 제3차 개정으로 1989년 개정본인 『정신교육기본교재』가 발간되었고 제4차 개정으로 1993년 『국군정신교육교본』이 발간되었으며, 1998년 『국군정신교육기본교재』가 발간되었으며, 그리고 최근에는 제5차 개정에 의해 1999년 연말에 『(정신교육기본교재) 위기극복을 위한 우리의 다짐』이 발간되었다. 이후의 정신교육 교재는 권위 있는 단권 형태의 교재양식이 아니라 계급별로 구분되어 개발되고, 국방일보를 통해 제공되는 등 일반 학교의 교과서에서 찾을 수 있는 형식미를 잃게 되었다. 이것이 교육의 성과에는 어느 정도 긍정적인 영향을 미치게 되는지에

[표 3] 시기별, 학교급별 학교교육(도덕·윤리과)에서 통일교육의 목표

교육과정	학교급별		
	초등학교	중학교	고등학교
교수요목기 (1946-1954)	- 멸공·필승 신념 - 안전보장	- 반공사상 함양 - 정신무장	- 공산집단과 전쟁에서 승리하기 위한 체계적 반공교육
제1차 교육과정 (1954-1963)	- 반공정신 고취 - 자유우방과 교류	- 애국애족 사상 고취 - 반공방일 정신 배양	- 애국애족 사상 고취 - 반공방일 정신 배양
반공교육기 제2차 교육과정 (1963-1973)	- 민주주의의 우월성과 공산주의의 그릇됨 인식, 멸공통일 - 애국애족 태도 함양	- 국가, 민족 사랑과 민주주의에 대한 신념 갖기 - 공산침략 격멸, 세계평화 기여	- 공산주의의 모순과 허구성 인식, 침략 분쇄 결의 - 평화통일의 사명감 갖기
제3차 교육과정 (1973-1981)	- 민주주의의 우월성과 공산주의의 그릇됨 인식, 멸공통일 - 평화통일의 태도	- 공산주의의 허구성 인식, 민주주의의 우월성 파악 - 공산침략 분쇄와 평화통일	- 공산주의의 기만성 분석, 비판 - 평화적 승공 민주 통일 신념
제4차 교육과정 (1981-1987)	- 공산 침략 경계 - 민주주의 우월성 이해 - 평화통일의 신념	- 민주주의의 우월성 인식 - 공산집단의 도전에 대응 - 민주 평화통일에 이바지	- 공산주의의 도전 극복을 위한 사상적 역량 기르기 - 민주평화통일의 신념
통일·안보교육기 제5차 교육과정 (1987-1992)	- 분단현실과 북한 실상 이해 - 대한민국의 정통성, 우월성 이해 - 민주적 평화통일의 인류공영에 이바지	- 대한민국의 정통성과 우월성 깨닫기 - 북한의 허구성 비판 - 자유민주주의 체제 수호, 발전의지 갖기	- 공산체제의 실상 파악 - 민주평화통일의 신념

교육과정	학교급별		
	초등학교	중학교	고등학교
제6차 교육과정 (1992-1997)	- 민족적 사명감과 긍지 갖기 - 평화통일에 대비와 인류공영에 이바지	- 국가와 민족문화 사랑 - 통일의 과제 인식 - 민족 공동체 의식과 통일실현 의지 갖기	- 통일 이후의 바람직한 한국인상 이해 - 통일과업의 달성과 인류공영에 이바지
통일 교육기	제7차 교육과정 (1997-현재)	- 애국애족의 자세 - 분단의 현실과 남북한의 통일정책 및 과제 파악 - 통일 이후의 세계시민으로 능력 견지	- 애국애족의 자세 - 분단의 현실과 남북한의 통일정책 및 과제 파악 - 통일 이후의 세계시민으로서의 능력 견지	- 도덕 -애국애족의 자세 -분단의 현실, 통일정책 파악 -통일 이후 세계시민으로서의 능력 견지 - 시민윤리 : 민족공동체 의식과 세계시민의 자세 확립 - 윤리와 사상 : 민족공동체의 발전과 통일 이후의 민족국가 실현 - 전통윤리 : 전통윤리에 나타난 국가·사회의 윤리적 규범 이해

자료 : 교육인적자원부(2001), 권순환(2004:11) 재인용.

대해서는 별도의 논의가 필요하겠지만, 가독성의 측면에서는 진일보했다고 볼 수 있다.

이와 같은 군 정훈교육 교재의 개정 변천사는 초·중등 교과서가 7차 교육과정 개정에 이르기까지의 변천을 보이고 있는 것에 비하면 정훈교육의 총 역사에 비해 상대적으로 적은 회수이기는 하지만 사실상의 교재통일이 되고 난 1976년 이후부터 24년 동안 총 다섯 번의 개정이 단행된 것이므로 교재수명이 평균 5년이 되지 않는다. 특히 최근 1990년대에 들어서만 세 번이 바뀌는 것은 교육환경의 다변화를 반영하고, 장병 개개인들의 자아실현과 발달에 대한 관심보다는 가르쳐야 할 덕(virtue)이 더 중요하다고 판단하는 교육의 사회화 기능에 더 많은 관심을 갖고 진행되었기 때문으로 보인다.

이상의 논의를 토대로 볼 때, 군 통일교육은 학교교육과 거의 같은 교육목표를 지향해 왔지만, 철저한 안보중심의 정훈교육에서 볼 수 있듯이 통일교육에 대해서는 큰 관심과 교육적 열의가 부족한 것으로 평가된다. 그렇다고 해서 국가적 통일과업의 추진에 방해가 된 것은 아니었다. 즉 현재까지의 군 통일교육은 소위 '튼튼한 안보를 바탕으로 한 통일'의 역대 정부가 지향해 왔던 통일과업 추진의 대강을 벗어나지 않고 있으며, 앞의 논의에서 언급한 [그림 2]의 안보를 토대로 한 통일 추구 모형과 [표 1]에서 언급한 바 있는 '안보가 통일을 포함하는 형태'(= 유형 IV)로 추진되어 왔던 것이다.

2) 군 통일교육의 현실태 진단

군 정훈교육은 군인정신, 국가관, 그리고 안보관 확립을 위해 부대 정신전력 극대화 및 대적 필승의 자신감을 갖는 데 기여하는 것을 목적으로 한다. 따라서 군 통일교육은 튼튼한 안보를 바탕으로 통일국가 건설에 대비하고 이를 완성시키기 위해, 장병들에게 북한의 실체와 변화하는 남북관계 및 통일환경의 실상을 정확하게 이해시키고 남북관계를 미래지향적인 관점에서 풀어나가는 역량을 배양하는 데 필요한 가치관과 태도를 함양하기 위한 것으로 올바른 국가관, 안보관, 통일관 확립을 그 목표로 하고 있다.

그런데 현재의 군 정훈교육은 통일에 대한 사회의 관심과 열망에 비해, 통일을 공식적인 교육과정으로 흡수하지는 못한 상황이다. 국방부의 정훈교육을 위한 지침에서는 대상별 군 정훈교육 목표를 [표 4]와 같이 제시하고 있는데, 여기에서도 통일과 관련된 내용은 찾아볼 수 없다.

[표 4] 대상별 군 정훈교육 목표

대 상		교육목표
간 부	영관장교	· 정신교육 지도 및 관리능력 구비
	위관장교	· 병 교육 및 지도능력 구비
	부사관	· 국가관, 군인정신, 안보관 확립
병 사	신병	· 국가관, 군인정신 함양
	기간병	· 군인정신 함양, 국가관 확립, 안보의식 고취

자료 : 국방부(2004:2).

[표 5] 부대별 연간 정훈교육 시간

		부대별 시간			비 고
		전투부대	기행부대	경계부대	
계		108	72	36	
정신교육 기본교재	군인정신	12	12	12	
	국가관	12	12	12	
	안보관	12	12	12	VTR 시청/기본교재 윤독, 발표 · 토의
시사안보 / 충효예		36	36		경계부대의 경우 별도 가용시간 활용
단결 / 문화활동		36			기행 · 경계부대의 경우 별도의 가용시간 활용

주 1) 부대별 구분에 있어서, '전투부대'란 교육 · 훈련 등의 일반적인 부대활동이 가능한 부대를 말하고, '기행부대'란 '기술'과 '행정'을 주로 하는 부대를 말하며, '경계부대'란 특수한 작전(예 : 전방철책선 경계 등) 수행을 담당하는 부대를 말함.

2) '시사안보'란 갑작스럽게 쟁점으로 부각된 안보사안에 대해 국방부 및 군의 입장에서 올바른 방향을 제시해 주는 교육적 활동을 말함. 다분히 이 교육은 군인정신이나 안보의식을 고취하고자 하는 데 초점이 두어져 있기 때문에, 화해와 협력을 위한 교육과는 거리가 멀다고 볼 수 있음.

자료 : 국방부(2004:21).

현재의 군 정훈교육의 연간 시간편성표를 보면([표 5] 참조), 현재의 군 정훈교육은 기본교재를 중심으로 하면서, 시대적 요청사항을 간헐적으로 교육하는 식으로 시간이 편성되어 있다. 특히 기본교재의 '군인정신', '국가관', 그리고 '안보관'은 군 정훈교육의 가장 중심적인 목표 역할을 수행하고 있는데, 군 통일교육은 이 중에서도 국가관과 안보관과 직접적인 관련이 있다고 볼 수 있다.

[표 5]에서 제시된 시간편성 계획을 토대로 실제 교육은 매주 수요일 오전 '정신교육의 날' 교육을 통해서 이루어진다. 교육운용은 전투부대 기준으로 주당 3시간을 기본으로 실시하고, 각 과목별 시간은 각급 부대의 실정을 고려하여 운용된다. 여기서 기본정훈교육은 반드시 1시간 이상 실시하도록 되어 있다 기본정훈교육은 매주 국방일보에 게재되는 기본교재를 활용, 전군이 동일한 내용을 실시하고, 부대훈련 등 기타 사정으로 해당 주 교육이 불가능할 경우 해당 과목에 대한 교육은 생략할 수 있다. 국방일보에 게재되는 기본교재는 기본정훈교육(50%), 가치관/충효예(25%), 시사안보 교육 및 주요 강조사항(25%) 등으로 구성된다. 기본정훈교육은 기본교재를 활용, 제대별 특성에 맞게 VTR 시청 후 윤독, 발표 및 결론 순의 진행을 원칙으로 하되, 각급 부대 실정을 고려하여 다양한 교육방법을 적용할 수 있도록 되어 있다. 교관용 정신교육 교재는 서론 및 결론을 제시할 때 참고자료로 활용된다(국방부, 2004:7).

따라서 현재의 가장 권위 있는 정신교육 기본교재는 '국방일보'이다. 그런데 교재가 신문에 게재된 자료를 중심으로 꾸며져 있다는 것은 일반적인 교육현장에서는 장려사항이 아니다. 교과서는 해당 교육을 위한 일종의 상징적 권위를 가지고 있기 때문에 지질이나 형태, 삽화 등에 이르기까지 세심한 관심과 배려가 필요하다. 2004년의 경우, 국방일보를 통해 제공된 교육내용의 목차는 [표 6]과 같다.

[표 6] 국방일보에 게재된 기본교재 목록

주차	제 목	주차	제 목	주차	제 목
1	나는 왜 군복을 입고 있는가	19	나는 왜 군복을 입고 있는가	37	나는 왜 군복을 입고 있는가
2	나는 왜 군복을 입고 있는가	20	우리가 만들어가는 국군의 역사	38	나는 왜 군복을 입고 있는가
3	군대는 사회와 어떻게 다른가	21	군대는 사회와 어떻게 다른가	39	군대는 사회와 어떻게 다른가
4	군인의 가치관과 행동규범	22	군인의 가치관과 행동규범	40	군인의 가치관과 행동규범
5	호국사상의 전통과 상무정신	23	호국사상의 전통과 상무정신	41	호국사상의 전통과 상무정신
6	참 군인의 길	24	참 군인의 길	42	참 군인의 길
7	자랑스런 우리의 역사	25	자랑스런 우리의 역사	43	자랑스런 우리의 역사
8	대한민국의 탄생과 정통성	26	대한민국의 탄생과 정통성	44	대한민국의 탄생과 정통성
9	나는 왜 자유민주주의를 수호해야 하는가	27	나는 왜 자유민주주의를 수호해야 하는가	45	나는 왜 자유민주주의를 수호해야 하는가
10	군복 입은 민주시민	28	군복 입은 민주시민	46	군복 입은 민주시민
11	통일시대의 전망과 대비	29	통일시대의 전망과 대비	47	통일시대의 전망과 대비
12	우리가 열어가야 할 조국의 미래상	30	우리가 열어가야 할 조국의 미래상	48	우리가 열어가야 할 조국의 미래상
13	인류의 전쟁은 왜 계속되는가	31	인류의 전쟁은 왜 계속되는가	49	인류의 전쟁은 왜 계속되는가
14	안보환경과 한·미동맹 체제	32	안보환경과 한·미동맹 체제	50	안보환경과 한·미동맹 체제
15	우리의 적은 누구인가	33	우리의 적은 누구인가	51	우리의 적은 누구인가
16	북한 군사위협의 실체	34	북한 군사위협의 실체	52	북한 군사위협의 실체
17	끊임없는 대남도발	35	끊임없는 대남도발		
18	우리는 싸워 이길 수 있다	36	우리는 싸워 이길 수 있다		

주 : 국방일보에 게재된 교육자료는 기본적으로 연 52주 중에서 18개 과목이 3회 반복적으로 편성되어 있으나, '끊임없는 대남 도발'과 '우리는 싸워 이길 수 있다'가 마지막 부분에서 생략되게 편성됨. 20주차의 제목이 '나는' 대신에 '우리가'로 대체되어 있는 것을 제외하고는 일치하고 있음. 통일관련 교육은 11주, 29주, 47주에 편성되어 있음.

자료 : 국방부 홈페이지(http://www.mnd.go.kr/cms.jsp?p_id=00211000000000) 토대로 『국방일보』(2003.1.1-12.31)를 기준으로 대조하여 보완함.

[표 7] 군 정훈교육에 있어서 통일교육내용의 비교

	11주차	29주차	47주차
교육 중점	왜 통일을 해야 하며 통일은 또 어떻게 대비해야 하는가를 이해하고, 통일을 위해서 우리 군이 해야 할 일이 무엇인가를 강조함.	-	분단국의 통일사례를 통해 우리 실정에 맞는 통일방법은 무엇이며 통일 이후 후유증을 최소화하기 위해 어떻게 통일을 준비해야 하고 우리 군은 어떤 자세를 가져야 하는가를 재인식하는 데 있음.
주요 내용 표제어	- 반세기만의 포옹 - 왜 통일을 해야 하는가? - 통일은 어떻게 해야 할 것인가 - 아리랑을 합창할 날을 기다리며	- 통일의 상징 브란덴부르크 문 - 남북한 통일방안 비교 - 우리 정부의 통일노력 - 통일한국의 미래상 - 어떤 대비가 필요한가 - 통일시대 군의 역할	- 분단국 통일의 교훈 - 독일의 흡수통일 - 무력에 의한 베트남 통일 - 성급했던 예멘의 통일 - 통일의 교훈과 우리 군의 자세
교육 요지	- 통일의 당위성 -인도적 차원 -민족사적 요청 -국제적 요청 - 통일한국의 미래상	-	- 분단국 통일사례 -독일 / -베트남 / -예멘 - 분단국 통일의 교훈 -무력에 의한 통일 경계 -무분별한 협상 경계 -국민적 통합역량 극대화 - 우리 군의 자세 -정부의 '평화번영정책'을 뒷받침하기 위한 자주적 선진국방 구현
토의 과제	- 통일의 당위성에 대하여 논의하여 보자. - 통일로 인해 후유증을 겪었던 나라의 예를 발표해 보자. - 통일시대를 대비하여 우리가 해야 할 일은 무엇인가?	-	- 분단국의 통일과정에서 우리가 얻을 수 있는 교훈은 무엇인가? - 우리 정부의 평화번영정책에 대해 설명해 보자. - 통일을 위해 우리 군은 어떠한 자세를 가져야 하는가.
참고 문헌	- 통일부, 통일교육기본지침서, 2003. - 육본내, 통일과 지형전력, 2002. - 국방부, 미래를 대비하는 선진국군, 2001.	-	- 통일부, 통일교육기본지침서, 2003. - 양창식 편, 배반당한 베트남 혁명, 도서출판 알파, 2002. - 통일교육원, 통일문제이해, 1998. - 통일부, 참여정부의 평화번영정책, 2003.

자료 : 국방부 홈페이지(http://www.mnd.go.kr/cms.jsp?p_id=00211000000000).

[표 6]에서 보는 바와 같이 현행 군 통일교육은 연간 총 52주 중에서 3주를 할애하고 있으며, 내용은 같은 주제로 다루어지고 있다. 국방부는 이와 같은 교육진행을 국군교육훈련 이념 및 정훈활동 규정(국방부 훈령 제690호, 694호)에 근거하고 있다고 소개하고 있다(국방부, 2003a: 활용지침).

그런데 3회 반복하게 되어 있는 교육내용도 약간의 변화가 있다. 통일과 관련된 11, 29, 47주차의 교육내용을 비교해 보면 그러한 변화를 발견할 수 있다([표 7] 참조).

국방일보를 통한 자료 제공에 대해 필자가 공동연구원으로 참여하는 연구에서 이와 관련된 반응을 조사해 보았다. 반응은 국방일보에 대한 '활용도'와 '만족도'를 중심으로 살펴보았다(김병조 외, 2004: 160-164). 우선 '귀하는 국방일보에 게재된 정신교육 자료를 어느 정도 효율적으로 사용하고 계십니까?'라는 질문에 대해, 국방일보를 통한 정신교육 자료에 대해 효율적으로 사용하고 있다는 입장(매우 효율적으로 사용 + 효율적으로 사용하는 편)이 44.3%로 그렇지 않다는 입장(효율적으로 사용하지 않는 편 + 전혀 효율적으로 사용하지 않고 있다) 18.3%보다 많게 나타나 효율적으로 사용되고 있는 것으로 볼 수 있다([표 8] 참조).

[표 8] 국방일보에 게재된 정신교육 자료 활용 효율성

	빈 도	백분율(%)
매우 효율적으로 사용하고 있다	185	13.7
효율적으로 사용하는 편이다	415	30.6
보통이다	478	35.3
효율적으로 사용하지 않는 편이다	171	12.6
전혀 효율적으로 사용하고 있지 않다	80	5.9
잘 모르겠다	25	1.9
계	1354	100.0

다음으로 '귀하는 국방일보에 게재된 정신교육 자료에 대해 어느 정도 만족하십니까?'라는 질문을 했는데, 만족한다는 입장(매우 만족+만족하는 편)이 46.6%로 우선 그 시도는 긍정적이라고 할 수 있다. 다만 아직도 보통이라고 생각하고 있는 비율이 37.5%로 나타나 개선의 여지는 남아 있다고 보인다([표 9] 참조).

[표 9] 국방일보에 게재된 정신교육 자료에 대한 만족도

	빈 도	백분율(%)
매우 만족한다	153	11.3
만족하는 편이다	478	35.3
보통이다	508	37.5
만족하지 않는 편이다	92	6.8
전혀 만족하지 않는다	36	2.7
잘 모르겠다	87	6.4
계	1354	100.0

이상의 내용을 종합해 볼 때, 국방일보를 통한 정신교육 자료의 제공에 대해 활용도 측면에서는, 효율적이라는 비율(44.3%)이 비효율적이다는 비율(18.3%)보다 높게 나타나 대체로 효율적이라고 할 수 있다. 한편 만족도 측면에서는 만족한다는 비율(46.6%)이 만족하지 않는다는 비율(37.5%)보다 약간 높게 나타나 대체로 만족은 하지만, 활용도에 비하면 만족도는 약간 낮은 것으로 보인다. 여기에 대한 다양한 인구통계변인별 활용도와 만족도를 높일 수 있는 방안을 강구해야 할 것이다. 무엇보다는 핵심적인 관건은 내용의 수준과 흥미의 수준을 동시에 만족시키는 것이다.

국방일보를 통한 자료의 제공과 동시에, 실제 교육을 담당할 교관을 위한 교관용 정신교육 교재도 개발되어 보급되고 있는데, 그 책자에 소개된 통일관련 내용은 다음 [표 10]과 같다.

[표 10] 군 교관용 정훈교재에 나타난 통일교육 개요

	내용요약	유의 및 강조점
교육목표	- 분단 고통 이해와 통일 필요성 인식	
교육중점	- 민족의 분단극복과 평화적 남북문제 해결을 위한 필요성 이해 - 평화번영정책을 추진해야 하는 당위성 인식 - 우리 민족이 나가야 할 바람직한 통일 방향 이해	- 역사적이고 시대적인 사명으로서의 통일의 당위성 인식
핵심내용	- 평화통일의 당위성 　-압제와 기아에서 북한주민 구출 　-민족국가의 전통계승으로 민족정기 회복 　-국제사회의 주역으로 발전 가능 - 대북정책의 세 가지 대안 　-붕쇄정책 : 강경 대응으로 국제적 고립 유도 　-무관심정책 : 의도적 외면으로 포기 유도 　-평화번영정책 : 분단상황의 슬기로운 극복으로 평화적 남북통일 유도 - 평화번영정책의 필요성 　-군사적 긴장완화로 평화공존 실현 　-민족의 공동이익 극대화 - 통일국가의 미래상 　-남북한 이질감 극복과 동질성 회복 　-자유, 복지, 인간존엄성 보장 - 우리 군의 역할 　-굳건한 한·미동맹을 바탕으로 한 강력한 군사대비태세로 평화번영정책 뒷받침	- 민족분단의 슬기로운 극복을 위해서 평화번영정책의 필요성을 강조

자료 : 국방부(2003a:148).

이것은 현재의 군 정훈교육관련 교과편성 중에서는 가장 권위 있는 내용이지만, 내용의 면에서 볼 때 미흡한 점이 많다. 우리 정부의 대북한 통일을 위한 노력에 대한 기본적인 언급이 부재한 실정이며, 현 정부의 대북 통일정책의 정당성을 소개하고 홍보하는 내용으로만 편성되어 있다. 요컨대 현재의 군 통일교육은 이전시기의 통일·안보교육으로서의 성격을 고수하고 있는 수준으로 평가된다.

5. 군 통일교육의 발전방향

군 정신교육의 주제는 국가 정신교육의 주제만큼이나 중요하고 또한 매우 포괄적이다. 군 정신교육은 과거 이념성향이 짙은 교육내용을 다루기보다는 인성교육의 성격이 매우 강하다. 따라서 군 정신교육은 일반 학교 및 사회의 보편성을 갖추고 있는 통일교육을 포용하여 교육될 수 있는 충분한 긍정적 요소를 갖추고 있다. 향후 군 통일교육의 발전방향은 군의 모든 교육에 적용하는 것이라기보다는 주로 병사들을 대상으로 하는 기본정훈교육을 중심으로 언급하고자 한다. 그리하여 그 언급은 방식은 현행 통일부의 통일교육지침에 포함된 군 통일교육지침의 가이드라인을 토대로 이를 발전시키는 방향으로 진행할 것이다. 발전방향은 국가적 수준, 군대적 수준에서 제시하고자 한다.

1) 국가수준의 통일교육 발전방안

군 통일교육은 사실상 군대만이 수행하는 것이 아니라, 국가적 수준에서 공감대가 형성될 때, 그 효과는 배가될 것이다. 이러한 점에서 국가수준의 통일교육을 위한 몇 가지 개선사항을 제시하고자 한다.

첫째, 건전한 민주시민교육을 위한 국가수준의 교육 프로그램을 개발해야 한다. 우리 한민족에게 있어서, 통일은 그 자체로서 목적이 아니라 한민족이 항구적으로 평화와 번영을 누리기 위해 현실적으로 달성해야 할 전술적 목표이다. 단지 그 목표 달성의 시기가 요원한 것으로 생각되기 때문에 원대한 전략적 목표로 오해되고 있다고 본다. 즉 통일은 한민족이 건전한 민주시민으로서 지향해야 할 현실적인 녁록 내지는 가치라고 할 수 있기 때문에 지나친 통일중심의 국민적 공감대 형성은 바람직하지 못하다고 본다.

따라서 국민들을 대상으로 하는 건전한 정신교육 프로그램을 개발하여, 통일준비, 통일과정, 통일 이후 단계에서 영향을 가져올 수 있도록 해야 할 것이다. 독일의 경우 군을 포함하는 국가수준의 정신교육 체계가 잘 구축되어 있었다. 이는 통일을 위한 사전 준비에서부터 실질적인 통일과정, 그리고 통일 이후 사람과 사람 간의 인간적인 통합분야에서 진가를 발휘했다. 또한 독일은 전국적 규모의 정당들이 통일문제를 주요한 정강으로 채택하여 국민들의 통일에 대한 관심도를 계도해 나갔다.

현재 우리나라에는 '자유총연맹', '재향군인회', 그리고 'YMCA' 등과 같은 전국적 규모의 크고 작은 단체들이 있다. 하지만 국가기관에서 주관하는 정신교육 프로그램은 전무한 실정이다. 이전 시기에 '새마을운동본부'가 있기는 했지만 요즈음은 유명무실한 실정이고, 그것조차도 과거시대의 권위주의 산물로 평가되고 있는 실정이다. 이에 대한 국가 차원에서의 대책이 필요하다.

둘째, 국가 통일교육 기본계획 수립시 불변요소와 가변요소를 종합적으로 판단하여 용어순화, 용어상의 통일, 그리고 기본대계가 유지될 수 있도록 하는 조치가 필요하다. 최근 통일부의 공식적인 기본지침서와 통일부 용역연구 보고서를 살펴보면 이러한 점은 여실히 드러나고 있다([표 11] 참조). 사소한 내용이기는 하지만 여기서 '기본지침서'라는 용어는 '기본계획서'라고 하는 것이 좋을 듯하다. 왜냐하면 공식적인 공권력의 대상이 될 수 없는 '언론' 등이 포함될 수 있기 때문이다. 기본적으로 불변요소에는 목표, 지향이념, 기본내용체계 등이 심화토론을 거쳐 확정되어야 할 것이고, 각 분야별 지침과 지도방향에 대해서는 가변적으로 할 수 있도록 해야 할 것이다.

셋째, 국가수준의 통일교육 계획 수립시 가장 우선되어야 하는 요소를 설정할 때 가치(value)보다는 국가(state)에 초점을 맞추어야 할 것이다. 흔히 통일교육 계획을 수립·시행할 경우, 기본철학 내지는 지향이념의 기본적인 틀을 설정할 때 사상성이 강한 용어를 사용하는 경

[표 11] 최근 통일교육 지침서 관련 체계 비교

	2003년 통일교육기본지침서	2003년 통일부 용역연구 (오기성 외, 2003)	2004년 통일교육기본지침서
장절 편성	I. 목표와 과제 1.통일교육의 목표 2.통일교육의 과제	I. 목표와 과제 II. 기본적 가치철학	I. 목표와 과제 1.통일교육의 필요성 2.통일교육의 목표 3. 통일교육의 실천과제
	II. 내용체계 1.통일의 필요성 2.북한사회의 모습 4.북한의 변화이해 5.통일환경의 변화 6.대북정책과 남북관계의 　변화 7.통일국가의 실현 8.통일을 준비하는 우리의 　자세	III. 통일교육 총론적 지침 1.통일문제의 성격 2.북한이해의 관점 3.통일미래상과 통일준비	II. 내용체계 1.통일문제의 이해 2.북한의 이해 3.북한의 변화 4.통일환경의 변화 5.남북관계 개선노력 및 　국가안보 6.통일국가의 목표와 방향 7.통일을 위한 준비 자세
	III. 지도원칙 1.통일교육의 일반적 지도 　원칙 2.통일교육의 대상별 지도 　방안	IV. 통일교육 영역별 지침 1. 학교 통일교육의 과제 2. 사회 통일교육의 과제 3. 군 통일교육의 과제 4. 언론의 통일교육적 역할	III. 지도원칙과 실천방향 1.통일교육의 지도원칙 2.통일교육의 실천방향 3.지도상 유의사항

우가 있다. 이는 매우 추상적이라서 많은 논란이 일어날 수도 있다. 특히 현실적으로도 남북한간에는 '민주주의'나 '평화' 등과 같은 아주 기초적인 용어에서조차 같은 이해를 나누고 있지 못한 실정이다. 따라서 자유주의, 민족주의, 평화주의 등과 같은 추상적 이념보다는 '통일은 대한민국의 항구적 안전과 번영을 도모하는 데 노움이 되기 때문'이라는 '안전과 번영'의 차원에서 상대적으로 평이한 설정이 더욱 현실적이라고 생각한다.

넷째, 국가안보에서 군사안보에 대한 중요성을 간과해서는 안 된다.

오늘날 포괄적 안보라는 개념의 등장으로 인해 환경안보, 경제안보, 전력안보, 에너지안보, 인간안보 등의 다양한 안보의 개념이 등장하고 있지만, 사실은 군사안보가 가장 중요한 위치를 점하고 있다. 예컨대 환경안보를 실제로 구현하기 위해서는 '환경부' 직원들과 청소부들이 이 문제를 해결할 수는 없다. 그렇다고 TV 어린이 프로그램에서나 나옴직한 '환경전사 젠타포스'가 우리나라의 환경안보를 지켜줄 수도 없는 형국이다. 그런데 군사안보는 군대라는 고유한 공동체와 군인이라는 고유한 구성원이 있다. 또한 군사적 안보를 위해서는 가장 소중한 목숨도 잃을 수도 있다. 이러한 이유 때문에 군사안보는 국가의 안전보장에 있어서 가장 중요한 위치에 있다고 할 수 있는 것이다. 이와 같은 연장선상에서 보면, 그 나라 군대를 사랑하고 소중히 여기는 것은 국가의 안전보장을 위한 첩경이라고 할 수 있을 것이다.

따라서 국가의 항구적인 평화와 번영을 위해 통일이 필요하다면, 현재와 미래의 국가의 안전을 보장하고자 하는 군사안보가 필수불가결한 것이라고 할 수 있다. 이는 곧 국가안보에 있어서 군사안보의 중요성을 말해 주는 것일 뿐만 아니라 통일이 국가의 안전보장(= 안보)보다 더 중요하고, 더 범위가 넓다고 말할 수 없는 근거이기도 하다.

다섯째, 국가의 안전보장을 위해 '고정적인 위협세력'(= 적 개념)에 천착하는 사고를 지양해야 하겠다. 어떤 생명체가 안전을 보장받기 위해서는 상황과 여건에 따라 많은 변화를 도모해야 한다. 예를 들어 깊은 산중을 걸어가는데 독사(毒蛇)를 보게 된다면 재빨리 도망가는 것이 자신의 안전을 보장받는 첩경일 것이다. 한편 폭풍우가 휘몰아칠 때에는 밖에 나가기보다는 집안에서 조용히 기다리는 것이 자신의 안전을 도모하는 일일 것이다. 이와 같은 외부의 실체적 적대세력에 의해서 안전이 위협받는 경우도 있을 수 있지만, 자신의 게으름이나 과도한 사고와 행동에 의해 안전을 보장받지 못하는 경우도 있다. 이와 같이 안전보장은 매우 탄력적이고, 다양한 변화를 요구한다.

따라서 현재 우리나라의 일부 사람들이 특정의 '고정적인 적 개념'을 상정하고 거기에만 대응하면 된다고 하는 안보의식은 지양해야 할 것이다. 물론 여기에는 비용요소가 많이 작용하고 있지만, 사고의 유연성을 더욱 적극적으로 발휘해야 할 것이다.

2) 군대수준의 통일교육 발전방안

군대 내에서의 통일교육의 발전을 위한 방안으로 다음 몇 가지를 제안하고자 한다.

첫째, 통일의식이 군인으로서 갖추어야 할 올바른 의식 중에 어떻게 위치해야 하는지에 대한 당위적 방향을 조속히 설정해야 할 필요가 있다. 필자는 군인정신 재정립을 위한 기본 틀을 다음 세 가지로 설정하고자 한다. 즉 ① 군인이라면 마땅히 갖추어야 할 가치(핵심가치), ② 핵심가치를 보조해 주는 가치, ③ 군인으로서 갖추면 도움이 되는 가치(주변가치)로 구분하였다. 이 중에서 군내에서의 통일교육은 군인으로서 바람직하게 갖추어야 할 가치 중에서 '군인으로서 갖추면 도움이 되는 가치'(= 주변가치) 중에서 '시대관'의 영역 속에 포함할 수 있다. 즉 군인은 국군의 가장 중요한 구성원이고, 그 국군은 국가로부터 정체성을 부여받는 것이기 때문에, 군인에게 있어서 '통일'이라는 과업이 자신들의 고유한 임무가 되지 않는 한 중핵가치(core value)의 위치를 점할 수는 없는 것이다.

둘째, 연례적으로 수립·시행되고 있는 군 정훈교육계획 속에 통일교육 내용을 포함해야 한다. 이는 국방부 자체적으로도 할 수 있고, 통일부의 협조요청에 의해 국방부에서 추진할 수도 있을 것이다. 이를 위해서는 현재의 통일부에서 연례적으로 발행하고 있는 '통일교육기본지침서' 속에 군 통일교육 분야를 언급해야 한다. 국방부는 이를 토대로 실제 교육계획 수립과 각종 교재 제작 및 참고교재 선정시 참고해야 할 것이다.

셋째, 국방부 차원에서 정훈활동에 대한 연구와 교육을 전담하는 기구를 조속히 복구해야 한다. 우리 한국군의 정신교육 전담기관은 현재로서는 사실상 부재한 실정이다. 1979년 고 박정희 대통령의 지시에 의해 '국군정신전력학교'가 창설되고, 이후 직제 개편에 의거 '국방정신교육원'으로 개명되고, 급기야 1999년에는 조직 자체가 해체되어 2000년에는 국방대학교의 1개 처(=정신교육처) 수준으로 감소 편성되었다.3) 또한 연구기능은 현재 국방대학교 안보문제연구소의 1개 실(=정신전력연구실)에서 수행하고 있으며, 전문연구지(=정신전력연구)는 창간호의 명맥을 겨우 유지하고 있는 실정이다. 이와 같이 기존 조직 중에서 폐지된 기능 중에서 현재 다른 조직에서 다시 그 기능을 수행하고 있는 국방대학교 내의 '국방정신교육단'4)과 최근 논의되고 있는 '국방리더십센터', 그리고 육군종합행정학교의 정훈학처 등의 기능은 과거 국방정신교육원의 기능이 오히려 방만해지는 역기능을 초래하고 만 실정이다. 사실상 국방정신교육원이라는 기구의 기관장 자리 하나를 폐지하는 결과 이상의 효과를 기대할 수 없다고 보인다. 이러한 상황은 국방 정신교육을 전담하는 기구의 복구를 위한 충분한 필요조건이 된다고 판단된다.

넷째, 통일대비 군 전문요원을 양성해야 한다. 통일은 현재 우리 한국의 입장에서 볼 때, 가장 중요한 국가적 사업 중의 하나이다. 따라서 통일교육이라는 별도의 상징성이 있는 교육의 필요성은 매우 높다. 그렇지 않고 다른 교육과정의 일부 과목군(群) 중의 하나로 생각하게 된

---

3) '정신교육처'는 이후 국방대학교의 '정신교육부'라는 이름으로 잠정 운용되었으나, 최근에 직무연수부 예하 1개 처(=정신교육처)로 하향 조정되어 편제화되었다.

4) 이 국방정신교육단은 야전 장병들을 대상으로 하는 순회정신교육 전문강사와 정신교육용 교재 집필을 위한 집필위원으로 편성되어 있다.

다면, 완전한 통일을 이루는 것은 상당히 어려울 것이다. 선행연구를 토대로 통일대비 군 전문요원 양성 교육과정 시안을 마련해 보았다 ([표 12] 참조).

다섯째, 군인에 대한 정치교육이 필요하다. 우리나라 헌법에 명시된 것처럼 군인은 정치적 중립을 지켜야 한다. 하지만 군인이 정치적 무지를 지켜야 한다는 말은 없다. 군인이 정치적인 의식을 갖고 있다는 것은 국가정치의 향방을 잘 이해하고, 중간단계의 지휘관을 통해서 자신에게 부여된 명령을 제대로 이해할 수 있는 안목을 갖게 되는 데 큰 도움이 된다. 독일의 군사통합과정에서도 급변하는 통일상황 속에서 거기에 합당한 정확한 지침이 주어진 것이 아니었다. 고급간부에서부터 초급간부에 이르기까지 모든 군 간부는 군 정신교육센터에서 최초에 공감을 갖고 전수받은 정치적인 의식을 토대로 언론매체 등을 통해 얻게 되는 정치적인 상황에서 스스로 판단할 수 있었다. 정확한 개념을 가진 상태에서 중립성이 보장된 정치적인 인식과 판단은 전반적인 국가통일의 과정과 맥을 같이 할 수 있었고, 또한 그 실패율도 낮출 수 있었던 것이다. 현재 우리 군의 경우 정치적 중립성을 지키는 것이 정치적 무지를 견지하는 것으로 오해되어서는 안 될 것이다. 고도의 정치의식은 오히려 군사분야에 있어서 정치인들을 설득하고 리드할 수 있을 것이다. 하물며 국가의 매우 중요한 과업인 통일과정에서 군사통합은 그 승패를 좌우할 만큼 중요한 의미를 가진다. 여기에 군인들의 정치적 의식이 기여해야 된다는 것은 자명한 이치이다. 우리의 군사통합과정에서는 이러한 점이 간과되어서는 안 될 것이다.

여섯째, 이상의 논의를 토대로 통일교육을 포함하는 군 정훈교육 체계를 구축해야 할 것이다. 교관용 정훈교육교재에 의하면, 군 정훈교육에서 통일교육은 '군인정신'과 '국가관' 그리고 '안보관'의 세 개 영역 중에서 국가관 영역에서 다루어지고 있다. 그런데 안보관은 엄밀히 보면 국가관에 포함될 수도 있으며, 세 요소 중에서 군인정신은 덕목인

[표 12] 통일대비 군 전문요원 양성 교육과정(시안)

영 역	교육과정	주요 내용	시행처	협조처
한국군의 규범과 임무	군인복무규범	- 병역법, 군법 - 군인복무규율	국방대학교 (직무연수부 정훈교육처)	국방부 법무관리관
	병영생활	- 사기, 복지, 근무 - 군대예절	"	국방부 인사복지국
	한반도 안보현실과 군의 임무	- 군의 사명과 임무 - 한국군의 편성 - 한반도 주변상황	"	국방부 정책기획관
북한군 심리분석	주체사상 내면화 실태분석	- 주체사상 학습체계 - 사회분야별 주체사상 내면화 실태 - 사회집단별 내면화 차이	"	국방정보본부
	북한군 근무실태	- 지휘체계 - 인사관리 - 군의 근무일반	"	"
	귀순용사와의 대화	- 귀순 후 인식의 변화	"	"
민족동질성 형성	민족사의 재인식	- 남북한의 역사인식 - 북한의 역사왜곡 실태 - 남북한 역사의 동질성	"	국방부 정훈기획관
	민족문화의 재발견	- 전통문화와 민족정신 - 남북한의 민속놀이 - 남북한의 세시풍속	"	"
	언어와 민족정신	- 남북한의 언어정책 - 남북한 언어변동의 특성 - 남북한 군사용어 비교	"	"
	통일조국의 미래	- 삶의 조건, 어제와 오늘 - 민족저력의 활성화 - 통일조국의 역사적 의의와 과제	"	"
체제적응 교육	민주시민교육	- 민주주의 정치체제의 특성 - 한국의 정치체제 - 민주시민의 자세	"	"
	자본주의 경제체제	- 자본주의 시장경제의 원리 - 경제성장과 복지 - 한국의 근로정책	"	"

자료 : 장경모(1996:151-152)를 참고하여 보완함.

반면에 국가관과 안보관은 '가치에 이르는 관점'(= 가치관)이라고 할 수 있으므로 같은 범주에 있지 못하다. 차제 군의 정체성과 밀접한 관련 속에서 이 분야 구분을 재설정할 필요가 있다. 즉 국가관, 군대관, 군인관으로 구분해 볼 수 있을 것이다. 본 연구에서 다루고 있는 통일 문제는 기존 영역으로 본다면 국가관에 가장 적합할 것으로 보이지만, 군의 고유임무수행과 대비해 볼 때 그 비중이 낮다. 따라서 여러 가지의 다른 관점 등을 다시 묶어서 '시대관'이라는 관점을 새롭게 상정할 필요가 있다. 이렇게 하여 통일교육을 포함하는 전반적인 군 정훈교육의 대강을 제시하면 [표 13]과 같다.

6. 맺음말

본 연구는 군대 내에서의 통일교육을 바르게 추진하기 위한 토대를 마련하기 위한 데 그 목적이 있다. 현재 군 통일교육은 사실상 교육이 되고 있음에도 불구하고 교육과정에 '통일'이라는 주제가 공식적으로 편성되어 있지 못한 실정이다. 또한 통일부는 외부용역 보고서에서 군 통일교육에 대한 부분이 포함되어 있었음에도 불구하고 시간상의 제약이 있었겠지만, 2004년도 통일교육기본지침서에는 이를 포함하지 않는다.

본 연구에서 군 통일교육을 정초하기 위해 필자가 전제한 것은 국가의 존속을 가장 원초적으로 지지하고 희구하는 '안보의식'은 모든 국가 내의 가치의식을 위한 출발점이라는 점이다. 따라서 통일이 국가적 대과업이기는 하지만 상황에 따라서 평화공존이 더 좋은 국가정책이 될 수도 있다는 점에서 통일에 대한 가치의식(= 통일의식)은 안보의식의 범주를 넘어설 수 없다는 점을 강조하였다. 이와 같은 대전제를 기초로 하여, 현실적으로 군 정훈교육 내에서 통일교육을 구현할 수 있는

[표 13] 통일교육을 포함한 군 정훈교육 체계(시안)

			요망수준			주(主)교관	교육수단/자료	교육내용
			정도	통일의식	통일정책/분단국통합사례			
계급별	병사	신병	초보이해	O		중대장	신병교육교재	
		기간병	이해, 신념화	O		중대장	국방일보 게재자료	
		전역병	정리, 사회적응	O		정훈장교	-	
	부사관		신념화 (사례위주)		O	대대장이상, 교관	정신교육 교재 (교관용)	
	장교		신념화, 교관화		O	대대장이상, 교관	정신교육 교재 (교관용)	
부대별 (병사중심)	전투부대		이해, 신념화	O		중대장	국방일보 게재자료	-국가관 -애국심
	기행부대		이해, 신념화	O		중대장	국방일보 게재자료	
	경계부대		이해, 신념화	O		소대장	국방일보 게재자료	-군대관 -명령과복종
간부교육 (장교중심)	양성교육		이해		O	학위교육, 훈육관	학위교육교재, 훈육	
	초등군사반 (소위)		신념화, 교관화		O	교관, 훈육관	정훈교육, 훈육	-군인관 -사생관
	고등군사반 (중·대위)		신념화, 교관화		O	교관, 훈육관	정훈교육, 훈육	-시대관 -한미동맹 -통일의식
	각군대학 (소령급)		신념화, 교육과정설계		O	교관	정훈교육	-분단국통합사례 등
	합참대학		신념화, 교육정책수립		O	교관	교재	
부대교육	기본정훈교육		이해, 신념화	O		중대장	VTR테이프/국방일보 게재자료	
	시사안보교육		시사이해, 신념화	O		중대장	국방부 자체 및 획득자료	
	간부교육		신념화, 교관화		O	대대장이상	정신교육 교재 (교관용)	
	정신교육단 순회강사교육		개념이해, 신념화	O		국방대학교 순회강사	강연	

방향을 제시하였고, 이를 구체화할 수 있는 모델을 시안으로서 제안하
였다.

따라서 군의 통일교육은 특정 정권의 통일정책과 그 치적을 홍보하
는 데 초점을 두어서는 안 되며, 국체(國體)의 차원에서 정권중립적인
방향으로 추진해 나가야 할 것이다. 결국 안보를 튼튼히 하는 그 자체
는 통일뿐만 아니라 국가적인 모든 분야의 장·단기적, 전략·전술적
인 정책의 수립과 집행에 전제가 되는 것이므로, 군 정훈교육에 있어
서 안보의식에 위해가 초래될 정도의 통일의식의 교육은 삼가야 할 것
이다.

심화 탐구 주제

1. '안보'와 '통일'의 논리적 관계를 말하고, 그 근거를 제시해 보세요.

2. 군 통일교육이 학교 통일교육과 사회 통일교육에 비해 어떠한 특성을 갖고 있다고 생각하는지 의견을 제시해 보세요.

3. 군인을 대상으로 한 교육에 있어서 통일과 관련한 내용으로 어떤 것이 포함되어야 한다고 생각하는지 의견을 제시해 보세요.

참고문헌

국가안전보장회의,『평화번영과 국가안보』, 2004.

국방부,『국군정훈교정』, 1976.

국방부,『국군정신교육 교본(1·2·3부)』, 1979.

국방부,『국군정신교육 교본(개정판)』, 1981.

국방부,『정신교육 기본교재(개정판)』, 1989.

국방부,『국군정신교육 교본(개정판)』, 1993.

국방부,『국군정신교육 기본교재』, 1998.

국방부,『정신교육 기본교재-위기극복을 위한 우리의 다짐』, 1999.

국방부,『정신교육 교재(교관용)』, 2003a.

국방부,『참여정부의 국방정책』, 2003b.

국방부,『2004년 정훈공보활동 지침』, 2004.

김병조·이상목·박균열·박민형,『범국민 안보의식 여론조사(군인)』, 국방대학교 안보문제연구소, 2004.

권순환,「도덕·윤리과의 통일교육이 한국의 정치문화 발전에 미친 영향에 관한 연구」,『도덕윤리과교육』 제18호, 한국도덕윤리과교육학회, 2004, pp.1-22.

오기성 외,『통일교육지침체계 재정립에 관한 연구』, 통일부, 2003.

육군제2훈련소,『군인정신표출사례집』, 1992.

통일부,『2003 통일교육기본지침서』, 2003.

통일부,『2004 통일교육기본지침서』, 2004.

http://www.mnd.go.kr/cms.jsp?p_id

제 6 장

독일 통일과정과 군 정신교육

1. 머리말

분단국의 군사통합과정에서 가장 어려운 과제 중의 하나는 기존에 유지되어 왔던 군의 정신전력을 계속적으로 유지·증대시켜 나가는 작업이다. 진정한 군사통합은 단순한 군사장비와 물자의 통합이 아니라, 통일국가를 구성하는 모든 장병들이 그들의 출신지역(또는 국가)에 무관하게 통합된 전투력을 발휘할 수 있을 때 이루어진다. 즉 군대의 정신전력이 제대로 유지될 때 군사통합은 가능할 것으로 본다.

독일의 대(對)국민교육, 즉 정치교육은 대내외적인 요인에 있어서 국

---

* 이 장은 저자의 국방대학교 안보문제연구소 기초학술과제에 의한 연구보고책자
(「분단국 통일과정과 군 정신교육: 독일을 중심으로」, 제정관 외, 『군 리더십과 정신교육』, 국방대학교 안보문제연구소, 2004, pp.201-250)에서 발췌·발전시킨 것이다.

가공동체를 개인보다 강조하는 전통에 근거하고 있다. 우선 내부적으로는 독일의 정치교육은 영국, 프랑스 등 다른 유럽의 선진국에 비하여 국가의 통일과 민주주의 발전이 늦었기 때문에 다소 늦게 발동되었다. 민주주의의 발전 이전뿐만 아니라 현재에도 정치교육은 국가 안의 모든 구성원들을 힘으로 통제하고 지도하는 입장을 취하였다. 이러한 원칙은 오늘날까지 정치교육의 이론적 기초가 되어 왔다(신정현 외, 1997:215).

한편 외부적으로는 1945년 세계대전이 종결된 후부터 연합군은 나치시대와 같은 불행을 없애기 위해 민주주의의 이념교육에 중점을 두게 되었다. 민주주의를 실현하고 정착시키기 위해서는 지금까지 크게 제한되어 온 개인의 존중과 그에 따른 비판적 사고가 불가결한 요소가 되었다. 따라서 이들의 정치교육을 위해서 서독은 심리학, 사회학, 역사학, 정치학 등 폭넓게 보조적인 지원을 받으면서 독자적인 의사형성에 주력하게 된다. 과거의 정치교육이 주입식의 반복을 통한 습관이나 적응이었다면 적어도 1945년 이후의 교육은 '행동할 수 있는 능력'을 기르는 것이었다. 또한 이러한 능력은 객관적인 사실인식의 기초 위에서 정치나 사회의 현실을 올바로 파악할 수 있게 해주어야 하는 것이었다. 이러한 교육은 민주주의의 체제와 사회적 현실에서 잘 보존해야 할 것과 배격해야 할 것 등을 비판의식을 갖고 판단할 수 있도록 계몽적인 태도를 취하고 있다(신정현 외, 1997:219-220).

따라서 본 연구는 독일 군사통합에서 군 정신교육이 어떠한 역할을 수행했는지를 밝히고, 이를 토대로 우리 한국의 통일상황에 시사하는 바가 무엇인지를 제시하는 데 그 목적을 둔다.

2. 독일 군사통합과정의 개요

1989년 말에 들어서면서 서독 연방군에서는 군사통합의 문제가 토론되기 시작했다. 이 군사통합에서 가장 중요한 주제는 동독 병력의 해체 문제와 이들의 연방군 내의 인수 문제였다. 대부분의 서독군 장교들은 공산정권의 전위조직인 공산당원으로 구성된 동독군은 재교육이 불가능하다고 생각했으며, 동독군은 연방군에 인수시 서독 장병들에게 부정적인 영향을 줄 우려가 있기 때문에 동독군은 해체되어야 한다고 주장했다.

이러한 분위기 속에서 1990년 4월과 5월에 걸쳐 동·서독 국방장관의 회동이 이루어졌다. 동독군의 인수가 토의되는 과정에서 서독 장교들은 동독군들 중에서 영관장교 이상을 전부 전역조치시키는 것이 현명하다고 판단하였다. 그 주된 이유는 고급장교의 경우 공산당원으로서 공산당 이론으로 철저히 무장되어 있었고, 이미 장기간 동독군에서 주요 참모, 지휘관을 경험하였으므로 그들을 서독 병역의무자들의 인사 상벌 권한을 갖는 상급자로 활용한다는 것이 불가능하다고 판단되었기 때문이다.

1990년 9월 초 동독군 병력의 처리에 관한 계획이 발표되었다. 통일 후 독일군의 규모는 37만 명으로, 동독지역에 주둔할 동부지역군의 규모를 5만 명으로 청하였다. 이에 따라 서독 연방군에 의한 동독군의 인수과정은 3단계로 구분되어 실시되었다.

최초 서독 국방성은 인수병력 8만 9천 명 중 연방군에 계속 근무를 희망하는 6만여 명을 대상으로 선발심사를 실시하였다. 이 선발과정에서 55세 이상 장군 및 제독들은 모두 군문을 떠났으며, 모든 정치장교와 군검찰부서, 선전부서, 군사소식관련 부서에 속해 있었던 사람들이 제외되었다.

연방군에 인수된 동독군 장병들은 연방군의 평균 진급연한에 맞추어

계급이 조정되었다. 대부분의 동독군 장교들은 1, 2단계 하향된 새로운 계급을 부여받았으며, 일부 기술장교의 경우는 대령에서 대위로 3단계 하향조정되기도 했다. 이러한 조치는 대다수의 장교들에게 필요한 조치로 인정되었지만, 계급 하향조정에 따른 신분의 저하를 인정하지 않으려는 경향이 있었다.

보수에 있어서도 차등화되었다. 통일 당시 동독 장병의 보수는 일반 동독인들과 비교시 50-100% 높은 수준이었던 반면에 서독 연방군 장병들이 받았던 보수의 30-50% 수준이었다. 통일과 더불어 차등화된 보수지급은 10여 년이 지나서야 동일한 수준을 유지할 수 있게 되었다. 1991년에 동독군 출신 장병의 보수는 연방군의 60% 수준이었으나 매년 5-10%가 인상되었다. 통일 후 동독군의 보수는 구 동독지역의 일반 근로자 봉급수준을 감안할 때 낮은 수준은 아니었지만 서독 연방군의 보수에 비해 상대적으로 낮은 수준이었다. 이러한 점들은 동독군 출신 장병들로 하여금 연방군 내에서의 이등군인이라는 의식을 갖게 하여 내적 통합의 장애요인이 되기도 했다.

서독은 프랑스가 유럽방위공동체에 가입하지 않기로 결정하고 서독의 NATO 가입이 결정된 후, 즉 제2차 세계대전이 끝난 10년 후에 군을 갖게 되었다. 서독 연방군은 '도덕적 지휘통솔'(Innere Führung)[1]

---

1) '도덕적 지휘통솔'의 개념은 원래는 '내면적 지휘통솔'의 의미이지만, '민주적 시민교육에 의한 지휘통솔'의 의미로도 사용되고 있다. 우리나라에서는 이를 '정신전력' 또는 '정신교육'이라는 용어로 번역, 사용하고 있다. 다행히 현재 우리나라의 정신교육은 지휘관중심으로 운용되고 있으므로 교육적 의미로 사용할 때는 원어의 뜻에 가깝게 '도덕적 지휘통솔' 또는 '지휘관중심의 정신교육'이라는 용어로 사용하는 것이 바람직하고, 기구의 명칭으로 사용할 때는 현재 한국적 상황에 맞춰 '정신교육센터' 또는 '리더십(연구)센터'로 해도 무방할 것으로 생각한다. 본 연구에서는 '도덕적 지휘통솔'과 '정신교육센터'라는 용어의 사용을 선호한다. '내적 지도'를 국방대학교 이상목 교수는 '정신교육'이라고 번역하기도 하고, 임봉춘 교수는 '정신전력'이라고 번역하였다. '지도'라는 말 자체가 가르친다는 행위를 말하기 때문에 전자를 따르는 것도 앞의 논의에 부합된다.

이라는 개념을 발전시켜 이데올로기적인 근본전제로 삼았다. 이 '도덕적 지휘통솔'은 나치즘과 바이마르 공화국의 경험을 바탕으로 성립된 세 가지 교훈을 말한다. 첫째, 어떠한 나라도 다시는 독일로부터 침략받지 않을 것이다. 둘째, 서독 연방군은 문민우위의 명령체제를 갖는다. 셋째, 군인은 민간사회와 군을 연결하는 필수적 고리로서 '군복 입은 시민'(Staatsbuürger in Uniform)이다. 징병제도는 젊은이들이 사회를 위하여 희생하는 하나의 봉사로 보고 있다.2)

1990년에는 동독군의 상황이 오늘날처럼 확연히 드러나지는 않았다. 동·서독 부대는 서로 상대방에 대하여 왜곡되고 잘못된 인상을 가지고 있었다. 1989년 11월 장벽의 붕괴 이후 동·서독군의 접촉은 쉬워졌으나, 내적인 장벽은 아직도 높았다. 그럼에도 불구하고 1989년에서 1990년으로 해가 바뀐 후에 서로 적대시하던 군대간의 만남이 시작되었다. 동독인들은 동독의 군사개혁이 연방군의 정보와 자문에 따라 진행되기를 원했다. 그들의 요청이나 행동은 매우 진지했고, 동독군 내에서 그들의 지위를 확보하는 문제에 있어서는 더욱 그랬다.

서독 국방장관이었던 슈톨텐베르그와 동독 국방장관이었던 에펠만 사이의 협정을 통하여 1990년 5월부터 공식적인 접촉이 이루어졌다. 그들 접촉의 주요 내용은 도덕적 지휘통솔 원칙, 이 원칙과 일상생활의 연계, 특히 인간교육, 보호와 지도, 정치교육, 방위권, 군인규범 등이다. 이 가운데에서 특히 중요한 것은 군복 입은 시민의 상을 전달하는 것이었다. 이것은 자유민주주의 국가와 자유로운 사회에서는 당연한 것이었으나 동독 군인들에게는 생소한 것이었다.

1990년 여름 독일연방군은 계속해서 흡수한 동독군을 근무하게 할 것이냐에 대한 논란이 있었지만 동·서독 정부는 합의를 보았다. 이에

이상목 역(1994); 임봉춘(1992).

2) Lohse(1994:12), 이승희(1999:22) 재인용.

따라 동독군(NVA)은 조직으로서는 해체되었고, 그 부대들은 연방군의 기준에 따라 재편되었으며, 병력과 군수지원은 군사적 필요에 따라 잠정적으로 연방군이 인수했다.

이 인수작업을 하기 위하여 1990년 6월 동부군이 창설되었다. 정치적 협정에 따르면 장기적으로 5만 병력이 연방군에 편입되도록 했다. 이러한 기본틀이 선언되고 실제로 동독군을 독일연방공화국(서독) 국방부가 인수할 때까지의 시기는 새로 편입된 연방군인의 인간적인 문제점을 배려하기에는 짧았다. 독일연방군 합참의장(Generalinspekteur)은 방침을 제시하였는데, 그것은 관용, 인내와 이해를 베푸는 것이 독일연방군의 의무이고 가치관이라는 것이다. 승리감과 자만심을 가져서는 안 되며, 연방군인들은 인간적인 도전을 올바르게 극복해야 한다고 역설하였다. 경우에 따라서 마음에 상처를 줄 수 있는 언행을 삼가도록 주의해야 한다는 것이었다.[3]

구 동독 군인들의 연방군 흡수과정은 통일조약에 규정되어 있다. 연방 국방부장관은 자세한 규정을 만들어 기본조약 내 미비한 군사관련 조항을 보완하였다([표 1] 참조).

요컨대 독일의 군사통합이 갖는 주요 과제는, 첫째, 병력감축이다. 둘째, 장비감축이다. 셋째, 구 동독군을 독일연방군 체제에 적응·동화시키는 것이다. 앞선 논의에서 강조한 바와 같이 인적 요소, 특히 정신적인 요소가 중요하기 때문에 내적인 일치감을 형성하는 것이 강조되었다.

---

3) Zentrum Innere Führung(1990), 이승희(1999:26) 재인용.

[표 1] 통일조약에 나타난 동독 군인의 연방군 편입 내용

단 계	주요 내용
대전제	제1조 동독 군인 = 연방군인
제1단계 (1990.10.3 이후)	제2조 동독 직업군인/시한부 근무군인 직무관계 정지 대기 봉급 : 6개월간 동독봉급의 70%(50세 이상 9개월) 제3조 직무관계의 지속 제3조(3) 직무관계 종료 제4조(3) 임시복무직위/연방군 군복착용 제5조(3) 동독군 출신자 봉급 제6조(1) 복지 제7조 퇴출 제7조(1) 6개월 퇴역지원금
제2단계 (1990.10.4-1991)	제8조 2년 시한부 군인의 의무 제8조(2) 복무직위 결정 제8조(3) 봉급 감소
제3단계 (1992-1993)	제8조(4) 시한부 군인의 의무. 직업군인으로 수용(50세까지). 장교 : 인사위원회 제8조(5) 연장조치 종결. 복지

자료 : 이승희(1999:28).

3. 독일 군사통합과정의 군 정신교육

1) 정신교육기관

(1) 연방정치교육본부

서독에서의 대국민 정신교육은 비단 군에서만 이루어진 것이 아니었
다. 이는 범국민적인 정신교육 풍토에서 비롯된 것이다. 국가 전반적인
정치교육은 1963년 이름이 개칭된 '정치교육연방본부'(Bundeszentrale
für politsche Bildung)에서 이루어졌다. 이 기구는 바이마르공화국과
그 운명을 같이한 '향토봉사제국본부'(Reichszentrale für Heimatdienst)

를 본떠 1952년 다시 설립된 '향토봉사연방본부'(Bundeszentrale für Heimatdienst)가 그 전신이다. 그러나 향토봉사라는 단어가 실향민 문제를 다루는 기관으로 오해받을 소지가 있다고 판단하여 1963년 연방 정치교육본부로 개명한 것이다. 수도인 본(Bonn)에 설치된 이 기구(통일 이후 연방정부와 함께 베를린으로 이전함)는 단순한 적응의 교육으로부터 사고된 행동의 능력을 위한 시민형성을 목표로 하여 '내무부장관의 사무분장에 법률상의 권능을 가지지 않는 부속기구'로서의 성격을 갖고 있었다([그림 1] 참조)(주독대사관, 1991:1; 신정현 외, 1997: 227).

[그림 1] 서독의 정치교육기구 현황

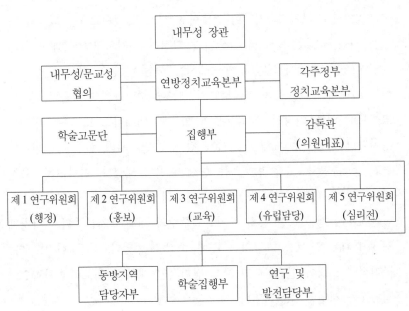

주 : 주독대사관 및 신세호 등의 자료와 연구에 따르면, 편제가 다소 다르게 나타나 있다. 즉 산하분과위원회가 집행부 직속으로 있으며, 구체적으로는 기조실, 행정실, 제1실, 제2실, 제3실, 제4실, 동방학부의 7개 하위조직이 같은 지위로 소속되어 있음.

자료 : 주독대사관(1991:1); 신세호 외(1993:36); 신정현 외(1997:227).

[그림 1]에서 보는 바와 같이, 연방정치교육본부는 유관 정부부처와의 긴밀한 협의체제를 갖추고 있다. 예컨대 독일문제와 관련하여 내무성, 문부성, 각주의 문부성, 주 문부성협의회와 협조관계를 유지한다. 물론 그밖에도 국방부, 여성청소년부, 경제협력부와도 필요시 협의를 거친다.

통일 직후 연방정치교육본부는 베를린에 지부를 설치하였고, 1991년에는 신설 5개 주에 주정치교육본부를 설치하였다. 연방정치교육본부는 1990년 이후 동독 주민들을 대상으로 하는 정치교육에 최우선의 목표를 설정하였다. 정치교육기관을 설치하는 데에는 어려움이 없었으나, 그 시행과정에는 어려움이 많았다. 정치교육에 대한 수요는 많았으나, 그 기반이 갖추어져 있지 않았다. 구 동독지역에는 정치교육을 담당할 수 있는 사설 정치교육기관이 전무한 상태였다. 정치교육을 담당할 수 있는 사람도 없었다. 그리고 국가가 관장하는 정치교육에 대한 불신 역시 큰 장애요인이 되었다. 동독에서는 수십 년 동안 정치교육이라는 이름 아래서 이념교육을 실시하였기 때문에 주민들은 그것을 불신하였고, 이로 인해 연방정치교육본부의 활동에 대해서도 또 다른 형태의 정치교화 활동으로 오해할 소지가 컸다. 기반자원의 부족과 국민들의 편견 등이 정치교육을 방해하는 중요 요인이 되었다. 연방정치교육본부는 이러한 배경 요인을 극복하기 위해서 한편으로는 구 동독지역 주민들에게 간행물 등을 통하여 자유민주주의 체제와 자본주의 시장경제 체제에 대한 정보를 제공하는 것에 중점을 두었다. 다른 한편으로는 장기적인 노력이 필요하다고 보고 장기적인 계획을 세우고 점차적으로 정치교육 사업을 추진하였다.

연방정치교육본부의 주요 사업으로는 간행물 발간, 정치교육 연수프로그램 운영, 시청각 매체 개발 및 대여, 대중매체의 활용, 사설 정치교육기관의 연수프로그램 지원, 정치교육경연대회, 정치교육 전시회, 서비스 사업 등을 꼽을 수 있다.

(2) 전독연구소(Gesamtdeutsches Institut)

분단시기 분단 및 통일문제를 다루는 '독일 및 동방정책'에 대한 교육은 정치교육의 특별한 과제영역이었다. 기본법에 명시된 바와 같이 독일인의 공동체의식을 유지 강화하고 이를 바탕으로 통일을 위한 정신적 전제조건을 마련하는 교육은 매우 중요하게 여겨졌기 때문이다. 이를 위한 주무기관은 내독성 산하의 전독연구소였다. 통일로 인해 1991년 해체되기까지 이 연구소가 담당했던 정치교육은 [그림 2]에서 보는 바와 같이 하위조직의 주요 기능을 보면 알 수 있다.

[그림 2] 전독연구소의 조직 및 임무

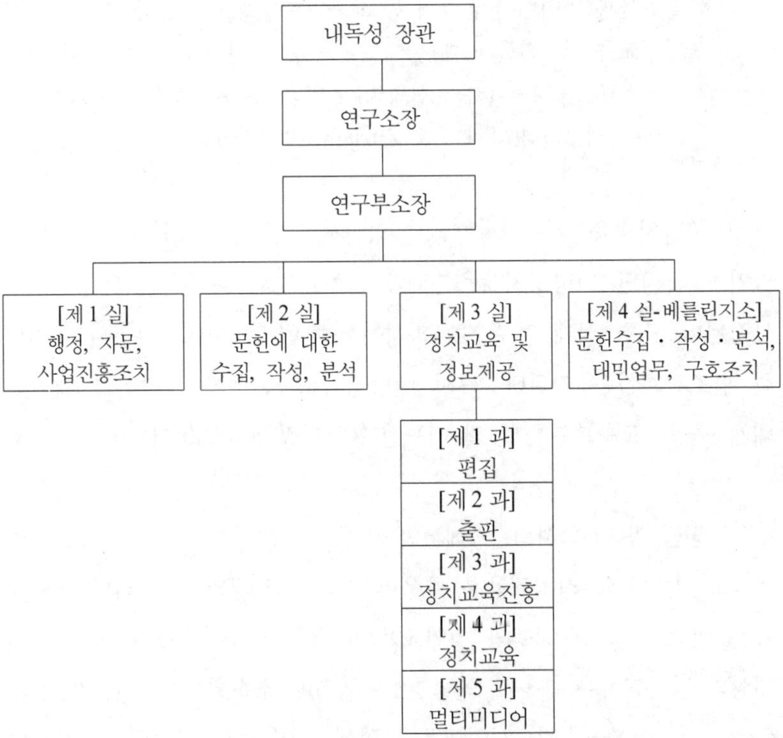

자료 : Gesamtdeutsches Institut(1991:9), 한만길 외(2003:181) 재인용.

(3) 주정치교육본부

각 주는 자체의 정치교육본부를 두고 있다. 독일은 연방국가인만큼 주의 자치권이 강하다. 따라서 '주정치교육본부'(Landeszentrale für politische Bildung)는 각 주의 특정한 설립조건과 주의 문화주권 탓에 과제설정이 조금씩 차이를 보인다. 그럼에도 불구하고 큰 목표는 동일하다. 주정치교육본부의 교육목표는 다음과 같다.

① 자유민주주의 기본질서의 사상과 이념을 전파하고 공고히 한다.
② 시민의 정치참여를 장려한다.
③ 정치교육 및 담당단체에 대한 재정적·물질적 지원을 한다.
④ 정치교육 담당단체들 사이의 협력관계를 조정한다.
⑤ 출판물과 멀티미디어 매체 등 교육자료를 제작·보급한다.
⑥ 정치교육 담당자들에 대한 기초교육 및 추가교육을 실시한다.
⑦ 자체적 또는 타기관과의 협력 아래 주의 특성에 부합하는 교육프로그램을 제공한다(Mickel & Zitzlaff, 1988:510).

이 주정치교육본부는 운영상에 있어서, 주문부성 산하에 소속되어 있기는 하지만 연방정치교육본부와 마찬가지로 초당적인 업무수행이 보장된다. 또한 실제 업무수행 과정에서는 연방정치교육본부와의 긴밀한 협조관계가 유지된다. 특히 연방정치교육본부가 발간한 책자들은 대개 주정치교육본부를 통해 배포된다(한만길 외, 2003:185).

(4) 정당 및 각종 사회단체에서의 정치교육

학교 밖에서의 정치교육은 매우 다양하게 진행된다. 그러나 정치교육은 대체로 청소년교육과 성인교육의 장에서 시행되고 있다. 청소년 대상의 정치교육은 대체로 연방청소년협회에 소속된 전국 규모의 단체들에 의해 이루어진다. 성인교육은 앞에서 언급한 시민대학을 포함하여 노동조합, 교회, 정당의 정치적 재단, 민간단체 등에서 이루어진다.

이러한 사회 및 정치 단체들의 청소년 및 성인 정치교육은 여러 기준에 따라 국가의 지원을 받을 수 있다. 독일정부는 다원주의적 정치교육을 추구해 왔기 때문에 사회단체의 자율적인 교육을 장려하고, 다양한 지원을 해왔다. 단 국가의 지원은 교육담당기관이 기본법을 충실히 지킬 때만 가능한 것이다.

제도화된 사회 및 정치 단체들의 주요 정치교육 담당기관들은 단체의 성격에 따라 '정치교육위원회'(Ausschuß für Bildung)를 각각 조직하여 공동의 이해를 표출하고 상호간의 조언과 경험을 교환한다. 무엇보다 종교, 세계관, 정치정향, 이해관계 등에서 상호갈등이 발생할 수 있기 때문에 위원회를 통해 대화와 공동의 문제를 다루는 것은 반드시 필요하다. 물론 이외에도 제도화되지는 못했지만, 다양한 이슈(환경, 평화, 여성)를 중심으로 사회운동을 전개하는 다양한 사회단체들도 실천적 의미의 정치교육을 담당하고 있다.

(5) 학교에서의 정치교육

독일의 학교는 기본법에 따라 국가의 감독을 받는다. 교육기회의 평등주의에 따라 대부분의 학교는 공립이며, 드물게 종교단체에서 운영하는 기숙학교 형태의 사립학교가 있지만, 이 역시 국가의 감독 아래 있다. 하지만 연방정부는 교육에 대한 직접적인 관할권을 갖지 않는다. 연방정부에는 문부성이 존재하지 않으며, 각 주정부의 문부성이 학교체계에 대한 책임을 맡고 있다. 즉, 각 주정부가 자신의 주에 소재한 학교의 교육 및 교육과정을 결정하고, 또한 교과서도 승인한다. 다만 주별로 교육의 질적 차이를 최소화하기 위해 각 주문부성 장관회의(KMK: Kulturministerkonferenz)가 상설화되어 있다. 주문부성 장관회의가 교육의 큰 틀을 조정하지만, 주마다 교육체계 및 교과과정에 적지 않은 차이가 엄연히 존재한다(한만길 외, 2003:186).

1978년 11월 '독일문제에 대한 서독 문부성의 지침'은 중요한 기준이 된다. 이 지침서의 주요 골자는 '권고사항'과 '보충사항'으로 나뉘는데 앞의 부분만 요약하면 다음과 같다.

① 독일문제는 동시에 유럽문제이다.
② 동서독관계의 발전은 평화지향적인 정책을 통하여 달성될 수 있다.
③ 독일의 분단은 여러 가지 원인을 가지고 있다.
④ 민족적 통일을 위한 우리의 노력은 정당하다.
⑤ 역사적 유산에 대한 책임은 독일인 모두에게 공통적으로 관계된다.
⑥ 국경선 양편에 살고 있는 독일인들은 공통의 역사, 언어, 문화를 통해 결속되어 있다.
⑦ 독일의 국민들은 공동 국가를 갖고 있지는 않지만, 하나의 공동 국적을 가지고 있다.
⑧ 동독의 체제와 우리 고유의 사회체제와의 비교는 기본법에 제시되어 있는 가치척도에 따라 이루어진다.
⑨ **동독에 있는 독일인들의 인권이 보장되어야 한다고 주장하는 것은 우리의 당연한 권리이며 인도주의적 의무이다.**
⑩ 인권에 대한 요구는 결코 내정간섭이 아니다.
⑪ 동독은 서방의 영향력에 폐쇄정책으로 대응하려고 한다.
⑫ 몇 가지 중요한 사건들은 동독 주민들도 독일 통일에 대한 의지가 있다는 것을 말해 준다.
⑬ 동독의 독일인들도 동독의 발전에 대한 자부심이 커지고 있다.
⑭ 독일의 통일은 우리의 목표이다.
⑮ 서독이 독일 전체를 대변하지는 않는다.[4] (강조는 필자)

---

4) 김창환 외(2002:16-17). 인용 부분의 고딕 표시를 한 서독의 대동독 인권문제에 대한 내용은 우리의 대북한 인권문제에 대한 인식과는 상당히 다르다. 서독의 경우 관심도 가지면서 '인도주의적 간섭'(humanitarina intervention)도 하고, 우리의 경우 관심은 가지되 우리의 간섭은 당연히 하지 않으며 외국의 관심도 차단하고자 하는 성격이 강하다(『연합뉴스』, 2004. 9. 1). 하지만, 적어도 인류 보편적인 기준에 있어서 그 하한선에 대한 준수는 국적과 민족을 초월해서 관심 표명이 가능하다고 본다. 다만 이러한 관심 표명과정에서 불필요한 오해를 불러일으키지 않도록 하는 배려는 필요하다고 본다. 예컨대 미국의 북한인권법

이와 같은 학교교육에서의 정치교육 기본방침은 각 주문부성이 책임을 진다. 학생들은 학교에서 정치교육의 기초를 배운다. 일차적으로 학교생활을 통해 민주적 행동을 연습함으로써 정치참여를 위한 능력과 태도를 익힌다. 나아가 정치교육은 특정 교과목으로 학년수준에 따라 개설된다. 이를 위한 교과서나 교보재는 각 주마다 자체 제작되기도 하지만, 대개의 경우에는 연방 및 주정치교육본부, 전독연구소의 도움을 받는다. 이 과정에서 주문부성 장관회의가 중요한 역할을 한다.

(6) 군대에서의 정치교육

군대에서도 통일 이후에 당장 해결하여야 할 통일 이후 군사통합의 문제점에 대한 대비책을 준비해 나갔다. 서독군 내부에서의 통일준비 노력은 '정신교육센터'(Zentrum Innere Führung)에서 이루어졌다.

독일은 통일 이전부터 모든 군인을 포함하는 전 국민적인 정신교육 및 정치교육의 전통이 강했다. 이는 앞서 언급한 바 있는 나치 이전 시기로의 회귀를 하지 않겠다는 독일 국민들의 강한 자유주의 의지도 반영되어 있지만, 패전국에 대한 선진 자유민주주의 국가들의 강제적 권고사항이기도 했다. 이와 같은 배경으로 인해 통일 이전의 서독은 부사관을 포함하는 모든 간부들의 재교육을 위해 독일연방국방성 예하에 '독일연방군 정신교육센터'를 설치, 운용했다. 이 센터는 1957년 독일군을 독일기본법에 기초하여 새로운 군대로 쇄신하고 그에 맞는 정신교육과 지휘통솔을 위한 연구기관 겸 군사학교의 성격으로 설치되었다.

안 통과는 우선 '당장은 북한으로부터 '물리적 압살책동'이라는 반박에 부딪치기도 하면서(『그건중상통신』, 2004. 7. 30. http://www.lcona.oo.jp/indox lchtm), 한국 정부로부터도 큰 호응을 받지 못하고 있는 상황이다. 따라서 미국의 경우는 국제기구(UN 등)에 자국의 의견을 제출하여 채택이 될 때 공식적으로 그 채널을 통해서 지원과 때에 따라서는 인도적 간섭이 이루어지도록 해야 할 것이다. 북한 인권법안 통과에 대한 객관적 자료조사는 제성호 교수의 연구가 돋보인다(제성호, 2004:34-44).

1989년 현재의 정신교육센터로 되기까지 4차례의 개편이 이루어졌으며, 지휘통솔, 정치교육, 정신교육에 목표를 두고 군사연구소와 학교기관, 사설안보단체 등과 협력중심체로서 군 및 민간단체를 대상으로 한 교육 및 연구 업무를 수행하고 있다([그림 3] 참조).

이 센터의 교육과정은 지휘관 과정, 종합과정, 정치교육과정 등 군사교육과 민간인 교육과정이 광범위하게 편성되어 운용되고 있다. 특징적인 것은 이 센터의 교육과정이 통일 이전에는 2-3주 과정이었던 것이 통일 이후에는 1주일 단위로 축소 운용되고 있다는 것이다([표 2] 참조). 이는 그 중요성의 약화라기보다는 분단요인으로 필요했던 적개심 교육과 같은 과목이 삭제되었기 때문으로 보인다.

[그림 3] 서독의 군 정신교육센터 편제

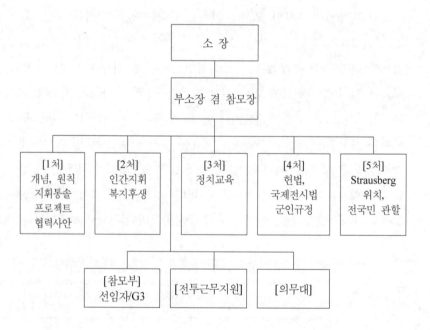

주 : 용어는 현대식으로 약간 수정함.
자료 : 이한홍(1995:51).

216

[표 2] 독일연방군 정신교육센터의 편성 및 주요 임무

부서	주요 임무	세부내용
1처 (정신 전력)	독일 기본법	- 독일 헌법 조항 중 군에 관련된 조항을 어떻게 적용하고 이해할 것인가를 교육(군의 존재의미, 자유, 권리, 의무, 민주주의)
	대민업무	- 독일 국민의 일원으로서 군인의 복무자세 및 군의 존립 당위성을 이해시킴
	우호관계	- 유럽사회에서 독일의 위치와 NATO군과 독일군의 역할을 이해하고, 독일군이 유럽의 자유, 평화, 안보에 기여함을 이해시킴
2처 (지휘 통솔)	정신지도	- 상하간 신뢰와 이해 증진 - 상호간 이해 여건 조성 - 사고를 위한 가치관 정립
	사기·복지	- 병영 내 취미·오락 활동을 할 수 있는 시설과 여건 조성 - 의료시설, 상담실 등을 운영하여 개인의 고민 해소
3처 (정치 교육)	정치교육	- 독일의 현안문제(시사문제) 등을 이해하고 그 해결방안 모색 - 독일의 사회 제반문제 이해 - 독일의 정치상황 및 정치과정 이해 - 유럽의 정세, 정치, 안보문제 이해 - 지역 자치단체의 문제 이해 - 동서독 통합 후 사회문제 이해
4처 (군사학)	군대질서	- 군 복무 규정에 의한 의무, 권리, 책임 등 이해
	병역법	- 독일 헌법에 입각하여 국토방위의 당위성 인식
	전시국제법	- 전시 시설물 보호법, 전쟁포로 취급법, 전시구호에 관한 관계 법령 이해와 이를 준수해야 할 의무 인지
5처 (교수법)	교수기법	- 심리학, 교육학에 입각하여 교수기법 개발 -갈등해소방안 -대화법과 사례 분석
	교육자료 개발	- 시청각 매체를 개발하여 교육 효과를 높이는 방안 모색 -영상·그래픽 -TV/ VTR 자료 -레이저 디스크

주 : 1-5처의 명칭은 육사의 이한흥 교수가 제시한 것과 약간의 차이가 있는데, 여기서의 명칭은 번역과정에서 명명된 것으로 보임. 여기서는 자료로서의 중요성을 고려하여 원자료 대로 표기함(이한흥, 1995:91).

자료 : Zentrum Innere Führung(1991), 임봉춘(1992:241) 재인용.

또 다른 자료에 의하면, 독일연방군의 정신교육센터의 기본임무는
약간 다르게 도식화되어 있다([그림 4] 참조).

2) 정신교육 내용

독일의 정신교육은 대체로 통일 전후를 나누어서 살펴볼 필요가 있
다. 국가 전반적인 통일교육에 대한 내용은 대체로 일반적인 민주시민
으로서의 올바른 정치행위를 할 수 있도록 조력하는 데 가장 큰 목적
이 있었다.

[그림 4]   독일연방군 정신교육센터의 5개 업무영역

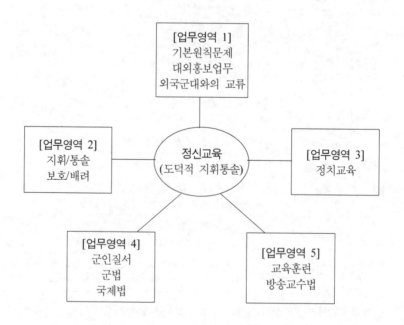

자료 : 이상목 역(1994:39).

우선 통일 전 서독인들의 정치교육에 대해 알아보겠다. 서독인들의 정치교육은 독일문화교육성 협의회에 의하여 발표된 독일문제 교육지침(Die deutsche Frage im Unterricht)에 잘 나타나 있다. 독일문제 교육지침은 기본적으로 독일통일이 가까운 장래에 달성될 전망이 없다고 판단하고 당장 해결할 수 없는 통일문제로 인간의 존엄성과 내면생활이 희생되어서는 안 된다는 인식하에 이데올로기에 의한 대립은 삼가야 한다는 점을 강조한다. 또한 평화공존을 바탕으로 한 동방정책에 따라 동독정부의 실체만을 인정한다는 합리론에 기초하여 독일 내 두 개의 국가가 존재함을 인정하고 있다. 또한 독일문제를 독일 위주로만 생각하던 사고방식은 독일분단이 유럽평화와 안보가 지속되는 차원에서 인식해야 한다는 사고로 전환되었다. 독일문제 관련 교육지침은 과거 국가사회주의처럼 종족의 우월성을 토대로 통일을 주창하는 것이 아니라 자유와 평화 속에서 민족통일을 추진한다는 점을 강조하였다. 이 지침은 동독인들도 독일민족으로 공통의 역사, 언어, 문화 등을 통해 서독인들과 결합되어 있다는 점도 주지시키고 있다. 이를 위해 동독의 정치, 경제, 사회체제에 대한 정보를 제공하는 한편, 동서독 체제 비교를 서독 기본법에 제시되어 있는 가치기준으로 수행할 것을 명시하고 있다. 따라서 서독정치 체제에서는 자유, 인권, 정의 등에 입각한 법치국가적 질서가 보장되고 민주적 정치문화의 기반 위에서 정치·사회세력간의 정치적 갈등이 성공적으로 관리되었던 반면, 동독 정치체제에서는 동독의 지배층이 당에 의한 관료주의적 권력독점을 고수하여 사회발전은 불가능하다는 면을 학생들에게 인지시켰다. 독일문제에 관한 교육지침은 동독인들도 동독의 발전에 대해 나름대로 긍지를 갖고 있으며, 서독이 독일문제를 대표하는 것으로 파악하지 않았다. 이러한 교육지침은 동독인에 대한 서독인들의 심리적 우월성을 억제하는 데 기여했으며, 서독인과 동독인과의 유대감을 강화시키는 데에도 이바지하였다.[5]

독일의 정치교육을 포괄하는 대체적인 내용은 첫째, 민주주의 국가 질서 및 사회발전에의 이해, 둘째, 역사상이나 현실에서 자유민주주의의 적대자인 나치와 같은 극우파와 공산주의의 극좌파의 경계, 셋째, 독일연방공화국의 합법성과 현실인식, 넷째, 서독과 관계 있는 주변 및 세계 주요 국가들에 관한 이해, 다섯째, 유럽공동체 및 평화와 안전을 위한 현실과 주제의 이해, 여섯째, 현재와 미래에 관한 비판적 의식의 고양과 설계 등이다(신정현 외, 1997:223-227).

이러한 조직을 바탕으로 연방정치교육본부가 수행한 사업의 주요 내용 및 운영실태를 요약정리하면 다음과 같다.

① 정치교육 자료로서 각종 시사지와 책자의 발행이다. 연방정치교육본부가 발간하는 주요 시사지는 다섯 가지이다. (1) *Das Parlament* : 연방의회에서 논의되는 주요 정치쟁점 사항들을 정리한 것으로 매주 12만 5천 부씩 발행된다. (2) *Aus Politik und Zeitgeschichte* : *Das Parlament* 지의 부록으로 시사적인 주제에 관한 권위 있는 학자들의 학술논문들을 수록한다. (3) *Imformation zur politische Bildung* : 정치적인 주제 또는 각 국가의 정치·사회적 상황에 관해 알기 쉽게 설명한 얇은 책자 형태의 시리즈물로서 일반적으로 매주 한 권씩 발간된다. 이 책자는 각급 학교에 무상 배포되어 학생들이 기본지식을 습득하는 교재로 활용되기도 한다. 권당 140만 부가 발행된다. (4) *PZ* : 독일통일을 전후하여 새롭게 발간된 것으로 구 동독지역 주민들에게 서독의 정치·경제·사회 제도를 알기 쉽게 소개한 소책자 시리즈로 권당 62만 부씩 발행된다. (5) *Zeitlupe* : 학생들의 정치·사회 과목의 교보재로 사용되는 시사지로서 권당 50만 부씩 발행된다.

시사지 이외에도 정치교육에 도움이 되는 다양한 책자들이 발간되었다. 대표적인 것으로서 일반적인 정치교육 교사를 위해 각 분야의 문제를 심도 있게 다룬 전문서적 시리즈인 *Die Schirftenreihe der Bundeszentrale*

---

5) KMK, *Die deutsche Frage im Unterricht*, 연도미상, 이민수 외(2000:100-101) 재인용.

와 학교의 정치교육 담당교사를 위한 교재들인 *Arbeitshilfe für die politische Bildung*, 그리고 중등학교의 정치교육 시간에 사용되는 교재인 *Kontrovers*를 들 수 있다. 이외에도 연방정치교육본부가 직접 발간하는 것은 아니지만, 정치교육과 연관된다고 판단될 경우, 출판된 지 일정한 시간이 지난 일반 전문서적의 판권을 확보하여 연방정치교육본부의 이름으로 새로 발간하고, 시민들에게 1년에 일정한 한도 내에서 무상으로 보급한다.

② 정치교육과 관련된 각종 학술회의 및 연수를 기획한다. 예를 들면, 학교 및 학교 밖의 정치교육 전문가 학술회의를 정기적으로 개최하여 정치교육 방법론에 대한 전문가들의 의견교환을 통해 방법론의 지속적인 개발을 추진했다. 또한 언론인들의 재교육 과정을 개설하여 각 지역 언론이 정치교육에 기여할 수 있는 기회를 제공한다. 뿐만 아니라 연방정치교육본부의 교육관인 동방학부에서는 분단문제, 동구체제에 관한 지식제공, 유럽 국제정치 상황 등에 관한 연수 프로그램이 운영된다. 여기에는 교사, 학생, 기업인, 사회 및 정치 단체 간부, 언론인, 법조인, 공무원 등이 참가한다.

③ 각종 시청각 자료를 제작하여 학교 및 학교 밖의 정치교육 현장에 배포함으로써 교육의 효과를 제고한다.

④ 정치교육을 실시하는 사회 및 정치 단체들에 대한 학술회의 및 연수기회 제공과 재정지원 사업이다. 연방정치교육본부는 기본법(헌법)의 테두리 내에서 자유민주적 기본질서를 준수하는 사회 및 정치 단체들이 요청할 경우에는 정치교육에 필요한 재정을 제공한다.

⑤ 학생들을 대상으로 하는 정치교육 경시대회를 정기적으로 개최함으로써 정치교육에 대한 학생들의 관심을 유도한다. 즉 학년 그룹별로 일정한 시사적인 주제에 대해 학생들이 상호 토론하고 보고서를 작성케 하고, 그것의 결과에 대한 평가를 통해 포상함으로써 학생들의 관심은 물론이고 정치교육에 대한 인식을 제고한다.[6]

---

6) Bundeszentrale für politische Bildung, "Bericht der Bundesregierung zu Stand und Perspektiven der politische Bildung in der BRD", 연도미상, p.20.

[표 3] 독일 연방정치교육본부 홈페이지 내용

주요 메뉴	세부내용
새소식	- 최신 소식 소개
연방정치 교육본부 소개	- 주소 - 법적 규정 - 이상(방향)과 주요 과제 - 자문위원회(학술고문단, 감독관) - 조직과 임무 - 목표그룹 - 파트너 - 16개 주 정치교육본부(주소) - 동서문제담당지부 - 유관기관 지원지침 - 승인된 사설정치교육기관 소개 - 개방 및 방문 시간
주요 현안	- 2002년 연방정치교육본부 사업 - 쟁점 : 대중매체 안에서의 폭력 - 쟁점 : 9·11테러와 그 영향 - 쟁점 : 선거 - 정치와 테러 - 전문가연수프로그램 -문명사회에서의 e-민주주의 - 국제회의 : 성평등 - 학술대회 : 예술과 민주주의 - 이민논쟁 - 정치교육 전시회 - 극우주의 - 폴란드 견학 안내 - 언론방송인 연수 프로그램
출판물	- 출판물 신청 안내 - 간추린 정치 - 현대 독일상 - CD-Rom - 시리즈 간행물 - 일반도서 - 법관련 서적 - 국회 - 정치와 현대 - 정치교육 정보 - 쟁점 - 확대경 - 수업주제 - 정치잡지 - 정치교육 보조자료 - 매체교육학 자료 - 언론방송인을 위한 도서 - 정치교육 달력

주요 메뉴	세부내용
온라인 출판물	- 정치교육 정보 - 정치와 현대 - 국회 - 간추린 정치 - 법 및 조약 - 뉴스레터 - 정치교육 컴퓨터 게임 - 지방정책 - 독일 정당의 국고보조금 현황 - 영화 - 수업주제 - 언론방송인 연수프로그램 문서
정치교육 행사	- 행사 프로그램 안내 - 동서문제담당지부 - 과거와 미래 - 여성이 보는 이스라엘 문제 - e-민주주의 - 세계의 빈곤국가 - 신 테러주의 - 성 평등 - 이스라엘 견학 안내 - 폴란드 견학 안내 - 정치클럽 - 21세기의 중국 - 세계화 - 정치참여 - NATO 확대와 그 영향 - 새로운 세계질서형성에서 미국과 유럽의 대립
정치교육 경연대회	- 학생 정치교육 경연대회 - 제5회 '연극에서의 정치' 페스티벌 - 대학생 경연대회 - 민주주의 이미지 아이디어 공모
관련 정보	- 문의 및 응답 - 연방정부 및 주요 관공서 소개 - 학문 연구 관련 기관 - 청소년 경연대회 관련 기관 - 온라인 정치교육 정보
찾기	- 온라인 정보 찾기
도움말	- 홈페이지 설명서 - 정간물 '정치와 현대' 찾는 방법 소개
홈페이지 관리인	- 홈페이지 관리인 소개

자료 : 김창환 외(2002:128-130).

독일은 통일 이후에도 통일 이전과 같은 수단과 방법에 의해서 정치교육을 추진하였고, 통일교육은 이 정치교육의 큰 맥락 속에서 추진되었다. 이 내용을 연방정치교육본부 인터넷 홈페이지 내에서 확인할 수 있다. 연방정치교육본부는 정치교육에 관한 많은 정보를 제공하고 있는데, 주요 메뉴를 소개하면 [표 3]과 같다.

이와 같은 국가 전반적인 정신교육의 전통을 토대로 하여 군 정신교육은 군대 내에서 기본법과 가치질서를 현실적으로 확립하는 데 목표를 두었으며, 정신교육의 귀감은 '제복 입은 시민'이었다. 군 정신교육의 세부적인 목표는 [표 4]와 같다.

[표 4] 독일연방군의 정신교육 목표

교육목표	세부내용
의미전달	군복무에 대한 정치적 · 법적 근거 전달과 군사임무의 명확한 이해 촉구
융화	군대와 군인의 국가 및 사회 속으로의 융화
공동책임	의무수행, 책임감, 위계질서 확립, 협동 및 단결을 위한 준비자세의 강화
가치관	기본법에 명시된 사항, 즉 인간의 존엄성과 법치국가주의, 그리고 임무수행에 입각한 가치관 형성

자료 : 이상목 역(1994:38).

통일 후 연방군에 편입된 동독 인민군 출신 장교에 대한 보수교육(Ergänzungslehrgang)으로서 첫 병과 참모교육은 1993년 1월 25일 함부르크 소재 지휘참모대학에서 실시되었다([표 5] 참조).

전반적으로, 통일 후 독일연방군의 정신교육센터에서 진행한 교육과정은 [표 6]과 같이 요약된다.

[표 5] 통일 후 독일 지휘참모대학 정규과정 교육내용 및 시간

코드번호	교육내용	교육시간		
		육군	해군	공군
A	세계안보관계, PKO	55	55	55
B	독일연방 안보정책	66	66	66
C	전략이론	43	43	43
D	전쟁사	86	86	86
E	사회과학	179	179	179
F	도덕적 지휘통솔(Innere Führung)	53	53	53
G	법	30	32	41
H	군사기술	67	133	64
I	군사지리	32	14	5
J	일반지휘론	136	136	136
K	연방군 의무현황	11	11	15
L	연방군 행정	15	15	15
M	외국어	78	78	78
N	지휘기본영역 1	58	112	105
O	지휘기본영역 2	24	103	68
P	지휘기본영역 3	185	205	86
Q	지휘기본영역 4/나토병참	90	130	72
R	지휘기본영역 5	92	97	28
S	연합작전	232	232	232
T	각군별 지휘 및 작전	783	543	866

자료 : 이한흥(1999:208).

[표 6] 통일 후 독일연방군 정신교육센터 교육과정

교육과정	대 상	교육내용/특징	학 급
지휘관 연계과정	전투병과 대령-장군	군사전략, 통솔, 의사소통기법, 조직관리 등 군사전반에 관한 토의와 대화, 세미나를 통하여 부대관리와 지휘통솔에 관한 상급지휘관과의 의견교환의 장 마련	2
지휘관 (대대장) 과정	전투병과 소령-중령 (대령 일부)	지휘관 연계과정과 유사하며, 대대장 부임 전 교육의 성격으로 의사소통기법, 통솔, 정신교육 방법, 부대관리 등의 내용으로 진행됨	10
중대장 과정	대위-소령	지휘관 과정과 일치된 교육내용으로 정신지도와 정치교육, 군대의 역할에 중점을 두고 실질적인 부대관리와 정신교육을 실시할 수 있는 자료제공과 기법 습득	18
부사관 과정	중사-상사	의사소통과 부대관리, 정치교육	18
종합과정	소위-대위, 대위-중령	독일연방군의 교육을 담당하는 장교를 대상으로 정신지도, 정치교육, 교수기법중심의 교육	5
정치교육 과정	전 장교	연방군 전체 장교 중에서 중령 이하를 대상으로 독일의 현안문제, 독일 연방의회, 각 정당의 정책 등 시사적인 내용을 중심으로 한 정치교육으로 군인이 독일사회를 이해하는 데 중점	12
민간인 종합과정	교사, 목사, 신부, 고용주, 노동단체, 부녀회, 예비군	-	11
구 동독군 과정	구 동독 장교	연방군에 편입된 구 동독군 장교를 대상으로 독일군의 일반정보, 독일군의 현안문제, UN과 NATO의 역할, 연방정부와 주정부의 역할 등 구 동독군의 연방군 체제 적응을 돕는 데 중점	12
학교 군사교육 담당장교 과정	중위-대위	독일의 중·고등학교 교육과정 중에 독일연방군을 이해시키고 군을 홍보하기 위한 기동홍보반 격이며, 교련교육과 유사한 임무를 수행하는 장교들을 위한 양성 교육임. 연방군에서는 각 주별로 중위·대위 등 위관장교를 배치하여 학교의 요청이 있을 때 초빙되어 독일의 청소년에게 군대를 이해시키고 군인의 이미지를 쇄신시키는 일을 함	필요시

교육과정	대 상	교육내용/특징	학 급
예비군 과정	예비역 부사관·장교	-	1
안보과정 (정보공개과 정)	종교단체(남여), 부녀회, 노동단체, 교사단	-	6
법무 세미나	법관, 법률담당교사, 교관, 군의관	-	2
외국군과 연합 세미나	소위-소령, 외국군 장교	독일연방군 장교와 미국, 프랑스, 네덜란드, 벨 기에 등 유럽 인접국가 군인과 세미나를 통하 여 상호 의견을 교환하고 유럽과 세계의 평화, 안보를 위한 방안 등을 토의	10
외국군 세미나	외국군 영관장교	-	5
기타	구 동서독군, 민간단체, 군대	-	30

자료 : Zentrum Innere Führung(1991), 임봉춘(1992:239) 재인용.

3) 단계별 교육

서독 연방군에 의하여 주도되었던 군대의 내적 통합은 동서독 주민
들을 대상으로 한 사회적 내적 통합과 동일한 맥락에서 이루어졌다.
내적인 동화교육은 서독 연방군에 흡수될 동독군을 서독 연방군의 체
제에 순응시키는 재교육과 서독 연방군의 자체 인원에 대한 교육에 집
중되었다. 국방부 교육국에 의해 주도되었던 군의 내적 통합 노력은
통합 이전 준비교육단계, 통합단계에서의 시행교육, 그리고 통합 이후
교육 등 3단계로 구분하여 진행되었다.7)
우선 통일준비교육은 1990년 통일이 가까워지면서, 그 동안의 정신
교육을 강화하여 서독 전 장병을 대상으로 현 정치와 군사적 상황에

---

7) 이하 단계별 교육절차에 대해서는 하정열(1996: 189-192)을 주로 참고함.

대한 올바른 인식 정립을 목표로 시행되었다. 교육의 중점은 올바른 대 동독관, 역사관 및 정치관 정립에 두고 동독군의 교육과정, 사상과 사고경향, 1·2차 세계대전과 동서독 분할과정 및 배경, 역사에 대한 책임과 역할 인식, 통일 독일의 위상과 세계 속에서의 바람직한 역할, 통일을 위한 정부 및 군의 조치 내용과 목적 등을 이해시키는 데 주력하였다.

둘째, 통일에 대비한 정신교육은 통일에 대한 희망과 우려가 교차되는 가운데 전 국민과 군의 관심이 집중됨으로써 교관이나 피교육생 모두 그 어느 때보다 진지하고 적극적으로 교육에 참여한 가운데 시행되었다. 그러나 실제 통일과정에서 많은 서독 연방군 장병들이 동독지역 배치를 거부하고 구 동독지역 재건을 위한 서독 측의 적극적인 노력에 대하여 불만 여론이 형성된 점으로 보아 충분한 성과가 있었는지는 의문의 여지가 있다.

셋째, 통합단계교육은 동독 인민군 장병의 최단시간 내 통일 연방군으로의 편입 및 일체감 조성과 공산주의 사상의 역침투 등 일체의 역교육 현상 제거를 목표로 하여 실시되었다. 동독지역에 배치될 연방군의 핵심장교 240명에게는 동부지역 적응능력을 부여하기 위하여 1990년 9월 10일과 11일 양일간 사관학교에서 집체교육을 실시하고 이때 동독군 편제와 동독지역 근무시 주의사항 등을 중점 교육하였다. 서독 연방군은 1990년 9월 10일 동독 인민군 인수에 대비한 동화교육계획을 발표하였다. 우선 동화교육이 불가능하다고 판단되는 대령급 이상의 장교 및 장성과 정치적 도구로 운영된 부대, 즉 보안 및 방첩부대, 국경수비대, 첩보부대의 전 장병을 조기 퇴역시켰다. 동화교육은 우선 1천 명 이상의 동독 장교를 대상으로 2-3주간의 재교육을 실시토록 계획되었다. 교육은 부대교육과 소집 및 집체교육으로 구분하여 실시하였다. 부대통합 직후 서독 연방군 파견장교 2천 명에 의해서 실시된 부대교육은 통일의 역사적 필연성과 당위성, 향후 군사통합 절차 및 동독 인민군의 처리 및 대우 등에 관하여 인수부대의 상황과 여건에 따라 각 팀의 재량으로 파상적으로 반복적인 교육을 실시하여, 부대 동요 방지, 심리적 안정감 부여와 미래 희망의 주입에 중점을 두고 실시되었다.

요컨대, 바르샤바조약기구의 엘리트 군대로서 공산주의 이념에 투철한 동독군 장병을 아주 단기간 내에 자유민주체제하의 시민군대로 전환시키는 데는 역부족이었으나, 구 동독 인민군 인수팀의 조기 선발 및 투입으로 정상적인 인수작업과 조기교육이 가능하였으며, 처음부터 동화교육이 불가능한 요원을 사전에 제거하고 추가적인 재교육을 실시함으로서 통일 초기의 교육목표를 어느 정도 달성할 수 있었다([표 7] 참조).

[표 7] 동독 인민군 장병 교육이수 현황

교육기관	대상인원
육군 각 병과학교	- 장교 1,300명, 부사관 1,600명 * 교반 150개
육군 부사관학교	- 중사 이상 부사관 : 1,916명 - 하사 재교육 : 1,016명
현장 재교육(실무부대)	- 장교 2,800명, 부사관 3,900명
서독 연방군 부대	- 동독 병역의무자 27,100명 교육

자료 : 하정열(1996:193).

통일단계별 교육에 있어서 가장 중요한 단계는 통일로 접어들기 시작하면서부터이다. 따라서 이에 대한 심층적인 논의를 집중적으로 더 진행할 필요가 있다. 일반적으로 독일의 민주시민교육이나 정치교육은 통일 후에 재정적으로 통일 전처럼 뒷받침되지 않았다. 그 결과 관련 교육프로그램이 줄어들게 되었고, 참석자 역시 감소하게 되었다. 또 다른 특색은 동독인은 정치교육보다는 비정치교육적인 프로그램에 더 많은 관심을 가졌다는 사실이다. 통일 직후 그들이 선호하는 교육프로그램은 건강교육, 컴퓨터교육, 영어교육 등이었다. 통일이 된 직후의 독일의 통일교육의 특징에 대해 국내의 연구진은 다음과 같이 현장분석 결과를 정리하여 제시한 바 있다.

① 서독의 통일교육은 동독인에게 이질적이다.
② 동서독인의 내적 통합을 위한 교육내용이 필요하다.
③ 동서독인을 통합하기 위한 교육방법이 필요하다.
④ 동서독인을 위한 토론문화의 활성화
⑤ 과거극복을 위한 특별한 교육프로그램이 필요하다.
⑥ 동독인의 상이한 점이 교육프로그램에 반영되어야 한다.
⑦ 다양한 교육적 대안과 대책이 필요하다(김혜순, 2002:201-206).

독일의 통일교육은 국가 전체적이고도 전군(全軍)적인 민주시민 교육의 총체적인 프로그램 속에서 단계별로도 상황에 맞도록 통일교육을 진척시켜 나갔다. 그럼에도 불구하고 오늘날 여전히 동독 출신, 서독 출신이라는 출생지의 차이로 인해 생기게 되는 문화적 차이와 차별은 통일독일의 정착과 발전을 위한 적지 않은 걸림돌로 작용되고 있는 실정이다.

4) 대상별 교육

독일은 통일의 과정 속에서 대상별로 정신교육을 효율적으로 잘 관리하였다. 대상별 구분은 내부 구성원, 잔존 동독군과의 내적 통합, 대국민통합의 노력을 말한다.

첫째, 서독 내부의 군인들에 대한 교육이다. 통일과정에서 군 정신교육의 실행에 관해서는 12개의 기본원칙이 중요한 기본지침이 되었다

([부록 1] 참조). 독일의 군사통합과정에서, 특히 서독 군인 또는 군인 출신자들에 대한 정신교육은 매우 중요한 의미를 가진다. 왜냐하면 사실상 독일 통일은 동독의 통일에 대한 자발적 혁명과 서독의 외교력의 조화가 잘 이루어진, 사실상 서독에 의한 동독의 일방적 흡수통일이기 때문이다. 즉 흡수통일의 주체인 서독의 내부 구성원들이 소외감을 느낀다거나 주인의 대우를 받지 못한다는 인식을 갖게 하는 것은 전반적인 국가통합의 성공을 그르치게 할 수 있다. 그런데 독일의 경우 이러한 점에 대한 강한 제도적 뒷받침이 부족한 것으로 보인다. 이는 평상시의 전문직업군인에 대한 복지 차원의 직업보도교육과 연계하여 새롭게 고려되어야 할 것이다.

둘째, 통일 이후 동독 인민군에 대한 교육은 어떻게 진행되었는지를 살펴볼 필요가 있다. 구 인민군의 장비와 병력의 해체는 구 동독의 유산을 청산하는 데 중요한 과정이었지만 그것으로 독일 군사력의 구조전환이 완결된 것은 아니었다. 더욱 중요하고 복잡한 과제는 동독의 과거를 정리하는 일과 독일연방군에 계속 근무하게 된 구 인민군 병력을 정신적으로 통합시키는 일이었다. 이들에 대해서는 정치적·이념적·군사적 측면에서 재교육이 실시되어야 했다. 또한 이들이 개별적으로 겪고 있는 심리적 압박감과 편견 등이 해소되어야 했다. 독일연방군 지휘부는 계속근무를 희망하는 구 인민군 신청자의 서류를 면밀히 조사하여 최종적으로 1만 1천 명의 병력만 독일연방군에 받아들이기로 하였다. 그리고 1992년 10월 2일 국방장관은 최초로 구 인민군 출신 장병을 독일연방군의 직업군인으로 임명하였다. 계속근무를 희망하는 자들을 군사기술적 측면에서 받아들일 것인가의 여부를 판단하는 일은 그리 어렵지 않았다. 하지만 정치적 측면에서 이들의 임용 여부를 판단하는 기준은 때로 모호하였다. 여기에 대해 독일연방군의 감찰관이었던 키르흐바흐(Hans Peter von Kirchbach)는 신속히 추진되었던 인민군의 해체과정에서 많은 실수가 있었음을 인정하였다. 자질이 있

고 유능한 장병들이 때로 간과되어 강제 예편되기도 하였다.[8)]

서독은 이미 법적 통일 이전에 서독의 국방장관이 1990년 9월 10일 발표한 인민군 장교 교육실시계획에 따라 1천 여명의 동독 장교를 대상으로 3주간 교육을 실시한 바 있다. 통일 이후에는 사단 및 연대급 부대단위에 정규과정을 설정하여 교육을 실시하였다. 정치교육 및 각종 군사훈련이 포함된 교육이 진행되었다([표 8] 참조).

[표 8] 독일연방군 편입 인민군 간부 대상 교육내역

구 분	대 상	교육중점	기간	교육장소	비 고
1차 예비교육	중대장	군법, 교범, 기타 예규에 입각한 부대관리	2주	연방군	
	중대 선임하사	교육훈련 계획실시	"	장교학교	
	위병근무 간부	지휘통솔	"	서독 실무부대	
	대대장급 이상 지휘관	정신교육	"	정신교육센터, 참모대	
기타 보수교육	장기복무자 (복무 예정자)	개인자습			
		부대실습	4주	서독군 실무부대	
		정신교육	2주	지참대	예비교육
		보수교육	12주		2년 이상 근무예정자
		근무지 안내교육		각부대	

자료 : 주독대사관 무관부(1992).

셋째, 독일연방군과 구 동독 주민 간의 통합을 위한 노력이다.[9)] 독일에서 통일 전후 사회통일교육은 서독지역에서는 큰 변화가 없었다.

---

8) Wulf Splittgerber, Ungläugiges Staunen, http://www.ifdt.de/artikel/splittgerber. htm, 손기웅(2003:42-43) 재인용.

9) 손기웅(2003:46-47)의 내용을 토대로 기술.

서독의 통일교육은 본래 정치교육이라는 큰 틀 안에서 이루어졌기 때문이다. 그리고 통일 전후 서독지역은 정치·경제·사회적으로 큰 변화를 겪지 않았기 때문이다. 단지 통일 전에는 동독 실상에 대한 이해, 동서독 비교 등이 정치교육에서 중요한 부분을 차지하였으나, 통일 이후에는 동서독 국민통합, 폭력과 극우주의 등 통일관련 내용이 주류를 이루었다. 반면 동독지역의 통일교육에서는 체제 유지를 위한 이데올로기 교육이 중요한 부분을 차지하였으나, 통일 후에는 새로운 체제에 적응하는 것이 중요한 교육의 과제로 제기되었다. 즉 동독 식의 사회주의 이념 교육에서 서독 식의 다원화된 민주주의 체제를 익히는 교육이 강조되었다. 이러한 교육의 변화는 학생들뿐만 아니라 일반 성인들에게도 큰 문화적 충격을 주었고 많은 문제를 수반하고 있었다. 하지만 통일 직후 통일정부는 구 동독지역에서도 단지 서독 식의 정치교육을 시키면 서독 주민들처럼 민주적인 의식을 함양하고 민주적인 시민이 될 것이라고 예상하였다. 이러한 예상은 빗나갔고, 통일 후 구 동독지역의 정치교육은 많은 문제점을 안고 있었다(김창환 외, 2002:157).

통일 이후 동독인은 특히 포용의 대상으로 매우 중요한 의미를 가지는데, 이들의 심리적 어려움은 다음과 같이 정리되고 있다.

① 동서독간의 이질화를 확인했다. 동독 사람들과 서독 사람들이 동시에 느낀 첫 번째 심리적 어려움이 있다면, 그것은 '이질감'이었다고 하였다. 서로가 같은 언어를 사용하고 있고, 같은 역사를 가지고 있으며, 서신 왕래가 있었고 가족들끼리 상호방문하며 서독 TV 프로그램을 다 같이 보고 살았음에도 불구하고, 막상 서로가 같이 만나 통일 이후의 삶에 대하여 이야기를 나누게 되었을 때 그들은 서로 양쪽 출신 사람들이 가지고 있는 문화나 생각하는 방식이 너무도 다르다는 사실에 몹시 놀랐다는 말을 하였고, 그것이 심리적으로 큰 어려움이었다는 말을 하였다.

② 동독 사람들은 권위, 순종, 지도를 받는 것에 대한 태도의 차이에 대해 어려움을 호소하였다. 동독 사람들과 서독 사람들이 가지고 있는 차

이는 여러 가지가 있으나, 여기서는 그 중 가장 눈에 띄는 것 중의 하나는 그들의 권위에 대한 태도, 지배와 복종의 관계, 생각하는 방법에서의 차이였다. 서독은 제2차 세계대전 이후에 미국, 영국의 영향으로 독일의 전통적인 권위와 지도자에게 순종하는 태도, 나치시대 때 더욱 강화되었던 그러한 태도와는 반대되는 '권위에 반대할 줄 아는 사람들이 되는 교육'을 받아왔다. 즉 위의 권위에 복종하기보다는 개인 스스로가 판단하고 행동하고 그에 대한 책임을 스스로 지는 것이 강조되는 교육을 받아온 것이다. 그러나 동독은 분단 이후에도 여전히 권위에 절대순종하는 것이 강조되는 교육을 받으며 살아왔다. 그것이 동독 사람들에게는 공산독재체제 하에서 살아남을 수 있는 유일한 생존전략이었고, 그것에 충실하게 사는 것이 그들의 삶을 보장해 주는 것이었다. 그런데 급격히 통일이 되면서 동독 사람들도 이제부터는 권위에 반대할 수 있는 사람이 되어야 한다는 서독 사람들의 요구를 받으면서 큰 혼란 속에 들어갔고 그것이 갈등을 일으키게 되었다.

③ 동독 사람들은 미래에 대한 불안감을 느끼고 있다. 현실적으로 주변에서 많은 사람들이 직장을 잃고, 살고 있던 집에서 쫓겨 나오는 일들을 보게 되면서 이들은 근본적인 불안, 즉 직장과 살 집에 대한 걱정을 하고, 불안해하는 사람들로 바뀐 것이었다. 그리고 설사 그런 문제가 어느 정도 해결된 사람들이라 할지라도, 여전히 이런 변화가 많은 자본주의 사회 속에서 자신이 앞으로 언제 어떻게 될지 모른다는 그런 미래에 대한 불확실성이 계속 그들을 불안하게 만들고 있었다. 그러나 이런 불안감은 시간이 지남에 따라, 그리고 그 변화의 속성을 점차 이해함에 따라 없어져가고 있다는 말을 하였다.

④ 동독 사람들은 개인적으로 자신이 쓸모 없는 인간이 되었다고 느끼고 있다. 통일 이후 동독 사람들의 스스로에 대한 대표적인 느낌은 자신이 쓸모 없는 사람이 되었다는 것이다. 통일 이전에 동독 사람들은 자신들과 서독 사람들과의 차이를, 사회를 운영하는 '사상적 측면'에서 '좀더 옳고 그른 문제'로 보았지 '우수하고 열등한 문제'로는 전혀 보지 않았다.

⑤ 동독 사람들은 자신들이 사는 사회의 제도와 특성을 강요당하고 있다고 느낀다. 통일이 되면서 구 동독의 모든 시스템은 가치 없고 잘못된 것으로 평가되어 다 없어지게 되었다. 예를 들어 아이들이 학교에 가서

공부하는 내용이나 교육제도도 서독의 교육내용, 교과서 그리고 교육제도 등으로 한꺼번에 대체되었다. 모든 기관의 장은 대부분 서독 출신의 사람들이 차지하였다. 서독 사람들은 동독 사람들에게 이제부터 어떻게 살고 어떻게 행동하는 것이 더 우수하고 자본주의 체제에 맞는 것인지를 가르쳤다. 동독 사람들은 그것을 따라야만 했던 것이다.

⑥ 동독 사람들은 실직에 대한 불안감을 느끼고 있었다. 동독 시절에는 직장이 그들의 모든 생활 근거지였다. 직장이 한번 정해지면 대부분의 사람들이 그 직장을 평생 다녔다. 전직이나 전업이란 동독에서는 아주 낯선 말이었다. 그리고 직장은 일을 하고 돈을 버는 일터의 기능 이외에도 사상교육을 받는 단위가 되었고, 사회에 참여하는 단위가 되었으며, 모든 인간관계를 그곳을 통하여 평생 지속하며 가졌다. 즉 그들에게 있어서 직장은 곧 삶 그 자체였다. 그런데 통일이 되면서 수많은 동독 사람들이 그런 직장에서 나오게 된 것이었다. 그들에게 있어 직장을 잃는다는 것은 단순히 일하여 돈을 벌 수 있는 곳을 잃게 되는 것 이상의 의미를 가졌다.

⑦ 동독 사람들은 타인과의 비교의식에 따른 불안감을 가지고 있었다. 통일이 되면서 서독 사람들과의 부의 차이를 눈으로 직접 보게 되었고, 같은 동독 출신 사람들이라도 빈부의 격차가 생기고 그것이 점점 더 커짐에 따라 그에 따른 불만과 불안이 커지게 된 것이다.

⑧ 동독 사람들은 구 동독사회의 모든 자랑스러운 것이 다 쓸모 없는 것으로 간주된다는 것에 대해 슬프게 생각하고 있었다.

⑨ 동독 사람들은 자신이 살았던 사회와 가치관에 대해 실망감과 죄책감을 가지고 있었다. 과거 구 동독 사람들은 자신이 믿고 살았던 이데올로기, 즉 사회주의가 가지고 있는 장점에 대한 나름대로의 자부심이 없었던 것은 아니었다. 하지만 막상 통일이 되고, 구 동독의 정부, 당의 지도자들과 비밀경찰이 얼마나 나쁜 일을 많이 하였는가가 적나라하게 드러나게 되면서, 그 동안 자신들이 믿으며 살아왔던 그 가치관, 그 사회에 대한 실망과 회의를 하게 되었다.

⑩ 동독 사람들은 서독 사람들에게 점령당하고 이용당했다고 느끼고 있었다. 많은 동독 사람들이 통일에 있어 가장 분노하고 있는 것은 분단 전 재산권을 서독 사람들에게 인정해 준 것이었다. 이에 따라 자신들이

수십 년간을 살고 있었던, 그것도 동독에서 완전히 합법적으로 살고 있었던, 그러한 집에서 쫓겨 나와야 하였던 것이 이들에게는 가장 힘든 일 중 하나였다.

⑪ 동독 사람들은 자신을 대변해 주는 집단이 없다는 소외감을 느끼고 있었다. 동독 출신 사람들의 말에 의하면 통일과정에서 그들이 모든 협상 과정에서 2등 취급, 보조자 취급을 받았다고 하였다. 정치·경제 모든 것에서 동독 사람은 결코 지도자급 자리를 차지한 적이 없다는 것이었다. 통일 후에 정당에 들어가더라도 주로 서독 사람들로 요직이 구성되어 있어서 동독 사람들은 정당에서도 소수에 지나지 않았다.

⑫ 동독 사람들은 보복당할 것에 두려움을 가지고 있었다. 통일이 되자 바로 동독지역에서 가장 큰 이슈가 된 것은 서독 정부와 언론에 의하여 진행된 '과거의 폭로'였다. 즉 동독정부와 비밀경찰이 행했던 비행사실이 무엇이었으며, 비밀경찰의 정보요원이나 정보제공자로 일한 사람들이 누구였다는 것을 다 발표하는 것이었다. 그리고 그에 대한 신고를 하도록 한 것이었다. 이에 따라 동독 사람들은 극도로 긴장하게 되었다.[10]

군 내부에서도 이러한 문제는 여전히 큰 문제점으로 작용했다. 사실 독일연방군에 있어서 군 통합은 구 동독지역에서의 연방군에 대한 사회적인 포용과 인정도 의미하였다. 연방군지휘부는 이를 위해 상징적인 조치를 취했다. 즉 중요한 참모기구들, 예를 들어 해군사령부, 동부지역 육군사령부, 육군장교학교, 독일연방군 사회과학연구소 등을 구 동독지역에 이동 배치하였다. 그럼에도 불구하고 구 동독지역으로부터 연방군에 대한 인식의 제고는 무엇보다 연방군의 광범위한 홍보와 공개적인 활동을 통해 이루어졌다. 1990년 초부터 군의 공보장교는 언

---

10) 전우택(2002:188-206). 이 자료는 한 정신과 의사가 동독지역의 주요 정보제공자들과의 면담(Key Informants Interview, 1997. 2. 22-3. 1)을 통해 확보한 것이다. 면담 대상자는 민간 또는 공립연구소의 연구원들과 민간 지원기구 책임자, 독일 공무원, 사회정신의학자 등으로 구성되었다. 각 면담은 평균 2시간 30분 정도 이루어졌다. 이 자료는 면담으로 채집된 것이므로 문어체로 약간의 수정을 가했다.

론·방송과의 관계를 강화시켰다. 초급장교들은 구 동독 주민들과 접촉을 강화하여 대화를 통해 그들로부터 이해심을 이끌어내려고 노력했다. 그러나 이러한 노력은 초기에 그다지 성공적이지 못했는데 그 이유는 이들의 활동을 구 동독 주민들이 과거 동독 인민군 정치장교들의 대민선전활동과 유사하다고 느꼈기 때문이다. 그럼에도 불구하고 독일 연방군은 홍보·정보활동을 지속적으로 추진하였고 「독일연방군을 소개한다!」(Die Bundeswehr stellt sich vor!)는 제목의 홍보책자를 25만 부 만들어 돌리는 등의 노력을 통해 어느 정도 구 동독 주민들에게 다가갈 수 있었다.

반면 각급 학교에서의 공개적인 활동을 통한 대주민 접근은 더욱 어려운 작업이었다. 많은 구 동독 출신의 교사들은 수업시간 중에 실시하는 연방군의 홍보활동을 과거 인민군이 행하였던 것과 유사하다는 점에서 거부했던 것이다. 그럼에도 불구하고 1991년 중순부터 연방군은 주 정신교육센터와 같은 다양한 교육시설물과 연계하여 홍보활동을 지속적으로 추진하였다. 그러나 구 동독 주민들로부터 연방군이 사회적으로 가장 많은 호응을 얻을 수 있었던 것은 군의 대민협력활동 (ZMZ: Zivil Militärische Zusammenarbeit)을 통해서였다. 군은 구 동독지역의 사회기반 건설사업에 적극적으로 참여하였다. 특히 구 동독지역의 측량사업을 지원하여 토지대장과 부동산현황을 재파악하는 데 큰 역할을 담당하였다. 그외에도 연방군은 초기부터 구 동독지역에서 요청되는 행정업무의 지원에도 힘을 기울였다. 예를 들어 장거리통신망의 원활한 운용을 지원하였고, 공군을 활용하여 우편물의 운송도 지원하였다. 공군은 나아가 많은 지역에서 위급상황 발생시 민간인에 대한 구조활동도 전개하였다.

군의 대민협력활동이 상징적으로 가장 두드러지게 돋보이게 된 것은 1997년 오더강(Oder)이 범람했을 때 행한 대민지원활동이었다. 이 사건은 구 동독과 구 서독이 함께라는 인식을 주민들의 가슴에 새기는 중요한 계기가 되었고, 독일연방군이 양주민들간에 동일한 정체성을 형성하는 밑거름이 되었다. 즉 그것은 독일연방군 내부적으로는 하나라는 감정을 형성하고 외부적으로는 사회에 의해 독일연방군이 포용되는 데 기여했다.

4. 독일 군사통합과정의 군 정신교육이 한국군 정신교육에 주는 시사점

독일의 군사통합 모델을 한국적 상황에 그대로 적용하는 데는 한계가 있다. 하지만 이상적인 모습으로 성공한 모델을 찾기가 쉽지 않은 상황에서 비교를 위한 계기를 제공해 준다는 점에서 독일 모델은 중요성을 가진다. 독일 군사통합이 우리 한국에 주는 정신교육적 시사를 국가적 수준으로부터 실질적인 수준에 이르기까지 단계별로 구분하여 기술하고자 한다.

1) 국가수준의 정신교육 체계 구축

독일의 경우 군을 포함하는 국가수준의 정신교육 체계가 잘 구축되어 있었다. 이는 통일을 위한 사전준비에서부터 실질적인 통일과정, 그리고 통일 이후 사람과 사람 간의 인간적인 통합분야에서 진가를 발휘했다. 또한 독일은 전국적 규모의 정당들이 통일문제를 주요한 정강으로 채택하여 국민들의 통일에 대한 관심도를 계도해 나갔다.

이와 같은 점은 우리 한국의 경우에도 시사하는 바가 크다. 현재 우리나라는 '자유총연맹', '재향군인회', 그리고 'YMCA' 등과 같은 전국적 규모의 크고 작은 단체들이 있다. 하지만 국가기관에서 주관하는 정신교육 프로그램은 전무한 실정이다. 이전 시기에 '새마을운동본부'

가 있기는 했지만 요즈음은 유명무실한 실정이고, 그마저도 과거시대의 권위주의 산물로 치부되고 있다. 그 정체성이나 내용에 걸맞는 개혁이 있을지언정 국가수준의 대국민계도의 정신교육 프로그램이 필요하다고 본다.

독일의 경우 패전국으로서 승전 선진 강대국의 자유민주주의 이념을 체계적으로 보급하기 위한 필요성에서 비롯되기는 했지만 실질적인 운용은 어떤 선진 자유민주주의 국가보다도 내실 있게 진행되었다.

다만 여기서 중요한 것은 '통일'을 '국가수준의 정신교육' 내용 중에서 주요한 요소로 생각해야 한다는 점이다. 최근 우리 사회에서는 '통일'에 대한 국민적 열망만을 제안하기만 해도 전향적이고 개혁적이고 진보적이고 긍정적이라는 평가를 받는 듯한 인상을 준다. 통일은 우리 국가가 지향해야 할 중요한 국가적 사업 중의 하나이다. 따라서 국가가 지향해야 할 국가목표 이상의 자격으로서의 통일을 제안하는 데는 경계해야 할 것이다.

2) 군 정신교육 전담기관 복구

군대는 국가의 보위를 위해 필요불가결한 요소이다. 따라서 군대의 정신교육은 국가 정신교육의 골간이라고 할 수 있다. 군대는 그 특성상 최초에 편성을 제대로 하면 다른 조직에 비해 시행상의 어려운 점은 상대적으로 많지 않다.

우리 한국군의 정신교육 전담기관은 현재로서는 사실상 부재한 실정이다. 1979년 고 박정희 대통령의 지시에 의해 '국군정신전력학교'가 창설되고, 이후 직제 개편에 의거 '국방정신교육원'으로 개명되고, 급기야 1999년에는 조직 자체가 해체되어 2000년에는 국방대학교의 일개 처(= 정신교육처) 수준으로 감소 편성되었다.[11] 또한 연구기능은 현재 국방대학교 안보문제연구소의 1개 실(= 정신전력연구실)에서 수행하고 있으며, 전문연구지(=정신전력연구)는 창간호의 명맥을 겨우 유지하고 있는 실정이다. 이와 같이 기존 조직 중 폐지된 기능 중에서 현재 다른 조직에서 다시 그 기능을 수행하고 있는 국방대학교 내의 '국방정신교육단'[12])과 최근 논의되고 있는 '국방리더십센터', 그리고 육군종합행정학교의 정훈학처 등의 기능은 과거 국방정신교육원의 기능이 오히려 방만해지는 역기능을 초래하고 만 실정이다. 사실상 국방정신교육원이라고 하는 기구의 기관장의 자리 하나를 폐지하는 결과 이상의 효과를 기대할 수 없다고 보인다. 요컨대 국방정신교육의 필요성은 상존하고, 투여되는 예산은 최소한 기존 수준에 밑돌지 않는다는 것이다. 이러한 상황은 국방정신교육을 전담하는 기구의 복구를 위한 충분한 필요조건이 된다고 판단된다.

현재 국방대학교 내에서는 '국방리더십센터'의 창설이 가시화되고 있는데, 교육-연구 기능이 패키지화되어 있어서 그 성공이 매우 고무적이라고 본다. 여기에 기존에 계획된 주요 임무에 '정신전력 강화를 위한 지휘통솔개념'의 기능을 두어 이 분야에 대한 교육과 연구를 위한 기초적인 가능성을 지속적으로 열어두는 것도 필요할 것으로 본다([표 9] 참조). 이 기구를 토대로 통일관련 교육도 포함하는 국가 필요의 군 정신교육을 추진해 나갈 수 있을 것이다.

3) 대상별 통합적 통일교육 프로그램 개발

현재 우리의 통일부에서는 국가수준의 통일교육 지침체계 재정립을 위한 노력을 하고 있다. 군 통일교육을 위해서도 통일교육 지침총론과

---

11) 이후 국방대학교의 '정신교육부'라는 이름으로 상대적으로 높은 부서로 잠정운용되었으나, 결국에는 직무연수부 예하 1개 처인 정신교육처로 정착되었다.
12) 이 국방정신교육단 내에는 야전 장병들을 대상으로 하는 순회정신교육 전문강사와 정신교육용 교재 집필을 위한 집필위원으로 편성되어 있다.

[표 9] 국방리더십센터의 임무

분 야	주요 임무
기획분야	- 국방리더십센터 임무 및 기능 정립/시행 - 국방부 차원의 리더십 분야 중·장기 발전기획 수립 - 민·관·군 및 상·하·인접부서간 협조/조정/통제
연구분야	- 리더십이론/개념 정립, 사례 개발 연구 - 한국군 고유 리더십 발전/고급 리더십 프로그램 개발 - 군대문화의 정확한 진단과 각 군 특성에 맞는 리더십 발전 - **정신전력 강화를 위한 지휘통솔개념/연구모형 개발** *
교육분야	- 육·해·공군 균형된 발전 노력 - 안보·석사과정 리더십 교육체계 정립 - 일반대학 군사학 학문체계와 연계, 리더십 교수 육성 교육 - 교관/훈육관 워크숍, 장군 진급반, 무궁화회의 리더십 교육

주 : 원자료에는 '*' 표시의 내용이 없었으나, 상대적으로 '정신전력'에 대한 중요
　　도를 강조하기 위해 필자 임의로 삽입함.
자료 : 국방대학교 리더십센터(2004).

일관성을 유지하는 가운데, 몇 가지 유념해야 할 사항을 제시하고 있
다.

첫째, 군 통일교육은 민주사회 건설을 위한 올바른 국가관에 기초한
민주시민을 육성할 수 있도록 실시되어야 한다. 둘째, '선안보·후통일'
논리의 당위성이 명확히 교육되어야 한다. 셋째, 확고한 대적관을 견지
하는 가운데 포괄적인 안보교육을 지향한다. 넷째, 인간 중심의 교육을
지향하면서, 체제 확산적이며 적극적인 방향에서 이루어져야 한다. 다
섯째, 통일교육 자체가 민주적이어야 한다. 여섯째, 수요자 중심의 통
일교육을 실시하여야 한다. 일곱째, 불변요소와 가변요소의 적절한 균
형교육을 실시한다(오기성 외, 2003:149-158).

그런데 대상의 영역을 거시적으로 구분해야 할 필요가 있다. 그 예
시로 통일 이전의 남한 군인들에 대한 교육, 흡수된 북한 인민군에 대

한 교육, 통일한국군을 위한 총체적 교육, 통일한국민의 적극적 지지를 확보하기 위한 홍보와 교육 등을 생각해 볼 수 있다. 이러한 논의를 토대로 학교-일반사회-군대사회 등과의 관련을 고려한 국가수준에서의 통일교육을 위한 계열과 범위(sequence & scope)를 설정할 필요가 있다.

4) 통일대비 군 자체 교육과정 개발

현재 군 내부에서의 통일교육은 별도의 과목 명칭이 없이, 전반적인 정신교육의 틀 속에서 이루어지고 있는 실정이다. 그 기본적인 틀은 현재 일반학교와의 연계성을 위해 학교급별 통일교육의 목표선상에서 고려될 필요가 있다.

학교교육에서의 통일교육은 반공교육 → 통일·안보교육 → 통일교육 순으로 그 강조점이 변화하여 왔다.[13] 한편 군 정훈교육의 역사는 그 시기에 있어서 약간의 전후 차이는 있겠지만, 대체로 정훈교육을 위한 기본교재 개정과 맥락을 같이 한다. 정훈교육의 교재는 많은 굴곡이 있었으나, 1976년 국방부 단위의 최초 교재 통일이 있기 이전까지는 특별정훈교육 교재로서 한시적으로 교육목적에 부합되게 제작·활용되었다.

군 정훈교육의 기본교재는 1976년 12월 국방부에서『국군정훈교정』이라는 최초의 국방부 단위의 교재를 발간하고 난 뒤부터 1979년 제1차 교재개정으로『국군정신교육 교본(1·2·3부)』이 발간되었으며, 제2차 개정으로 1981년 개정본인『국군정신교육 교본』이 발간되었고, 제3차 개정으로 1989년 개정본인『정신교육 기본교재』가 발간되었고, 제4차 개정으로 1993년『국군정신교육 교본』이 발간되었고, 1998년

---

13) 교육인적자원부(2001), 권순환(2004:11) 재인용.

『국군정신교육 기본교재』가 발간되었으며, 그리고 최근에는 제5차 개정에 의해 1999년 연말에 『(정신교육 기본교재) 위기극복을 위한 우리의 다짐』이 발간되었다.

우리 군의 정신교육 내에서 통일교육이라고 하는 단일주제의 변천과정을 염출해 내기는 상당히 어렵다. 다만 정신교육에서 시대별로 강조되는 교육내용의 흐름 속에서 짐작해 낼 수 있을 것 같다.

현재의 군 정훈교육은 국가 전반적인 통일에 대한 관심과 열망에 비해, 군 자체의 공식적인 교육과정으로 흡수하지는 못한 상황이다. 현재의 군 정훈교육의 연간 시간 편성표를 보면, 기본교재를 중심으로 하면서 시대적 요청사항을 간헐적으로 교육하는 식으로 시간이 편성되어 있다(국방부, 2004:21).

특히 기본교재의 '군인정신', '국가관', 그리고 '안보관'은 군 정훈교육의 가장 중심적인 목표 역할을 수행하고 있는데, 군 통일교육은 이 중에서도 국가관과 안보관과 직접적인 관련이 있다고 볼 수 있다. 한편 교관용 정신교육 교재에서는 미비하나마 군 통일교육에 대한 교육내용을 담고 있다(국방부, 2003:148).

5) 통일대비 군 자체 전문요원 양성

통일은 현재 우리 한국의 입장에서 볼 때, 가장 중요한 국가적 사업 중의 하나이다. 따라서 통일교육이라는 별도 상징적 교육의 필요성은 매우 높다. 그렇지 않고 다른 교육과정의 일부 과목군(群) 중의 하나로 생각하게 된다면, 통일을 준비하고 통일과정을 이끌어나가고 완전한 통일을 일구어낼 수 없을 것이다.

통일부 차원에서는 사회 통일교육의 일환으로 군 통일교육을 인식하고 있다. 이는 군 정훈장교를 대상으로 한 통일교육 일정을 살펴보면 쉽게 이해할 수 있다([표 10] 참조).

[표 10] 통일부의 사회통일 교육과정 개요

교육과정	교과편성(전문과목 위주)	기간/기수	비고
통일교육 전문위원(연찬)	북한이탈주민과의 대화, 남북관계 주요 현안과 대책, 남북교류협력과 경제공동체 건설 방안, 사회통일교육 표준강의안 연구 및 발표 등	각3일/ 3기	합숙
통일교육 전문위원(명예)	북한주민의 생활과 가치관, 북한이탈주민과의 대화, 남북경제협력과 경제공동체 형성방안, 남북관계 주요 현안과 대책 등	각3일/ 3기	합숙
민주평통 자문위원	북한이탈주민과의 대화, 남북관계 주요 현안과 대책, 남북교류협력과 경제공동체 구축방안, 통일문제 관련 홍보활동의 방향과 과제, 북한·통일관련 정보자료 활용 방안, 북한·통일문제 쟁점토론 등	각2일/ 3기	합숙
향군안보강사	남북관계와 국가안보, 북한의 군사력과 남북한 군사력 비교, 남북간 신뢰구축과 평화문제, 북한이탈주민과의 대화, 남북관계 주요 현안과 대책, 통일안보교육현장에서의 통일교육 지도요령과 교수기법 등	각3일/ 2기	합숙
민방위소양강사	북한의 군사력과 예비전력, 남북관계와 국가안보, 외국의 민방위교육 사례, 북한이탈주민과의 대화, 남북관계 주요 현안과 대책, 민방위교육에서의 통일교육의 지도원칙과 교수기법, 민방위교육 사례 발표 및 토론 등	3일	비합숙
군 정훈장교	한반도 냉전구조 해체와 평화정착 방안, 북한이탈주민과의 대화, 남북관계 주요 현안과 대책, 신세대 장병들을 위한 통일교육 과제와 방향, 북한의 군사력과 남북한 군사력 비교, 정훈교육 사례 발표 및 토의 등	각3일/ 2기	합숙
통일단체 지도자	북한주민의 가치관과 생활, 남북관계 주요 현안과 대책, 남북교류협력과 경제공동체 건설방향, 북한 사회단체의 역할과 활동 현황(외곽단체 중심), 민간 통일운동의 방향과 과제, 북한이탈주민과의 대화 등	각3일/ 4기	합숙
통일교육단체 지도자	북한이탈주민과의 대화, 남북관계 주요 현안과 대책, 남북한 사회문화 교류협력 실태, 북한 사회단체의 역할과 활동 현황(외곽단체 중심), 민간 통일교육의 방향과 과제 등	3일	합숙
종교단체 지도자	북한이탈주민과의 대화, 남북관계 주요 현안과 대책, 북한 주민의 가치관과 생활, 북한의 종교정책과 주민들의 종교생활, 탈북자 현황과 적응 실태, 남북화해협력시대 종교교류의 방향과 과제 등	각3일/ 2기	합숙

교육과정	교과편성(전문과목 위주)	기간/기수	비고
여성단체 지도자	북한이탈주민과의 대화, 남북관계 주요 현안과 대책, 북한의 여성정책과 여성들의 생활상, 북한영화를 통해서 본 여성들의 지위와 역할, 남북 여성교류의 현황과 활성화 방안, 북한 가계부 쓰기 등	각3일/ 2기	합숙
북한이탈주민 자원봉사자	북한이탈주민과의 대화, 남북관계 주요 현안과 대책, 북한주민의 가치관과 생활, 북한이탈주민 정착지원 정책방향과 법·제도, 북한이탈주민의 법적 지위 및 심리적 특성, 북한이탈주민 사회적응 실태, 북한이탈주민 자원봉사자의 역할과 활동방향 등	각3일/ 2기	합숙

주 : 진하게 표시한 부분은 군 정훈장교를 대상으로 한 교육내용인데, 다른 교육대상과 비교해 볼 때 큰 차이가 없어 보임. 다만 안보분야에 대한 강조점이 일부 제시되었을 뿐임.

자료 : 한만길 외(2003:52-53).

이렇듯 국가 전반적으로도 군 통일교육에 대해 그 필요성을 인지하고 있지만, 군 특성으로 인해 별도의 프로그램을 만들 수도 없는 상황이고, 그렇다고 군 내부에서도 이러한 의식을 갖고 계획을 수립·시행할 만한 여건이 조성된 것도 아닌 것으로 보인다.[14]

6) 군인을 대상으로 한 정치교육의 필요성

우리나라 헌법에 명시된 것처럼 군인은 정치적 중립을 지켜야 한다. 그렇다고 해서 군인이 정치적 무지를 지켜야 한다는 것은 아니다. 군인이 정치적인 의식을 갖고 있다는 것은 국가정치의 향방을 잘 이해하고, 중간단계의 지휘관을 통해서 자신에게 부여된 명령을 제대로 이해할 수 있는 안목을 갖게 되는 데 큰 도움이 된다. 독일의 군사통합과정에서도 매 상황에 맞는 정확한 지침이 주어진 것이 아니었다. 고급간

---

14) 통일대비 군 전문요원 양성관련 시론적 연구는 장경모(1996:151-152) 참조.

부에서부터 초급간부에 이르기까지 모든 군 간부는 군 정신교육센터에서 최초에 공감을 갖고 전수받은 정치적인 의식을 토대로 언론매체 등을 통해 얻게 되는 정치적인 상황에서 스스로 판단할 수 있었다. 정확한 개념을 가진 상태에서 중립성이 보장된 정치적인 인식과 판단은 전반적인 국가통일의 과정과 맥을 같이 할 수 있었고, 또한 그 실패율도 낮출 수 있었던 것이다. 현재 우리 군의 경우 정치적 중립성을 지키는 것이 정치적 무지를 견지하는 것으로 오해되어서는 안 될 것이다. 고도의 정치의식은 오히려 군사분야에 있어서 정치인들을 설득하고 리드할 수 있을 것이다. 하물며 국가의 매우 중요한 과업인 통일과정에서 군사통합은 그 승패를 좌우할 만큼 중요한 의미를 가진다. 여기에 군인들의 정치적 의식이 기여해야 된다는 것은 자명한 이치이다. 우리의 군사통합과정에서는 이러한 점이 간과되어서는 안 될 것이다.

7) 향후 독일 군사통합의 정신교육에 대한 연구시 'Innere Führung' 개념에 대해 지나친 의존 지양

어떤 진술을 함에 있어서, 특정한 단어 하나가 들어가거나 생략되었을 때 전반적인 분위기가 매우 다르게 인식되는 경우를 종종 발견할 수 있다. 독일의 군사통합에 있어서 'Innere Führung'이라는 단어가 바로 여기에 해당된다. 앞선 논의에서는 이 말을 '도덕적 지휘통솔' 또는 '지휘관 중심의 정신교육'이라고 사용했다. 그런데 흔한 독일어 번역의 경우처럼 '내적 지휘통솔' 등과 같이 생소한 용어 사용은 그 본질과 무관하게 과대 인식되고 있다. 사실 이 단어는 우리나라에서 흔히 사용되고 있는 '도덕적 지휘통솔' 등과 같은 평범한 용어로 치환될 수 있다. 그렇다고 해서 이 말 자체가 엄청난 상징성을 갖고 있는 것이라고는 말할 수 없다. 이것을 근거로 하여 실천에 옮길 때 그 의미가 살아나는 것이다. 2002년 월드컵 경기에서 '대~한민국! 짝짝 짝 짝짝'이라고 하는 아주 평범한 구호가 전 국민을 대동단결할 수 있게 했듯이, 특정 자구 자체에 대한 지나친 의미부여는 지양해야 할 것이다.

5. 맺음말

본 연구는 독일 군사통합에서 군 정신교육이 어떠한 역할을 했는지를 밝히고, 이를 토대로 우리 한국의 군사통합 방향에 시사하는 바가 무엇인지를 제시하는 데 그 목적을 두고 이루어졌다. 연구결과 총제적으로 국가 전반적인 통일을 포함하는 정신교육 시스템 개발의 필요성을 느낄 수 있었다. 전후 독일사회를 빠른 시간 내에 복구할 수 있었던 것은 이와 같은 국가 전반적인 국민정신교육 시스템이었다. 무엇보다도 우리 한국에 시사하는 확실한 사항은, 이와 같은 정신교육의 전통을 슬기롭게 극복하고 무엇보다도 자발적이고 적극적인 노력을 기울인 독일의 위정자와 국민의 노력은 칭찬받아 마땅하다는 것이다.

좀더 구체적인 연구결과는 다음과 같다. 우선 독일 군사통합과정에서 정신교육의 역할을 살펴보았다. 여기서는 전반적인 군사통합의 개요를 살피고, 국가 전반적인 정신교육기관이 어떻게 되어 있는지를 살펴보았다. 그리고 난 뒤에는 군 정신교육센터의 기구를 살펴보았다. 군 정신교육의 핵심 개념이라고 하는 '도덕적 지휘통솔'의 개념이 자생적인 요인에 의해 비롯되지는 않았지만, 이를 자발적으로 자기화하려고 한 독일 국민과 군인들의 노력에 의해 이루어졌음을 알 수 있었다. 독일군의 정신교육센터는 교육과정의 편성 면에 있어서도 통일대비 및 통일과정에 있어서의 교육을 국가수준에서의 건전한 민주시민교육이라고 하는 큰 맥락 속에서 추진하고 있었다. 통일에 천착하는 폐쇄적 교육과정을 운영했던 것이 아니었다. 이와 같은 평시의 국가적 민주시민교육의 전통은 통일단계에서도 위력을 발휘했다. 군의 고급간부들을 중심으로 국가 최우선 사업으로서의 통일과업에 대한 교육을 집중적으로 함으로서 동독군 흡수 후 구 인민군을 대상으로 한 교육 및 실제 흡수주체였던 서독군에 대한 군사통합에서의 내적 통일의 중요성과 그 실질적인 교육을 수행할 수 있었다.

독일의 군사통합에 있어서 내적 통합은 단계별로 추진되었다. 세 단계로 나누어서, 첫째, 통일준비교육의 일환으로, 서독군 전 장병을 대상으로 현 정치와 군사적 상황에 대한 올바른 인식 정립을 목표로 진행되었다. 둘째, 통일과정에서의 정신교육은 통일에 대한 희망과 우려가 교차되는 가운데 교관과 피교육생의 적극적인 참여의식 속에 이루어졌다. 셋째, 통합단계에서의 교육은 동독 인민군 장병의 최단시간 내 통일연방군으로의 편입 및 일체감 조성과 공산주의 사상의 역침투 방지에 초점을 두고 진행되었다. 이때 군 정신교육센터의 위력이 발휘되었다. 또한 민간 정신교육기구와의 협력도 중요한 역할을 수행했다. 이를 통해 국민적 지지와 협력을 얻어낼 수 있었다.

다음으로 독일의 군사통합은 대상별로 나뉘어서 추진되었다. 첫째, 서독 내부의 군인들에 대한 교육이다. 여기에 대해서는 통일과정에서 군 정신교육의 실행에 관한 기본원칙 속에 잘 나타나 있다. 주요 내용은 둘째, 통일 이후 동독 인민군에 대한 교육이다. 주로 정치적·이념적·군사적 측면에서의 재교육이 실시되었다. 또한 이들이 개별적으로 겪고 있는 심리적 압박감과 편견 등을 해소하는 데 초점을 두었다. 셋째, 독일연방군과 구 동독 주민 간의 통합을 위한 노력이다. 독일연방군의 완전한 군사통합은 동독 주민들의 지지와 협조 속에서 이루어질 수 있다고 보았기 때문이다.

이상의 논의를 토대로 우리 한국에 주는 정신교육적 시사점을 몇 가지 도출해 냈다. 즉 ① 국가수준의 정신교육의 체계를 정비하여 구축해야 해야 될 필요성, ② 군 정신교육 전담기관의 복구, ③ 대상별 통합적 통일교육 프로그램 개발, ④ 통일대비 군 자체적인 통일교육과정

개발, ⑤ 통일대비 군 전문요원 양성을 위한 방향 제시, ⑥ 군인을 대상으로 한 정치교육의 필요성, 그리고 ⑦ 향후 독일 군사통합과정의 정신교육에 대한 연구시 Innere Führung 개념에 대해 지나친 의존은 지양해야 한다는 점 등을 제안하였다.

군 통일교육은 통일부만의 전유물이라는 안일한 태도를 지양하고 더욱 적극적으로 추진해야 한다. 그 진행과정은 평화 개념을 항상 전제로 해야 될 것이며, 더불어 국가적인 큰 틀 속에서 추진되어야 함은 재론의 여지가 없다. 군 통일교육에 있어서 또 한 가지 간과해서는 안 될 일은 통일 준비와 과정, 그리고 통일 이후에 대해서도 대비해야 한다는 것인데, 특히 인적 구조조정에 있어서 무기나 장비 처분과 같이 인적 청산을 해서는 안 될 것이다.

결론적으로 본 연구는 통일독일의 군사통합에서 선행연구가 외형적이고 물질적인 통합에 초점을 두고 이루어졌음에 비해, 군 공동체 구성원과 대민협력에 의한 내적인 통합을 어떻게 이루어냈는지에 초점을 두고, 이를 어떻게 성공적으로 이루어내었는지를 탐색했다. 여기서 몇 가지의 특징을 얻을 수 있었고, 여기서 통일한국의 군사통합을 준비하고, 실제 통합을 하는 단계에서 군 정신교육을 어떻게 효율적으로 잘 할 수 있는지에 대한 몇 가지의 정책적인 제언을 정리하여 제시하였다.

심화 탐구 주제

1. 독일의 군사통합이 성공적으로 진척될 수 있었던 것은 대민협력활동을
   잘 추진한 결과에서 비롯된다. 남북한 군사통합을 위한 시사점을 정리
   하여 의견을 개진해 보세요.

2. 군사통합을 통해 발생하는 잉여인력의 문제를 어떻게 해소할 수 있을지
   본인의 의견을 개진해 보세요.

3. 한국군의 군내기구 중에서, 통일 및 통합의 주제를 어디에서 가르쳐야
   한다고 생각하는지 의견을 개진해 보세요.

참고문헌

교육인적자원부, 『초·중·고등학교 도덕과 교육과정 기준』, 2001.
국방대학교 리더십센터, 『국방리더십센터 운영계획(안)보고』, 국방대학교,
   2004. 7. 28.
국방부, 『국군정훈교정』, 1976.
국방부, 『국군정신교육 교본(1·2·3부)』, 1979.
국방부, 『국군정신교육 교본』, 1981.
국방부, 『정신교육 기본교재』, 1989.
국방부, 『국군정신교육 교본』, 1993.
국방부, 『국군정신교육 기본교재』, 1998.
국방부, 『(정신교육기본교재) 위기극복을 위한 우리의 다짐』, 1999.
국방부, 『정신교육 교재(교관용)』, 2003.
국방부, 『2004년 정훈공보활동 지침』, 2004.
권순환, 「도덕·윤리과의 통일교육이 한국의 정치문화 발전에 미친 영향에
   관한 연구」, 『도덕윤리과교육』 제18호, 한국도덕윤리과교육학회, 2004.

김창환 외, 『독일의 학교 및 사회통일교육 프로그램 개발 및 운영실태 분석』, 통일부, 2002. 12.

김해순, 『통일 이후 동서독 주민들의 갈등과 사회통합 — 통일교육에의 시사점』, 통일부 통일교육원, 2002.

박성수 외, 『현대사 속의 국군』, 전쟁기념사업회, 1990

손기웅, 「독일 통일 전후 군통합과정에서 군의 정치교육과 시사점」, 『정신전력학술논집』, 국방대학교 안보문제연구소, 2003.

신세호 외, 『독일 교육통합과 파생문제점 분석연구』, 한국교육개발원, 1993.

신정현 외, 『통일시대의 민주시민교육론』, 탐구당, 1997.

『연합뉴스』, 2004. 9. 1.

오기성 외, 『통일교육지침체계 재정립에 관한 연구』, 통일부, 2003.

육군제2훈련소, 『군인정신표출사례집』, 1992

이민수 외, 『통일 한국군 이념교육 체계 정립 연구』, 육군사관학교 화랑대연구소, 2000.

이상목 역, 『독일군 정신교육 지침서(ZDv 10/1 Innere Führung, Februar 1993, DSK FF140100255)』, 국방대학교 안보문제연구소, 1994.

이승희, 『통일대비 군 정신교육 발전방안: 독일군 통합 사례를 중심으로』, 국방대학교 안보문제연구소, 1999.

이한홍, 「독일 군관련 연구기관」, 『세계 각국 군관련 연구기관』, 육군사관학교 화랑대연구소, 1995.

이한홍, 『독일군 장교 양성교육』, 군사연구총서 제27집, 육군사관학교 화랑대연구소, 1999.

임봉춘, 「통일독일과 연방군의 당면과제」, 『정신전력연구』 제13호, 국방정신교육원, 1992.

장경모, 「독일 통일의 교훈에 비추어 본 통일준비과정 고찰」, 『정신전력연구』 제18호, 국방정신교육원, 1996.

전우택, 『사람의 통일을 위하여』, 도서출판 오름, 2002.

정신교육연구회, 『한국의 군인정신』, 삼화출판사, 1978

제성호, 「미국의 북한인권법안 통과 의미와 전망」, 『북한』 9월호, 북한연구소, 2004, pp.34-44.

『조선중앙통신』, 2004. 7. 30. http://www.kcna.co.jp/index-k.htm

조승옥, 「한국군 군대문화 조형 방향: 반성과 조망」, 『한국군 군대문화의 회고와 발전적 정립』(건군 50주년 기념 98 군사연구세미나), 육군사관학교 화랑대연구소, 1998, pp.35-81.

주독대사관 무관부, 「통독후 독일의 군사현황」, 『통독관련연구자료: 군사분야 200-74』, 1992. 9.

주독대사관, 「통독을 전후한 연방정치교육센터 활동」, 『독일통일관련자료 100-130』, 1991. 11.

하정열, 『한반도 통일후 군사통합방안』, 팔복원, 1996.

한만길 외, 『통일교육의 실태조사 및 성과분석』, 통일연구원, 2003.

한만길, 『통일교육의 이론과 실천 ─ 평화와 통일을 위한 교육』, 교육과학사, 2001.

Bundeszentrale für politische Bildung, *Bericht der Bundesregierung zu Stand und Perspektiven der politische Bildung in der BRD*, 연도미상.

Gesamtdeutsches Institut, *Aus der Tätigkeit des Gesamtdeutschen Institus, 1969 bis 1991*, Bonn: Gesamtdeutsches Institut, 1991.

KMK, *Die deutsche Frage im Unterricht*, 연도미상.

Lohse, Eckart, "Wie steht es um die Gerechtigkeit", *Frankfurter Allgemeine Zeitung*, Feb. 22, 1994.

Mickel, W. W. & D. Zitzlaff, *Handbuch zur politischen Bildung*, Bonn: Bundeszentrale für politische Bildung, 1988.

Splittgerber, Wulf, *Ungläugiges Staunen*, http://www.ifdt.de/artikel/splitt gerber.htm.

Zentrum Innere Führung, *Der Soldat der NVA: Hilfe zum Vertändnis und zum Umgang*, Arbeitspapier September 1990.

Zentrum Innere Führung, *ZIF Lehrgang und Seminare 1992*, Koblenz, 1991.

[부 록 1]
독일군의 정신교육 실행에 관한 기본원칙

원칙 1   군인직업에 대한 이해

군인은 우리 헌법의 기본가치를 인정하고 명령과 지시, 그리고 정신교육의 기본원칙에 의거하여 행동한다. 그와 더불어 군인은 '군인직업'에 대해 스스로 충분히 검토해야 한다. 다른 군인들과의 접촉과 직업 검토를 토대로 군인직업관을 발전, 형성해 나가야 한다.

상급자는 하급자가 군인임무의 이념과 의의를 자발적으로 정립해 나가도록 촉구하고 군업무의 특이성을 이해하도록 일깨워 준다. 그리고 나아가서는 하급자 스스로 임무수행 준비태세를 갖추고, 특히 적과의 대치상황이나 위험에도 불구하고 임전태세를 확립하고 군인다운 행동을 하도록 한다.

원칙 2   군인의 기본의무

모든 군인은 조국에 충성하고 국민의 자유와 권리를 수호해야 할 기본의무가 있다. 비상시 생명을 바치는 것도 이 기본의무에 속한다. 자유와 권리는 자유민주주의 기본질서에 의해 보장된다. 그러므로 군인은 이 기본질서를 깊이 인식하고 또한 유지하기 위하여 헌신해야 한다. 상급자는 자기 책임영역에서 모든 의무를 양심적으로 이행하고, 적절한 수단과 법에 의거하여 임무수행을 관철해야 할 책임이 있다.

원칙 3   위계질서와 상급자의 권위

군인은 군 공동체와 군사임무수행을 우선으로 하고, 업무 중 개인적 욕구를 삼간다. 군인은 자제력을 키워 나간다. 상급자는 행동과 의무이행에 모범이 되고, 하급자의 고난과 역경을 이해하고 공동으로 이겨내므로 상급자로서의 권위를 유지한다.

원칙 4 법과 정당성

군인은 법에 의해 행동이 제한되고 임무수행에 어려움을 겪더라도 규정된 법을 지켜야 한다. 상급자는 법을 수호해야 하나, 명령권과 징계권을 행사할 경우 휘하 군인의 기본권을 침해해서는 안 되며 개인사정을 고려해야 한다.

원칙 5 명령과 복종

군인은 상급자에게 복종해야 한다. 군인은 상급자의 명령을 전력을 다하여 완벽하고 양심적이며 지체 없이 수행해야 하나 명령 복종 의무의 한계를 알아야 한다. 군인은 동료가 잘못된 행동을 하지 않게 하고 임무수행에 적절한 행동을 하도록 조언한다. 상급자는 단지 공적 업무수행을 위하여 법에 의거 명령을 하달한다. 상급자는 명령의 의미와 필요성을 이해시키고 주어진 환경을 고려, 적절한 명령을 하달한다. 상대방의 기분을 상하게 하는 독선이나 거리감을 유발시키는 매정스러운 행위는 삼간다. 하급자의 불성실한 태도를 발견할 경우, 당사자의 말을 청취하고, 불성실한 태도의 결과로서 야기되는 개인적 불이익과 물적 손실을 설명한다. 그리고 차후 성실한 태도를 촉구한다.

원칙 6 단결

상급자와 하급자는 군대 단결에 공동으로 책임을 진다. 군대 단결은 상호신뢰의 기반 위에 이루어지므로, 신뢰구축과 유지에 힘쓰고, 타인의 자유와 존엄성을 인식하며 관용과 더불어 상대방의 사정을 충분히 고려해야 한다. 단결은 또한 전우애와 위계질서 속에서 도모된다. 책임의식 및 전문지식과 더불어 군인은 능력의 한도 내에서 동료를 돕는 용기와 진솔성을 가지고 자발적인 임무수행을 함에 따라 상호단결을 촉구한다. 군인은 자기실수를 인정하고 타인의 비평을 회피해서는 안 된다. 상급자는 업무기획과 분담에 하급자를 참여시킨다. 하급자의 참여수단과 협조가 상급자의 시각에서 방해요소로 인식되어서는 안 되며, 오히려 의사결정과정에서 절대적으로 필요한 하급자의 기여로 받아들여져야 한다. 이것은 또한 상호인정을 촉구시킨다. 그러므로 상급자는 하급자를 개인적으로 파악하기 위해 힘쓰고, 대화의 기회와 관심을 가져야 한다. 또한 하급자가 즐거운 마음으로 업무를 수행하도록 온화하고 생동감 있는 분위기를 조성한다. 상급자는 적정시기에 포괄적으로 장기계획과 기본훈령에 대해 교육하고, 하급자가 의견을 발표할 기회를 만든다. 임무와 권한을 하달하고 각 개인의 행동영역을 확장하며 용기를 북돋아 줌으로써 하급자의 자립심과 자율성을 강화시킨다. 끝으로 상급자는 업무수행 초기에 일어날 하급자의 실수를 관대히 받아들임으로써 하급자 스스로 자신감과 책임감을 갖게 하고 난관을 극복할수 있도록 한다.

원칙 7 업무기획과 훈련

군인은 개인의 직업경험과 인생경험을 토대로 안전을 제시하고 임무와 책임을 인수하므로 업무기획에 동참한다. 상급자는 하급자와 긴밀한 협조하에 다양하고 실전에 가까우며, 도전적이고도 체험적인 훈련을 기획하되, 비효율적인 훈련은 삼간다. 상급자는 각 개인의 임무에 대한 중요성을 부대 전체임무에 연계하여, 명확히 설명한다. 특정부담이나 비선호 임무에 대해서는 맡은 바 임무의 필요성을 설득한다. 상급자는 업무감독에 충분한 시간을 할애하여야 하며, 모든 업무영역에 걸쳐 대화를 통해 설명, 지시, 그리고 후원한다. 칭찬과 고무적 발언이 효과적인 지휘수단임을 인식하고 '제복 입은 시민'으로서 행동할 수 있는 자격과 능력을 갖출 수 있도록 그에 부합된 자아발전을 촉구한다.

원칙 8 정치교육

군인은 정치적 사건과 그 배경에 대한 정보를 입수하고, 그것을 토대로 군인과 동시에 국민으로서 자기 입장을 결정한다. 정치적 논쟁에서 군인은 동료의 입장을 고려하여 전우애에 손상이 가지 않게 한다. 상급자는 하급자를 대상으로 정신교육을 직접 실시해야 할 의무가 있다. 상급자는 하급자의 경험, 생각, 이해관계 등을 파악하고 자신의 입장을 표명하되, 타인의 생각을 관대히 허용한다. 하급자의 상급자에 대한 신뢰와 공명정대 여부는 특히 논란의 대상이 되는 주제를 다루는 과정에서 하급자의 상급자에 대한 언행에 비추어 알 수 있다.

원칙 9 인력관리와 배려

군인은 본인이나 동료, 혹은 가족이 특정배려의 필요성을 느낄 경우 적정시기에 통보하고, 또한 스스로 돕는다. 그리고 군인은 자율적으로 뜻깊은 자유시간을 기획·실시한다. 상급자는 하급자에 대한 책임이 있으며, 하급자가 불이익이나 신체의 손상을 당하지 않도록 직접 보살핀다. 하지만 상급자 자신의 욕구는 자제한다. 그 이외에 하급자에 대한 추가적 후원이 필요한 경우, 해당군인의 동료들이 베푸는 선행과는 별도의 필요조치를 즉각 취한다. 상급자는 후원조치에 필요한 모든 군대수단을 동원하고, 포괄적인 조언을 받는다. 즉 상급자는 부대 및 국방부 해당 행정기관, 특히 복지기관, 군의관, 정신상담관과 긴밀히 협조한다. 하급자의 여가선용을 위해 상급자는 하급자의 자율성을 촉구하고, 필요물자를 지원한다.

원칙 10 정신상담

군인은 정신상담을 요구할 권리와 자유스러운 종교생활을 영위할 권리를 가진다. 상급자는 하급자의 종교적 사고를 존중해야 한다. 종교행위의 자유와 자율성은 보장되어야 한다. 상급자는 자체관할권을 가지고 상담에 응하는 군정신상담소와 긴밀히 협조한다. 군정신상담소는 해당 군인에게 교회상담소를 알선한다.

원칙 11 대외홍보업무

군인은 자신의 모든 행위, 특히 외형적인 인상과 강한 책임의식, 그리고 맡은 임무에 대한 객관적·논리적 표현은 긍정적인 군대의 이미지를 갖게 한다. 상급자는 대외홍보업무의 책임이 있다. 그러므로 자신의 업무영역과 권한 안에서 홍보활동을 하고, 토론에 참여한다. 그리고 군대에 대한 민간사회의 이해를 촉구하고 군대의 필요성을 전달한다.

원칙 12   인사관리

군인은 직업경로에 관한 문제에 대해 조언을 요청할 수 있고, 직업목표, 개인 요망사항, 직업관 등을 조기에 표현하여 정당한 인사관리가 이루어지게 한다. 군인은 인력소요와 타동료의 의사 및 희망사항이 공정히 고려되어 인사결정이 내려진다는 것을 유념해야 한다. 상급자는 휘하 하급자의 직업경로에 대해 정보를 제공하고 조언한다. 일반 인사정보뿐만 아니라, 특히 개인인사에 관한 문제는 인사 담당부서와 협조하여 결정한다. 상급자는 하급자에 대한 특정 선입견 없이 객관적 입장에서 하급자의 능력을 평가하려고 해야 한다. 왜냐하면 한 개인에 대한 능력평가는 당사자의 경력에 결정적인 영향을 미침과 동시에 전 군대의 능률 및 능력향상에 커다란 역할을 하기 때문이다. 상급자는 특히 지휘·통솔능력을 면밀히 평가한다. 상급자는 실질적인 정신교육의 질과 수준을 고취시키며, 지휘관 임용에 결정적으로 영향을 미친다.

자료 : 이상목 역, 『독일군 정신교육 지침서』([ZDv 10/1] Innere Führung, Februar 1993, DSK FF140100255), 국방대학원 안보문제연구소, 1994, pp.26-32.

제 7 장

충무공 이순신의 지도자윤리

1. 머리말

본 연구는 충무공 이순신의 지도자윤리를 현대적으로 재조명하는 데
그 목적이 있다. 최근 들어 충무공 이순신은 많은 매체를 통해 관심이
제고되고 있다. 즉 TV 프로그램으로부터 출판, 학술서, 학위논문 등
매우 다양하다.1) 또한 주제별로도 다양하게 조명되어 왔는데, 전통사

---

* 이 장은 저자의 국방대학교 안보문제연구소 기초학술과제에 의한 연구보고책자
 (「전사를 통해 본 리더십 연구: '통합된 인격'(integrated character)을 중심으로」,
 제정관 외, 『군 직업주의와 리더십』, 국방대학교 안보문제연구소, 2003, pp.
 161-288) 중에서 일부를 발췌하여 발전시킨 논문(「충무공 이순신의 리더십 연
 구」, 『국방정책연구』제67호, 2005 봄호, pp.147-176)의 내용이다. 이 장의 내
 용은 국방대학교 허남성 교수님의 책임하에 공동으로 만들어졌다.
1) 특히 KBS 1TV의 『불멸의 이순신』은 김탁환의 소설 『불멸의 이순신』과 김훈
 의 소설 『칼의 노래』를 원작으로 삼고 있는데, 이는 지금까지 알려진 박제화된

상과 관련된 충무공의 사상, 군사전략·전술, 해외 해군사의 영웅과의 비교, 인물분석, 충무공의 유고 및 관련작품 분석, 호국정신 등으로 구분된다.[2] 왜 이 시점에서 충무공이 다시금 거론되는가에 대해서는 역사사회학적인 분석이 진지하게 이루어져야 하겠지만, 분명한 것은 충무공의 지도자윤리가 갖는 가치가 현재도 지속되고 있다는 것이다.

충무공은 1598년(선조 31) 11월 18일 밤 10시경 노량해전에서 전사하고 난 뒤, 12월 4일에 우의정이 증직되었고, 1604년(선조 37) 10월 조정의 논공으로 선무공신 1등에 녹훈되고, 풍덕부원군에 추봉되었으며, 좌의정에 추증되었다. 1643년(인조 21)에 충무(忠武)의 시호가 추증되었고, 1704년(숙종 30) 유생들의 발의, 상소에 의해 1706년(숙종 32) 7월 1일 정조의 뜻으로 영의정으로 추증되었다.

중국의 장수 용애(龍崖) 진린(陳璘)은 충무공에 대해 평가하기를, "하늘을 날로 삼고 땅을 씨로 삼아 온 천지를 다스릴 인재요, 하늘을 깁고 해를 목욕시키는 천지에 가득 찬 공로"(經天緯地之材, 補天浴日之功)라고 했다.[3]

이와 같이 충무공은 당대는 물론이거니와 이후에도 많은 애국선열의 표상이 되었다. 그런데 충무공의 공덕을 현양하고, 제대로 본받기 위해서는 현대 리더십이론의 측면에서 새롭게 조명해 볼 필요가 있다. 하

영웅으로서의 이순신 이면에 깔려 있는 한 인간으로서의 이순신에 더 많은 관심을 가지고 조명되고 있는 특징이 있다. 최근의 학위논문으로는 최두환(2005)이 있다.

2) 충무공 이순신과 관련된 주요 학술 성과물로는 정헌교(1986); 김일상(1996); 김영관(1999); 최춘영(1979); 최두환(1992; 1997; 1998; 1999); 장학근(2002); 남천우(1982); 박영인(1991); 임복진(1995); 이광종(2001); 거레언연구소(1998) 등이 있다.

3) 여기서 '보천'이란 어원은 옛날 중국 설화 가운데 여과씨가 오색돌을 갈아서 구멍 뚫어진 하늘을 메웠다고 해서 비롯되었다고 한다. 그리고 '욕일'이란 희화(羲和)란 여신이 해를 열 개를 낳아 감천(甘泉)에 목욕을 시켜 환하게 했다고 해서 비롯되었다고 한다.

지만 과거의 역사적 인물의 사상을 재조명하기 위해서는 언제나 이중고(二重苦)를 직면하게 된다. 첫째는 역사적 실존인물의 실존적 모습을 그대로 담아낼 수 있는가의 문제이고, 둘째는 분석을 위한 현대적 잣대가 갖는 한계성이다. 적어도 전자의 문제는 과거에서부터 현재에 이르기까지 인구에 회자되면서 지속적인 칭송의 대상이 되고 있다는 점에서 충무공의 유고나 관련 사료가 직접적인 준거가 될 수 있을 것이다. 반면에 후자의 문제는 무엇보다는 현재의 문제이면서, 매우 큰 폭의 가치상대성을 가진다. 즉 이 문제는 현대 리더십이론이 갖는 방법론적 한계점과 직접 대면할 수밖에 없다.

오늘날 리더십은 매우 다의적으로 사용되고 있다. 그리고 그 종류도 다양하다. 아마도 복잡다양한 사회의 요구에 부응하기 위한 것으로 보인다. 그 종류로 보면, '교사리더십', 'CEO 리더십', '히딩크 리더십', '이슈리더십', '컬러리더십', '팀리더십', '수퍼리더십', '변혁적 리더십', '임파워먼트리더십' 그리고 '예수리더십' 등과 같이 교육, 기업, 체육, 주제별, 심지어 종교별로도 다양하다.

이와 같은 리더십의 종류의 다변화와는 달리, 리더십이론의 발전은 상대적으로 큰 진전이 없었다. 현대 리더십이론은 대체로 권력적 접근, 행동적 접근, 특성적 접근, 상황적 접근 등 다양한 방법론적 발전을 이루어왔지만,4) 좀더 실제적인 지도자윤리의 재현과 실천을 위해서는 동

---

4) Yukl(1996:7). 리더십이론의 변천과정과 현대적 리더십의 유형에 대해서는 국방부(2004:9-30) 참조. 상황이론의 대표적인 예로서 미국의 국무장관을 역임한 파월(Colin Powell)의 리더십을 다룬 Harari(2004) 참조. 여기서는 24가지의 원칙을 제시하고 있는데, ① 아이디어의 충돌을 독려하라. ② 때로는 질책하라. ③ 신뢰를 구축하라. ④ 말한 것을 실천하라. ⑤ 적절한 사람을 선발하라. ⑥ 경청하라. ⑦ 세부사항에 주의를 기울여라. ⑧ '조직 파괴자'가 되라. ⑨ 자만하고 있는지 돌아보라. ⑩ 변화를 통해 성장하라. ⑪ 합의를 구하라(단, 합의에만 의존해서는 안 된다). ⑫ 판에 박힌 모든 것을 거부하라. ⑬ 단순화하라. ⑭ 상황에 따라 전략을 수정하라. ⑮ 한계를 뛰어넘으려 노력하라. ⑯ 적과 접전하라. ⑰ 사람들을 파트너로 생각하라. ⑱ 프로에게 도전하라. ⑲ 조직도와

적(dynamic)이고 입체적인 분석과 연구가 요구된다.

하지만 '리더십'이라고 말할 때, 어근(語根)으로서 전제되고 있는 '리더'에 너무 많은 관심을 갖고 출발하기 때문에 특정 인물의 지도자윤리에 대한 분석을 함에 있어서 지나친 환원론적 오류를 범하고 있는 것이 사실이다. 즉 '자신보다 더 높은 리더' 앞에서의 '부하로서의 정신'(followership)이나 '동료간의 정신'(fellowhip) 등과 같은 소위 '리더이면서 또 어떤 지위이기도 한' 측면이 간과되었다. 우리가 어떤 사물을 정의(define)할 때, '그것은 어떤 것 옆에 있다'라고 하면 본원적인 정의라고 할 수 없듯이, 마찬가지로 진정한 지도자윤리도 이러한 위상적 요건을 구비해야 하는 것이다. 이것이 본 연구에서 전제하고 있는 첫 번째 방법론적 전제이다.

한편 이와 같은 위상적 지위를 확보하는 지도자윤리에 대한 접근법이 전제되고 난 뒤에는, 이미 선행연구에서 제시된 바 있는 특성이론의 측면에서, 어떠한 자질을 구비하는 것이 좋은가를 제시하고자 한다. 그런데 본 연구에서의 특성이론은 인간의 인격이 구비되는 가장 기본적인 요소를 전제한다. 이는 현재 한국의 초·중등학교에서 지향하고 있는 '통합된 인격'(integrated character)의 개념에도 부합된다.

그리하여 본 연구는 충무공의 지도자윤리를 현대적으로 재조명하기 위한 입체적인 리더십 접근이론으로 3경(經)·3위(緯) 모델을 상정한다. 우선 3경은 지도자윤리에 있어서의 구조, 즉 통솔자정신, 부하정신, 동료의식을 반영한 리더 자신이 갖는 동일 인격의 다른 위상을 가정한 '동적 위상적 접근법'(dynamic status approach)이라고 할 수 있다. 한편 3위란 지도자윤리의 내용적 요소로서 지식, 정서, 행동을 말하며, '통합 특성적 접근법'(integrated traits approach)이라고 할 수 있다.

직함에 치우치지 말라. ⑳ 일선에서 뛰는 사람들을 신뢰하라. ㉑ 낙천주의를 최우선으로 추구하라. ㉒ 사람들을 재미있게 통솔하라. ㉓ 균형을 유지하라. ㉔ 고독을 각오하라 등이 있다.

2. 이론적 배경

1) 3경(經)·3위(緯)의 개념

우리가 흔히 무슨 잘못된 일을 했을 때, '경위서'(經緯書)를 작성해서 제출하게 된다. 이 말은 어떤 사건의 처음부터 끝까지, 일어난 모든 상황을 진술한 기록이라는 뜻이다. 원래 이 말은 베를 짤 때, 베틀에 길게 설치해 둔 '날줄'을 '경'이라고 하고, 잣기 위해 뿌려지는 실을 '씨줄' 즉 '위'라고 했던 것이다. 이 '경'과 '위'라는 낱말의 쓰임새는 국가의 위치를 명명할 때, '경도'와 '위도'라는 표현 속에서도 사용되고 있다. 그리고 유학에서도 가장 기본이 되는 책자를 '경서'(經書)라고 하며, 이를 보충해 주는 책자를 '위서'(緯書)라고 한다.

지도자윤리에 있어서의 '경'(經)이란, 말 그대로 지도자윤리의 '날줄'에 해당되는 것으로써 리더로서 겸비해야 할 제반 구조적 틀이다. 그런데 이 말 속에는 여러 가지 중층적 의미가 함축되어 있다. 즉 소대장이 소대 내에서 갖추어야 할 소대장으로서의 역할뿐만이 아니라, 중대장의 부하로서, 인접 소대장의 동료로서 어떻게 행해야 하는지에 대해서도 동시에 중요시해야 한다는 점이다. 따라서 기왕에 다루어진 리더십 관련 내용은 훌륭한 리더 개인에 천착한 '자기 정체성'(identity) 향상에 많은 비중을 두었다. 이제 '부하된 도리'와 '동료와의 관계'를 원만히 하는 것을 동시에 강조해야 할 것이다. 이를 지도자윤리의 3경이라고 말할 수 있다. 즉 지도자윤리의 가장 근간이라고 할 수 있는 '날줄'인 것이다.

한편 '위'(緯)란 지도자윤리에 있어서의 '씨줄'에 해당된다. 즉 지도자윤리의 내용적인 요소를 말한다. 지도자윤리의 바탕이 되는 '씨줄'을 토대로 해서, 지도자윤리의 소프트웨어에 해당되는 '위'를 잘 쌓아간다면 명실상부한 지도자윤리가 될 수 있다. 따라서 지도자윤리에서의 '위'

라는 개념은 관계 속에서의 자질이라기보다는 정태적인 상태 속의 정체성 내지 자질이라고 할 수 있다. 다음 [표 1]은 경(經)·위(緯)의 구분에 의한 지도자윤리의 개괄적 내용이다.

[표 1] 지도자윤리 분석 모델로서의 경(經)·위(緯)의 개념

	역 할	체용론	정기론	내 용	관 계
3경(經)	날줄 (구조)	체(體)	정(正)	통솔자정신(leadership), 부하정신(followership), 동료의식(fellowship)	수직적
3위(緯)	씨줄 (내용)	용(用)	기(奇)	지적(知的) 영역, 정의적(情意的) 영역, 행동적(行動的) 영역	수평적

주 : 3경·3위는 행렬적 관계이기보다는 분석의 다변화를 위해 상정된 개념이기 때문에, 일종의 구분이 되는 범주에 해당됨. 따라서 이하 기술상에 있어서 그 포함내용간의 상관관계를 중심으로 한 분석은 다루지 않을 것임.

2) 지도자윤리의 구조: 3경

(1) 통솔자 정신

여기서 말하는 '통솔자 정신'이란 기존에 우리가 흔히 사용해 왔던 '리더십'이라는 용어와 등치시킬 수 있는 단어이다. 다만 여기서는 일반적인 고위직에 있는 중간단계의 책임자들을 말하는 것이 아니라 '계층적 단위조직' 내에서의 모든 '통솔자'들이 견지해야 할 정신을 말한다.5)

---

5) 여기서 말하는 '계층적 조직'이란 위계로 볼 때, 계층적 위계를 가진 조직을 말하는 것이다. 즉 대부분의 대규모 조직은 최상위 계층(전략적), 중간계층(조직적), 그리고 하부계층(생산직 또는 행동지향)의 세 가지 계층으로 대략적인 구분을 한다. 첫째, 최상위 계층의 리더는 범세계적 차원으로 범위가 넓어져 가고 있는 전략적 환경에서 그들 조직의 전략적 운용에 책임이 있다. 이 전략적이라는 개념은 넓은 범위와 영역의 의미가 함축되어 있다. 따라서 전략적 리더

통솔자를 중심으로 볼 때, 계층의 특성에 따라 층위별로 구분이 된다. 하지만 항상 그 통솔자가 그 자리에 정체되어 있는 것도 아닐 뿐만 아니라, 정태적인 측면에서 볼 때도 차상층부, 차차상층부의 의도를 잘 알고, 또한 그러한 기품으로 자신이 장(長)으로 있는 조직을 잘 이끌어 갈 것이다.

통솔자를 중심으로 한 리더십의 개념에 대해서는 대체로 동양의 고전 속에서 많은 흔적을 찾아볼 수 있다. 우선 중국의 고전 중『무경칠서』(武經七書) 속에서도 찾을 수 있다([표 2] 참조).

한국의 고전 중에서도 장수의 도에 관한 기록들은 많이 있다. 특히 중국의『무경칠서』를 참고로 하여 만들어진『무신수지』(武臣須知), 그리고『진법』(陣法)과『병장설』(兵將說) 등이 대표적인데, 이 서지들 속에서도 통솔자중심의 사고가 여실히 드러나고 있다([표 3] 참조).

최근 일부 학자들을 중심으로 '고급리더십'(high level leadership)이라는 용어가 사용되고 있는데, 앞선 논의와 일맥상통하는 바가 있다고 본다. 고급리더십이란 '고급제대에 있는 리더의 역량' 또는 '고위직 리더의 역량'을 모두 포괄하는 의미이다.6)

십은 대규모 조직에서 장기적인 방향에 대한 책임을 가지고 관련된 자원의 위임을 통하여, 중요 관련부서들과 공유된 합의의 바탕 위에 자발적이고 힘있는 지원을 얻어내는 절차이다. 둘째, 중간계층의 리더는 단기 또는 중기의 계획, 절차 및 하위계층에서 사용하는 계획, 순서 그리고 절차의 수립에 대한 책임을 가진다. 또한 중간계층의 리더는 계층에서의 능력을 고려한 임무의 우선순위 선정과 주요 자원의 할당에 대한 책임이 있다. 셋째, 하부계층의 리더는 업무 수행에 대한 책임이 있다. 그들은 행동지향적이다. 고위계층의 리더와 비교할 때 그들의 결정, 절차, 그리고 목표달성이 될 수 있는 혁신의 정도에 자유재량이 많지 않다. 하위계층에서는 행동의 일관성이 중요하기 때문에 창의적인 리더십의 발휘보다는 현장에 맞도록 한다. US NDU ICAF(2000:80-81).

6)『고급리더십』(2001). 이 논문집에 게재된 제정관, 김용석, 김태준, 최병순의 연구물들을 참고하면, '고급리더십'이란 대체로 '직책의 고위책임자'(= 직책의 고급)가 발휘해야 할 '리더십'이라는 측면과 실제 일반적인 의미에서 '높은 수준의 리더십'(= 수준의 고급)을 동시에 의미하고 있다.

[표 2] 중국의 『무경칠서』 속에 나타난 장수의 도

전 거	편 명	세부내용
『손자병법』 (孫子兵法)	「시계」 (始計)	- 전쟁승패 결정의 5사(事) : 도(道), 천(天), 지(地), 장(將), 법(法) -장수의 도리(將) : 지(智), 신(信), 인(仁), 용(勇), 엄(嚴) - 군 운용의 7계(計) : 군주의 도, 장수의 능력, 천시와 지리, 법령, 병력 의 강성, 장병교육훈련, 신상필벌
『오기병법』 (吳起兵法)	「논장」 (論將)	- 장수의 5가지 심득사항 -이(理) : 많은 부하를 다스림이 소수를 다스리는 것과 같이 해야 한다. -비(備) : 일단 성문을 나서면 하시라도 싸울 수 있는 준비를 갖추고 있어야 한다. -과(果) : 적과 대진함에 필사의 각오를 해야 한다. -계(戒) : 비록 싸움에 이기더라도 전쟁 전의 긴장감을 잃지 않아야 한 다. -약(約) : 형식적인 규정을 폐하여 군령을 간결하게 해야 한다.
『육도』 (六韜)	「용도」 (龍韜)	- 5재(五材) : 용(勇), 지(智), 인(仁), 신(信), 충(忠) - 10과(十過) -용맹이 지나쳐 전사하는 것을 가볍게 보는 자 -성미가 급해서 당장 결판을 내려는 자 -탐욕스러워 자기의 이익에만 집착하는 자 -마음이 어질어서 적병이라도 죽이지 못하는 자 -지모는 있으되 겁쟁이인 자 -신의는 있으되 가리지 않고 누구든지 신임하는 자 -청렴결백하지만 도량이 좁아서 남을 사랑하지 않는 자 -지모는 뛰어나지만 게으른 자 -강직해서 고집 세고 자기의 능력만을 최선이라고 생각하는 자 -나약해서 스스로 난국에 대결하지 않고 남에게 내맡기는 자 - 장수선발기준 -질문을 던져 그의 대답이 어느 정도 자세하고 조리가 있는가를 본다. -토론을 통하여 추궁해서 그 대응하는 능력을 살핀다. -그에게 첩자를 미행시켜 그 성실성을 확인한다. -공개적으로 질문하여 그 품성과 덕을 살핀다. -돈을 취급하는 직책을 맡겨 그 청렴도를 살핀다. -여색을 시험하여 그 곧고 맑은 정도를 관찰한다. -어려운 일이 일어났음을 알려서 용기가 있는지를 시험한다. -술을 과음케 하여 그 태도를 관찰한다.
『삼략』 (三略)	「상략」 (上略)	- 장수의 예절 -우물이 완성될 때까지 목마르다는 말을 입 밖에 내서는 안 된다. -숙영지가 마련되기 전에 피곤하다고 말해서는 안 된다. -식사준비가 끝나기 전에 배고프다고 말해서는 안 된다. -겨울에 가죽옷을 입어서는 안 된다. -여름에 부채를 들어서는 안 된다. -비가 와도 우산을 사용해서는 안 된다. - 장수의 계략 -비밀이 유지되어야 한다. -병사들은 일치단결하게 해야 한다. -공격은 신속하게 해야 한다.

전 거	편 명	세부내용
『사마법』 (司馬法)	「인본」 (仁本)	- 군정(軍政)의 요체 : 예(禮), 인(仁), 신(信), 의(義), 용(勇), 지(智)
	「정작」 (定爵)	- 칠정(七政) : 인재의 등용, 정도에 입각한 통솔, 유창한 언변, 기예의 활용, 화공법, 수공법, 병기의 운용 - 사수(四守) : 용감히 싸워 공을 세운 자에게 주는 영광/이익, 죽음을 두려워하여 패퇴하는 자에게 내리는 치욕/사형
『위료병법』 (尉繚兵法)	「전위」 (戰威)	- 장수의 솔선수범 방법 -땡볕에서 차양을 치지 않는다. -엄동설한에 자기만 옷을 두텁게 입지 않는다. -험한 길에서는 차에서 내려 병졸과 같이 걸어가자. -숙영지의 우물이 완성되더라도 병사가 마신 뒤에 물을 마신다. -병사들이 식사를 하기 전에는 식사를 하지 않는다. -진지가 완성되기 전에는 휴식을 취하지 않으며, -언제나 고락을 병사와 함께 한다.
	「십이 능」 (十二 陵)	- 장수의 전승 12원칙 -위엄은 명령의 불변으로 확립된다. -은혜는 시기적절해야 효과를 얻는다. -기략(機略)으로 정세의 변화에 즉응해야 한다. -작전지도는 사기의 교묘한 조종에서 이루어진다. -공격은 적의 의표를 찔러야 한다. -방어는 바깥 모양을 갖추어 허점이 노출되어서는 안 된다. -셈(수리)에 밝아 과실이 없어야 한다. -사전대비가 있어야 곤경에 처하지 않는다. -사소한 일에도 주의를 게을리 하지 말고 신중해야 한다. -대사를 다스리는 지혜를 가져야 한다. -과단성 있게 자신의 약점을 극복해야 한다. -겸허한 마음으로 민심을 얻어야 한다. - 장수가 경계해야 할 12원칙 -후회는 우유부단으로부터 생긴다. -화는 무고한 목숨의 학살로 초래된다. -사심이 많으면 공정성을 잃는다. -자신에 대한 비판에 귀를 기울이지 않는 데서 불상사가 일어난다. -수탈하면 민력이 고갈된다. -중상모략에 귀를 기울여 명석한 판단력을 잃는다. -부하가 명령에 불복종하는 것은 명령을 함부로 내리는 데서 비롯된다. -시야가 좁은 것은 현인을 멀리하기 때문이다. -사리사욕에 눈이 어두워 화를 불러들인다. -소인배를 가까이 하여 해를 입는다. -나라의 멸망은 방위를 소홀히 하는 데서 비롯된다. -위험은 명령이 제대로 실행되지 않는 데서 초래된다.
『이위공 문대』 (李衛公 問對)	「중편」 (中篇)	- 장수 병법교육시 유의사항 : 기(奇)와 정(正)이 서로 변화하는 방법을 가르친 다음에야 허(虛)와 실(實)의 형세를 가르칠 수 있다. - 장수의 위엄 : 장수된 자는 군사들에게 먼저 사랑을 베풀어 친숙해진 뒤에 잘못이 있으면 엄하게 다스려야 한다. 만일 군사들에게 먼저 사랑을 베풀지 않고 형벌만 준엄하게 시행한다면, 제대로 군을 통솔하여 성공을 거두기는 어려울 것이다.

자료 : 국방부전사편찬위원회(1987); 육군본부(1987)를 토대로 요약.

[표 3] 한국의 전통 병서에 나타난 장수의 도

전 거	편 명	세부내용
『진법』 (陣法)	「논장」 (論將)	- 장수의 종류 -현장(賢將) : 예악(禮樂)을 좋아하고, 시서(詩書)에 독실하며, 신의에 밝고 위엄과 은혜로움이 있어 병사들이 즐겨 따르고, 어질고 유능한 인물이 힘을 다 바친다. -지장(智將) : 이해에 밝고 성패를 잘 살피며, 적을 만나면 기묘한 계략을 세워 시기에 따라 잘 적응한다. -용장(勇將) : 자신이 앞장서서 화살과 돌팔매를 무릅쓰고 적진을 드나들며, 강적을 쳐부수어 함락시킨다.
	「전비」 (戰備)	- 부하의 관리 -추위와 굶주림을 돌보아 줌 -노고를 덜어 줌 -질병을 구완해 줌 -죽음을 슬퍼함: 죽은 자를 정성껏 매장하고 제사를 잘 지내 줌 - 장수의 금기사항 -신임할 수 없는 인물과 더불어 승리를 도모하는 일 -지킬 수 없는 백성을 데리고 굳게 지키려는 일 -싸움의 경험이 없는 군대를 거느리고 요행으로 이기기를 바라는 일
『병장설』 (兵將說)	「장설」 (將說)	- 장수의 허물 : 지혜가 있다 하여 사람을 거만하게 대하고(傲), 지능이 있다 하여 남을 업신여기는(陵) 것이다. 남과 상대하기도 전에 제 뜻이 이미 남을 경멸하여(蔑) 독단적으로 일을 처리해서 위와 아래가 서로 화합하지 못한다면 이는 참으로 한탄 필부에 지나지 않는 것이다. 자기 뜻에 순종함을 좋아하고(狃), 마음에 거슬리는 것을 싫어하며(忤), 힘만을 믿고 제 뜻과 같지 않은 경우를 당하면 성내어(瞋), 장성해서도 공명을 이루지 못한다. - 상(上)의 인물상 -덕과 도량 측면 : 칭찬을 들어도 기뻐하지 않고 모욕을 받아도 성내지 않으며, 두루 묻고, 아래사람의 역량을 믿고 의지하며, 유순함으로써 일을 이루어내는 자 -수련의 측면 : 항상 활쏘기, 말달리기를 일삼고, 겸하여 유술(儒術)을 익히는 자 -의리의 측면 : 이익을 보면 의리를 생각하는 자

전 거	편 명	세부내용
『무신수지』 (武臣須知)	「장재」 (將才)	- 장수의 재능 : 무예단련, 문필겸비, 기력배양, 취사신중, 진법활 용, 지형숙지, 물자완비, 주색경계 - 5신 5시(五愼五施) <5신> ·다수의 병졸을 소수의 병졸처럼 다스리는 것 ·출입할 때마다 적군을 본 듯 하는 것 ·싸움터에 나가면 생명을 돌보지 않는 것 ·승전하더라도 자만하지 않고 처음 싸울 때처럼 하는 것 ·법령을 시행함에 있어 까다롭지 않게 하는 것 <5시> ·신의(信)이니, 진실하고 속이지 않으며 약속을 변치 않고 끝까 지 지키는 것 ·용맹(勇)이니, 과감하게 선두에 서서 적진을 쳐부수는 것 ·엄중(嚴)이니, 군정을 바로잡고 명령을 바르게 시행하는 것 ·지혜(智)이니, 전술에 밝고 적의 허실을 잘 판단하는 것 ·인자(仁)이니, 병졸들을 사랑하고 아껴 잔혹한 행위를 하지 않 는 것 - 장수의 10가지 마음가짐 -정신이 맑고 깨끗하게 하여 어지럽히지 않게 한다. -생각이 원대하여 다른 사람들이 예측할 수 없도록 한다. -지조를 굳게 하여, 변덕스럽지 않아야 한다. -지혜가 밝아 속일 수 없도록 해야 한다. -재물을 탐하지 않아야 한다. -여색에 빠지지 않아야 한다. -구변(口辯)에 넘어가지 않아야 한다. -근거 없이 억지로 추측하지 말아야 한다. -쉽사리 기뻐하지 않아야 한다. -지나치게 노하지 않아야 한다.
	「경권」 (經權)	- 원칙(經)과 변화(權): 報國, 任勢(인재선용), 禁令(군령의 엄수), 行軍, 料敵(적정탐지), 望氣(천기의 관찰), 守城, 攻城

자료 : 국방부전사편찬위원회(1983; 1986[1809])를 토대로 요약.

요약하자면, 동서고금을 막론하고 리더십이라는 말은 우선은 '조직의 장' 또는 '군의 지휘관'으로서 갖추어야 할 '통솔자로서의 리더십'에서 비롯되었으며, 현재까지의 리더십 연구경향도 이러한 전제하에서 대부분 이루어졌다.

(2) 부하정신

부하정신이란 '리더인 동시에, 차상급자에게는 부하인 사람이 발휘해야 할 정신'이다. 따라서 이는 '리더가 아닌 순수한 부하로서 갖추어야 할 정신'과는 구분된다. 대체로 후자에서의 '부하'는 현대 군사적 개념으로는 '참모'(staff)에 해당된다. 즉 참모는 부하이면서도 간부이기 때문이다.[7]

그런데 동서양을 막론하고 과거의 군대로 올라가면 갈수록 군대 내에서 이러한 의미의 부하정신을 강조하는 전통은 약했다. 왜냐하면 당시의 국가·사회적 환경 자체가 군주-신하-백성으로 이어지는 지배-복종의 관계였기 때문에, 현대적 개념의 부하보다는 군주에 대한 '신하'로서의 예(禮)를 규정하고 있을 뿐이다. 이는 부하정신 자체가 중요하지 않아서 강조하지 않은 것이 아니라, 국가 또는 제후국 이하 단계에서의 가정 및 촌락 단위의 예절이 기본이 되어 있었기 때문으로 보인다. 따라서 이 시기에는 '충신은 효자 중에서 나온다'는 말이 통용될 수 있었던 것이다. 따라서 더욱 풍부한 리더의 개념을 도출해 내기 위해서는 '리더이면서 동시에 부하이기도 한 사람'으로서 갖추어야 할 정신(= 부하정신)에 대해서 간과되어서는 안 된다.

---

7) 육군본부(2003), 제2강 지휘관 및 참모, 제5절 참모, 1. "참모는 지휘관의 지휘권 행사를 보좌하기 위하여 임명되었거나 파견된 요원이다. 참모는 지휘관이 부대지휘의 막중한 책임과 불확실한 전장상황하에서도 지휘관의 의지를 자유롭게 실현하고, 능력을 최대한 발휘할 수 있도록 보좌한다. 이를 위하여 참모는 항시 지휘관의 의도를 명찰하고 하의상달을 도모하며, 상·하 의지를 일치시켜 임무를 완수할 수 있도록 책임을 다하여야 한다."

(3) 동료의식

동료의식은 동료들간에 지켜야 할 가치, 규범 또는 수칙이라고 할 수 있다. 동료의식이란 상황에 따라서 다양한 의미를 포함한다. 대체로 단결의 동료의식, 배려와 관용의 동료의식, 그리고 믿음의 동료의식으로 구분해서 생각해 볼 수 있겠다. 동료의식에 관련된 내용은 일상생활에서도 쉽게 찾을 수 있기 때문에 그 종류별 예화를 위주로 언급하고자 한다.

첫째, 단결의 동료의식이다. 다음은 『오기병법』「치군」(治軍)편에 기록된 위(魏) 무후(武侯)의 전쟁승리 방법에 대한 오기의 답변 내용이다.

전승의 결정적 요인과 조건은 오로지 군을 잘 다스리는 데 있습니다. … 군의 모든 법령이 명확하지 못하고, 상벌에 신용이 없으며, 징을 쳐서 퇴각 명령을 내려도 병력을 거둘 수 없고, 북을 울려 전진 명령을 내려도 진군시킬 수가 없다면, 비록 백만 대군이 있다 하더라도 전승을 쟁취하는 데 무슨 쓸모가 있겠습니까? … 치군(治軍)의 의미와 결과는 다음과 같습니다. 평시 진중에서 예절 바르고 절도 있게 행동해야 전시에 위력을 발휘하게 되며, 이들이 진격할 때는 항거할 적이 없고, 후퇴할 때에는 추격해 올 적이 없게 되는 것입니다. 부대의 전진과 후퇴에 절도가 있고, 좌우의 방향 전환도 자유자재로 할 수 있습니다. 대소부대간의 연결과 지원이 상호 단절되더라도 소부대별로 각자 전열을 형성할 수 있으며, 분산되더라도 대오와 질서를 유지할 수 있습니다. 장수와 병사들이 평시나 전시를 막론하고 신뢰감을 가지고 생사고락을 함께 한다면, 병력이 많은 대부대라도 상하가 일치단결하여 두 마음을 가지는 법이 없을 것이며, 부대의 능력을 효율적으로 발휘하게 하되 피로하지 않도록 한다면, 이를 어떤 작전에 투입하더라도 천하게 당해 낼 적이 없을 것입니다. 이러한 군대를 '부자지병'(父子之兵)이라고 합니다(국방부전사편찬위원회, 1987:81-82). (강조는 필자)

둘째, 배려와 관용의 동료의식이다. 두 가지의 예화를 발췌했는데, [예화 1]은『사기』(史記) 「손자오기열전」(孫子吳起列傳)에서 발췌하였다. 모두 오기와 위 무후와의 대화내용 중에서 발췌한 것으로써, 부하 사랑의 동료의식을 느낄 수 있는 대목이다. [예화 2]는『소서』(素書)에 나오는 관우(關羽, 또는 관운장[關雲長])와 관련된 내용이다.

[예화 1]
위 무후 : 어떻게 하면 전쟁승리의 요건을 얻을 수 있겠소?
오자 : 주군께서 나라에 공을 세운 자들에게 잔치를 베풀어 위로하시되, 공을 세우지 못한 자들도 함께 불러 격려해 주십시오. 이렇게 하면, 이들도 부끄러움을 느끼고, 스스로 공을 세우고자 분발할 것입니다.8)

[예화 2]
『소서』(素書)에 "원망은 조그마한 과실을 용서해 주지 않는 데서 생긴다"고 하였으며, 관자(管子)는 "과실이 있는 자에게는 즉시 벌을 주고 풀어야 하며, 그것을 마음 속에 묵히지 말라"고 하였고, 또한 "그대로 용서해 주는 것은 달리는 말의 고삐를 풀어놓는 것과 같으며, 벌을 주는 것은 병을 고치는 약석(藥石)과 같은 것이다"라고 하였다. 옛날 관운장은 이 말을 깊이 새기지 않아서 미방(糜芳), 부사인(傅士仁) 두 사람으로 하여금 의구심을 품고 불안에 떨게 하여,9) 마침내 성문을 열고 나가서 오(吳)

---

8) 국방부전사편찬위원회(1987:104). 실제로 이 예화에서 오기 자신이 말한 것처럼 전공을 세우지 못한 병력 5만을 이끌고 50만의 진(秦)나라 군대와 전쟁을 벌여 승리하였다. 이것은 리더로서 오직 장병들을 격려하고 군의 사기를 위해 노력한 결과인데, 그 요체는 부하를 자신과 일치시키려고 하는 일심동체의 동료의식에서 비롯되었다고 할 수 있다.

9) 국방부선사편찬위원회(1986[1809]:43). 이 책사 속의 각주 66)에 다음과 같이 상술하고 있다. 즉 "당시 강릉(江陵) 지방을 수비 중이던 관우는 조조(曹操)의 장수 우금(于禁)의 군을 요격하기 위하여 출동하면서 남쪽 오(吳)나라의 기습에 대비하여, 요해지인 공안(公安)에 부사인을, 남군(南郡)에 미방을 각각 수비장으로 임명하였는데, 이들이 술에 취한 사이 화재가 발생하여 식량과 마초(馬草)가 소실되었음. 이에 관우는 노하여 이들을 크게 꾸짖고 벌을 가하려고

나라 군에 항복하게 하였으니, 이는 예나 지금이나 모두들 혀를 차며 탄식하고 있는 일이다(국방부전사편찬위원회, 1986[1809]:42-43).

셋째, 믿음의 동료의식이다. 다음은 관련내용이다.

중국 진(晉)나라의 문왕(文王)이 원(原)나라를 칠 때의 일이다. 왕은 병사들에게 싸움을 10일 안에 끝내겠다고 약속한 다음 10일간의 양식만을 준비시켜 출병했다. 그러나 10일이 지나도 성은 함락되지 않았다. 왕은 약속을 지키기 위해 북을 울리고 철군을 명하였다.

이때 원나라의 한 병사가 성밖으로 도망 나와 원나라는 이제 힘을 다하여 수삼 일이면 항복을 할 수밖에 없을 것이라고 밀고해 주었다. 이 말을 듣자 여러 장군들은 문왕에게 성안에 식량이 다 떨어진 듯하니 이때를 놓치지 말고 당장에 성에 쳐들어가도록 진언했다.

그러나 문왕은 고개를 저으며, "짐은 병사들에게 10일 동안만 싸우겠다고 약속했다. 만약 내가 이 약속을 어긴다면 짐은 신의를 잃게 된다. 약속을 깨트리고 며칠만 더 싸우면 성을 함락시킬 수도 있겠지만, 대신 앞으로 병사들은 짐의 말을 믿지 않게 될 것이다. 이것이 더 중요한 일이다"라고 말하며 받아들이지 않았다. 이 말을 성안의 원나라 병사들이 전해 듣고, 신의를 지키는 문왕에 감복하여 항복해 왔다(육군본부, 1997:130-131). (강조는 필자)

3) 지도자윤리의 내용: 3위

(1) 인지적 요소(= 知)

군의 지도자윤리에서 인지적 요소는 미국의 도덕교육학자인 리코나(Lickona, 1991)의 '도덕적으로 아는 것'(moral knowing)이라는 개념에

하였다. 그후 부사인, 미방 두 사람은 자신들의 처벌을 두려워한 나머지 오나라 군대가 기습해 오자 항전하지 않고 그대로 항복하였다. 이로 말미암아 관우는 패전하여 아들 관평(關平)과 함께 사로잡혀 죽임을 당하였다."

서 시사점을 얻을 수 있을 것이다. 즉 군 내에서 지도자윤리의 인지적 요소는 ① 지도자윤리에 대한 바른 인식, ② 지도자윤리의 가치에 대한 지식, ③ 지도자윤리의 사례에 대한 자신의 입장 채택하기, ④ 지도자윤리에 대한 추론, ⑤ 의사결정, 그리고 ⑥ 자기 자신에 관한 지식으로 원용하여 상정될 수 있을 것이다.[10]

"아는 것이 힘이다"라고 말했던 베이컨(F. Bacon, 1561-1626)의 철학적 기조는 여기에 적합한 표현이다. 근대적 과학지식이 등장하기 이전의 당시에는 일반화된 진리에 근거하기보다는 미신이나 종교지도자의 가르침이 공동체의 준거가 되었다. 이후 상황은 많이 변화하여 인간사회나 우주법칙에 있어서 불확실성이 증대했고, 아직도 그러한 전통은 이어지고 있다. 하지만 여전히 이 땅 위에 발을 붙이고 있는 한계상황을 몸으로 안고 살아가고 있는 우리 인간에게 있어서의 지식(knowledge)이라는 것은 인식에 있어서 가장 기본이 되고 있음은 부인할 수 없다.

이와 같은 '지식'에 가치가 개입된 용어가 '지혜'(智慧, wisdom)이다. 리더는 자신이 책임을 지고 있는 조직의 현재상황을 진단하고, 미래의 방향을 설정하여, 그 간극을 메워나가는 데 게을리 해서는 안 될 것이다. 이러한 과정에서 리더는 지혜를 가져야 한다.

그리하여 동양에서는 예로부터 리더(= 선비)가 구비해야 할 여섯 가지의 기예가 있었는데, 그것이 바로 육예(六藝)이다. 즉 예(禮)·악(樂)·사(射, 활쏘기)·어(御, 말타기)·서(書)·수(數)이다. 원래는 그 내용이 여섯 가지의 기술을 지칭했었는데, 한대(漢代)에 이르러 그 내

---

10) Lickona(1991); 박병기·추병완(1999:339-342). '도덕적으로 아는 것'(= 도덕교육에 있어서의 인지적 요소)의 세부적인 요소는 ① 도덕적 인식(moral awareness), ② 도덕적 가치들에 대한 지식(knowledge of moral values), ③ 입장채택(perspective taking), ④ 도덕적 추론(moral reasoning), ⑤ 의사결정(decision-making), ⑥ 자기 자신에 관한 지식(self-knowledge) 등이다.

용은 시(詩)·서·예·악·역(易)·춘추(春秋)의 유가 5경서를 전적으로 의미하게 되었다(강영선 외, 1989:857; 국방부전사편찬위원회, 1986[1809]:69). 여기서 말하는 지식 또는 지혜의 개념에는 전자가 부합된다. 여섯 가지 중에서 서·수 두 개가 지적인 요소에 해당된다. 하지만 정의적 영역에 포함된 악기연주(樂)의 경우, '…할 줄 안다'라고 표현하고 있는 점으로 보아, 인지적 영역이 아닌 요소들도 인지적 영역과 무관하다고는 할 수 없을 것이다.

그런데 산업문명의 발전과 함께 사회의 분화 속도도 빨라졌고, 전통적인 지식의 경우에 있어서도 정통의 지위를 점하고 있던 '지적인 영역'도 점점 분화되기 시작했다. 그 결과 그 분야별로 올바른 가치를 실현한 사람에 대한 평가기준도 점점 달라지기 시작했다.

현대 산업사회에 있어서의 '지적인 요소'는 큰 비중을 나타내지 못하는 것으로 보인다. 하지만 군의 지도자윤리의 특징은 일반사회와 다소 다른 부분이 있다는 주장도 있다. 즉 군대에서의 지도자윤리는 임무와 조직의 특성에 따라 결정될 수 있는데, 군은 전쟁에서의 승리를 위해서 존재하는 만큼 사명과 임무는 절대적이라는 점이다. 따라서 리더와 구성원은 온갖 난관을 무릅쓰고 이를 극복하여 승리를 이루어내야 하는 것이다. 다른 조직이 조직 자체로서 구성원의 목표와 조직의 목표가 균형적인 조화를 이루는 관계로 존속해 가고 있다. 군대조직은 전체 국가와 국민의 생존과 관련되기 때문에 희생정신, 명령에 대한 절대적인 복종, 생사고락을 함께 하는 전우애, 단결심, 그리고 동일체 의식 등을 강조하는 소위 군인정신을 바탕으로 이루어지고 있다(김용석, 2001:102).

우리나라의 안보상황에 있어서는 '뜨거운 가슴보다는 차가운 머리, 즉 냉철한 이성'이 더 필요한 경우가 많다. 오늘도 북한은 소위 '민족공조'의 논리로 우리나라의 안보의 핵심축이라고 할 수 있는 '한미동맹'을 위해하려고 책동하고 있다. 이런 점에서 감정이나 사려분별 없는 행동에 의해 끌려 다니는 군 장병이 되어서는 안 될 것이다. 여기에 군의 리더라면 적어도 이러한 문제에 있어서 자신의 논리가 있어야 하고, 부하들을 주도할 수 있어야 한다.

군 지도자윤리의 인지적 영역에 대한 접근은 조선시대 이전 시기와 냉전시기에는 매우 유효한 논리였다. 왜냐하면 국가 및 군대가 가르치고 계도해야 할 명확한 국가이데올로기가 있었고 군 리더들도 이에 순응하는 방향으로 자연스럽게 편승했기 때문에, 자연히 정의적이고 행동적인 요소로 흘러가게 되었다.

다만 우리가 여기서 유념해야 할 바는 지도자윤리를 발휘하기 위해, 장병들의 말초적인 감성만을 충족시켜 주려고 한다든지(= 정의적 요소), 공이나 하나 던져주면서 그냥 놀아라(= 행동적 요소)고 해서는 안 된다는 점이다. 인지적 대영역 내에 생활단위의 범주를 개발하고, 거기에 합당한 주제를 지속적으로 찾아가는 노력을 해야 할 것이다.

군 지도자윤리에 있어서의 인지적 요소는 전쟁에서 승리를 보장하기 위해서, 리더가 결심을 할 때 '애매성'을 최소화하여, 확실한 결심을 할 수 있도록 하기 위한 역할을 한다고 할 수 있다. 그리고 리더 스스로의 개인적·공공적인 지적 호기심을 해소해 줄 수 있는 요소이다.

(2) 정의적 요소(= 情)

군의 지도자윤리에서 정의적 요소는 미국의 도덕교육학자인 리코나(Lickona, 1991)의 '도덕적 감정'이라는 개념에서 시사점을 얻을 수 있을 것이다. '도덕적인 감정'(= 도덕교육에 있어서의 정의적 요소)의 세부적인 요소는 ① 양심(conscience), ② 자기존중(self-respect), ③ 감정이입(empathy), ④ 선(善)을 사랑하는 것(loving the good), ⑤ 자기통제(self-control), 그리고 ⑥ 겸양(humility) 등이다(Lickona, 1991: 342-345).

우리는 선거유세나 TV 선거토론방송에서 자신의 과거사에 대한 변명을 위해 눈물을 흘리는 장면을 심심찮게 볼 수 있다. 그런데 그런 사람은 진정한 지도자윤리를 발휘할 수 있는 역량이 갖추어져 있지 않은 사람이다. 진정한 리더는 자신의 안위를 위해 눈물을 흘리는 것이 아니라, 국가와 국민, 그리고 자신의 부하와 조직을 위해 눈물을 흘린다.

군 지도자윤리에 있어서 정의적 요소란 리더가 결심을 하는 데 있어서 더욱 원활히 할 수 있도록 환경을 조성해 주는 역할을 하는 것이다. 이 정의적 요소 자체가 군 리더의 최종결정에 직접적인 영향을 미치는 것은 아니다. 하지만 장기적인 기간을 두고 준비하고 투자를 한다면 여러 가지 상승작용을 낼 수도 있는 요소이다.

(3) 행동적 요소(= 行)

군의 지도자윤리에서 행동적 요소는 미국의 도덕교육학자인 리코나(Lickona, 1991)의 '도덕적으로 행동하기'(moral acting)라는 개념에서 시사점을 얻을 수 있다. '도덕적으로 행동하기'(= 도덕교육에 있어서의 행동적 요소)의 세부적인 요소는 ① 리더로서의 능력(competence), ② 리더로서의 의지(will), 그리고 ③ 리더로서의 습관(habit) 등이다(Lickona, 1991:345-346).

군 지도자윤리에 있어서 행동적 요소란 리더의 결심을 최종적으로 밖으로 드러내는 것이다. 간혹 리더는 자신이 원하지 않은 일을 해야만 되는 상황이 많이 있다. 그리고 잘 모르는 상황에서 결정을 내리고, 그 결정을 집행해야만 되는 상황이 있다. 그런데 리더에게는 모든 것을 느낄 수 있고, 최종결정을 함에 있어서 알아야만 될 의무가 부여되어 있다. 자신이 모를 경우, 적임자인 부하를 최대한 활용해서라도 그러한 의무를 수행해야 한다. 즉 행동적인 측면에서 리더는 많은 제약을 안고 생활하는 것이다. 리더에게 있어서 이 행동적인 측면은 최종적인 발현이기는 하지만, 그렇다고 지도자윤리의 모든 진수가 여기에 포함되어 있다고는 할 수 없다.

3. 충무공 이순신의 지도자윤리 분석

1) 충무공의 인물 개요[11]

이순신(李舜臣, 자는 汝諧)은 1545년(인종 1) 3월 8일(양력 4월 28
일) 자시(子時)에 당시의 한성부 건천동에서 출생하였다. 그의 아버지
는 고려 때 중랑장(中郎將)을 지낸 덕수(德水) 이씨의 1대 이돈수(李敦
守)로부터 내려오는 11대손 정(貞)이며 평민생활을 하는 양반이었고,
어머니는 초계변씨(草溪卞氏)였다.

22세에 비로소 무예를 배우기 시작하여 28세 되던 1572년(선조 5)
훈련원별과에 응시하였으나 말을 달리다 낙마하여 왼쪽 다리가 부러지
는 부상을 입어 등과에 실패하였다 32세 되던 1576년(선조 9) 봄에 식
년무과에 출장하여 병과 제4인으로 급제하였다. 등과하고도 그해 12
월에야 귀양지로 여기던 함경도 동구비보(董仇非堡)의 권관(權管)으로
부임, 35세 되던 1579년 2월 귀경하여 훈련원봉사가 되었고, 같은 해
10월에는 충청병사의 막하 군관으로 전임되었다. 이듬해 36세가 되던
1580년(선조 13) 7월에 발포 수군만호가 되었다.

이후 세 번의 파직을 겪게 되는데, 그 과정에 대해 간략히 살펴보면
다음과 같다. 첫째 파직은 38세 때였다. 1582년(선조 15) 1월 군기경차
관(軍器敬差官) 서익(徐益)이 발포에 와서 군기를 보수하지 않았다고
무고하였기 때문에 파직되었다.

두 번째 파직은 42세 때였다. 1582년(선조 19) 1월 사복시주부(司僕
侍主簿)에 임명되었으나 북방 오랑캐들의 침입이 있자 16일만에 다시
함경도로 천거되었다. 또 이듬해 8월에는 녹둔도 둔전관을 겸직하니,

---

11) 충무공에 대한 기록은 워낙 방대하기 때문에 자료정리가 간단치 않다. 대체로
  여기서의 인물개요에 대해서는 박혜일 교수 등의 공동연구결과를 기준으로 정
  리하였다. 박혜일 외(1998:6-14).

섬이 외롭고 방비가 부실하여 누누이 증병을 청하였으나 병사 이일(李 鎰)은 듣지 않았다. 오랑캐의 습격을 당하자 패군의 죄로 하옥, 무고된 이순신은 파직되고 백의종군하였다.

세 번째 파직은 53세 때였다. 1597년(선조 30) 1월 21일 도원수 권 율이 직접 한산도에 이르러 요시라의 헌책대로 출동 대기하라고 명을 전하였으나 이순신은 그것이 필경 왜군의 간계일 것임이 분명하여 함 대의 출동을 자제하였다. 도원수가 육지로 돌아간 지 하루만에 웅천(熊 川)에서 알려오기를 "지난 정월 15일에 왜장 카토오(加藤清正)가 장문 포에 와 닿았다" 하였다. 일본 측 기록에는 정월 14일(일본력 13일) 서 생포(울산 남쪽)에 상륙한 것으로 되어 있다. 즉 왜장은 도원수가 독전 차 한산도에 내려오기 7일이나 이전에 이미 상륙했던 것이다. "왜장을 놓아주어 나라를 저버렸다"는 치열한 모함으로 파직된 이순신은 군량 미 9,914석, 화약 4,000근, 재고의 총통 300자루 등 진중의 비품을 신 임 통제사 원균에게 인계한 후, 2월 26일 함거(檻車)에 실려 서울로 압 송되어 3월 초 4일에 투옥되었다. 가혹한 문초 끝에 죽이자는 주장이 분분하였으나, 판중추부사 정탁(鄭琢)이 올린 탄원서에 크게 힘입어 도 원수 권율 막하의 백의종군 하명으로 특사되었다.

충무공의 최고의 승리대목은 당신의 죽음에서 찾을 수 있다. 공은 54세, 1598년(선조 31) 2월 18일 고금도(古今島)를 본거지로 선정하여 진영을 건설, 피난민들의 생업을 진작시켰다. 7월 16일에는 명(明)나라 수군도독 진린(陳璘)이 수군 5,000명을 거느리고 도착, 조선 수군과 합 세하였다. 8월 19일 도요토미 히데요시(豊臣秀吉)가 일본 후시미 성에 서 사망하자, 왜군은 일제히 철군을 시작하였다. 순천(順天)에 있던 코 니시 유끼나가(小西行長)는 진린과 이순신에게 뇌물을 보내며 퇴각로 의 보장을 애걸하였으나, 이순신은 "조각배도 돌려보내지 않는다"(片 帆不返)는 결연한 태도로 이를 완강히 거절했다. 진린 도독과는 의견 의 대립이 있었으나, 충무공의 설복으로 합세하게 되었다. 드디어 조명

연합함대는 11월 18일 밤 10시경 노량(露梁)으로 진격, 다음날 새벽 2시경 여러 왜장들이 이끄는 500여 척의 적선과 혼전난투의 접근전을 벌이게 되었다. 이 결전의 마지막 고비에 이르러 11월 19일 새벽, 충무공은 독전 중 왼쪽 가슴에 적의 탄환을 맞고 전사하였다.

요약하자면, 충무공 이순신은 바른 신민(臣民)으로 성장하여, 과거시험을 통해 무관이 되었으며, 바른 성품과 공직자로서의 기본덕성을 바탕으로 공직에 나아가서는 의로운 본분을 다하였다. 군의 고급지휘관으로서는 많은 난관을 겪기도 했지만, 훌륭한 지도자윤리를 발휘하여 부여된 임무를 성공적으로 완수하여 세계해전사상 유례 없는 전승을 이끌어냈다.

2) 충무공의 지도자윤리: 3경

(1) 통솔자 정신

충무공 이순신은 고급지휘관으로서 역사상 유례가 없을 정도로 완벽한 전쟁지도를 하였으며, 거기에 걸맞는 전승을 이루어냈다. 이는 지휘관으로서의 분명한 자기철학과 맡은 바 직무에 능통했음을 반증해 주고 있다. 충무공의 통솔자로서의 지도자윤리에 대한 특징은 다음과 같이 요약된다.

첫째, 충무공은 전쟁 승리를 감각적으로 느낄 수 있었던 지휘관이었다. 즉 충무공은 전쟁을 지도하는 통솔자로서 전쟁 승리의 강한 확신을 가지고 있었다. '내가 가면 반드시 이긴다'라는 확신을 갖고 있었기 때문에 세계전사상 가장 불리한 여건과 가장 불비한 무기로 전승을 가져왔다. 이것은 곧 '이길 만한 전쟁만을 골라서 싸우는 전투'가 아니라 '이겨놓고 싸우는 전투'를 행했던 것이다. 이러한 강한 승리에 대한 자신감은 수군폐지의 왕명도 설득시켰다. 다음은 그 관련대목이다.

당시 도원수 권율의 휘하에서 종군하고 있던 이순신은 기병 10여 기를 거느리고 순천부의 해안으로 달려가 전선 10여 척을 마련하고 도망하였던 군사 수백 명을 다시 불러모았다. 이순신은 이들을 이끌고 싸워 난도(蘭島)에서 왜적을 패퇴시켰다. 조정에서는 이순신의 수군이 너무 허약함을 염려하여 수전을 포기하고 육전을 도우라고 명령을 내렸다(국방부전사편찬위원회, 1987[1816]:250).

둘째, 충무공은 전투에 임해서는 엄중한 군율로써 지휘를 하였다. 다음은 그 관련대목이다.

격전 중에 거제현령 안위(安衛)가 뱃머리를 돌려 물러나려고 하자, 이순신은 뱃머리에 서서 독전(督戰)하다가 전령을 보내어 안위의 목을 베어 오라고 명령하였다. 이에 놀란 안위는 배를 전진시켜 결사적으로 왜적을 공격하였다(국방부전사편찬위원회, 1987[1816]:251).

셋째, 충무공은 민군통합전비태세를 훌륭히 강구하였다. 다음은 그 관련대목이다.

[예화 1]
… 이때 호남지방의 피난민들이 타고 온 선박 1백여 척이 여러 섬에 흩어져 정박해 있었는데, 이순신은 이들을 집결시켜 수군의 뒤에 벌려 세워 성세(聲勢)를 돕게 하고, 자신은 10여 척의 전선을 이끌고 출전하여 진도의 벽파정(碧波亭) 아래에서 왜적을 만나 싸웠다(국방부전사편찬위원회, 1987[1816]:251).

[예화 2]
… 육지에서는 곳곳에서 전투가 치열하게 벌어지고 있어서 식량을 수송해 올 수가 없었다. 군중에서 이를 염려하자, 이순신은 격문을 지어 피난선들에 돌렸다. 이에 피난선들이 앞을 다투어 식량과 의복 등을 수송해 왔으며, 이들의 협조로 군사들이 배부르고 따뜻하게 지낼 수 있었다(국방

부전사편찬위원회, 1987[1816]:252).

넷째, 충무공은 고급지휘관으로서 원칙만을 고집하지 않고, 상황에
따라서는 대의(大義)를 위해 원칙준수의 탄력적인 융통성을 보여주기
도 했다. 다음은 그 관련대목이다.

이순신은 모친상중에 중책을 맡아 싸움터에 나섰으나, 상중과 똑같이
소식(素食)을 하였다. 그런 가운데에서 그는 작전계획을 세우고 군사를
지휘하느라 밤에 잠을 제대로 자지 못하니, 그의 모습은 매우 수척해졌다.
선조는 특별히 사신을 그에게 보내어, "몸을 생각하여 권도(權道)를 따르
라"고 권하고 맛있는 음식을 하사하니, 이순신은 하는 수 없이 눈물을 흘
리며 받아먹었다(국방부전사편찬위원회, 1987[1816]:252).

다섯째, 충무공은 고급지휘관으로서 연합작전수행시 우리의 민간인
을 보호하고, 상대국의 범죄시 처벌할 수 있는 권한을 확보하였다. 현
재 한국과 미국 간의 주둔군지위협정(SOFA: The ROK-US Agreement
on Status of Force in Korea)을 생각해 보면 시사하는 바가 크다. 다
음은 그 관련대목이다.

명나라 도독 진린(陳璘)이 수군 5천 명을 거느리고 조선으로 왔다. 그
는 사람됨이 사납고 오만하였다. 선조는 이순신에게 은밀히 사람을 보내
어 그를 잘 대접하라고 당부하였다. 이순신은 성대한 의식을 갖추어 먼
섬까지 나가서 진린을 맞이하고, 그들이 고금도에 도착하는 즉시 큰 잔치
를 베풀어줌으로써 명나라 군사들을 흡족하게 대접하였다. 그러나 명나라
군사들이 민간에서 약탈을 자행하였으므로, 백성들이 크게 소란하였다.
이순신은 군사들로 하여금 민간의 가옥을 모두 헐어버리게 하고 가재들
을 상자에 담아 배에 싣게 하였다. 진린은 이를 보고 이상하게 여겨 사람
을 보내어 이순신에게 그 까닭을 물었다. 이순신은 다음과 같이 대답하였
다. "우리들은 천병(天兵: 명나라군)이 오자, 부모처럼 우러러보았는데,

포악한 약탈만 당하였다. 그러니 모두 견딜 수 없어 피하여 달아나려고 한다. 나는 대장으로서 이곳에 혼자 머물러 있을 수 없으므로 곧 다른 섬으로 옮겨가려는 것이다." 진린은 이 말을 듣고 크게 부끄럽고 두렵게 생각하여 이순신에게 잘못을 사과하고 만류하였다. … 이에 이순신은 단호하게 말하였다. "천병이 우리나라 사람을 노예처럼 부리려고 하고 있으니, 제가 마음대로 그것을 금지하게 할 수 있도록 도독께서 허락해 주십시오. 그러면 두 나라 군대 사이에 아무런 일이 없이 잘 지낼 수 있을 것입니다." 진린은 이를 허락하였다. 그 이후로 명나라 군사들이 법을 어기면 이순신은 즉시 엄형으로 다스렸다. 이리하여 섬은 마침내 안정되었다(국방부전사편찬위원회, 1987[1816]:253). (강조는 필자)

(2) 부하정신

이와 같이 충무공 이순신은 고급지휘관으로서 매우 높은 수준의 역량을 발휘하였다. 뿐만 아니라 충무공은 부하로서 상관에게도 리더로서의 품위를 유지하고, 예를 깍듯이 하였으며, 불의를 보고는 지나치지 않고 바른 언행으로 간할 수 있었던 강직한 품성을 가졌다.

첫째, 충무공은 부하된 자로서 항상 자기규율(self regulation)이 탁월했다. 『난중일기』(亂中日記)를 기록한 자체가 그 단적인 예이다. 보통의 사람들이 그러하듯이 자신이 쓴 일기를 누구에게 보여주기 위해서 쓰지 않는다. 자기 스스로의 반성을 위해서 작성하는 것이다. 충무공은 임금의 부하임을 항상 잊지 않았고, 백성들을 위한 공직자라는 생각을 망각하지 않고서 자기의 모든 행동을 항상 절도 있게 하였던 것이다.

둘째, 충무공은 부하된 자로서 처세에 항상 조심스러웠다. 다음은 그 관련대목이다.

이순신은 선조 9년 병자(丙子, 1576)에 무과에 급제하였으나, 등용에 대한 청탁을 하지 않았으므로 급제한 지 오랜 뒤에 권지훈련원봉사(權知

訓練院奉事)가 되었다. 당시 병조판서 김귀영(金貴榮)이 서녀(庶女)를 두고 있었다. 김귀영은 이순신의 인품을 알고 자기의 서녀를 그의 첩으로 주려고 하였다. 그러나 이순신은 이를 사양하였다. "내 처음으로 벼슬길에 올랐으니, 어찌 권세 있는 가문에 장가를 들겠는가?"(국방부전사편찬위원회, 1987[1816]:241).

셋째, 충무공은 부하된 자로서 처세에 있어서 공직자로서의 기본원칙을 준수하였다. 다음은 그 관련대목이다.

경진년(庚辰年, 1580)에 이순신은 발포만호(鉢浦萬戶)가 되었다. 이때 그의 직속상관인 수사(水使) 성부가 발포만호의 관사 뜰에 있는 오동나무를 베어다가 거문고를 만들려고 하였다. 이순신은 오동나무를 베어달라는 성부의 요청을 거절하였다. 성부는 화가 났으나, 끝내 오동나무를 베어가지는 못하였다(국방부전사편찬위원회, 1987[1816]:242).

넷째, 충무공은 부하된 자로서 한번 상관은 영원한 상관으로 따르고자 했다. 이는 의리를 존중하고자 했던 충무공의 개인적인 품성과도 연결된다. 다음은 그 관련대목이다.

충무공은 기축년(己丑年, 1589) 정읍 현감에 임명되었다. 이때 전라도사(都事) 조대중(曺大中)이 정여립(鄭汝立)의 역모사건에 연루되어 구속되었다. 이 역모사건의 수사를 맡았던 의금부 도사가 조대중의 문서를 조사하다가 이순신의 서찰을 발견하고, 이순신에게 그 서찰을 몰래 빼내어 없애버리겠다고 말하였다. 그 말을 들은 이순신은 의금부도사의 호의를 달갑게 받아들이지 않았다. "내가 조대중에게 보낸 글에는 별다른 뜻이 남긴 것이 없으며, 또 이미 그 글이 발선되있으니 있는 그대로 보고하여 처리해야 할 것이다"라고 말했다. 이순신이 조대중과 주고받은 서찰은 그후 별다른 문제가 되지 않았다. 조대중이 처형되어 그의 영구가 정읍을 지나가게 되자, 이순신은 제물을 마련하여 애도의 뜻을 표하였다. "그가 자기 죄상에 대하여 불복을 하고 죽었으니, 그가 정말 그러한 죄를 지었는지는 알 수 없는 일이다. 그가 잠깐 동안이라도 본도의 도사를 지냈으니, 내가 어찌 모르는 체할 수 있겠는가?"라고 했다. 정승인 정언신(鄭彦臣) 역시 정여립의 친척이라 하여 감옥에 갇혀 있었는데, 마침 이순신은 공무로 서울에 올라갔다가 그 사실을 알고, 정언신이 옛날 자기의 직속상관이었다 하여 감옥으로 그를 찾아가 문안을 드렸다. 그 당시 모든 사람들은 이순신의 그러한 행동을 의롭게 여겼다(국방부전사편찬위원회, 1987[1816]:244).

다섯째, 충무공은 스스로 왕과 국가의 부름을 받은 몸임을 항상 잊지 않고 겸손했다. 다음은 관련대목이다.

[1595년 5월 29일. 辛丑] 비바람이 그치지 않고 종일 퍼부었다. 사직의 위엄과 영험에 힘입어 겨우 조그마한 공로를 세웠는데, 임금님의 총애를 받은 영광이 너무 커서 분에 넘친다. 장수의 직책을 띤 몸으로 티끌만한 공로도 바치지 못했으며, 입으로 교서를 외우지만 얼굴에는 군인으로서의 부끄러움이 있을 뿐이다(이순신, 1996:219).

(3) 동료의식

충무공 이순신은 리더이면서도 동료들에 대한 기본도리를 잊지 않았다. 첫째, 충무공은 단결의 지도자윤리를 발휘했다. 당시 명나라의 지원군은 실질적인 전투를 하여 공적을 세우기보다는 대일본 심리전 효과가 더 컸다고 할 수 있다. 즉 명나라의 지원이 있기 때문에 더 이상의 확전이 있을 경우 일본은 조·명 동맹관계를 결코 쉽게 생각하지는 못하는 형국이었다. 충무공은 이러한 상황을 잘 알고 명나라의 명분을 높여주면서도, 부하의 공은 인정해 주고, 총체적으로는 국가간의 단결, 부대 내의 단결의 지도자윤리를 발휘할 수 있었다. 그 관련대목은 다음과 같다.

녹도만호(鹿島萬戶) 송여종(宋汝棕)이 명나라 군사들과 함께 출전하였는데, 송여종의 부대는 적선 6척을 노획하고 적 70명의 목을 베었으나, 명군은 전과가 하나도 없었다. 마침 진린이 이순신과 더불어 연회를 열고 있다가 이 보고를 받고는 부끄러워하며 화를 내었다. 이순신은 이렇게 제의하였다. "도독께서 이곳에 오시어 우리 군사를 통솔하고 계시니, 우리 군사의 승리는 바로 천병의 승리인 것입니다. 어찌 감히 우리의 것으로 삼겠습니까? 우리가 벤 적병의 목을 모두 드리겠으니, 도독께서는 천병이 거둔 전과로 보고하십시오." 진린은 이 말을 듣고 크게 기뻐하며, "공이 동국의 명장이란 말을 내 일찍이 들었는데, 지금 보니 과연 그렇습니다." 하고 감탄하였다. 송여종은 전공을 모두 빼앗기게 되자, 실망하여 이순신에게 억울하다고 호소하였다. 이순신은 웃으며 송여종을 달래면서, "왜적의 수급은 썩은 고깃덩어리에 지나지 않는 것이니, 명나라 사람에게 주는 것이 무엇이 아까운가? 그대의 공은 내가 장계하여 조정에 보고하겠다"고 하였다. 송여종은 이 말을 받아들였다(국방부전사편찬위원회, 1987[1816]: 252). (강조는 필자)

둘째, 충무공은 배려와 관용의 지도자윤리를 발휘했다. 그 관련대목은 다음과 같다.

[예화 1]
왜적이 처음 침입하였을 당시 경상 우수사였던 원균은 왜적에게 피하여 겨우 배 한 척으로 도망하여 이순신에게 구원을 요청하였다. 그뒤, 이순신은 승전할 때마다 두 사람의 이름을 연명하여 첩보를 올렸는데, 조정에서는 이순신의 공이 큰 것을 알고 통제사로 승진시켰다. 이에 원균은 자신이 이순신의 아랫자리에 있는 것을 부끄러워하면서 이순신을 멀리하고 미워하였다. 원균은 난폭하게 성미를 부려 이순신의 통제를 받으려 하지 않았지만, 이순신은 언제나 그를 너그럽게 포용하였다(국방부 전사편찬위원회, 1987[1816]:248).

[예화 2]
[1592년 7월 15일. 壬申] 여러 장수와 군사 및 관리들이 제 몸을 돌아

보지 않고 처음부터 끝까지 여전하여 여러 번 승첩을 하였다만, 조정이 멀리 떨어져 있고 길이 막혔는데, 군사들의 공훈등급을 만약 조정의 명령을 기다려 받은 뒤에 결정한다면 군사들의 심정을 감동케 할 수 없으므로 우선 공로를 참작하여 1·2·3등으로 별지에 기록하였으며, 당초의 약속과 같이 비록 왜적의 머리를 베지 않았다 하더라도 죽을힘을 다해 역전한 사람들은 내가 본 것으로써 등급을 나누어 결정하고 함께 기록하여 장계하였다.12)

3) 충무공의 지도자윤리: 3위

(1) 지 식

충무공 이순신은 리더로서 훌륭한 지적 역량을 구비하고 있었다. 충분한 인문적 소양을 바탕으로 시문에도 뛰어났을 뿐만 아니라, 삶의 지혜, 전략·전술의 지혜를 두루 겸비한 성품을 보유하고 있었다. 분야별로 자세한 특성을 살펴보면 다음과 같다. 첫째, 충무공은 훌륭한 지략을 갖추고 있었다. 그는 창의적인 지략으로 부임하자마자 예하 5관 5포를 순시하면서 출전준비태세를 완벽하게 갖추어 나갔다. 특히 그는 적의 해상 접근을 미리 관측 보고토록 하기 위해 기지 주변 산정에 신호대를 설치했으며, 큰 돌멩이에 구멍을 뚫어 쇠사슬을 박아 적 예상 접근 수로에다 수중 장애물을 부설했던 것이다. 또한 그는 혁신적인 해전수단과 방법을 마련해 나갔다. 1592년 4월 14일 일본군이 부산에 침공·상륙하기 64일 전에 창제한 거북선에 달 돛베 29필을 수령하였고, 18일 전에 거북선의 함포시험사격을 했으며, 3일 전에 거북선 돛을 완성·설치했고, 2일 전에 거북선에 장착된 함포의 포술연습을 끝마쳤다(이선호, 2001:184-185).

둘째, 충무공은 전쟁 중에도 계속해서 전승을 위한 지혜를 다듬어

---

12) 『이충무공전서』(李忠武公全書, 1795) 권 2, 「장계」, 43-44, 이순신(1996:69-70) 재인용.

나갔다. 그 일환으로 서책(병서 및 역사서)을 지속적으로 획득하고 탐독하였다.

[예화 1]

[1592년 3월 5일. 乙丑] 맑다. 동헌에 나가 공무를 봤다. 군관들은 활을 쏘았다. 해질 무렵에 서울 갔던 진무가 돌아왔다. 좌의정 유성룡의 편지와 『증손전수방략』(增損戰守方略)이라는 책을 가지고 왔다. 이 책을 보니 수전, 육전, 화공전 등 모든 싸움의 전술을 낱낱이 설명했는데, 참으로 만고의 훌륭한 책이다(이순신, 1996:27).

[예화 2]

[1596년 5월 25일. 辛卯] 종일 비오다. 홀로 다락 위에 앉아 있으니, 온갖 생각이 다 일어난다. 우리나라 역사를 읽어보니 개탄스런 생각이 많이 난다(이순신, 1996:269).

셋째, 충무공은 민·군통합전비태세를 위한 지혜를 갖고, 이를 적용했다. 공은 군인들이 백성들에게 생필품(＝소금)을 제공해 주고, 병사들에게는 그에 대한 반대급부로 식량조달을 동시에 해결해 주었다. 결과적으로 민과 군이 통합해서 전비태세를 완비할 수 있게 된 것이다. 다음은 관련대목이다.

선조 26년 8월에 조정에서는 3도 수군이 제대로 통솔이 되지 않는다 하여 특별히 통제사를 두어 주관하도록 하였다. 그리하여 이순신이 3도 수군통제사를 겸하고 본직을 그대로 맡게 되었다. 이순신은 육지에서 군수품을 공급하기가 곤란하다 하여, 체찰사에게 청하였다. "다만 일면의 바다와 포구를 부속시켜 주면, 양식과 장비를 자급자족하게 하겠습니다." 이에 이순신의 수군은 바닷물을 끓여 소금을 구어 팔아서, 곡식 수만 섬을 비축하고 군영의 막사와 기구를 모두 완비하게 되었으며, 또 백성을 이주시켜 살게 하였다. 그 결과 한산도는 하나의 큰 진(鎭)이 되었다(국방부전사편찬위원회, 1988:336).

넷째, 충무공은 지형과 전통문화에 적합한 무기체계를 발전시켰다. 왜군은 주로 조총 사격으로 상대 함선의 병력을 살상하거나 선상 백병전을 벌여 함선을 탈취하는 것이었다. 하지만 조선 수군의 전술은 함포로 상대 함선을 격침시키는 것에 주안을 두고 있었다. 왜군의 주무기인 조총은 병력 살상에는 효과적이었으나 함선을 격파할 수는 없었다. 이에 비하여 조선 수군의 함재 화력인 총통류는 대형화살과 철환(鐵丸), 단석(斷石) 등을 발사(구경 7-14cm, 사정거리 400m)하는 것으로서, 병력 살상에는 그다지 효과가 없었으나 함선과 같은 목재구조물을 격파하는 데는 큰 위력을 발휘할 수 있었다. 또한 조선 수군은 왜군의 함선에 비하여 견고하고 기동성이 우수한 판옥선과 공격력과 방어력을 갖추고 있어 적 함대를 돌파하여 전장의 주도권을 장악할 수 있는 거북선을 보유하고 있었다(김태준, 2001:244).

다섯째, 충무공은 해당지역의 문화뿐만 아니라 그 지형 및 지세도 정확히 파악하고 있었다. 이는 군사정보 차원에서뿐만 아니라 전쟁 프로다운 면모라고 할 수 있다. 다음은 충무공이 난중일기에서 직접 작성한 대목이다.

> [1597년 5월 24일. 甲寅] 맑다. 아침에 광양의 고언선이 와서 봤다. 한산도의 일을 많이 전한다. 체찰사가 군관 이지각을 보내어 안부를 묻고, "경상우도의 연해안 지도를 그리고 싶으나 도리가 없으니 본 대로 지도를 그려 보내주면 고맙겠다"고 했다. 그래서 나는 거절할 수가 없어서 지도를 대강 그려서 보냈다(이순신, 1996:315).

(2) 정 서
충무공 이순신은 리더로서 훌륭한 정서적 역량을 구비하고 있었다.

분야별로 자세한 특성을 살펴보면 다음과 같다. 첫째, 충무공은 고급리더로서 국가를 위해 임무를 수행함에 있어서 경건하면서도, 삶과 죽음에 대한 명확한 가치관을 견지하고 있었다. 다음은 관련대목이다. 특히 [예화 2]는 후손들에게 가장 익히 알려진 말로써 최후의 일각에서 어떤 생애를 마감하는지의 모범을 보여주었다고 본다. 다음은 관련대목이다.

[예화 1]
전선이라곤 다만 열 척이었다. 전라우수사 김억추를 불러 병선을 거두어 모으게 하고, 또 여러 장수들에게 분부하여 "전선을 거북배로 꾸며서 군세를 돋구도록 하라"고 하고, 또 "우리들이 임금의 명령을 같이 받들었는데 의리상 같이 죽는 것이 마땅하다. 그런데 사태가 여기까지 이르렀는데, 한번 죽음으로써 나라에 보답하는 것이 무엇이 그리 아까울소냐! 오직 죽음이 있을 뿐이다"고 굳게 약속했다.[13]

[예화 2]
싸움이 한창 급하니, 내가 죽었다는 말을 하지 말라.[14]

둘째, 충무공은 자신의 안일을 위해서보다는 임금과 국가를 위해서 고뇌하는 지휘관이었다. 임금의 어리석음에 대해서도 직설화법으로 지적함이 아니라, 공 스스로의 역량이 부족함이라고 말하고 있다.

[예화 1]
[1593년 5월 13일. 丙寅] 맑다. … 달빛은 배에 가득 차고, 온갖 근심이 가슴을 치민다. 홀로 앉아 이 생각 저 생각에 닭이 울 때에야 풋잠이 들었다(이순신, 1996:108).

---

13) 『이충무공전서』 권 9 부록 22, 「행록」, 이순신(1996: 329-330) 재인용.
14) 『이충무공전서』 권 9 부록 31, 「이분행록」(李芬行錄), 이순신(1996:361) 재인용. "戰方急愼勿言我死"

[예화 2]

[1594년 9월 3일. 戊寅] 비오다. … 초저녁에 촛불을 밝히고 홀로 앉아 스스로 생각하니 나랏일은 어지럽건만 안으로 건질 길이 없으니 이를 어찌하랴! 마침 홍양현감이 내가 혼자 앉아 있음을 알고 들어와서 자정까지 이야기하였다(이순신, 1996:189).

[예화 3]

[1595년 1월 1일. 甲戌] 맑다. 촛불을 밝히고 홀로 앉아 나랏일을 생각하니 무심결에 눈물이 흘렀다. …

[예화 4]

[1595년 7월 10일. 辛巳] 맑다. 몸이 몹시 불편하다. 저녁 무렵에 우수사와 만나 서로 이야기했다. 양식이 떨어져도 아무런 계책이 없다는 말을 많이 했다. 무척 답답하여 괴롭다. 조방장 박종남도 왔다. 두어 잔을 마셨더니 몹시 취했다. 밤이 깊어 다락 위에 누웠더니 초승달 빛이 다락에 가득하여 마음을 억누를 수 없다.

셋째, 충무공은 부하 지휘관의 체면을 세워주었다. 누구나 한번 실수는 용납될 수도 있다. 그렇지만 그 책임을 완전히 면할 수는 없다. 충무공은 부하 지휘관의 체면을 고려하여 처벌했다. 다음은 관련대목이다.

[예화 1]

[1593년 2월 5일. 庚寅] 보성군수(김득광)가 밤을 세워 육지를 거쳐 달려왔다. 잡아들여 기일을 어긴 죄를 묻고, 그 대장(代將)을 처벌했다. …(이순신, 1996:91-92).

[예화 2]

[1595년 5월 14일. 丙戌] … 아침에 식사를 한 뒤에 대청으로 나가 공무를 봤다. 사도첨사가 와서 보고하는데, "홍양현감이 받아 간 전선이 암

초에 걸려 뒤집어졌다"고 한다. 그래서 대장(代將) 최벽과 십호선 장수(十船將)와 도훈도(都訓導)를 잡아다가 곤장을 쳤다.

넷째, 충무공은 리더로서 부하를 위해 눈물을 흘릴 줄 알았다. 다음은 관련대목이다.

[예화 1]
[1593년 7월 4일. 丙辰] 황대중이 다리를 절며 가까스로 와서 진주성 함락 소식을 전했다. 다리 저는 효자가 어떻게 적의 창칼 끝을 뚫고 여기까지 오게 되니, 이 어찌 우연한 일인가! 나는 실성통곡하면서 북향하여 절을 네 번 하고, "하늘은 어찌 이런 극단의 지경에 이르게 하였는고!" 하면서 하늘에 빌었다.[15)

[예화 2]
[1593년 6월 9일. 壬辰] 맑다. 수십 일이나 괴롭히던 비가 비로소 활짝 개이니, 진중의 장병들이 기뻐하지 않는 이가 없다. …(이순신, 1996: 113).

[예화 3]
[1594년 4월 9일. 丁巳] 맑다. … 조방장 어영담이 세상을 떠났다. 통탄함을 무엇으로 말하랴!(이순신, 1996:171).

[예화 4]
[1594년 8월 30일. 乙亥] 맑고 바람조차 없다. … 곤양군수가 병으로 돌아가는데, 보지 못하고 보내어 너무너무 섭섭하다(이순신, 1996:188).

다섯째, 충무공은 부하들에게 감동을 주는 리더였다. 다음은 관련대목이다.

---

15) 『양건당문집』(兩蹇堂文集), 낭주인쇄사, 1978, pp.45-57, 이순신(1996:118) 재인용.

임진년(壬辰年, 1592) 5월에 원균이 다시 구원병을 요청해 왔다. 이에 이순신은 함대를 이끌고 노량으로 출동하여 왜선 13척을 격파하고, 패주하는 왜적을 쫓아 사천까지 추격하였다. 이 전투에서 이순신은 왼쪽 어깨에 총탄을 맞았으나 그대로 활을 쏘며 종일토록 전투를 독려하였다. 전투가 끝난 다음에야 군사들은 비로소 이순신이 부상당한 사실을 알고, 모두 놀라며 감동하였다(국방부전사편찬위원회, 1987[1816]:246).

여섯째, 충무공은 부하들의 어려운 점을 사전에 찾아서 해결해 주려고 노력했다. 다음은 관련대목이다.

[1593년 12월 29일. 戊寅] 들으니, 12월 27일에 전주부에서 과거시험장을 개설하라고 명령하셨다고 하므로, 해상의 진중에 있는 장병들이 모두 기꺼이 달려가려고 하였으나 물길이 요원하여 제 기한 도착하지 못할 뿐만 아니라, 적과 서로 대진해 있는 때에 뜻밖의 환란이 없지도 않을 것이므로, 정예 용사들을 일시에 내어 보낼 수 없는 일이니 수군에 소속된 군사들은 경상도의 예에 따라 진중에서 시험을 보아 그들의 마음을 위로해 주도록 하되, 규정 중에 있는 '말타고 달리면서 활쏘는 것'(騎射)은 먼 바다에 떨어져 있는 외딴섬이라 말을 달릴 만한 땅이 없으니 말달리면서 활쏘는 것은 편전을 쏘는 것으로 재능을 시험 보면 편리할까 생각되어 조정에서 선처해 주도록 장계하였다.16)

일곱째, 충무공은 백성들과 어려움을 같이 하려고 했다. 다음은 관련대목이다.

[예화 1]
[1593년 5월 6일. 己未] 흐린 뒤에 비오다. … 저녁나절에 퍼붓듯 내리는 비가 온종일 그치지 않았다. 내와 개울물이 넘쳐흘러 농민들에게 희망을 주니 참으로 다행이다(이순신, 1996:107).

---

16)『이충무공전서』권 3,「장계」(狀啓), 41-42, 이순신(1996:139-140) 재인용.

[예화 2]

[1593년 7월 16일. 戊辰] 맑다. 저녁에 소나기가 와서 농사에 흡족하다(이순신, 1996:122).

여덟째, 충무공은 한 인간으로서 풍부한 감성을 가졌다. 다음은 관련 대목이다.

[예화 1]

[1594년 6월 11일. 戊午] 맑으며 더위가 쇠라도 녹일 것 같다. … 달빛 아래 같이 이야기할 때 옥피리 소리가 처량했다(이순신, 1996:178).

[예화 2]

[1595년 7월 2일. 癸酉] 맑다. 오늘은 돌아가신 아버지의 생신날이다. 슬픈 마음이 들어 나도 모르게 눈물이 흘렀다. …(이순신, 1996:224).

[예화 3]

[1596년 1월 29일. 丙申] 종일 비 오다. … 피리소리를 듣다가 한밤 자정에야 진으로 돌아왔다(이순신, 1996:253).

(3) 행 동

충무공 이순신은 리더로서 알고 느낀 것을 훌륭히 행동으로 옮길 수 있는 역량을 구비했다. 분야별로 자세한 특성을 살펴보면 다음과 같다. 첫째, 충무공은 항상 손수 행동으로 모범을 보여주었다. 전투에서뿐만 아니라 일상생활에서도 마찬가지였다. 당시는 진영 내에서 둔전(屯田)을 운영했는데, 다음은 그 관련대목이다.

[1594년 6월 5일. 壬子] 맑다. … 오늘 무밭을 갈았다. …(이순신, 1996:177-178).

둘째, 충무공은 전통 세시풍습을 존중하고, 지키려고 했다. 다음은 관련대목이다.

　[1593년 2월 5일. 庚寅] 비가 억수같이 내리다가 늦게야 개이다. 경칩날이라 둑제를 지냈다. 아침밥을 먹은 뒤 대청으로 나가 공무를 봤다(이순신, 1996:91-92).

셋째, 충무공은 전쟁 중에 놀이를 함에 있어서 항재전장(恒在戰場)의 의식을 견지하고 있었다. 따라서 모든 진중놀이는 전쟁과 관련된 것들이다. 그 중에서도 가장 많이 한 진중놀이는 활쏘기인데, 난중일기에 표기된 횟수를 기준으로 270회가 넘는다. 다음으로 바둑, 씨름, 장기, 침렵치(沈獵雉),[17] 종정도(從政圖)[18] 등이 애용되었다.

4. 맺음말

　본 연구는 충무공 이순신의 지도자윤리를 현대적으로 재조명하는 데 목적을 두고 이루어졌다. 충무공의 지도자윤리를 더욱 입체적이고 총체적으로 분석하기 위해 3경·3위의 지도자윤리 연구모형을 상정하였다. 3경은 지도자윤리의 가장 기본적인 골격에 해당되는 것으로서 통솔자정신, 동료의식, 부하정신을 말하고, 이는 지도자윤리의 구조라고 할 수 있다. 한편 3위는 지도자윤리의 내용이라고 할 수 있으며, 지식,

---

17) 무사들의 놀이의 일종임.
18) 승경도(陞卿圖)라고도 함. 조선시대 서당의 학도들이 놀던 유희로써 성균관의 유생들의 유희였던 궐희(闕戱)에서 유래된 듯하다. 넓고 큰 종이에 벼슬이름을 품계와 종별에 따라 적어 넣은 승경도판에 박달나무로 5각이 지도록 깎은 알을 던져 나온 끗수를 써서 관등의 상하에 따라 승부를 겨룬다.『용재총화』(慵齋叢話), 이홍직(1990:702) 재인용.

감정, 행동의 제반 인격적 요소를 말한다.

본 논문에서 살펴본 충무공의 3경·3위의 지도자윤리는 다음과 같이 요약된다. 우선 3경의 지도자윤리는 다음 세 가지로 요약된다. 첫째, 통솔자정신을 발휘한 유형은 다음과 같다. ① 전쟁 승리의 강한 확신을 갖고 있었다. ② 전투에 임해서는 엄중한 군율로써 지휘를 하였다. ③ 민·군통합전비태세를 훌륭히 강구하였다. ④ 고급지휘관으로서 원칙만을 고집하지 않고, 상황에 따라서는 대의를 위해 원칙준수의 탄력적인 융통성을 보여주었다. ⑤ 고급지휘관으로서 연합작전 수행시 우리의 민간인을 보호하고, 상대국의 범죄시 처벌할 수 있는 권한을 확보하여, 오늘날에 큰 시사를 주고 있다.

둘째, 부하정신을 발휘한 유형은 다음과 같다. ① 부하된 자로서 항상 자기규율(self regulation)이 탁월했다. ② 부하된 자로서 처세에 항상 조심스러웠다. ③ 부하된 자로서 처세에 있어서 공직자로서의 기본 원칙을 준수하였다. ④ 부하된 자로서 한번 상관은 영원한 상관으로 따르고자 했다. ⑤ 왕과 국가의 부름을 받은 몸임을 항상 잊지 않고, 겸손했다.

셋째, 동료의식을 발휘한 유형은 다음과 같다. ① 단결의 지도자윤리를 발휘했다. ② 배려와 관용의 지도자윤리를 발휘했다.

다음으로 3위의 지도자윤리는 다음 세 가지로 요약된다. 첫째, 인지적 요소에서의 지도자윤리 발휘 유형은 다음과 같다. ① 훌륭한 지략을 갖추고 있었다. ② 전쟁 중에도 독서 등을 통해서 계속해서 전승을 위한 지혜를 다듬어 나갔다. ③ 민·군통합전비태세를 위한 지혜를 갖고, 이를 적용했다. ④ 지형과 전통문화에 적합한 무기체계를 발전시켰다. ⑤ 해당지역의 문화뿐만 아니라 그 지형 및 지세도 정확히 파악하고 있었다.

둘째, 정의적 요소에서의 지도자윤리 발휘 유형은 다음과 같다. ① 고급리더로서 국가를 위해 임무를 수행함에 있어서 경건하면서도, 삶과 죽음에 대한 명확한 가치관을 견지하고 있었다. ② 자신의 안일을 위해서보다는 임금과 국가를 위해서 고뇌하는 지휘관이었다. ③ 부하 지휘관의 체면을 세워주었다. ④ 리더로서 부하를 위해 눈물을 흘릴 줄 알았다. ⑤ 부하들에게 감동을 주는 리더였다. ⑥ 부하들의 어려운 점을 사전에 찾아서 해결해 주려고 노력했다. ⑦ 백성들과 어려움을 같이 하려고 했다. ⑧ 한 인간으로서 풍부한 감성을 가졌다.

셋째, 행동적 요소에서의 지도자윤리 발휘 유형은 다음과 같다. ① 항상 손수 행동으로 모범을 보여주었다. ② 전통 세시풍습을 존중하고, 지키려고 했다. ③ 전쟁 중에 놀이를 함에 있어서도 항재전장(恒在戰場)의 의식을 견지하고 있었다.

결론적으로 충무공은 3경·3위의 조화와 균형의 지도자윤리를 발휘한 인물로 평가된다. 즉 충무공은 3경(통솔자정신, 부하정신, 동료의식)과 3위(지식, 감정, 행동)의 조화 있는 지도자윤리를 실천함으로써 '지도자윤리의 살아 있는 전형'을 보여주었다.

심화 탐구 주제

1. 리더십 연구를 위한 3경·3위 모형의 특징을 이해하고, 이 틀에 의해 리더십을 발휘한 특정인물을 평가해 보세요.

2. 충무공 이순신은 어떠한 리더십을 발휘했는지에 대해 본인의 의견을 개진해 보세요.

3. 한국의 전통 병서에 나타난 리더십 내용에 대해 자신의 의견을 개진해 보세요.

참고문헌

『고급리더십』, 안보연구시리즈 제2집 6호, 국방대학교 안보문제연구소, 2001.

강영선 외, 『세계철학대사전』, 교육출판공사, 1989.

겨레얼연구소, 「충무공 이순신의 인간적 모습」, 『겨레얼』 6, 1998.

국방부, 『한국군 리더십 진단과 강화방안』, 2004.

국방부전사편찬위원회, 『병장설·진법』, 1983.

국방부전사편찬위원회, 『무신수지』, 1986[1809].

국방부전사편찬위원회, 『무경칠서』, 1987.

국방부전사편찬위원회, 『海東名將傳』, 1987[1816].

국방부전사편찬위원회, 『동국전란사』(외란편), 1988.

김영관, 「충무공 순국 400주기를 보내면서」, 『군사논단』 17(1), 1999.

김용석, 「군 조직에서 고급리더십 연구」, 『고급리더십』, 안보연구시리즈 제2집 6호, 국방대학교 안보문제연구소, 2001.

김일상, 「충무공 이순신과 넬슨 제독의 해전 비교연구」, 『군사논단』 8(1), 한국군사학회, 1996.

김태준, 「해전사를 통해 본 고급리더십」,『고급리더십』, 안보연구시리즈 제2집 6호, 국방대학교 안보문제연구소, 2001.

나영일, 「조선조 무사들의 활쏘기와 기타 체육적인 활동에 관한 연구」,『체육연구소논집』 12(1), 서울대학교, 1991.

남천우, 「충무공 함대의 항해속도와 귀항의 물리학적 특성」,『한국과학사학회지』 4(1), 한국과학사학회, 1982.

박병기·추병완,『윤리학과 도덕교육 1』, 인간사랑, 1999.

박혜일 외,『이순신의 일기: 친필초본에서 국역본에 이르기까지』, 서울대학교 출판부, 1998.

육군본부,『동양고대전략사상』, 1987.

육군본부,『장교의 도』, 1997.

육군본부,『지휘관 및 참모업무』, 야전교범 101-1, 2003.

이광종, 「이순신의 책임사상과 승전지향적 통제」,『한국행정사학지』 10(1), 한국행정사학회, 2001.

이선호,『이순신의 리더십』, 팔복원, 2001.

이순신, 최두환 역,『난중일기』, 학민사, 1996.

이홍직,『새국사사전』, 교학사, 1990.

임복진, 「다시 충무공을 생각하며」,『한국논단』 68(1), 1995.

장학근, 「충무공 이순신의 짧은 생애, 빛나는 삶」 1·2,『해양전략』 114·115, 해군대학, 2002.

정헌교, 「난중일기에 나타난 충무공의 인간상」,『논문집』 28(1), 부산공업대학교, 1986.

제정관 외,『군 직업주의와 리더십』, 국방대학교 안보문제연구소, 2003.

최두환, 「충무공 이순신 장군의 리더십 모델 연구」,『해양전략』 75, 해군대학, 1992.

최두환, 「충무공 이순신의 여가선용」,『해양전략』 95, 해군대학, 1997.

최두환, 「충무공 이순신의 천도사상(天道思想) 연구」,『해양전략』 98, 해군대학, 1998.

최두환, 「해양전략사상가로서의 충무공 이순신 고찰」,『해양전략』 105, 해군대학, 1999.

최두환, 『충무공 이순신의 리더십에 관한 연구』, 경남대학교 대학원 박사
학위논문, 2005.

최춘영, 「이충무공의 행적을 통해서 본 호국정신의 특질」, 『군산대학 연구
보고』 13(2), 1979.

Harari, Oren, 안진환·조병호 역, 『콜린 파월의 행동하는 리더십』, 교보문
고, 2004.

Lickona, T., "What is Good Character? And How Can We Develop It in
Our Children", unpublished paper presented at Poynter Center Ethics
Colloquium, Indiana University, May 1991.

US NDU ICAF, 국방대학교 역, 『전략적 리더십과 의사결정』, 2000.

Yukl, Gary A., 김대훈 역, 『리더십의 이해』, 삼성기획, 1996.

제 3 부
국가윤리 교육 심화

제 8 장

노무현 정부의 대북정책에 대한 북한의 반응

1. 서 론

1) 연구목적

본 논문은 노무현 정부 출범 이후 대북정책 추진에 대한 북한의 반응을 분석하는 데 그 목적을 두고 있다. 노무현 정부는 '참여정부'로도 일컬어지는데, 이 참여정부의 대북정책은 '평화번영정책'(policy of peace & prosperity)이라고도 한다. 이 평화번영정책이란 한반도에 평

---

* 이 장은 2003년도 국방대학교 안보문제연구소 전문연구원 의무과제 보고서 (「노무현 정부의 대북정책에 대한 북한의 반응 분석」, 『남북관계의 진단과 전망: 북한 핵 문제를 중심으로』, 국방대학교 안보문제연구소, 2003, pp.71-133)를 수정 · 보완한 것이다. 약간의 시간경과로 인해 본문의 내용이 시의성이 떨어지는 점도 있지만, 접근방식에 의의를 두고 같이 실었다.

화를 증진시키고 남북 간의 공동번영을 추구함으로써, 평화통일의 기반을 조성하고 나아가 동북아의 경제중심국가로 도약할 수 있는 토대를 마련하고자 하는 노 대통령의 전략적인 구상이다.

노무현 정부는 2003년 2월 25일 출범한 이후 현재까지 10개월 동안 이전의 김대중 정부의 대북화해협력정책을 계승한다는 대외적인 공언대로 큰 무리 없이 정책적 가닥을 잡아가고 있다. 남북한간의 다양한 회담, 이산가족 상호방문, 그리고 남북한간의 철도 및 도로연결사업 등이 순조롭게 진행되었다.

특히 남북한간의 교역 동향은 매우 고무적인데, 전반적으로 2003년 1-11월 중 남북교역액은 약 6억 7천만 달러 정도로 전년동기 18.2%가 증가하였다. 거래성 교역에 있어서도 약 3억 8천만 달러로 전년동기 대비 20.6% 증가하고, 전체 교역액의 56.2%를 차지했다. 비거래성 교역도 2억 9천만 달러를 상회하여 전년동기 대비 15.2% 증가하고, 전체 교역액의 43.8%를 차지하였다. 전체적으로 2003년 1-11월 중 남북교역액은 전년동기 대비 18.2% 증가한 6억 7천 84만 4천 달러로 계속적인 증가추세를 보이고 있다. 특히 주요 증가요인이 된 상업적 거래, 위탁가공교역 등 거래성 교역이 꾸준한 증가추세를 보이고 있다(통일부 대변인실, 2003).

하지만 이러한 고무적인 변화의 조짐도 있었는가 하면, 반면에 현재 북한 핵문제와 이로 인한 6자회담, 그리고 한국정부의 이라크 파병문제 등은 이러한 긍정적 변화의 향후 방향을 결정할 만큼 중요한 문제로서 해결되지 않은 채로 계류 중에 있다. 이외에도 대구U대회에서의 해프닝, 잦은 NLL 월선 등의 문제점이 있었으며, 대북지원사업을 사실상 주도했던 현대그룹의 정몽헌 회장의 사망 등은 남북관계의 진전에 약간의 걸림돌로 작용된 것으로 보인다.

본 연구는 남북한간의 평화가 보장되고, 상호번영을 추진하고 있는 노무현 정부의 대북 '평화번영정책'에 대해 북한이 과연 어떠한 반응을 보이는지를 탐색해 나갈 것이다. 이 연구의 결과는 사안별 북한의 반응을 분석·평가해 봄으로써, 향후 대북정책 수립 및 시행에 참고자료로 활용될 수 있을 것이다.

2) 연구방법 및 주요 조사도구

본 연구에서 다루고자 하는 소재는 '노무현 정부의 대북정책'과 '북한의 반응'이다. 그런데 현재의 시점에서 이 주제를 다루는 데는 상당한 애로점이 있다. 우선 노무현 정부 출범 이후 만 1년이 도래하지 않았다는 일천한 역사성을 꼽을 수 있다. 둘째, 충분한 선행연구가 없다는 점이다. 단행본은 전무한 상태이고, 거의 인터넷 자료 및 연감 수준에 의지할 수밖에 없는 현실적 제약을 가진다. 셋째, 북한의 반응을 점검할 수 있는 기제의 미비이다. 북한에 대해서도 앞선 문제점은 그대로 적용되는데, 여기에다 그나마 있는 자료에 대한 분석을 어느 정도로 분석해 낼 수 있는지의 난제도 동시에 안고 있다.

하지만 이러한 어려운 점에도 불구하고, 민족 내부의 평화와 번영을 도모함은 물론이거니와 향후 동북아지역에서의 국가단위의 전략적 주도권을 확보해 나가기 위해서는 그 연구의 필요성과 중요함은 지대하다고 본다. 따라서 여러 가지 현실적 제약은 면밀한 직관을 통해서 극복하고자 한다.

본 논문의 진행에 따른 이러한 한계점을 극복하기 위해, 자료활용은 최대한 획득이 용이하면서도 체계적으로 관리된 것을 주로 참고하고자 한다. 그래서 남북한 양측의 인터넷자료와 신문, 그리고 정부부처의 공식적인 보도자료 등을 주요 자료원으로 활용하고자 한다. 본 연구에서는 연구대상이 시간적인 제약이 있기 때문에, 연구방법은 미세한 부분으로 전체를 조망할 수 있는 미시사적(microstoria) 접근을 취하고자 한다. 필자 스스로는 본 연구를 위한 기법을 카메라 렌즈와도 같은 '짧지만 진지한 접근'(short but thick approach)이라고 명명하고 싶다.

본 논문에서 다루고자 하는 시간대역은 만 1년이 되지 않기 때문에, 소재의 범주를 좀더 융통성 있게 정의해야 할 필요가 있다. 따라서 본 논문의 주제인 '노무현 정부의 대북정책'은 '노무현 정부 기간 동안의 대북정책'이라고 해석하고자 한다. 이렇게 되면 노 대통령이 직접적인 분석의 대상이 되지 않는다고 하더라도 특정 정치적 활동이 어느 정도의 상관성만 있다면 분석대상으로서의 가치를 가질 수 있게 되는 것이다. 따라서 분석의 직접적인 연관성은 다소 떨어지지만 자료의 빈약으로부터 오는 한계를 상쇄하고자 한다.

본 논문에서는 더욱 적확한 분석을 위해 풍부한 자료를 확보하는 데 많은 노력을 기울였다. 최대한 많은 자료를 입수하고, 더욱 객관적인 자료를 확보하기 위해서 국내 정부기관 자료 및 언론자료, 그리고 북한과 직·간접적인 관련을 갖고 운영되고 있는 정보자산 등을 입체적으로 활용하고자 한다. 본 연구에서 도움이 된 자료들은 [표 1]과 같다.

[표 1]에서 특히 『조선중앙통신』의 자료와 『KINDS』 자료는 주목할 필요가 있다. 사실 남한의 자료는 너무 많기 때문에 체계성이 요구되고, 반면에 북한의 자료는 공직자들의 공식적인 언급이 매우 적기 때문에 국가공공조직의 하나인 언론(신문·방송)의 보도내용이 중요한 것이다. 따라서 『조선중앙통신』과 『KINDS』의 기사는 이러한 측면에서 매우 경제적이고도 정교하게 자료원을 체계적으로 색인할 수 있는 장점을 가지고 있다.

우선 먼저 『조선중앙통신』의 기사자료에 대해 알아보자. 북한의 모든 선전수단들 가운데 가장 중추적인 역할을 수행하면서 대내외 홍보의 대표주자격인 기관이 바로 『조선중앙통신』이다. 이는 유일의 국영 통신사로서 1946년 12월 5일 북조선임시인민위원회 제60차 상무위원회 결정에 따라 '북조선통신사'로 발족했다. 그후 1948년 10월 12일 내각 직속기관으로 조직체계를 바꾸고 현재의 명칭으로 개칭, 노동당 및

[표 1] 남북한 관계사 관련 조사도구 및 의존도

	기 관	국적	주요 특징	의존도
통일논의 리뷰	민주평화통일자문회의	한국	- 통일부 '남북관계일일동향' 참고하여 작성, 분기별 남북관계일지	80%
통일백서	통일부	한국	- 남북관계 주요 일지 - 과월자료	80%
북한정책 자료	통일정책연구소	한국	- 북한일지를 북한중심으로 일자별 상 세히 게재 - 북한원전을 제록스해서 제공해 주고 있으므로 활용가치 많음	90%
통일부 홈페이지	통 일 부	홈페이지 자료실	한국	- 남북관계일지 : 시간간극 없이 자료 제공	99%
		정보분석국 (정보자료담당관실)		- 일일북한방송 : 대내동향, 대남관계, 대외관계 구분	95%
		정보분석국 (분석총괄과)		- 주간북한동향 : 본문 및 '주간일지'	90%
		남북회담사무국		- 일일남북관계동향 : 한국, 북한, 주 변동향 구분	99%
		대변인실		- 보도자료/보도해명자료 : 보도자료, 보도참고자료, 논평 등	90%
조선 중앙통신	조선통신사	일본/ 북한	- 재일본조선인총련합회(총련)의 통신 보도기관 - 조선중앙통신(북, 조선중앙통신사)의 기사 보급	99%
KINDS	한국언론재단	한국	- 종합일간지의 경우 1990년 이후부 터 기사자료 검색가능	99%
연합뉴스	연합뉴스	한국	- 통신사로서 속보성 강함. 추후 상보 (詳報)나 대체기사를 확인해야 함.	90%

자료 : 민주평화통일자문회의(2003); 통일부(2003a); 통일정책연구소(2003); 통일부
홈페이지(http://www.unikorea.go.kr); 조선중앙통신(조선통신사운영) (http://
www.kcna.co.jp/index-k.htm); 한국언론재단(http://www.kinds.or.kr); 연합뉴
스(http://www.yonhapnews.net). 그런데 최근 들어 통일부에서 북한관련 인
터넷주소를 차단하는 조치를 단행하여 이 중 직접 연결되지 않을 수도 있음.

내각의 공식 대변기관으로서의 역할을 수행해 오고 있다. 그 임무는 여타 언론매체와 같이 "모든 사회성원들을 위대한 수령님께 끝없이 충직한 주체형의 공산주의 혁명가로 만들며 사회를 주체사상의 요구대로 개조하여 온 사회의 주체사상화와 온 세계의 자주화를 실현하는 데 적극 이바지하는 것"이다. 부수적인 임무는 "주체사상과 그 구현인 당과 정부의 로선과 정책, 수령님의 현명성과 고매한 공산주의적 도덕성을 내외에 광범위하게 소개·선전하는 데 있다"고 명시하고 있다(『연합뉴스』, 2003:327).

북한에서의 소위 「김일성 사회주의 헌법」 제 67 조는 "공민은 언론·출판·집회·시위와 결사의 자유를 가진다"고 규정하고 있어서 외관상 언론·출판의 자유를 인정하고 있으나, 실제로는 언론·출판을 당의 수중에 장악된 사상적 무기로서 대중을 교양·개조하고 조직하는 유력한 선전선동 수단으로 보고 있다.

따라서 북한의 언론은 기본적으로 당과 계급에 헌신하고 체제유지와 주체사상, 북한체제의 우월성 및 집단주의 정신을 보급하고 선전하는 데 중점을 두고 있다. 돌이켜 보면, 북한의 언론은 김정일의 후계체제 구축과정에서는 김일성의 우상화와 김정일 후계체제를 구축하기 위한 충성동원체제를 확립하는 데 역점을 두었다. 김일성 사후에는 김정일을 미화·찬양하고 김정일에 대한 충성심 고양과 혁명전통의 계승, 주민들의 사상무장, 체제유지를 위한 소위 북한의 우리식 사회주의와 집단주의를 선전·선동하는 데 중점을 두고 있다(국제정보연구원, 2000:487).

조선중앙통신사는 이와 같은 북한의 언론이 가져야 할 임무와 역할을 가장 대표격으로 수행하고 있는 수범 언론기관 중의 하나이다. 북한으로서는 소위 '당의 나팔수' 역할을 충실히 해내고 있다고 볼 수 있다. 그런데 여기서 우리는 세계적으로 보편적인 통신사가 운영하고 있는 기사작성 및 제공 체계와는 매우 다른 중요한 한 가지를 간과하지 말아야 한다. 즉 우리나라의 『연합뉴스』는 세계적인 통신사들의 운영체제와 매우 흡사하게 새로운 뉴스를 공급하는 데 주력하고 있다. 조선중앙통신사의 경우 자사가 쓴 기사보다 인용한 기사를 월등히 많이 내보내고 있다는 점은 이를 여실히 입증해 주고 있다.

'재일본조선인총련합회'(총련)의 지원에 의해 유지되는 '조선통신사'는 북한 '조선중앙통신사'의 『조선중앙통신』의 기사를 입수하여 인터넷으로 제공하고 있다. 이 자료는 북한분야 연구가들에게 매우 유익한데, 일정기간 과거기사 검색을 할 수 있다는 장점이 있다. 한 가지 흥미로운 점은 '조선통신사'(KNS: Korea News Service)가 화면상에 올라와 있는데도 불구하고, 주소창에는 '조선중앙통신사'(KCNA: Korean Central News Agency of DPRK)가 올라와 있다. 양사는 운영상의 예산 및 정책적인 교류가 있는 것은 분명하고, 총련의 KNS는 북한의 KCNA의 일본 내 공식적인 거점일 가능성이 높다. '조선통신사'의 자체 배너광고를 자세히 보면, 자사에 대한 소개의 글이 잘 나타나 있다.[2]

다음으로 한국언론재단에서 운영하고 있는 국내 언론보도결과에 대한 검색기능을 가진 『KINDS』의 홈페이지 화면이다. 이 정보는 종합일간지, 경제일간지, 영자지, TV 방송뉴스, 시사잡지, 인터넷 신문 등 국내언론 전반에 대한 과거기사 검색이 가능하다. 물론 무료지원되고 있어서 연구자들의 편의를 제공해 주고 있다. 특히 종합일간지의 경우 1990년 이후 현재까지의 검색이 가능하다. 2003년 초부터는 『중앙일

---

2) "조선통신사는 재일본조선인총련합회(총련)의 통신보도기관이다. 1948년 10월 1일에 창립되었으며 일본 도쿄에 있다. 조선통신사는 조선로동당과 공화국정부의 로선과 정책, 조선인임이 사회주의건설사업에서 이룩하고 있는 성과를 세계 니러 나라에 실리며 총련과 재일동포들의 애국애업수행을 위한 투쟁과 생활에 대한 소식을 조국인민들에게 알리는 것을 기본임무로 하고 있다. 조선통신사는 일간『조선통신』(일문판)을 편집, 발간하고 있으며 자료집『조선민주주의인민공화국 — 월간론조』(일문판)를 매달 발행하고 있다. 또한 조선중앙통신사에서 보내오는 각종 사진을 조선통신사와 계약한 일본의 여러 보도기관과 단체들에게 배신하고 있다." http://www.kcna.co.jp/index-k.htm. 2003. 12. 13. 검색.

보』의 기사가 제외되고,『내일신문』이 대신 들어가서 주요 중앙일간지 9개 매체의 기사와 함께 제공되고 있으므로, 시계열적인 추적이 매우 용이하다.3)

이러한 자료들을 동원하여 도출된『조선중앙통신』과『KINDS』의 자료는 논의의 핵심적인 부분에 대한 보조자료로 활용될 것이다.

2. 노무현 정부의 대북정책 기조

1) 노무현 정부의 대북정책의 근거

노무현 정부의 대북정책의 성격은 국정비전에서 찾을 수 있다([그림 1] 참조). 이 중에서 대북정책과 직접적인 관련이 있는 부분은 '국정원 리'와 12대 국정과제 중 외교·통일·국방 분야의 '한반도 평화체제 구축'이다. 우선 국정원리는 첫째, 원칙과 신뢰, 둘째, 공정과 투명, 셋째, 대화와 타협, 넷째, 분권과 자율이다. 이는 노무현 참여정부가 추구하는 가치이자 국가를 운영하는 기본원리이다. 이 중에서 대북정책과 가장 관련이 있는 원리는 첫 번째의 원칙과 신뢰라고 할 수 있다. 이와 관련하여 청와대 홈페이지에서는 다음과 같이 해설하고 있다.

원칙과 신뢰는 사회질서를 형성하고 유지하는 데 필수불가결한 원리이다. 원칙이 통하지 않고 반칙이 유리한 상황이 반복된다면 공동체의 존재 자체가 위협을 받게 되고, 국민참여도 좌절될 수밖에 없다. 반칙과 불신은 사회의 계층간 대립과 갈등을 조장한다. 원칙과 신뢰가 있어야 질 높은 사회발전이 가능해진다.

따라서 원칙과 신뢰는 국정운영의 첫 번째 원리가 된다. 이는 반칙과

---

3)『KINDS』정보를 활용한 연구로는 다음 두 편의 논문이 있다. 이영애(2002: 193-220); 박균열(2002:31-51).

변절, 특권의 문화를 청산하고 원칙, 정의, 정도를 실현하고자 하는 노무현 정부의 최고 국정원리이다. 원칙이 바로 서고 사회가 원칙대로 움직인다면 사회적 신뢰가 형성된다. 원칙을 바로 세우고 규범을 준수하고 모든 약속은 지켜진다는 믿음을 갖게 하는 신뢰사회를 구축해야 한국사회가 전진할 수 있다.[4]

다음은 12대 국정과제 중에서 대북정책과 직접적인 관련이 있는 '한반도 평화체제 구축' 관련 내용이다([표 2] 참조).

[그림 1] 노무현 정부의 국정비전

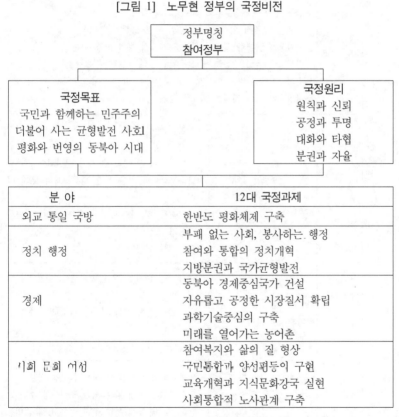

분 야	12대 국정과제
외교 통일 국방	한반도 평화체제 구축
정치 행정	부패 없는 사회, 봉사하는 행정 참여와 통합의 정치개혁 지방분권과 국가균형발전
경제	동북아 경제중심국가 건설 자유롭고 공정한 시장질서 확립 과학기술중심의 구축 미래를 열어가는 농어촌
사회 문화 여성	참여복지와 삶의 질 향상 국민통합과 양성평등의 구현 교육개혁과 지식문화강국 실현 사회통합적 노사관계 구축

자료 : http://www.president.go.kr/warp/kr/news/vision. 2003. 12. 13. 검색.

4) http://www.president.go.kr/warp/kr/news/vision/principle. 2003. 12. 13. 검색.

[표 2] 노무현 정부의 '한반도 평화체제 구축' 방안

			내 용
	개 념		한반도 평화체제구축이란 지난 50여년간 한반도 질서를 규정해 온 정전상태가 평화상태로 전환되고 안보, 남북관계, 대외관계에서 이를 보장하는 제도적 발전이 이루어진 상태
	필요성		- 탈냉전의 세계사적 흐름과 평화통일을 지향하는 민족적 요구에 부응 - 안보위협 해소와 전쟁방지를 통한 항구적 평화실현 - 평화정착을 토대로 민족공동체 형성의 기반 마련 - 동북아 경제중심국가 건설의 여건 조성
	추진방향		- 남북 당사자 해결원칙과 국제사회의 협력 확보 - 남북간 '포괄적 협력'과 실용주의 외교 병행 - 평화체제에 대한 실질적 보장과 제도적 보장 병행 추진 - 정예강군 육성을 통해 평화체제의 군사적 보장 확보 - 평화증진에 따라 한미관계의 미래지향적 발전 추구 - 국민적 합의와 지지를 토대로 추진
기본 구상	단계별 추진전략	1단계 : 북핵문제의 해결과 평화증진 가속화	- 북한 핵문제의 평화적 해결을 위한 전기 마련 (현안 핵심과제) - 남북 화해협력 지속 및 남북 군사회담 정례화 - 남북정상회담 등을 통한 평화정착의 토대 마련 - 외교역량 강화를 토대로 동북아 평화협력의 분위기 조성 - 북한 핵·미사일 문제의 해결 합의
		2단계 : 남북협력 심화와 평화체제의 토대 마련	- 북한 핵·미사일 해결 합의사항의 구체적 이행 - 남북 실질협력 강화 및 군사적 신뢰구축 조치의 추진 - 동북아 평화협력체 구상의 제안 및 추진
		3단계 : 남북평화협정 체결과 평화체제의 구축	- 남북평화협정 체결 및 국제적 보장 확보 - 평화체제 전환에 따른 제반 조치사항 추진 - 남북 경제공동체 본격 추진 및 운용적 군비통제의 단계적 추진 - 동북아 평화협력체 구축 실현

			내 용
추진 과제	남북관계 개선을 통한 평화의 제도화	남북대화 정례화	- 남북정상회담 등 각종 남북회담의 정례화·제도화 추진 -'남북정상회담 - 장관급회담 - 분야별 실무회담'을 축 으로 남북간 모든 현안을 대화로 해결, 평화와 협력 관계를 발전 - 상호 신뢰우선의 원칙에 따라 남북간에 합의된 사항 은 반드시 이행, 실천되는 관행을 정착하여 남북간 신 뢰를 증진
		남북 교류협력 심화·발전	- 남북경협사업의 확대·발전을 통해 경제공동체 토대 마련 -민간·정부 간 상호보완적 역할 분담하에 추진 - 사회문화 교류협력 확대를 통해 민족 동질성 회복 촉진
		평화체제 구축에 대한 국민적 합의 형성	- 새정부 대북정책 및 한반도 평화체제 구축에 대한 국 민들의 올바른 인식형성 및 참여 확대 - 주요 사안 국회 사전 협의 등 정치권과의 초당적 협력 추진
		정전체제의 평화 체제로의 전환	- 여타 분야의 남북관계 개선과 병행하여, 군사적 긴장 완화 및 신뢰구축 조치를 단계적으로 추진 - 남북협력 심화, 군사적 긴장완화 및 신뢰구축으로 한 반도 평화가 실질적으로 보장된 이후 제도적 장치 마련
	한반도 평화정착 을 위한 국제환경 조성	북한 핵문제의 평화적 해결 추진	- 북한의 핵·미사일 포기 등 대량살상무기(WMD) 문 제의 포괄적이고 완전한 해결 추진(북핵 해결 3원칙 견지) -북한 핵문제가 남북간 신뢰증진과 한반도 평화체제 수립에 기여하는 방향으로 해결될 수 있도록 유도 - 우리의 주도적 역할과 함께, 한·미·일 공조 중· 러·EU의 협조확보 등 국제사회와의 공조를 강화
		한반도 평화증진 을 위한 환경 조성	- 남북관계 증진과 긴장완화를 통해 실질적 평화를 구 현하고, 이를 제도화할 수 있는 국제환경을 조성 -한미관계 재정립 및 북미/북일관계 정상화 지원 - 남북이 당사자로서 평화협정을 체결하고, 유관국이 이 를 보장하는 제도적 장치 마련, 정전협정을 대체 -평화협정 체결 협의를 위한 남북 및 유관국간 회담을 추진
		동북아 평화협력 체 창설 추진	- 동북아 평화·안보문제의 포괄적 협의를 위해 남북한, 미·일·중·러가 참여하는 다자협의체 구성을 추진 - 역내 정치·안보환경을 개선하여 한반도 평화정착 및 동북아 경제중심국가 건설에 기여

			내 용
추진 과제	확고한 평화보장 을 위한 국방태세 확립	자주적 방위역량 의 조기 확충	- 한국적 여건에 맞는 "21세기형 첨단 정보·기술군" 육성 추진 - 군 구조 개선 -미래전 수행에 적합한 기술집약형 군구조로 발전 -통합전력 발휘를 위한 3군 균형 발전 - 전력증강 -북한·불특정 위협 및 비군사적 위협 동시대비전력 우 선 보강 -정보·정밀타격분야 긴요전력 중점 확보 -연구개발 투자 확대를 통해 무기체계 독자개발능력 확충
		한미동맹관계의 미래지향적 발전	- 미래 한미동맹 및 주한미군의 역할에 대한 공동 협의 - 한반도 안보상황 변화 및 평화체제 구축과 연계, 발전 적 조정 - 한미간 충분한 협의를 통해 확고한 공감대 형성하에 추진
		남북 군사적 신뢰구축 추진	- 남북 군사관계 진전을 위한 여건 조성 -국방장관회담 등 군사당국자 회담 정례화 -남북 교류협력사업의 군사적 지원 보장 - 점진적·단계적으로 군사적 신뢰구축 추진 -이행이 용이한 조치부터 우선 합의·추진 -남북관계 진전정도에 따라 군사교류 점차 확대

자료 : http://www.president.go.kr/warp/kr/news/vision/agenda/agenda_01.html. 재
정리. 2003. 12. 13. 검색.

2) 평화번영정책의 개요[5)]

남북관계 발전의 역사적 전기를 마련한 2000년 6월 남북정상회담
이후 남과 북은 정상회담에서의 합의사항들을 실천에 옮기기 위한 분
야별 남북회담을 추진함으로써 남북경제공동체 형성의 토대를 마련하
고 인적·물적 교류증대를 통해 한반도 평화와 화해분위기 조성에 기

---

5) 통일부(2003b:89-96) 참조.

여한다.

하지만 북한 핵문제를 계기로 한반도의 평화는 우리의 미래를 좌우할 민족적 과제로 다시 한번 부각되고 있다. 또한 그 평화의 틀은 한반도 차원에서만 접근할 것이 아니라 국제적 차원에서 접근할 필요성이 제기되고 있다. 핵·미사일 문제, 경제위기 문제 등에서 보듯이 오늘날 북한문제의 바람직한 해법으로는 안보적 측면과 경제적 측면의 연계 및 상호균형적 해결이 제시되고 있다.

이에 2003년 2월 25일 출범한 참여정부는 한반도의 평화를 정착시키고 남북공동번영을 추구함으로써, 평화통일의 기반조성과 동북아 경제중심국가로의 발전토대를 마련하고자 '평화번영정책'을 제시하였다.

평화번영정책의 기본개념은 첫째, 주변국가와 협력하여 당면한 북한 핵문제를 평화적으로 해결하고, 둘째, 이를 토대로 남북의 실질적 협력 증진과 군사적 신뢰구축을 실현하는 한편 북미·북일관계 정상화를 지원하는 등 국제적 환경을 조성함으로써 한반도 평화체제를 구축하며, 셋째, 나아가 남북공동번영을 추구하며 평화통일의 실질적 기반을 조성하고 동북아 경제중심국가 건설의 토대를 마련하겠다는 것이다.

노무현 정부의 대북 평화번영정책을 정리하면 [표 3]과 같다. 노무현 정부의 대북정책은 김대중 대통령의 대북 포용정책인 햇볕정책을 계승하고 창조적으로 발전시키고자 한 정책이라 할 수 있다. 대북정책에 있어서 가장 우선적으로 적용될 수 있는 국정원리는 '원칙과 신뢰'라고 여겨지며, 북한이 이러한 원칙과 신뢰를 파기할 경우, 노 대통령은 인내심의 한계를 드러낼 수도 있을 것이다.

실제 정책을 추진함에 있어서, '평화번영정책'이라고 일컬어지고 있는 노무현 대통령의 대북정책은 총 12대 국정과제 중에서 외교·통일·국방분야의 공통과제인 '한반도 평화체제 구축'에 근거를 두고 있다.

[표 3] 노무현 정부의 대북 평화번영정책의 체계

		주요 내용
개 념		한반도에 평화를 증진시키고 남북공동번영을 추구함으로써, 평화통일의 기반조성과 동북아 경제중심국가로의 발전토대를 마련하고자 하는 노무현 대통령의 전략적 구상
추진원칙		- 대화를 통한 문제 해결 - 상호신뢰 우선과 호혜주의 - 남북 당사자 원칙에 기초한 국제협력 - 국민과 함께 하는 정책
달성목표		- 평화증진 - 공동번영
추진전략		- 북한핵문제 해결(단기) - 한반도 평화체제 구축(중기) - 동북아 경제중심국가 건설(중장기)
대량살상무기 (WMD) 해결정책	정책기조	- 북한이 핵·미사일 문제를 평화적으로 해결할 시 해결단계에 맞추어 대규모 대북경제협력 단행 - 한반도에서 군사적 긴장을 고조시키는 일체의 행위반대 - 군사뿐만 아니라 경제도 고려하는 포괄안보 지향
	북한핵문제 해결원칙	- 북한의 핵 불용 - 대화를 통한 평화적 해결 - 한국의 적극적 역할

자료 : 통일부(2003c:24-25).

3) 평화번영정책의 햇볕정책과의 관계

노무현 정부의 북핵문제 해법과 대북정책은 특별히 한미관계에 의해 평가의 기준점이 되었다. 노무현 정부는 '한미공조'냐 '민족공조'냐를 놓고 선택을 강요받는 형국에 접어든 것이다. 이전 정권 동안의 대북정책과는 그 배경에 있어서 상당히 어려운 여건에 처해 있는 것이 사실이다.

우선 정부에서 홍보하고 있는 기존 대북정책과의 차이점은 크게 두 가지 측면에서 정리된다. 기존의 대북 화해협력정책을 발전적으로 계승한 점과 동시에 추가적인 자체발전 사항이다(통일부, 2003b:95-96 참조).

우선 계승발전적인 측면은 다음과 같은 특징이 있다. 첫째, 참여정부의 기본입장이 전쟁재발 방지 및 평화정착을 추구함으로써 역대정부에서 추진해 온 평화공존노선을 견지한다는 점을 들 수 있다. 민족생존을 위한 한반도 평화의 중요성은 절대적이기 때문이다. 기본적으로 한반도 평화를 위해서는 남북화해의 과정 및 군사적 긴장완화, 관련국들 간의 상호안심, 지역협력공동체 구축 등이 필요하다. 바로 이러한 평화정착의 조건을 충족시키기 위해 우리 정부는 1970년대 이래의 정책을 계승하고 있는 것이다.

둘째, 민족공동체의 기틀을 마련하기 위한 청사진으로서 1989년에 국민적 합의하에 정립되어 공식통일방안으로 제시되었던 '한민족공동체 통일방안'과 1994년에 이를 재확인한 '민족공동체 통일방안'을 계승하는 특징을 지니고 있다.

셋째, 실천적 차원에서 남북관계를 대화를 통해 평화적으로 해결하고자 노력했던 역대 정부의 정책추진을 계승하는 특징을 지니고 있다.

넷째, 7·4남북공동성명 이후 역대정부가 교류협력을 통해 민족공동체를 건설하려고 추진해 온 정책을 계승한다는 점을 들 수 있다. 또한 평화번영정책은 6·15남북공동선언, 남북기본합의서 등 남북한간의 기존 합의사항과 성과를 존중하고, 계승하는 특징을 지니고 있다.

다음으로 추가적인 자체발전사항은 다음과 같은 특징이 있다. 첫째, 기존정책과는 달리 국가발전 기본전략으로서의 위상을 확보하고 있다는 점이다. 과거 대북정책이 상징적 정책 또는 경제발전 등 다른 국가전략의 보조수단이었다면, 평화번영정책은 '동북아 경제중심국가 건설'

이라는 21세기 핵심적 국가발전목표 실현을 위한 기본전략으로서 위상을 정립하고 있다.

둘째, 평화번영정책은 통일·외교·안보 분야의 통합전략이다. 과거 대북정책은 남북관계에 국한된 목표와 전략을 제시한 측면이 강했으나, 평화번영정책은 남북관계와 한반도 평화, 동북아 번영을 포괄하는 통합전략으로 발전된 모습을 나타내고 있다.

셋째, 남북관계를 넘어 동북아의 평화와 공동번영을 추구하고 있다. 한반도에서 동북아로 시야를 넓힘으로써 '동북아 속의 한반도'의 위상과 발전가능성에 대한 명확한 인식을 제고시킴으로써 남북관계 개선 및 평화의 당위성을 동북아를 포함한 국제사회의 평화와 번영의 관점으로 확대하고 있다.

넷째, 안보측면과 경제측면의 균형발전을 강조하고 있다. 지금까지는 진전된 남북간 경제협력을 바탕으로 하여 안보측면에서의 진전을 이루려는 균형발전전략을 구사해 왔으나, 평화번영정책에서는 군사부문과 비군사부문의 동시적 발전을 모색하는 포괄적 안보를 지향하고 있다.[6]

다섯째, 참여정부의 이념을 실현함으로써 국민과 함께 하는 대북정책을 추진하고 있다. 참여정부에서는 과거 대북정책 추진방식과 관련한 논란과 갈등에 대한 반성을 토대로 국민적 공감대와 신뢰를 정책의 출발점으로 강조하고 있다.

민간학자들도 이전 정부의 대북정책을 창조적으로 계승발전시켰다고 하는 점에 대해 큰 이견이 없는 듯하다. 즉 참여정부의 평화번영정책은 김대중 정부의 화해협력정책의 성과를 바탕으로 남북관계의 심

---

6) 통일부는 국가통일교육의 재정립하기 위한 연구를 실시하였는데 학교, 사회, 언론 그리고 군대의 통일교육에 대해서도 전반적인 지침이 제시되었다. 이는 곧 통일문제는 그 자체가 복합적 사안이라는 정부의 입장이 그대로 반영된 결과라고 할 수 있다. 오기성 외(2003:105).

화·발전을 담은 더욱 진전된 정책이라는 의견이 있는가 하면,[7] 햇볕 정책의 과오를 되풀이해서는 안 된다는 지적도 있다(남시욱, 2003).

대체로 노무현 정부의 대북정책은 일견 여러 가지 유사성과 내용상의 합치되는 점을 많이 찾아볼 수 있다. 요컨대 노무현 정부의 대북정책은 김대중 정부의 것을 계승발전한 것이라고 할 수 있겠다. 하지만 주어진 환경의 상이함으로 인해 변용을 도모하지 않는다면 상당한 진통이 예상된다. 전문가들은 이에 현 정부의 대북 평화번영정책의 과제를 다음과 같이 지적하고 있다. 첫째, 평화번영정책의 가장 큰 시험대는 핵문제를 슬기롭게 푸는 것으로 보고 있다. 평화번영정책은 한반도에 평화를 정착시켜 남북한 공동번영을 이루고 나아가 동북아지역의 중심국가가 되자는 것인데, 선행되어야 할 것은 평화정착이고, 당장 북한 핵문제를 푸는 해법을 찾아야 하며, 경제협력 방안을 도출해야 하며, 남남갈등 문제를 풀어나가야 한다(김창희, 2003).

둘째, 평화번영정책의 현실과 정책목표 간에 괴리가 있다는 지적이 있다. 평화번영정책은 평화와 번영이 수평적으로 연결된 개념이 되어서는 안 되며, 평화가 이루어져야 번영이 온다는 인과적 개념으로 설정하는 것이 핵심문제로 남북관계가 교착상태에 빠진 현실에 부응하는 정책의 구도가 되어야 한다. 그리고 국가발전전략과 대북정책을 구분하고, 국가발전전략의 하위개념으로서의 대북정책 영역을 정의하는 것이 바람직하다. 그러기 위해서는 화해협력과 평화번영의 대북정책을 성공적으로 추진하면 한반도 평화체제가 구축되고 나아가서 경의선과 동해선 연결을 기초로 하여 동북아의 물류 및 금융의 중심국가가 구축될 수 있다는 논리로 추진되어야 한다(서재진, 2003).

셋째, 대북정책과 관련한 참여정부의 정리된 원칙이 제시되어야 하

---

7) 조민(2003), 민주평화통일자문회의, 『통일논의 리뷰』 통권 제6호, 2003. 7, p.66 재인용.

고, 이를 일관성 있게 추진해 나가야 한다. 통일외교정책 등과 관련한 정책변화를 추진할 경우 정책전환을 추진하기에 앞서 정책추진과 관련한 공론형성과 대국민 설득노력을 먼저 시행해야 하고, 북핵문제의 조기해결과 평화번영정책을 가속화하기 위해 북한을 설득하는 노력도 지속해 나가야 된다(고유환, 2003).

3. 노무현 정부의 대북정책관련 주요 사안별 북한의 반응 분석

본 장은 남북한 및 한반도 문제에 관련해서 북한의 반응을 살펴본다. 대체로 가장 관심도가 높은 데서 낮은 순으로, 정치적 사안에서 비정치적 사안의 순으로 살펴보겠다. 앞서 언급한 바대로 자료원은 '조선통신사'의 기사를 중심으로 할 것이다. 중간 중간 필요한 부분은 다른 북한의 원자료 및 2차 자료를 활용하여 보완하고자 한다.

1) 노무현 대통령 취임관련 북한의 반응

노무현 대통령은 2003년 2월 25일에 취임식을 가졌다. 통일부 자료에 따르면, 북한은 노 대통령의 취임에 2개 매체를 통해서 하루 뒤에 이 사실을 보도했다. 『조선중앙방송』(2. 26, 07:19)과 『조선중앙통신』(2. 26)을 통해서 취임사실을 간략히 보도한 바 있다.

보도에 의하면, 남조선에서 25일 '대통령' 취임식이 있었다. 이날 지난해 12월에 진행된 '대통령선거' 결과에 따라 김대중 '대통령'이 퇴임하고 '민주당' 후보인 로무현당선자가 새 '대통령'으로 공식 취임하였다.8)

---

8) 『조선중앙통신』, 2003. 10. 21, http://www.kcna.co.jp/index-k.htm. 2003. 12. 13. 검색. 『조선중앙방송』은 『조선중앙통신』의 보도를 인용하여 보도한 것임.

[표 4] 6자회담관련 북한언론의 논조

출 처	일 자	제 목
외무성 대변인	2003. 8. 1.	6자회담에서 조미쌍무회담을 진행할 것을 제안 — 조미접촉에서 조선 측
외무성 대변인	8. 4.	조선외무성 대변인, 6자회담이 베이징에서 곧 열리게 된다
조선중앙통신	8. 8.	조선과 중국이 6자회담에 대한 의견들을 교환
외무성 대변인	8. 13.	조선외무성 대변인, 6자회담에 림하는 우리의 취지 밝힘
로동신문	8. 18.	랍치문제 내들면 조일평양선언과는 관계없이 강한 대응조치
로동신문	8. 20.	핵문제는 조미동시행동조치로 해결되어야 한다
조선중앙통신	8. 20.	론평, '조기사찰'은 엄중한 자주권 침해
로동신문	8. 21.	미국의 군사적 압력은 통할 수 없다
민주조선	8. 21.	미국은 6자회담의 파탄을 기정사실화
조선중앙통신	8. 26.	6자회담에 참가할 조선민주주의인민공화국대표단 출발
로동신문	8. 27.	미국의 대조선적대시정책철회의지를 검증받게 될 것이다
조선중앙통신	8. 29.	조미 사이의 핵문제에 관한 6자회담 개최 — 조선 측 일괄타결도식과 동시행동순서 제시
외무성 대변인	8. 30.	6자회담에 더는 그 어떤 흥미나 기대도 가질 수 없다
로동신문	8. 31.	미국의 대조선적대시정책전환은 핵문제해결의 기본열쇠
조선중앙통신	8. 30.	6자회담에 참가하였던 조선대표단 귀국
로동신문	9. 2.	유럽나라들에 대한 일본고위당국자의 '핵 및 랍치' 문제협력청탁을 비난
조선중앙통신	9. 2.	론평, 베이징 6자회담과 우리의 원칙적 립장
조선중앙통신	9. 10.	론평, '검증가능한 북조선의 불가역적 핵포기' 주장 비난
로동신문	9. 12.	
조선중앙통신	9. 10.	론평, 일본은 6자회담에 얼굴을 들이밀 자격이 없는 나라
로동신문	9. 25.	론평, 우리도 제 갈 길을 갈 것이다
외무성 대변인	9. 29.	미국의 핵선제공격 막는 핵억제력강화의 실제적 조치를 취해나가고 있다
외무성 대변인	10. 2.	8,000여대의 폐연료재처리 성과적으로 끝냈다
조선중앙통신	10. 3.	8,000여대의 폐연료봉 재처리는 6월말에 완료
외무성 대변인	10. 7.	핵협상마당에 일본이 끼어드는 것을 용납하지 않다

출 처	일 자	제 목
외무성 대변인	10.16.	때가 되면 우리의 핵억제력을 물리적으로 공개
외무성 대변인	10.18.	우리의 핵억제력강화는 때가 되면 실물로 증명
조선중앙통신	10.20.	조미기본합의문을 파기한 미국의 범죄행위 — 조선중앙통신사 고발장 *
외무성 대변인	10.25.	'서면불가침담보' 고려할 용의가 있다
조선중앙통신	10.28.	론평, '서면안전담보' 의심을 가지지 않을 수 없다
조선중앙통신	10.30.	중국국가대표단의 조선방문과정에 조중 쌍방이 조미핵문제와 관련하여 토의
로동신문	11. 4.	'서면불가침담보' 발언에 언급 — 선의에는 선의로 대해야 한다
외무성 대변인	11. 6.	미국의 경수로건설중지문제에 언급
로동신문	11.11.	대화와 군사적 압력은 량립될 수 없다
외무성 대변인	11.11.	미국에 경수로건설 불리행의 위약금 지불을 요구
외무성 대변인	11.16.	미국의 적대시정책 철회되면 핵계획포기
로동신문	11.18.	부쉬가 6자회담 분위기에 찬물
조선중앙통신	11.21.	론평, 람스펠드의 악담 6자회담 전망 의문
로동신문	11.24.	람스펠드의 망발을 규탄
조선중앙통신	11.29.	론평, 일본은 6자회담에 끼여들 자격이 없다
로동신문	11.29.	미국과 케도에 대상건설약속 불리행의 위약금 요구
로동신문	12. 1.	미국에 동시행동원칙과 일괄타결안 수용촉구

주 : ' * '에서와 같이 일국의 통신사가 '고발장'을 특정한 다른 나라에 전달하는 경
우는 특이하다. 비정치적인 분야, 인권, 환경 등의 문제에 대해서는 각종 NGO
단체에서 이와 비슷한 선례를 찾아볼 수는 있겠지만, 북한의 이와 같은 경우
는 유례를 찾아보기 어려운 일임.
자료 : http://www.kcna.co.jp/6zahoidam/6za-title.htm. 2003. 12. 13. 검색. 본 자료
는 일본 조총련계에서 운영하는 '조선통신사'에서 북한의 『조선중앙통신』기
사를 받아 올린 것을 재구성한 것임.

이 보도에서는 전임 김대중 대통령의 이름도 거명하였다. 스트레이트 기사이기 때문에 주관적인 느낌을 표현하는 데는 제한적이었을 것이다. 김 전대통령의 공적을 짤막하게라도 언급함으로써 후임대통령에게 일종의 압력을 행사할 수도 있었을 텐데 추가내용이 없었다. 아마도 그뒤에는 '지켜보겠다'는 강한 함축을 담고 있는 듯하다.

2) 6자회담관련 북한의 반응

6자회담관련 북한의 반응은 [표 4]에서 보는 바와 같다. 북한의 반응양식은 여러 시각에서 분석이 가능할 것이다. 우선 출처를 기준으로 볼 때, 총 42건 중에서 『조선중앙통신』과 『로동신문』이 각 14회, '외무성 대변인'이 13회, 『민주조선』이 1회로 나타났다.

[표 4]의 주)에서 지적한 바와 같이, 북한에서의 언론사는 정부기관의 역할을 수행한다고 보는 것이 좋을 듯하다. 특히 북한의 '조선중앙통신사'와 재일 조총련계의 '조선통신사'는 국제적으로 통용되는 통신사의 기능, 즉 뉴스공급보다는 공식적인 정부기관의 결정이나 정책사안을 선전하는 데 그 기본사명이 부여되어 있음을 간접적으로 알 수 있다.

내용상의 특이점은 대부분이 미국에 대한 적개심을 표현하는 내용으로 되어 있으며, 일본의 회담 참여거부의사를 분명히 밝히고 있다는 점이다. 남한을 겨냥한 내용이 없는 것은 특이한 점이다. 본문의 내용속에서는 부분적으로 언급된 바가 있다.

3) 이라크 파병관련 북한의 반응

한국의 이라크 파병에 관한 북한의 반응은 다음 [표 5]에서 보는 바와 같다.

[표 5] 이라크 파병관련 북한언론의 논조

출 처	일 자	제 목
김일성사회주의 청년동맹중앙위원회 대변인	2003. 10. 21.	이라크추가파병 지지 '국회의원'들을 락선시킬 것을 호소
로동신문	10. 22.	이라크추가파병결정은 반민족적·반평화적 책동의 산물
조선중앙통신	10. 23.	론평, 민족의 존엄과 리익에 대한 배신
민주조선	10. 23.	(개인)론평, 파병결정을 철회해야 한다
로동신문	10. 24.	이라크추가파병결정으로 생명보호대상이 된 역적배들
조선직업총동맹 중앙위원회 대변인	10. 22.	이라크파병결정을 비난
조선민주녀성동맹 중앙위원회 대변인	10. 23.	
로동신문	10. 25.	범죄적인 파병결정은 취소되어야 한다
로동신문	11. 2.	인민들의 이라크 추가파병반대 목소리에 귀를 기울여야 한다
민추조선	11. 15.	미국의 침략적 목적 실현을 이라크 추가파병 압력
로동신문	11. 16.	강도적인 이라크 파병 강요책동을 걷어치워야 한다
민주조선	11. 18.	남조선에 대한 미국의 이라크 추가파병 압력을 규탄
로동신문	11. 20.	람스펠드의 남조선 행각은 전쟁사환군의 범죄행각
민주조선	11. 20.	미국의 남조선전투병 이라크파견요구 규탄
로동신문	11. 25.	이라크 추가 파병의 장본인은 바로 미국
로동신문	11. 27.	이라크인민들이 반대하는 파병은 어불성설

자료 : http://www.kcna.co.jp/index-k.htm. 2003. 12. 13. 검색. 본 자료는 일본 조총련계에서 운영하는 '조선통신사'에서 북한의 『조선중앙통신』 기사를 받아 올린 것을 재구성한 것임.

[표 5]에서 출처별로는 『로동신문』이 8회이고, 『민주조선』이 4회이다. 기본적인 맥락은 북한 자신들은 바른 길을 걸어가고 있는데, 특히 미국이 여러 가지 책동을 하고 있다고 비판하고 있다. 구체적으로 미국의 부시 대통령과 럼스펠드 국방장관에게 비난의 화살이 모아졌는데, 이는 협상의 대상이 미국이라는 점을 대외적으로 명확히 각인시키기 위한 전략인 것으로 풀이된다. 특히 여기서 파병을 지지하는 우리의 국회의원들에 대한 낙선운동 운운하는 것은 도를 넘어서는 행위라고 보인다. 다음은 그 내용 중 일부분이다.

… 최근 남조선에서는 미국의 강요와 친미에 환장이 된 세력들의 반민족적·반평화적 책동으로 끝끝내 이라크추가파병이 결정되었다. 지난 18일 남조선당국은 이른바 '국가안전보장회의'라는 데서 이라크추가파병을 정식 결정하고 파병동의안을 '국회'에 넘기기로 하였다. 이것은 민족의 존엄과 리익은 안중에도 없이 미국에 아부하여 남조선의 청장년들을 미제 침략군의 총알받이로 내맡기는 친미굴종행위이며 용납 못할 반민족적 범죄이다. … 남조선당국은 추가파병범죄가 빚어낼 후과에 대하여 심사숙고하고 그릇된 반민족적 결정을 무조건 철회하여야 한다. … 우리는 남조선의 청년학생들과 각당, 각파, 각계층 인민들이 민족의 존엄과 리익을 해치는 추가파병을 단호히 반대하며 민의를 거역하고 추가파병에 기승을 부리는 '국회의원'들을 래년도 '총선'에서 모조리 락선시키기 위한 대중운동을 강력히 벌려나갈 것을 열렬히 호소한다.[9] (강조는 필자)

이와 같이 북한이 우리의 이라크 파병에 대해 많은 관심을 가지는 것은 북한 수뇌부가 자신들이 이라크의 지도부 제거에서 보았던 종국을 두려워하기 때문인 것으로 풀이된다. 특별히 국회의원들에게 시선이 집중된 것은 국회의 파병동의안을 통과시키지 않으려고 하는 마지

---

9) 『조선중앙통신』, 2003. 10. 21, http://www.kcna.co.jp/index-k.htm. 2003. 12. 13. 검색.

막 전략이기도 하면서, 한나라당 의원들에 대한 간접적인 시위효과를 보기 위한 조치로 보인다. 또한 공갈과 협박까지도 동원하고 있다. 더욱 이율배반적인 것은 남북한 기본합의서와 6·15공동선언에서도 전제되고 재천명되었듯이 상대방에 대한 정치불개입을 자신들 스스로가 철저히 무시하고 있는 처사로 보인다.

4) 한미정상회담 공동선언관련 북한의 반응

2003년 5월 15일 한미 정상은 제목 자체만 해도 상당히 긴 한미정상회담 공동선언, 즉 「공동의 가치, 원칙 및 전략: 노무현 대통령과 조지 W. 부시 대통령의 공동성명」(Common Values, Principles and Strategy: Joint Statement between President Roh Moo-hyun and President George W. Bush)을 발표했는데, 그 내용은 전문과 네 가지 세항(한미동맹, 북한, 경제관계, 완전한 동반자 관계)으로 구성되었다.

최초 공동선언이 발표되자, 선언문 요지만을 보도한 한겨레신문만을 제외하고, 모든 국내의 모든 신문들이 일제히 보도했다. 5월 15일(석간)과 5월 16일(조간) 보도시(사설 및 칼럼 포함), 『조선일보』는 7건을 보도하였고, 『한겨레신문』 1건, 『한국일보』 5건, 『세계일보』 9건, 『문화일보』 12건(5건 + 7건. 양일보도), 『동아일보』 8건, 『대한매일』 9건, 『국민일보』 7건, 『경향신문』 7건으로 대체로 고르면서도 높은 반응을 보였다.[10]

노 대통령과 부시 대통령은 북핵문제와 관련, "국제적 협력에 기반해 평화적인 수단을 통해 북한 핵무기 프로그램의 완전하고 검증가능하며 불가역적인 제거를 위해 노력해 나간다"고 합의했다. 두 정상은 그러나 "한반도에서의 평화와 안정에 대한 위협이 증대될 경우에는 추

---

10) 『KINDS』 정보 색인시 검색어는 '추가 & 조치'였다.

가적 조치의 검토가 이뤄지게 될 것이라는 데 유의한다"고 합의했다.
그런데 여기서 '추가적 조치'라는 말 때문에 한동안 많은 논란거리가
되었다. 그 시간의 흐름에 따라 주요 공방에 대해 살펴보고자 한다.
우선 북한 외교부의 공식적인 평가이다.

노 대통령과 부시 대통령은 북한의 핵무기 보유를 용인하지 않을 것임
을 재확인하였다. 양국 정상은 북한의 재처리 및 핵무기 보유에 관한 언
급과 이러한 무기의 과시 및 이전 위협에 대해 심각한 우려를 가지고 주
목하였다. 양 정상은 북한의 사태 악화 조치는 북한을 더욱 고립되고 절
박한 상황으로 이끌 뿐이라고 강조하였다. … 양 정상은 한반도에서의 평
화와 안정에 대한 위협이 증대될 경우에는 추가적 조치의 검토가 이루어
지게 될 것이라는 데 유의하면서, 문제의 평화적 해결이 이루어질 수 있
다는 확신을 표명하였다. …11)

북한이 '추가 조치'와 관련하여 불편한 심기를 드러낸 것은 5일 후에
처음으로 등장한다. 다음은 최초 그 반응내용이다.

[겨레에게 실망을 준 남측의 굴욕행각](5. 21)
최근 미국과 남조선이 그 무슨 '공동성명'이라는 것을 발표하였다. 한
마디로 말하여 그것은 우리의 이른바 '핵문제'를 떠올려 미국과 남조선
사이의 종속관계를 재확인하고 우리에 대한 자극적이고 도발적인 언사들
로 두루 엮은 매국선언이다. … 그런데 미국은 대국이랍시고 제 편에서
우리에게 '선핵포기'를 강요하고 있으며 이로 말미암아 위기해결은 고사
하고 전쟁위험만 증대되고 있다. 이러한 때 동족을 반대하는 침략적인 외
세의 전쟁열을 식혀주지는 못할망정 전쟁공포증에 사로잡혀 '추가적인
조치의 검토'에까지 승우해 나선 것은 수지이고 지옥이나. 시름 내외는

11) 노무현 대통령 방미(2003. 5. 11-17) 성과 및 설명자료, 2003. 5. 31, 외교부 홈
페이지 http://www.mofat.go.kr/ko/division/am_2_view.mof?seq_no=186&b_code
=latest_2. 2003. 12. 13. 검색.

이 굴욕적인 행동에 우려를 표시하고 있다.12)

이어서 제5차 경제협력추진위원회 와중에서도 북한측은 '추가적 조치'와 관련하여 불편한 심기를 드러내었다.

[예 1]

남북한은 5차 경제협력추진위원회를 마무리하는 23일 전체회의에서 극도의 신경전을 벌여 '헤아릴 수 없는 재난' 발언을 둘러싼 앙금이 가시지 않았음을 내비쳤다. 전체회의에서 합의문 낭독을 마친 뒤 북측의 박창련 단장은 "관례에 따라 남측에서 먼저 종결 발언을 하라"고 제안했다. 김광림 남측 수석대표는 A4 용지 두 장 분량의 원고를 파일에서 꺼내 읽기 시작했다. … 박 단장은 표정이 굳어졌다. 그가 종결 발언을 읽는 도중 북측 관계자가 '긴급'이라고 쓰인 메모를 전달했다. 박 단장은 메모를 쳐다봤고 원고의 마지막 부분에 이르자 목소리를 높여 강도 높게 비판하기 시작했다. 박 단장은 "한미 공조보다는 민족 공조를 우선해야 한다"며 "한미정상회담에서 추가적 조치 운운한 것에 대해 책임 있는 사람들에 대해서는 반드시 상응하는 조치를 해야 한다"고 주장했다. 그는 "이런 일이 다시는 일어나지 않도록 각별한 노력을 해야 한다"고 다시 한번 목소리를 높였다.13)

[예 2]

지금 남조선에서는 당국의 친미사태 매국행각을 규탄하는 각계의 목소리가 날로 높아 가고 있다. 지난 18일 5·18광주인민봉기 23돐 기념행사에 참가한 남조선의 수많은 각계층 인사들과 종교인들, 청년학생들은 이번 미국에서의 행각을 굴욕적인 외교로, 민족의 자존심을 훼손시킨 행위로 신랄히 규탄하였다. 남조선 각계에서는 당국이 이번에 미국과 그 무슨 '추가적 조치'에 합의한 것은 "미국이 무력으로 북을 공격하도록 용인한 망언"이며 "동족상쟁을 부추기는 행위"라고 단죄하면서 성명과 담화들을

---

12) 『로동신문』, 2003. 5. 21.
13) 『대한매일』, 2003. 5. 24, 3면.

런이어 발표하고 있다. … 남조선의 여야 '국회의원'들 속에서도 남조선미국 '공동성명'은 "미국의 립장을 전적으로 수용한 무책임한 결정으로 조선반도 전쟁가능성을 높이고 있다는 점에서 폭력적인 선언"이라는 목소리가 울려 나오고 있다. … 력대 남조선의 그 어느 '정권'도 이처럼 동족참화를 가져오는 미국의 대조선 압살책동에 로골적으로 편승한 례는 일찌기 없었다. 이번 사대행위는 비굴하다 못해 처절해 보인다. … 조선종교인협의회는 남조선 각계층 인민들의 투쟁을 적극 지지하면서 남조선당국의 이번 굴욕행위를 우리 민족끼리 힘을 합쳐 민족의 안녕과 평화를 수호하려는 6·15공동선언의 근본정신에 대한 전면도전으로, 핵전쟁의 길을 열어 놓은 반민족적인 범죄행위로 락인하고 이를 준렬히 단죄규탄한다. …14)

[예 3]

최근 남조선 '국가안전보장회의'는 남조선을 비롯한 내외에서 크게 문제시하고 있는 미국남조선 '공동성명'의 '추가적 조치' 문구와 관련하여 그것이 "군사적 행동가능성을 열어 놓은 것이라는 일부의 주장은 과도한 해석"이라느니 하는 등 앞뒤가 맞지 않는 소리를 하였다. 이에 앞서 남조선 '외교통상부 장관'이라는 자는 '기자간담회'라는 데 나타나 우리에 대해 "앞으로도 강제조치가 계속될 것"이라고 떠들었는가 하면 우리 체제에 대한 '청와대 국방보좌관'의 망언이 "부정적이 아니라 긍정적 의미"로 된다는 소리도 거리낌없이 늘어놓았다. … 사실 남조선 '국가안전보장회의'의 '추가적 조치' 문구해석이라는 것은 양대가리를 걸어 놓고 개고기를 파는 식의 변명에 지나지 않는다. … 남측이 우리의 거듭되는 경고에도 불구하고 외세와 공조하면서 반공화국대결을 일삼으며 사태를 극단적인 상황에로 몰아 간다면 북남관계는 령으로 될 것이며 상상할 수 없는 재난을 당하게 될 것이라는 것을 명심하여야 한다.15)

[예 4]

남측이 우리의 거듭되는 경고에도 불구하고 외세와 공조하면서 반공화

14) 『로동신문』, 2003. 5. 25. 「조선종교인협의회 대변인 담화」.
15) 조평통, 서기국 보도 84호, 『조선중앙통신』, 2003. 5. 25 재인용.

국대결을 일삼으며 사태를 극단적인 상태로 몰아간다면 북남관계는 영(零)으로 될 것이며, 상상할 수 없는 재난을 당하게 될 것이다.16)

라종일 청와대 국가안보보좌관의 말에 의하면, 이 '추가적 조치'라는 말은 최초 미국 측에서는 "모든 옵션(선택지)이 테이블 위에 놓여 있다"는 아주 강력한 안으로 상정되었는데 우리측의 요청에 의해 수정된 것이라고 한다. 그리고 추가적인 조치의 범위가 어디까지냐는 것은 논의되지 않았다고 한다. 그는 "(북한에 대한) 제재 얘기를 하는 것부터 우리는 꺼리기 때문에 그것은(추가적인 조치가 경제 제재이냐 아니면 군사적 제재까지도 고려하는 것이냐의 문제는) 나중에 생각하기로 했다"고 말했다.17)

북한은 기본적으로 민족의 논리가 모든 국가의 논리에 선행하고, 우위에 있는 것으로 생각하고 있다. 때문에 그들은 특히 미국과의 외교적 고립상태에 놓여 있다거나 새로운 돌파구를 마련하기 위해서는 민족논리를 거론한다. 이것이 자신들의 생존을 결정하기 때문이다. 그런데 '력대' 운운하면서도, 이전 시기에 흔하게 사용했던 'ㅇㅇㅇ 도당'이라는 말은 하지 않고 있다. 또한 북한은 이 사안뿐만 아니라 지금까지 노 대통령에 대해서는 실명거래조차도 하지 않고 있다. 이는 노 대통령 개인에 대해서는 신뢰를 계속해서 보내고 있는 상태이지만, 금번 미국에서의 한미정상회담은 6자회담 등 이후 연계된 사안들이 많기 때문에 예방적 차원에서 강수를 둔 것이 아닌가 생각된다.

---

16) 『조선중앙방송』, 2003. 5. 26. 06:11, 통일부 정보분석국, 『북한방송 주요내용』, 2003. 5. 27 재인용.
17) 『주간조선』, 제1756호, 2003. 6. 5. 「라종일 청와대 국가안보보좌관 인터뷰」.

5) 대북송금문제관련 북한의 반응

대북송금문제와 관련된 개략적인 경위는 다음과 같다. 우선 당사자 중의 하나인 김대중 전대통령은 본인의 재임 마지막 무렵인 2003년 2월 13일, "현대의 대북송금은 한반도 평화와 국익에 도움이 된다고 판단하여 결정했다"고 설명한 바 있다. 북측에서는 3월 4일, 조국평화통일위원회에서 "남한에서 특검제 도입을 강행할 경우 남북관계가 동결될 수 있다"고 주장하기도 했다. 6월 2일, 노무현 대통령은 대북 송금 사건 특검수사와 관련, "문제가 있음에도 불구하고 남북정상회담의 정치적·역사적 평가는 달라지지 않을 것"이라고 언급했다. 7월 15일, 대북송금 새특검법이 국회를 통과했다. 결국 서울지법 형사 22부는 남북정상회담과 관련한 대북송금은 통치행위가 아니며 따라서 송금과정에서 위법행위에 대해선 형사처벌이 불가피하다는 판결을 내리고 이기호 전 청와대 수석과 이근영 전 산은총재에게 각각 징역 3년, 집행유예 4년을 선고했다.[18]

다음은 주요 과정 중에서 더욱 세밀한 내용을 담고 있는 자료들이다.

[예 1]

현대가 하든 누가 하든 그리고 남이 덕을 보든 북이 이득을 보든 북남 사이에 교류와 협력사업이 잘 되면 그것은 조선반도에서의 화해와 평화, 공영, 공리의 보장에 좋으면 좋았지 나쁠 것이 없다. 따라서 아태-현대 사이의 정상적인 경제거래문제를 걸고 드는 '한나라당'을 비롯한 극우익보수세력들의 행위는 반민족적·반통일적 행위로밖에 달리는 될 수 없다. '대북송금론난'에 대해 굳이 말할 내기를 한다면 사실상 '한나라당'은 입이 백 개라도 할 말이 없다. 내놓고 말해서 그들은 '국민의 정부' 출현 이

---

18) 통일부 남북대화사무국, 『남북관계 일일동향』, 2003. 9. 26.

전부터 여러 경로를 통하여 우리에게 고위급접촉을 제안하면서 자기들의 청원을 들어준다면 수백억 달러의 자금은 물론 우리의 요구라면 항목과 규모에 제한 없이 모든 것을 제공하겠다고까지 제안해 온 바 있다. 특히 '한나라당'은 지난해 '대통령선거'를 앞두고 우리측에 밀사를 보내어 지금 자기들이 현 '정부'와 '여당'의 대북정책을 공격하는 것은 집권을 위해서 라고 하면서 이회창이 당선되면 현 '정부'보다 더 적극적으로 '통 큰 대북 지원'을 할 것을 담보하였으며 이에 따라 "한나라당의 대북정책을 절대적 상호주의에서 신축적 상호주의로 수정하는 과정에 있다"고 통보한 바 있다. '한나라당의 밀사파견문제'는 북남 사이의 특수한 관계를 고려하여 현 재로서 그의 비밀을 공개하기는 어렵다.

… 이 낡은 세력들이 과거의 악습을 버리지 않고 계속 심술을 부리며 날뛴다면 지난번 '대선'에서 패한 것처럼 명년도의 '총선'에서도 참패하게 될 것이다. 특히 민족 내부에 대결분위기를 고취하여 북남관계를 령으로 만들게 된다면 외세에 의해 강요되는 핵전쟁도 피할 길이 없게 될 것이 다.[19]

[예 2]

… 지난해 9월과 12월 '한나라당'에서 보낸 밀사는 평양과 베이징에서 우리측에 이회창이 '대통령'이 다 된 것처럼 기정사실화하면서 이회창 후 보의 '대통령 당선'은 확정적이라고 하였으며 '이회창 정부'는 자기들의

---

19) '조선아시아태평양평화위원회'(이하 아태)에서는 자신들의 입장을 상보로 다음 세 가지를 제시하였다. "첫째, 아태-현대의 협력사업발단 및 진행정형, 둘째, 아태-현대의 경제협력사업은 민족의 화해와 북남관계발전의 상징, 셋째, 아태-현대의 경제협력사업을 모독하고 악랄하게 방해해 나선 적대행위들에 대한 진상." 이 중에서 문제가 된 것은 두 번째 내용 중에 있다. 이 두 번째에는 다시 이른바 하위 실상(또는 진실)을 제시하고 있는데, "첫째, 북남관계의 특수성을 반영한 현대의 협력사업은 민족의 응당한 평가를 받아야 하며 대북송금문제는 절대로 사법처리대상으로 될 수 없다. 둘째, 한나라당을 비롯한 남조선의 극우 보수세력들은 북남관계문제를 정략적 목적에 악용하려는 대결소동을 당장 중 지하고 그에 대해 민족 앞에 사죄해야 한다. 셋째, 미국은 대북송금사건을 조 작한 배후조종자로서 저들의 추악한 범죄를 시인하고 북남대결을 고취하는 행 위를 당장 중지해야 한다." 『로동신문』, 2003. 3. 10.

청원을 북측에서 들어만 준다면 현 '정부'보다 더 많은 자금은 물론 항목과 규모에 제한없이 '통 큰 대북지원'을 할 계획이므로 북에서 이회창 후보를 밀어달라고 애써 요청하였다. … '한나라당'은 또한 '대통령선거'가 박두한 결정적 시기인 지난해 12월 중순 또 다른 밀사를 통하여 우리측에 보내온 '비밀메시지'에서 "노무현은 너무 급진적이고 국정과 국제관계 경험이 부족하므로 총재로서 5년여의 정치경험을 쌓은 이회창 후보께서 나라를 다스리고 국민들의 심부름을 하는 것이 나라와 민족을 위한 정도(바른길)이므로 이회창 정부 탄생을 북에서 도와줄 것을 요청"한다고 하고 자신은 "스스로 십자가를 지는 마음으로 귀측에 이 협력의 메시지"를 보낸다고 한 사실에 대해서도 상기시켜 주는 바이다. … 특히 지난해 '대통령선거'를 앞둔 7월과 10월에 3차례에 걸쳐 '한나라당' 후보 이회창이 직접 다른 나라의 정부와 국회를 통해 자기가 김대중의 '햇볕정책'을 비판하는 것은 북을 나쁘게 보아서가 아니라 당선목적에서인 것만큼 북에서 오해 없이 협력해 줄 것을 요망한다고 했고 자신은 "위험하고 나쁜 사람이 아니므로 집권하면 오늘의 입장을 바꿀 것임을 북에 전해 주기 바란다"고 청탁했던 사실도 '한나라당'은 더는 숨기려 하지 말아야 할 것이다. …20)

다음은 대북송금문제와 관련한 북한의 방송보도 내용이다.

아태와 현대의 협력사업은 6·15공동선언의 이행과 관련되는 중대사업으로 결코 남조선 내부문제로 될 수 없다. 그런데도 대북송금 진상을 위해 특검제 소동을 벌이는 것은 반민족적·반통일적 행위이다.21)

김대중 대통령과 김정일 위원장 간의 역사적인 만남을 통해 남북한 간의 긴장완화와 교류협력의 전통이 본격적으로 정착된 것만은 사실이다. 하지만 법치국가에서 모든 행동은 합법적이어야 한다. 즉 적법한

---

20) 『로동신문』, 2003. 3. 15. 「'아태' 대변인 담화」.
21) 『조선중앙방송』, 2003. 3. 15, 통일부 남북대화사무국, 『남북관계 일일동향』, 2003. 3. 16 재인용.

절차에 의한 대북지원사업이어야 한다. 그렇지 않으면 국가의 존속의 미가 더 이상 필요 없게 되는 것이다. 북한은 한국 내에서 일어나는 대북정책에 대한 평가에 대해 매우 불쾌하다는 의사를 여러 경로를 통해서 표현했다. 이는 상대방에 대한 기본적인 예의라고 본다. 따라서 부당한 북한의 대남한 정치개입은 근절되어야 할 것이다.

6) 민족주의관련 북한의 반응

북한은 2003년 '신년 공동사설'에서 민족주의적 의도를 강하게 피력한 바 있다. 즉 "현시기 조선반도에서의 대결구도는 북과 남의 조선민족 대 미국이며, 북과 남, 해외의 조선민족은 미제의 모략적인 전쟁책동에 단호히 반격을 가해야 하며, 선군정치는 전민족적 범위에서 자주권을 고수하기 위한 민족중시의 정치이며, 민족의 운명과 전도를 생각하는 사람이라면 이를 지지 옹호해야 한다"는 것이다.[22]

이는 핵문제가 대두되면서 한반도 주변정세가 어려운 상황임에도 6·15공동선언에 입각한 남북한 민족내부 단결에 의한 화해·협력의 분위기를 이어감으로써 이러한 상황의 악화되는 것을 막겠다는 뜻으로 보인다.

북한의 대외문제 해결을 위한 민족주의적 발상의 역사는 깊다. 1993년 초부터 악화되던 핵위기의 와중에서 북한은 1993년 4월 7일 최고인민회의 제5차 회의에서 '조국의 자주적 평화통일을 위한 전민족대단결 10대강령'(1993년 4월 6일, 이하 '전민족대단결 10대강령')을 채택했다. 전민족대단결 10대강령은 1990년 5월 최고인민회의 제9기 제1차 회의에서 제시된 '조국통일 5대방침'과 함께 1990년대 북한의

---

22) 『로동신문』, 2003. 1. 1. 「위대한 선군기치 따라 공화국의 존엄과 위력을 높이 떨치자」 중에서 발췌.

대남·통일정책의 근간을 이루는 핵심요체이다. '조국통일 5대방침'이
대남·통일정책에 관한 전반적인 기조들을 종합·정리한 것이라면,
'전민족대단결 10대강령'은 1991년 12월 남북쌍방이 합의한 남북기본
합의서와 1992년 9월에 합의한 부속합의서 등이 마련된 조건 속에서
민족대단결의 사상과 그것을 구현하기 위한 모든 내용을 집대성한 것
이다.

반면 '전민족대단결 10대강령'은 민족대단결의 총체적 목표와 이념
적 기초, 단결의 원칙과 방도 및 통일위업을 이룩하기 위한 근본문제
등을 담고 있다. 회의에서 '전민족대단결 10대강령'을 보고한 강성산
당시 정무원 총리는 전민족대단결 10대강령은 '애국애족의 강령'이며
'민족단합의 대헌장'인 동시에 '정치강령'이라고 보고했다. 1995년 8월
11일에 발표된 '조선민주주의인민공화국 정부 비망록'에 의하면, '전민
족대단결 10대강령'은 "통일의 주체적 력량을 마련하기 위한 행동지
침"이라고 규정했다(이찬행, 2001:998).

1998년 2월 25일 김대중 국민의 정부가 출범한 지 2개월 남짓 지난
시점에서 김정일은 4월 18일 평양의 인민문화궁전에서 열린 '남북조선
정당·사회단체 대표자련석회의 50돐기념 중앙연구토론회에 보낸 서
한'과 '온 민족이 대단결하여 조국의 자주적 평화통일을 이룩하자'에서
김일성의 '민족대단결 사상'을 강조하면서 자신의 대남·통일정책을
총괄하는 '민족대단결 5대방침'을 제시했다.[23]

이후 북한은 '조국통일 3대헌장'이라는 용어를 새롭게 사용한다. 북
한에서는 이 용어를 처음 사용한 것은 김정일이라고 한다. 즉 김정일

---

23) 이찬행(2001:998). 그 세부내용은 다음과 같다. 첫째, 민족대단결은 민족자주의
원칙에 기초해야 한다. 둘째, 애국애족과 조국통일의 기치 밑에 민족이 단결해
야 한다. 셋째, 민족대단결을 이룩하자면 남북관계를 개선해야 한다. 넷째, 외
세의 지배와 간섭을 반대하고 외세와 결탁한 반통일세력에 반대하여 투쟁해야
한다. 다섯째, 온 민족이 서로 왕래·접촉하며 대화를 발전시키고 연대·연합
을 강화해야 한다.

이 지난 1996년 11월 24일 판문점을 시찰하면서 "조국통일 3대원칙과 고려민주연방공화국창립방안, 그리고 전민족대단결 10대강령은 조국통일의 3대 기둥, 3대 헌장"이라고 말하면서부터이다.24) 그리고 북한이 이 '3대헌장'을 공식적으로 거론한 것은 1997년의 당보(『로동신문』),

24) 『평양방송』, 1997. 1. 16. '조국통일 3대헌장'에 대한 자세한 보도자료는 연합뉴스, 「북한의 '조국통일 3대헌장'이란 무엇인가」, 2003. 8. 14. 참조. '조국통일 3대원칙'은 1972년 7월 4일 서울과 평양에서 동시에 발표된 7·4공동성명에서 천명된 세 가지 통일원칙을 말한다. 자주, 평화통일, 민족대단결 등 '3대원칙'은 북한이 노동당 제4차 대회(1961. 9)에서 제시했던 '자주, 평화, 민주'의 3개 원칙에 기초, 수정을 가한 것으로 7·4공동성명에서 합의된 내용, 즉 ① 통일은 외세에 의존하거나 외세의 간섭을 받음이 없이 자주적으로 해결하여야 한다. ② 통일은 서로 상대방을 반대하는 무력행사에 의거하지 않고 평화적 방법으로 실현하여야 한다. ③ 사상과 이념, 제도의 차이를 초월하여 우선 하나의 민족으로서 민족적 대단결을 도모하여야 한다는 것이다. '고려민주연방공화국 창립방안'은 1980년 10월 노동당 제6차 대회에서 김일성의 보고를 통해 제시된 북한의 통일방안으로서 '통일의 완결형태'라고 밝히고 있다. 북한은 1960년 8월 '남북연방제'를 최초로 제안한 이후 1973년 6월 김일성의 '조국통일 5대강령'을 통해 통일까지의 과도기적 조치로 '고려연방공화국'이라는 단일국호에 의한 연방제 실시를 주장하였다. 뒤에 1991년 김일성은 1991년 1월 신년사를 통해 '연방제 통일의 점차적 완성'을 주장했다. 즉 "지역적 자치정부에 더 많은 권한을 부여하며 장차로는 중앙정부의 기능을 더욱 높여 나가는 방향에서 연방제 통일을 점차적으로 완성시켜 나가는 문제를 협의할 용의가 있다"고 밝혀 단계적인 연방제 통일이 가능하다는 유연성을 보인 것이다. 이것이 소위 말하는 '낮은 단계의 연방제'이다. '조국통일을 위한 전민족대단결 10대강령'(전민족대단결 10대강령)은 최고인민회의 제9기 5차 회의(1993. 4. 7)에서 당시 강성산 총리의 보고를 통해 제시된 통일강령으로 김일성이 직접 작성한 것이라고 북한은 밝히고 있다. 이 '10대강령'의 주요 골자는 ① 전민족대단결로 자주·평화·중립적 통일국가 창립, ② 공존·공영·공리를 도모하고 통일위업에 모든 것을 복종시키는 원칙에서 단결, ③ 동족간 분열·대결을 조장시키는 일체의 정쟁 중지, ④ 개인과 단체가 소유한 물질적·정신적 재산을 보호하여야 하며, 민족대단결 도모에 이롭게 사용, ⑤ 민족대단결과 통일위업에 공헌한 사람 높이 평가할 것 등이다. 북한은 이 강령을 제의하면서, ① 외세의존정책 포기, ② 주한미군 철수의지 표명, ③ 외국군과의 합동군사연습 중지, ④ 미국의 핵우산 탈피 등 4개항의 요구사항을 제시한 바 있다.

군보(『조선인민군』), 청년보(『로동청년』) 신년 공동사설에서부터 비롯
되었다.

이후 북한은 특히 북핵위기가 고조되면서, 남북한간의 체제대결구도
에서 민족 대(對) 외세의 민족주의 구도로 끌고 가는 분위기를 연출하
고 있다. 그 상세한 북한의 보도내용은 다음과 같다.

[예 1]
새해에 즈음하여 발표된 당보, 군보, 청년보의 공동사설은 6 · 15북남
공동선언을 조국통일의 변함 없는 리정표로 내세우고, 민족주체의 위력으
로 통일위업수행에서 결정적 전환을 가져올 데 대한 전투적 과업을 제시
하였다. 새해 공동사설이 제시한 과업을 실현하는 데서 중요한 문제는 민
족공조로 외세의 침략과 반통일책동을 짓부시고 자주통일의 넓은 길을
열어 나가는 것이다. …25)

[예 2]
우리 민족은 올해 어떻게 하나 6 · 15공동선언의 기치높이 조국통일
투쟁에서 결정적 전환을 가져와야 한다. 그러자면 공동사설에 지적되어
있는 바와 같이 민족자주, 애국애족의 리념에 기초하여 민족대단결을 실
현해야 한다. …26)

[예 3]
우리 민족끼리 힘을 합치면 그 어떤 애로와 난관도 슬기롭게 이겨낼
수 있다. 6 · 15북남공동선언 발표 이후의 정세발전은 '우리 민족끼리'의
리념에 의거하면 자주와 평화도 이룩하고 통일도 앞당겨 올 수 있다는 것
을 현실로 립증해 주고 있다. 온 민족의 대단결은 민족자주와 평화, 통일
을 위한 근본담보이다. 우리 민족은 내외호전광들의 무분별한 전쟁책동으
로 평화와 통일의 길에 시련과 난관이 가로놓일수록 민족단합과 대단결
의 힘, 민족공조의 위력으로 나라의 평화를 수호하고 자주통일위업을 힘

---

25) 『로동신문』, 2003. 1. 7.
26) 『로동신문』, 2003. 1. 18.

차게 전진시켜야 한다. 지금이야말로 '우리 민족끼리' 리념 밑에 온 민족이 한데 뭉쳐나가야 할 때이다.27)

위의 [예 1], [예 2], [예 3]에서 보는 바와 같이, 북한은 민족주의를 자극하기 위한 심리적 용어개발에 많은 노력을 하고 있음을 알 수 있다. 열거하면, '민족주체', '민족공조', '자주통일', '민족자주', '애국애족', '우리 민족끼리' 그리고 '민족단합' 등이 있다. 그 중 '민족공조'라는 말은 남한 내에 '한미동맹' 내지 '한미공조'의 대립개념으로 종종 사용되고 있음은 그들의 노림수가 적절히 들어맞고 있다는 반증이기도 하다.

그런데 한 가지 간과하지 말아야 할 것은, 북한의 민족주의 카드는 우리 민족의 평화문화를 정착시키고, 종국에는 평화통일을 지향하고자 하는 한국의 의도와는 사뭇 다른 방향으로 진행될 공산이 크다는 것이다. 7 · 4공동선언의 세 번째 조항인 "사상과 이념, 제도의 차이를 초월하여 우선 하나의 민족으로서 민족적 대단결을 도모하여야 한다"는 내용에서 느낄 수 있는 평화적 공감대를 다음의 북한의 보도에서 찾을 수 있다.

··· 조국통일 3대원칙의 기본내용은 자주, 평화통일, 민족대단결이다. ··· 민족대단결의 원칙은 민족의 단합된 힘으로 조국의 자주적 평화통일을 이룩해 나갈 것을 밝힌 원칙이다. ··· 민족대단결을 이룩하자면 사상과 제도의 차이를 뒤로 미루고 자주와 애국애족의 기치 밑에 단결하여야 한다. 우리 민족은 민족자주정신과 애국심이 강한 민족이다. ···28)

결국 이는 선전선동의 개념인 '민족공조'의 전략을 구상하던 2002년 말의 북한 내부 정서를 그대로 보여주는 것이라고 보인다. 즉 '사상과

---

27) 『로동신문』, 2003. 4. 2.
28) 『로동신문』, 2002. 9. 15. 「조국통일 3대원칙은 자주통일의 불멸의 기치」.

제도의 차이를 뒤로 미룬' 것은 언제든지 자신들이 원할 때 다시금 쟁점화 하여 대남한 주도권을 확보하려는 의도가 숨어 있는 것으로 보인다. 이러한 의미상의 차이를 전제하고, 2003년도 신년사에는 민족공조의 의지가 반영되었던 것이다. 이후 그러한 식의 주장은 지속되어 오고 있다.

이와 같이 북한은 대미난국 타개를 위한 일종의 도구로써, 민족주의 카드를 사용하고 있는데, 결정적으로 2000년 6·15남북정상회담이 그들의 가장 큰 소득이라고 할 수 있을 것이다. 이후 매사에 있어서 남한 정부를 적대시하는 것보다는 이용하려고 하는 의지가 짙게 깔려 있다고 보인다.

7) 주한미군 사건·사고(범죄 등) 및 촛불시위 관련 북한의 반응

북한은 매사에 한반도 내에서의 대남관계에 있어서 자신들의 주도권을 전제하고 시작한다. 이것이 전제되고 난 뒤에, 자신들이 보기에 남한문제 및 한반도문제(통일 등) 전반에 대해 외부의 간섭세력(미국, 일본)으로 인식되는 문제가 있으면, 그들을 타도대상으로 생각한다. 따라서 외부세력들의 일거수일투족을 관찰하면서, 남한의 주민들에게 감성적으로 호소할 수 있는 일들에 주목하고 있다. 그 대표적인 예로 주한미군과 관련된 사건·사고를 들 수 있다. 또한 남한 내 반미열풍을 주도했던, 그리고 지금도 간헐적으로 이어지고 있는 '신효순·심미선' 두 여중생 추모를 위한 촛불시위에 대한 선동 및 자극이다.

다음은 이와 같은 북한의 태도를 담고 있는 북한 언론의 보도내용이다.

[예 1]
조국평화통일위원회 서기국이 7일 보도 제833호를 발표하여 남조선강

점 미군의 계속되는 범죄행위를 규탄하였다. … 보도는 이 범죄행위는 '효순이, 미선이를 살려내라!', '살인자 미군병사들을 처벌하라!'고 피 타게 웨치며 항쟁의 거리에 떨쳐 나선 남조선인민들에 대한 로골적인 우롱이며 도전이라고 단죄하였다. 보도는 남조선인민들이 살인마 미제에 대한 사무치는 원한과 분노를 터뜨리며 지난 온 한해 동안 반미항전의 불길을 세차게 지펴 올리였으나 미제침략군은 그에는 아랑곳없이 치 떨리는 범죄행위를 계속 거리낌없이 감행하는 것으로 그들의 반미항거에 대답해 나서고 있다고 지적하였다. 남조선인민들은 미제침략군이 남조선에 있는 한 불행과 고통은 절대로 가셔질 수 없다는 것을 깊이 명심하고 이미 추켜 든 반미의 초불을 투쟁의 홰불로 더 높이 추켜 들고 반미항전을 더욱 줄기차게 벌려 나가야 할 것이라고 보도는 강조하였다.29)

[예 2]

설날 새벽 강원도 춘천시에서 미군병졸이 판매장유리를 들부시였고 지난 4일에는 두 명의 미제침략군이 주차장에 세워진 승용차를 파손시켰다. … 지난해 침략군이 길 가던 두 녀학생을 무참히 살해한 사건과 그에 대한 미국의 오만불손한 태도에 분노한 남조선인민들은 반미초불시위로 해를 보냈다. 그런데 침략군들은 이에는 아랑곳없이 계속 만행을 저지르고 있다. 남조선인민들이 한지에서 떨며 만행금지를 부르짖건 말건 저희들은 개의치 않는다는 식이다. 미제침략군은 바로 이런 무법천지의 야만들이다. 인두겁을 쓴 이 살인마들에 의해 지난해에는 귀여운 효순이, 미선이가 비참한 죽음을 당했다면 올해에는 또 누가, 얼마나 많은 사람들이 그런 운명을 강요당할지 알 수 없다. 미친개에게는 몽둥이가 제격인 법이다.30)

특히 두 여중생 사망사고와 관련해서는, 남한에서조차 하지 않고 있는 다양한 행사를 통해 반미분위기를 북한 내에서는 끊임없이 지속해

29) 『조선중앙통신』, 2003. 1. 8, http://www.kcna.co.jp/index-k.htm. 2003. 12. 13. 검색.

30) 『조선중앙통신』, 2003. 1. 9, http://www.kcna.co.jp/index-k.htm. 2003. 12. 13 검색.

나가기 위한 전형으로 삼고 대대적인 홍보를 하고 있는 실정이다. 북한은 소위 '미군장갑차 여중생치사사건' 1돌을 즈음하여 추모모임을 가지는가 하면, '어머니들의 모임', '북한 내 전국 사찰에서의 두 여중생 추모 및 반미반전평화수호 전국불교도법회' 등도 실시하였다.[31]

8) 대구 제22회 하계 유니버시아드대회관련 북한의 반응

2003년 8월 21일, 대구에서 제 22 회 하계 유니버시아드대회가 그 와중에 개막되었다. 8월 24일, 북한기자단과 반북시위대가 충돌하는 사건이 발생하였다.

대회기간 중 일어났던 일을 중심으로 남북한간에 일어났던 대응관계를 정리하면 [표 6]과 같다. 즉 ① 인공기 소각(사건) → ② 대구U대회불참선언(북측) → ③ 대통령, 통일부장관 유감표명(남측) → ④ 대구U대회기간 중 북기자단과 시민단체 충돌(사건) → ⑤ 사과요구(북측) → ⑥ 대회조직위원장 사과(남측) → ⑦ 대내선전 및 대남심리전 우위확보(북측)의 수순이다. 요컨대 북측의 결정적인 승리로 끝났다.

그런데 여기서 한 가지 간과하지 말아야 할 점이 있다. 그것은 ③의 대통령의 유감표명에 관한 것이다. 다음은 이와 관련한 언론보도내용이다.

노무현 대통령은 19일 국내 보수단체들이 지난 15일 '8·15국민대회'에서 북한 인공기와 김정일 위원장 초상화를 불태운 것을 문제삼아 북한이 대구 유니버시아드대회 불참을 시사한 것과 관련, "인공기와 김정일 위원장의 초상화를 불태운 것은 적절하지 않다. 유감스러운 일이다"고 말했다. 노 대통령은 이날 청와대에서 열린 수석·보좌관회의에서 "그 동안

---

31) 『조선중앙방송』, 2003. 6. 13, 통일부 정보분석국, 『북한방송 주요내용』, 2003. 6. 14.

제 8 장 노무현 정부의 대북정책에 대한 북한의 반응 341

[표 6] 대구U대회관련 남북한의 상호 대응과정 : 인공기 소각 및 기자단 충돌 중심

한 국	북 한
○ 정세현 통일부 장관, 8·15 행사시 '인공기 소각' 관련 유감 표명 (8.19)	○ 北, 대구U대회 참가 발표 (8.19) * 北 '조국평화통일위원회' 담화
- "남과 북이 기왕에 화해협력을 하자는 마당에 북한도 우리 사회의 다원성을 이해해야 하지만, 우리도 북한 사회의 특성을 이해하려고 노력해야 함" - "8·15 민간행사에서 있었던 일은 부적절하다고 볼 수 있고, 그 점에서 유감스럽게 생각함" - "지난 17일 북한이 제기한 문제에 대한 우리측의 입장이 확실히 전달된 만큼 늦기는 했지만 북측도 당초 일정대로 대구 유니버시아드에 참가, 남북 화해협력 관계를 한 단계 업그레이드하는 데 힘을 합쳐 나가기를 바람"	- "남측이 유감을 표명하고 재발방지를 약속해 나오지 않을 수 없었음" - "우리는 이에 다행스럽게 생각하면서 선수단과 응원단을 제22차 세계대학생체육경기대회가 열리는 남조선의 대구로 보내기로 하였음" ○ 北, 대구U대회 충돌관련 사과 요구 (8.24) - 전금만 북한 U대회 선수단 총단장은 유니버시아드 미디어센터 5층에서 발표한 성명을 통해 대회 참가를 재고려해 보지 않을 수 없다면서 △주동자 즉시 처벌과 사죄 △재발방지 약속 등을 요구
○ 대구U대회 北기자단, 시민단체와 충돌 (8.24)	○ 『조선중앙TV』, '대구U대회' 관련 보도 (8.24)
- 금일 오후 대구 유니버시아드 미디어센터(UMC) 앞 광장에서 기자회견을 갖고 있던 민주참여네티즌연대, 북핵저지시민연대 등 반북 민간단체들과 북한 기자단이 충돌, 탈북자 지원 독일인 의사 폴러첸 씨 등 부상자가 발생	- MBC·KBS 방송 등 남측 방송들이 대구U대회에 참가하고 있는 북한 선수들의 선전과 응원단의 활동을 상세히 보도하는 등 각별한 기대와 관심을 표시 보도 ○ 『조선중앙방송』, 대구U대회 北기자·시민단체 충돌사태관련 보도 제846호 발표 (8.25)
○ 대구U대회 조직위, 북한에 유감 표명 (8.25) *기자회견(대구 컨벤션센터) - 조해녕 대구 유니버시아드대회 조직위원장은 지난 24일 북한 기자들과 시민단체와의 충돌사태와 관련 유감을 표명하고 재발방지를 약속	- "남조선 당국은 이번에 감행된 반공화국 도발 사건에 대해 사죄하여야 하며 범죄자들을 처벌하고 다시는 그러한 사태가 벌어지지 않도록 책임적인 담보를 해야 할 것임" * 대학생체육협회, 노동신문 논평 등에서도 동 사태에 대해 관련자 처벌 및 재발방지 등을 요구

자료 : 통일부 남북대화사무국, 『남북관계 일일동향』, 2003. 8. 19-8. 26.

남북관계에 적대적 과거가 있었던 것은 사실이나 지금은 서로 화해와 협력을 위해 대화하는 상황"이라며 이같이 밝혔다. 노 대통령은 이어 "앞으로는 이런 일이 일어나지 않았으면 좋겠다"며 "성조기를 모욕하는 일이 있을 때마다 유감을 표명해 왔듯이 정부에서 유감을 표명하고 대구 유니버시아드대회가 원만히 이뤄지도록 통일부가 적절한 조치를 취해 달라"며 정부의 공식 유감표명을 지시했다.

이에 따라 통일부는 대북 유감표명 방법과 내용에 대한 검토작업에 착수했으며 이르면 이날 중 판문점 연락관을 통해 전화통지문을 보내거나 언론회견을 통해 입장을 밝힐 예정이다. ⋯ 앞서 북한은 18일 조국평화통일위원회의 대변인 성명에 이어 평양방송을 통해 남측 보수단체의 인공기 훼손행위와 관련해, 남측 당국의 사과와 재발방지를 재차 촉구했다. 평양방송은 "남측 당국이 미국에 대해서는 사죄하고서도 동족인 우리에게는 미안하다는 말 한마디도 못하겠다고 하고 있다"며 "마땅히 공식적으로 사죄해야 한다"고 주장했다.[32]

이와 관련한 다른 여론의 흐름은 대체로 대통령의 행보에 주목하고 있다. 주된 흐름은 "보수단체의 인공기 소각이나 지도자 모독은 문제이며, 이에 대한 북한의 반발을 이해해야 한다"는 입장과 "북한의 U대회 참가는 다행이지만, 노 대통령의 인공기 유감 표명은 그 내용과 격(格)에서 부적절했고, 남남갈등을 유발하는 경솔한 행위였다"는 지적이 있었다.[33]

인공기 관련 사안 이외에도 또 한 가지 흥미로운 사건이 있었다. 그것은 대구 U대회기간 중에 김정일의 사진과 관련된 것이다. 다음은 이와 관련된 한국언론의 보도내용이다.

---

32) 『문화일보』, 2003. 8. 19.
33) 이에 대한 자세한 논의는 민주평화통일자문회의, 『통일논의 리뷰』 통권 제7호, 2003, pp.79-94 참조.

[U대회 — 北 응원단 또 항의 소동(종합). "장군님 사진을 이런 곳에" 눈물도]

북한 응원단과 선수단이 고속도로 톨게이트 부근에서 김정일 국방위원장의 사진이 인쇄된 현수막이 걸려 있는 것을 발견하고 "장군님 사진을 이런 곳에 둘 수 있느냐"며 항의하는 소동이 빚어졌다. 28일 오후 1시 40분께 경북 예천군 예천읍 중앙고속도로 예천톨게이트 진입로 부근 도로에서 예천진호양궁경기장에서 대구 방향으로 이동하던 북한 응원단 150여 명과 양궁선수 11명이 김 위원장과 김대중 전 대통령의 남북정상회담 당시 악수 장면을 촬영한 사진이 인쇄된 현수막 4장을 발견했다. 이들이 발견한 현수막은 가로 5m, 세로 1m가량의 현수막으로 좌측에는 한반도기, 우측에는 김 위원장과 김 대통령의 사진이 각각 인쇄되어 있었고 가운데 부분에는 "북녘 동포 여러분 환영합니다. 다음에는 남녘과 북녘이 하나되어 만납시다"라는 등의 문구가 기재되어 있었다. 응원단과 선수들은 갑자기 버스에서 내린 뒤 300-500여m를 되돌아 달려가 "장군님의 사진을 이런 곳에 걸어둘 수 있느냐"고 눈물을 훔치며 도로가에 설치된 현수막 4개를 모두 떼어냈다. 일부 응원단들은 지상에서 2m가량 높이의 가로수에 설치된 현수막을 떼어내기 위해 가로수에 매달리기도 했다. 특히 이 가운데 현수막 1개는 장승과 주유소 철제 기둥 사이에 걸려 있어 북측 응원단 가운데서는 "허수아비(장승)에 장군님의 사진이 걸려 있다니", "장군님 사진이 이렇게 낮게 걸려 있다니", "장군님 사진에 어떻게 도장(검인)을 찍을 수 있나"라는 탄식이 쏟아져 나오기도 했다. 이어 이들은 사진 부분이 앞으로 나오도록 현수막을 접은 뒤 마치 영정을 모시듯 버스로 행진해 되돌아갔다. 이 과정에서 한 지역 언론사 기자가 이 같은 장면을 촬영하자 북측 응원단들은 카메라를 빼앗아 간 뒤 뒤늦게 경비를 담당하고 있는 국가정보원 직원에게 되돌려줬다. 이날 예천지역에는 오전부터 비가 내려 현수막은 빗물에 다소 젖어 있었다. 현수막은 예천군 농민회와 예천 두레모임, 한국전쟁전우피학살예천유족회 등 지역 주민들이 북한 선수단 및 응원단을 환영하기 위해 제작해 게시한 것으로 알려졌다. 현장에 있던 한 경찰 관계자는 "남북간의 이질감이 생생하게 살아 있는 현장을 보는 것 같아 씁쓸한 기분이 든다"고 말했다.[34]

---

34) 『연합뉴스』, 2003. 8. 27.

이 장면은 전형적인 대남선전선동의 일종이라고 할 수 있다. 미녀 응원단과 한데 어우러지면서 남한의 많은 사람들의 마음을 뒤숭숭하게 만들었다. 혹자는 이와 같은 미개한 행동으로 인해 남한 사람들이 오염될 수 있겠는가라고 강한 자신감을 갖고 있지만, 극한적인 상황에서는 이성적인 판단이 흐려진다는 사실을 잊어서는 안 된다.

[표 7]은 김정일의 사진과 관련된 남북한의 상호대응에 대한 동향이다. 여기에는 행사의 종료와 관련된 내용도 포함되어 있다.

이러한 행사의 와중에, 북한은 결정적인 실수를 한 가지 했다. 그것은 김영삼 전 대통령의 CBS 인터뷰 내용에 대한 북한의 대응 속에서 찾아볼 수 있다. 김 전대통령은 이 인터뷰에서 대구 U대회 중에 우리 주민들이 북한 응원단에 대해 지나치게 저자세를 보인 점과 본인의 재임시 비전향장기수 '이인모'의 송환은 실수였다는 발언을 하였다. 이에 대해 북한은 갖은 욕설로 대응했다. 그런데 우리 정부에서도 이에 대해 어떠한 책임추궁도 하지 않았다. 또한 우리나라의 어떠한 언론에서도 관심을 갖지 않았다.[35]

결국 대구 U대회는 사과요청과 그에 대한 응답의 수순을 밟지는 않았지만, 북한의 의도대로 되었고, 남한은 '칙사대접'을 조건으로 북한의 선수단과 응원단을 불러서 남한 사람들을 북한식의 사상교양에 동원되도록 방기하는 결과를 가져온 셈이다. 여기에다 국민들, 특히 군인들의 사기(특히 직업군인)는 매우 걱정스러울 정도로 떨어지지 않았나 생각된다. 그리고 북한에게 우리의 전직 국가원수에 대한 기본적인 불경스러운 태도에 대해서는 어떠한 책임추궁도 하지 않았던 점은 행사성과의 빛을 바래게 했다.

---

35) 『로동신문』, 「민족도, 인륜도덕도 모르는 추물」, 『조선중앙방송』/『평양방송』, 2003. 9. 8, 통일부 정보분석국, 『북한방송 주요내용』, 2003. 9. 9 재인용. 국내언론의 반응은 『KINDS』 정보와 『연합뉴스』를 활용하여 확인해 보았으나, 색인 결과 아무런 관련자료가 없었다. 다만 방송에 대해서는 살펴보지 못했다.

[표 7] 대구U대회 관련 남북한의 상호 대응과정: 김정일 사진 중심

한 국	북 한
○ 정부, 대구U대회 北선수·응원단 13억 원 지원 (8.28) * 제116차 및 제117차 남북교류협력위원회 회의 - 정부는 북한 선수단 및 응원단의 대구U대회 참가에 소요되는 경비 가운데 13억 6천만 원의 범위 내에서 △대구조직위(선수단 지원경비) 5억 2천만 원 △대구광역시(응원단 편의제공 경비) 7억 6천만 원 △대한체육회(공동입장 관련 경비) 8천만 원 등의 기금 지원을 승인 ○ 2003 대구U대회 기념 민족의 화해와 평화를 위한 남북청년문화예술행사, 대구 두류공원에서 진행 (8.29) - 남측의 인기가수 및 합창단, 북측의 취주악단 및 중창단 등 남북 예술인이 함께 어우러진 문화공연이 대구 두류공원 야구장에서 저녁 7시 30분부터 90여 분간 진행	○ <조선대학생체육협회> 대표단 단장 전극만, 8.27 대구기자센터에서의 기자회견을 통해 "남은 기간 대회의 이념에 충실하고 온 민족의 기대에 맞게 행동해 갈 것임"을 언명 (8.28, 06:17, 『조선중앙방송』) ○ 『평양방송』, '사촉과 묵인 속에 감행된 반공화국 난동' 제하로 민간단체 시위 비난 (8.28, 21:45) - 대구U대회 기간 민간단체의 시위 등은 미국과 한나라당의 사촉과 일부 당국자의 비호 묵인하에 일어난 것이라고 비난 ○ 대구U대회 참가 중인 북한 <대학생체육회 선수·응원단>의 '청년절' 즈음 8.28 대구에서 '어버이 장군님 그리는 밤' 모임 진행 (8.29 06:10, 『조선중앙방송』) - '김정일 장군님께 드리는 노래' 등 예술공연과 '김정일 동지께 드리는 편지' 채택 ○ U대회 참가 북측 응원단 참가하에 '민족의 화해와 평화를 위한 북남예술공연' 진행 (8.29, 대구) 보도 (8.30 07:12, 『조선중앙방송』)

자료 : 통일부 남북대화사무국, 『남북관계 일일동향』, 2003. 8. 28-8. 30; 통일부 정보분석국, 『북한방송 주요내용』, 2003. 8. 29-8. 30.

9) 주요 인사 사망관련 북한의 반응: 정몽헌 회장 vs 김용순 위원장 중심

1994년 북한 김일성 사망 이후부터 주요 인사 사망시 남북한간에는 조문과 관련하여 많은 논란이 있었다. 최근 같은 해에 두 명의 거물이

남북한 각기 한 명씩 사망하였는데, 이전의 '조문의사소통'(弔問意思疏通) 과정에서는 유례를 찾아볼 수 없을 정도로 무리 없이 진행되었다고 보인다. 공교롭게도 한 명은 대북사업을 담당했었고, 또 다른 한 명은 대남사업을 담당했으니, 이는 남북한 양측의 공통 관심사안이었다.

우선 [표 8]은 정몽헌 현대아산 회장의 사망과 관련한 남북한 양측의 조문과정을 요약·비교한 것이다.

[표 8] 정몽헌 현대아산 회장 사망관련 남북한의 조문과정 비교

한 국	북 한
○ 정몽헌 현대아산 회장 사망(8.4) - 금일 오전 서울 현대 본사 사옥 뒤편 주차장 화단에서 정회장이 숨져 있는 것을 청소원이 발견, 사무실에서 유서가 발견된 것으로 보아 투신 자살한 것으로 추정	○ <아태평화위> 대변인 성명(8.4); 장관급회담 북측 대표단 대변인 담화(8.8); <민화협> 대변인 담화(8.9); <민경련> 대변인 담화(8.9); <경추위> 북측대변인 담화(8.9) 등 총 8건(통일부, 1993d) ○ <아태평화위> 哀悼 성명 발표 및 弔電 발송(『조선중앙방송』/『평양방송』, 8.5)
○ 정부, 대북사업 예정대로 추진(8.4) - 노무현 대통령은 정몽헌 회장의 사망에도 불구하고 현재 진행 중인 남북간 경협사업이 고인의 뜻대로 흔들림 없이 지속될 수 있도록 적극 노력해 나갈 것임을 표명 - 정세현 통일부 장관도 개성공단, 금강산관광사업 등 남북관계 사업들은 개인적 차원이 아니라 제도적으로 추진되고 있어 남북경협사업에 특별한 영향은 주지 않을 것이라고 본다고 언급	<성명 내용> - "민족공동의 번영과 조국통일을 위하여 헌신해 온 정몽헌 회장 사망에 심심한 애도의 뜻을 표함" - "북남사이의 화해와 단합, 경제협력을 위하여 커다란 공헌을 한 정회장의 뜻하지 않은 사망은 실지에 있어서 자살이라고 할 수 없으며 그것은 북남관계 발전을 달가와 하지 않는 한나라당이 불법 비법으로 꾸며낸 특검의 칼에 의한 타살임" ○ 김정일, 송호경을 통해 "아까운 사람이 갔다"고 가슴 아파하면서 심심한 위로의 뜻을 정몽헌 회장 부인과 김윤규 사장에게 전달(8.11, 현대주관 금강산 추모행사시(통일부, 1993d))

자료 : 통일부 남북대화사무국,『남북관계 일일동향』, 2003. 8. 4; 통일부 정보분석국,『북한방송 주요내용』, 2003. 8. 4-5; 통일부(1993d:24).

[표 8]에서 보는 바와 같이, 양측 모두 고인에 대한 애도를 표시하면
서도, 남측은 북측에 계속적인 대북경협사업은 지속될 것이라는 안심
을 가질 수 있는 메시지를 담고 있으며, 북측은 고인에 대한 개인적·
국가적 고마움을 표시하고 있다. 그러면서도 북측은 한나라당에 대한
비난은 빠지지 않고 있다. 사안 자체를 그대로 놓고 평가하려는 태도
나 다른 사람의 입장을 이해하는 힘은 여전히 모자란 수준이다. 이러
한 북측의 행동이 향후 다른 정치 또는 경제분야, 즉 자신들의 이해관
계와 거리가 먼 유명인사의 사망에서도 그러한 반응을 보일지는 미지
수이다. 철저한 이해관계를 전제하고 이루어진 행동이었다고 보인다.

[표 9]는 북한의 김용순 대남담당비서의 남북한 양측의 사망관련 조
문과정을 비교한 것이다.

[표 9] 김용순 북한 대남담당비서 사망관련 남북한 양측의 조문과정 비교

한 국	북 한
○ 정세현 통일부장관, 김용순 북한 대남담당 비서의 사망과 관련, "인간적으로 조의를 표한다"고 밝힘 (10.27)	○ 黨 중앙위·최고인민회의 상임위, 10.26 김용순(69세, 黨중앙위 對南담당비서) 사망 訃告 발표 (10.27, 06:20, 『조선중앙방송』) - "6.16 교통사고로 장기간 입원치료 중 10.26 05:00 사망"

자료 : 통일부 남북대화사무국,『남북관계 일일동향』, 2003. 10. 27; 통일부 정보분
석국,『북한방송 주요내용』, 2003. 10. 27.

매우 의례적인 조문과정이었다. 그런데 통일부의 '인간적'이라는 말
은 적절한 표현인지 애매하다. 통일부장관 개인의 의견인지, 아니면 우
리나라로서는 별로 좋지 않은 사람이지만 인간적인 차원에서 불쌍하다
는 뜻인지 의구심을 불러일으킨다. 북측에서는 이에 대해 아무런 반응
을 보이지 않았다.

10) 주요 인물관련 북한의 반응: '송두율'과 '황장엽' 중심

현재 남북한에 있어서의 '송두율'과 '황장엽' 개인은 따옴표 안에 넣어서 언급해야 할 만큼 '상대적 상징성'을 갖고 있다. 현대사회의 모든 사람들이 자연인으로서의 지위 이상의 의미를 갖고 있기는 하지만, 특히 한국과 북한 간에 있어서 이 두 사람에 대한 인식은 개인적 차원의 범주를 훨씬 넘어서 논의되고 있다.

이들은 남북한간의 이념적 고리를 달고 다니기 때문에 북한이 이들에 대해 어떠한 반응을 보이는가를 일별해 보는 것은 의미가 있다. 북한의 언론이 보이는 반응빈도를 정리하면 [표 10]과 같다.

[표 10] '송두율'과 '황장엽' 관련 북한의 반응 빈도

'송두율' 관련 반응 빈도	'황장엽' 관련 반응 빈도
- 신문/잡지 : 2002년(0회)→2003년(5회)	- 신문/잡지 : 2002년(1회)→2003년(7회)
- 방송 : 2002년(0회)→2003년(3회)	- 방송 : 2002년(0회)→2003년(2회)

주 : 신문/잡지에 나타난 북한의 반응빈도는 통일부 홈페이지의 '남북관계 일일동향'의 검색기능을 활용하였고, 방송에 나타난 북한의 반응빈도는 '북한방송 주요내용'의 검색기능을 활용하여 도출해 냄.
자료 : 통일부 남북대화사무국,『남북관계 일일동향』; 통일부 정보분석국,『북한방송 주요내용』, 2003. 12. 13 검색

송두율 관련 북한의 반응은 "사람잡이에 미쳤다"는 제하의『평양방송』에서 "민주화투쟁을 하다가 해외로 이주한 동포"로 규정하면서 우리측에 대해 그를 북한과 연결시키는 것은 "반공화국대결의식이 골수에 들어찬 자들의 억지공사"라고 비난했다.[36] 이 보도내용을 토대로

---

36)『평양방송』, 2003. 10. 8, 통일부 정보분석국,『북한방송 주요내용』, 2003. 10. 9 재인용.

볼 때, 북한은 송두율이라는 인물에 대해 기본적으로 무관심한 듯하면서도 남한에 대한 비난을 통해 그에 대한 후원의 뜻을 보내고 있는 듯한 느낌을 준다. 북한은 작년 2002년의 경우 전무한 반응을 보이다가, 2003년 들어 우리 사회 내에서 쟁점화되고 현재 재판에 계류되는 등 송두율 개인에 대한 비난이 일자 이를 불식시키고, 우리 사회 내의 친북한 세력에 대한 소위 후원자로써의 의리를 버리지 않았다는 강한 의지를 적극적으로 표명한 것으로 보인다. 하지만 송두율 개인의 우리나라 실정법 위반 여부에 대해서는 향후 법정에서 평결될 것이므로 여기서는 논외로 한다.

다음으로 '황장엽' 개인에 대한 북한의 반응이다. 황장엽에 대한 북한의 반응 중점은 그의 미국방문에 연계되어 있다. 황장엽의 북한 상층부에 대한 정보는 이미 한미공조에 의해 공유되고 있는 것으로 봐야 하겠지만, 북한으로서는 그가 직접 미국을 방문한다고 하는 것은 미국 내 여론 및 북한 내 국제여론에 밝은 많은 사람들에게 큰 반향을 불러일으킬 공산이 있다고 보고 있는 것이다. 따라서 북한은 황장엽의 미국방문을 결사반대하고 있는 것이다.

4. 결 론

본 논문은 노무현 정부 출범 이후 대북정책 추진에 대한 북한의 반응을 분석하는 데 그 목적을 두고 진행되었다.

대체로 노무현 정부는 2003년 2월 25일 출범한 이후 현재까지 10개월 동안 이전의 김대중 정부의 대북 화해협력정책을 잘 계승하고 있는 것으로 보인다. 다만 국민들의 여론조사를 통해서 보면, 아직도 대통령 스스로가 제시한 '원칙과 신뢰'의 제1 국정원리가 잘 투영되고 있지 않은 것으로 보인다. 현재 논의되고 있는 대북송금문제와 대선자금문제

등에 있어서 도덕적인 비난을 받지 않고, 이러한 원칙을 계속해서 잘 준수한다면, 대북 평화번영정책의 미래도 어느 정도 밝을 것으로 전망된다.

본 연구에서 살펴본 노무현 정부의 대북정책과 관련된 주요 이슈별 북한의 대응은 대체로 다음과 같은 특징을 갖고 있다. 첫째, 북한의 반응은 남한 내 여론의 약한 틈새를 공략한다는 점이다. 예를 들어 한미정상회담과 관련된 북한의 반응이 여기에 해당된다. 정상회담의 공동선언은 2003년 5월 15일에 발표되었고, 같은 날 석간에서부터 다음날 조간에 이르기까지 한국 언론의 대부분(한겨레신문은 포함 안 됨)은 '추가적인 조치'라는 주제에 초점이 모아졌고, 여론은 비등하였다. 북한의 첫 반응이 등장한 것은 한참 여론이 비등했던, 약 일주일 뒤인 5월 21일부터였다. 이 점은 북한이 남한의 여론에 매우 민감하고, 또한 그 약점을 잘 공략한다는 반증이기도 하다.

둘째, 북한이 강도 높게, 지속적으로 관심을 보이는 주제는 ① 체제보장 또는 국가안보, ② 남북한간의 이해득실, ③ 남한 내부의 비리, ④ 주한미군의 비리 등의 순이다. 특히 현재 제기되고 있는 북핵문제로 인한 6자회담은 북한의 체제보장에 결정적으로 연계되어 있는 사안이기 때문에 '조선통신사'의 홈페이지에 올려진 『조선중앙통신』 및 『로동신문』 등의 북한 내 주요 언론매체들의 기사의 수를 보면 잘 알 수 있다.

셋째, 북한의 반응은 감정적인 경향이 강하다는 점이다. 대구 U대회에서의 인공기문제나 김정일 사진문제 등은 이러한 점을 잘 입증해 준다고 하겠다.

상기 연구결과를 토대로 향후 몇 가지의 정책 수립의 시사점을 제공하고자 한다. 첫째, 북한의 계속되는 소위 '민족공조'의 주장에 대비해야 할 것이다. 북한은 그 동안 '민족주체', '민족공조', '자주통일', '민족자주', '애국애족', '우리 민족끼리' 그리고 '민족단합' 등과 같은 민족주의적 색채가 강한 용어들을 개발해서, 남북대화와 교류협력에 전략전술적으로 활용해 왔다. 이는 결국 남한 내에 '한미동맹' 내지 '한미공조'와 대립개념으로 만들어진 것으로 보이는데, 향후 이 말의 변종에 대해 대비하고, 또한 근본적으로는 그들의 민족중심주의적 편견과 행동에 대비할 수 있도록 해야 할 것이다. 2004년도에는 '민족총궐기', '민족진군', '민족대행진', '민족평화대행진' 등의 용어가 등장하지 않을까 생각된다.

둘째, 북한의 대남 인신비방을 하지 않도록 강력한 조치를 해야 할 것이다. 노 대통령의 국정원리 첫 번째에 '원칙'이라는 말이 있는데, 그 원칙의 범주에 이러한 요소도 포함해야 할 것이다. 사실 북한은 요즈음 한나라당에 대해 실명거래를 하면서 비난을 퍼붓고 있다. 북한은 지난 대선 때 한나라당의 어떤 밀사가 그들에게 막후접촉을 했는지를 명확히 밝혀야 한다. 또한 북한은 이 와중에 방송사와 인터뷰 과정에서 우리의 김영삼 전대통령의 발언에 대해 갖은 욕설을 퍼부었다. 북한은 그들의 국가원수(= 김정일)가 그렇게 중요하다면, 우리나라의 국가원수도 격에 맞게 중요함을 깨달아야 할 것이다. 이것이 곧 그들이 말하는 소위 '민족공조'라고 생각한다.

셋째, 북한은 철저하게 권력중심적 사고를 하고 있음을 간과해서는 안 된다. 한반도문제의 해결을 위해 미국과의 직접회담을 고집하고 있고, 대남비방을 함에 있어서도 유력지 중의 하나인 '조선일보'에 대한 집중포화를 하고 있는 점은 이러한 점을 반증해 준다. 대미집착의 사고는 유엔의 북핵논의 요청을 거절한 것을 보면 쉽게 이해가 된다. '조선일보'와의 관계는 매우 복잡한데, 대체로 지난 5월 한미정상에 의한 공동선언에 있어서 '추가적 조치'와 관련하여 살펴볼 수 있다. 사실 당시 가장 많은 취재관심을 가진 매체는 '세계일보'와 '동아일보'였다. 그 기사의 양에 비례해서 북한측에 불리한 기사도 상당히 있었을 것으로 추정된다. 유독 '조선일보'를 비난하는 것은 문제가 있다고 본다. 결국 북한은 대남 인식 및 대응에 있어서 '보수 vs 진보' 구도를 강요함으로써, 자신들은 피 흘리지 않으면서 소기의 목적을 달성하고자 하는 무혈전략을 추구하고 있다고 하겠다.

넷째, 언론 및 언론인들의 명확한 대북관, 민족관, 국가관이 요구된다. 북한의 모든 언론매체는 국영이다. 따라서 그들은 한 목소리를 낸다. 반면에 우리의 언론은 너무나 자유로운 의견을 개진해서 간혹 그 부정확성으로 인해 많은 차질을 빚기도 한다. 특히 언론은 국가공동체의 질서를 와해시키는 언동은 삼가야 할 것이다.

다섯째, 북한의 군사모험주의를 하시라도 간과해서는 안 될 것이다. 북한은 노무현 대통령 취임 하루 전인 2003년 2월 24일 동해상으로 미사일 1기를 시험발사했다. 아무리 적대국이라고 하더라도 상대국의 최고원수가 취임하는 바로 직전 일에 미사일 발사를 한다는 것은 협박·공갈의 진수를 보여주는 행위라고 본다. 더욱 문제되는 것은 당시에 언론의 무관심 정도이다. 더 더욱 문제되는 것은 그러한 사실을 지금도 모르는 우리 한국의 국가관이 희박한 몰지각한 지식인들의 행동이다.

여섯째, 통일부에서 관리하는 북한원전 및 정부부처의 보고서 등에 대한 권위 있는 1차 자료는 계선조직으로 이관시켜야 할 것이다. 통일부 홈페이지의 어떤 자료를 보면, 북한의 대남담당 부서의 사람들이 보면 매우 체계적으로 업무파악을 할 수 있도록 되어 있는 듯한 느낌을 준다. 국민들의 알 권리도 중요하지만, 통일연구원이나 통일교육원 쪽으로 이관해서 관리하는 것이 바람직하다고 본다. 남북한간의 대화 및 협상에서 방어를 위한 최후의 보루는 남겨놓는 것이 좋다는 얘기다.

결론적으로 노무현 대통령의 대북 평화번영정책 추진에 대한 북한의 반응은 '실명거래를 하지 않는 관망수준'으로 보인다. 이는 실제로 김대중 대통령 이전 시기에 '괴뢰', '도당' 등의 용어가 상용화되었던 선례와 비교한다면 매우 고무적인 일이라고 보인다. 다만 우리 입장에서도 요구할 만한 것은 명확하게 요구해야 하는데, 이러한 노력이 부족했다고 본다. 그렇게 하기 위해서는 우리 사회 전반에 깔려 있는 '도덕적 해이'(moral hazard)를 하루 속히 극복해야 할 것이다.

심화 탐구 주제

1. 노무현 정부의 '평화번영정책'은 김대중 정부의 '대북포용정책'(일명 '햇볕정책')과 비교해 볼 때, 어떤 특징을 갖고 있다고 생각하는지 의견을 개진해 보세요.

2. 2003년 8월 대구에서의 제22회 하계 유니버시아드대회 기간 중 현수막에 인쇄된 김정일의 사진이 우천으로 인해 젖게 되었는데, 이를 본 북한측 참가자들이 눈물을 흘리면서 격분했었던 일이 있습니다. 여기에 대한 본인의 의견을 제시해 보세요.

3. 국가의 범위를 넘어서는 민족의 문제를 생활 주변의 예로서 설명해 보고, 국가와 민족의 관계, 국가애와 민족애의 관계에 대해 본인의 의견을 제시해 보세요.

참고문헌

『경향신문』
『국민일보』
『대한매일』
『대한매일』
『동아일보』
『문화일보』
『문화일보』
『세계일보』
『연합뉴스』
『오자병법』(吳子兵法)
『조선일보』

『주간조선』

『한겨레신문』

『한국일보』

고유환, 「참여정부 통일외교정책 평가와 과제」, 대통령 정책기획위원회 심 포지엄, 2003. 5. 29.

국방대학교 안보문제연구소, 『범국민 안보의식 여론조사-일반국민』, 2003.

국제정보연구원, 『북한정보총람』, 2000.

김창희, 「노무현 정부의 대북정책과 남북관계 전망」, 외교안보연구원·전남 대사회과학연구원·광주보건대학 공동세미나, 2003. 5. 27.

남시욱, 「DJ식 햇볕정책 폐기하라」, 『동아일보』 칼럼, 2003. 5. 15.

민주평화통일자문회의, 『통일논의 리뷰』, 통권 제5~7호, 2003.

박균열, 「도덕과교육에서 강조되는 가치·덕목의 현실성 제고를 위한 실태 분석: 1990~2001년」, 『도덕윤리과교육』 제15호, 한국도덕윤리과교육 학회, 2002.

서재진, 「평화번영정책 실현방안」, 통일연구원 제1차 통일정책 토론회, 2003. 4. 9.

연합뉴스, 『북한연감』, 2003.

오기성 외, 『통일교육지침체계 재정립에 관한 연구』, 통일부, 2003. 9.

이영애, 「한국 언론의 대북관 비교연구: 양대 서해교전의 보도내용과 보도 태도를 중심으로」, 북한연구학회, 『북한연구학회보』 제6권 제2호, 2002.

이찬행, 『김정일』, 백산서당, 2001.

조민, 「평화번영정책: 의의 및 과제」, 민주평통 경남지역 전문직업인 간담 회, 2003. 6. 4.

통일부 남북대화사무국, 『남북관계 일일동향』, 2003. 9. 26.

통일부 대변인실, 『2003년 1-11월 중 남북교역 동향』, 보도참고자료, 2003. 12. 15.

통일부 정보분석국, 『북한방송 주요내용』, 2003. 1. 1.-12. 6.

통일부, 『통일백서』, 2003a.

통일부, 『통일문제 이해』, 2003b.

통일부, 『참여정부의 평화번영정책』, 2003. 3(2003c).

통일부, 『주간북한동향』(제656호), 2003. 8. 8-8. 14(2003d).

통일정책연구소, 『북한정책자료』, 2003-1-3, 2003

『로동신문』

『로동청년』

『민주조선』

『조선인민군』

『조선중앙방송』

『조선중앙통신』

『조선중앙TV』

『평양방송』

http://www.mofat.go.kr/ko/division/am_2_view.mof?seq_no=186&b_code=l
  atest_2

http://www.president.go.kr/warp/kr/news/vision/principle

http://www.president.go.kr/warp/kr/news/vision/agenda/agenda_01.html

http://www.kcna.co.jp/6zahoidam/6za-title.htm

http://www.unikorea.go.kr

http://www.kcna.co.jp/index-k.htm

http://www.kinds.or.kr

http://www.yonhapnews.net

제 9 장

대북 인도적 지원과 통일정책 방향

1. 머리말

'왼손이 하는 일을 오른 손이 모르게 하라'는 말이 있다. 좋은 일을 할 때 다른 사람에게 알리지 말고 숨어서 선행을 베풀라는 말이다. 그런데 도와주고서도 욕을 먹게 되는 상황이라면 그 선행을 계속해야 하는지 확실치 않을 듯하다.

사실 '인도적 지원'이라고 할 때의 '인도'(人道)란 인간이라면 국적, 성별 등과 무관하게 보편적으로 소중히 여기는 가치, 덕목이라고 할

---

* 이 장은 저자가 2004년도 국방대학교 안보문제연구소 전문연구원 의무과제로 수행한 결과보고서(「남북한 관계개선을 위한 대북 인도적 지원의 역할과 정책적 시사점」, 『전환기 한국 안보현안과 전망』, 2004, pp.223-276)를 보완·발전시켜, 관련학술지에 게재한 논문(「대북 인도적 지원에 따른 진단과 통일정책을 위한 시사점」, 『국민윤리연구』 제58호, 한국국민윤리학회, 2005, pp.313-341)의 내용이다.

수 있다. 그런데 이와 같이 모든 사람들이 보편적으로 공유하고 있는 가치에 바탕을 두고 있는 인도주의적인 지원임에도 불구하고 지원을 베푸는 측(= 한국)과 지원을 받는 측(= 북한)의 여러 가지 역학관계에 따라 그 보편성이 왜곡·희석되는 경우가 종종 발생하게 되었다. 이러한 남북한 양측의 분위기는 다음과 같이 요약된다.

대북 인도적 지원에 대해, 우선 남한에서는 지나친 '퍼주기식'이 아니냐는 비판이 있고, 한편 북한에서는 인도주의라는 명목하에 자기들의 주권적 요소에 간섭하려고 하는 것이 아닌가 하는 의구심을 갖고 있는 것 같다. 특히 후자의 경우 국제적 지원에 대해 그러한 반응을 보이는 경향이 많다. 여기에 대한 명확한 근거를 마련하기 위한 검토가 이루어져야 할 것이다. 또한 지금까지 대북 인도적 지원은 유엔산하 국제기구, 국제 비정부기구(NGO: non-governmental organizations), 한국정부 및 국내 NGO 등을 통해서 이루어지고 있는데, 대북 인도적 지원이 생색내기라는 비판도 있다(김병조, 2000:137).

이에 본 논문은 대북 인도지원사업이 과연 남북한간의 관계개선에 어떠한 영향을 미쳤는지를 분석·평가하고, 이를 토대로 향후 대북 인도지원사업의 방향을 제시하고자 한다. 본 연구는 남북한 관계개선을 위해 우리 한국이 대북 인도적 지원사업을 지속적으로 추진해 오고 있는데, 이것이 남북한 관계의 진전에 있어서 어떠한 역할을 하고 있는지, 그리고 향후 장기적으로 기대되는 역할은 무엇인지를 살펴보는 데 목적을 두고 있다. 본 연구의 결과는 향후 대북 인도적 지원사업의 방향을 제시하는 데 기여할 수 있을 것이다.

본 연구에서는 대북 인도적 지원이 남북한 관계에 어떠한 역할을 하는지를 규명하기 위해, 이론적인 탐색으로부터 실제 추진성과 분석에 이르는 논의를 하고자 한다. 특히 '인도적'이라고 하는 단어 자체가 갖는 애매모호함으로 인해, 그 개념과 이론적인 근거에 대해 상대적으로 많은 비중을 두고 살펴보고자 한다. 가장 근본적인 탐구 관점은 인도적 지원은 선행연구에서 주장하고 있는 통합을 위한 기능주의적 접근과는 상이하지만 무관하지는 않다고 하는 점이다. 더 나아가서 인도적 지원이 세계적 보편성을 계속 확보받으면서 한국이 추구하고 있는 한반도의 평화적 통일을 달성하는 데 기여할 수 있는 정책적 제언을 제시하고자 한다. 더욱 상세한 논의의 관점은 다음과 같다.

첫째, 대북 인도적 지원의 이론적인 근거는 무엇인가?
둘째, 대북 인도적 지원의 목표는 무엇이며, 그 법적인 근거는 무엇인가?
셋째, 대북 인도적 지원의 추진 성과는 어느 정도 있었는가?
넷째, 대북 인도적 지원이 남북한 관계의 발전에 기여한 역할이 많다면, 향후 이를 더욱 발전시킬 방안은 무엇인가?

2. '인도적 지원' 관련 용어에 대한 논의

'인도적 지원'에 대한 논의를 심화하기 위해서는 이와 관련된 용어를 새롭게 정의할 필요가 있다. 왜냐하면 비슷한 용어임에도 불구하고 입장에 따라 전혀 다른 뜻으로 이해될 수 있고, 또한 그렇게 통용되고 있는 경우도 있기 때문이다.

1) '인도주의' 관련 용어의 조작적 정의

'인도주의'(humanism)란 개념적으로는 '인간을 위한 사상' 또는 '인간중심의 이념'이라고 말할 수 있을 것이다.[1] 따라서 여기에 근거한

---

1) humanism은 상황에 따라 humanitarianism으로도 사용되기도 한다.

'지원'(support or aid)이란 보편성을 가지는 것으로 생각될 수 있다. 하지만 엄격하게 생각해 보면, 앞선 인도주의는 보편성을 가지는 개념이라고 할 수 있지만, 후자의 지원이란 매우 주관적인 개념이다. 왜냐하면 지원의 주체와 지원을 받는 객체 사이의 상호관계에 따라 지원이라는 행위는 매우 다르게 인지될 수 있기 때문이다. 따라서 하나의 구(句)로서의 '인도적 지원'이란 매우 주관적인 용어일 수밖에 없다. 그 유형을 한국적 상황과 밀접한 관련을 가진 용어로 다시 정리해 보면, '민족중심적 인도주의', '보편적 인도주의', 그리고 '주권적 인도주의'로 구분해 볼 수 있다.

첫째, '민족중심적 인도주의'이다. 이 말은 인도주의 정신이 민족주의에 근거해서 발현되는 것을 말한다. 즉 같은 상황의 도움이 필요할 경우, 다른 민족보다는 같은 민족을 우선 지원하겠다는 인도주의를 말한다. 한국적 상황에 있어서, 민족중심적 인도주의가 지나치게 될 때, 국내외적으로 '퍼주기식 지원'이라는 비난을 받는 경우가 있다.

둘째, '보편적 인도주의'이다. 특수한 상황과 지원의 주체와 객체 등이 여하한 상황에 놓이게 되더라도 다름없는 인도주의 정신이 발현되는 것을 말한다. 예를 들어서 북한의 '룡천역 폭발사고'에 의료진을 보낸다면, 마땅히 일본의 지진사고에도 같은 규모와 같은 국민적 관심을 보내는 것을 말한다.

셋째, '주권적 인도주의'이다. 상대편에서 주권적 사항(예: 포로송환 등)에 대해 지원받기를 희구한다면 돌려보내 주는 것을 말한다. 한국적 상황에 적용해 볼 때, 인민군 비전향장기수의 문제가 바로 여기에 해당될 수 있다. 이 유형에 있어서의 상호주의 적용은 위의 다른 두 개의 유형에 비해 더 많은 필요성이 있을 것으로 사료되는데, 심층논의가 필요하다.

2) 통일부의 '인도적 지원' 의 개념

통일부의 공식적인 자료에 의하면, '인도적 지원'이란 다음과 같이 정의된다.

제2조(정의) ① '대북지원사업'이라 함은 인도적 목적으로 시행하는 다음 각호의 1에 해당하는 사업을 말한다.
1. 이재민의 구호와 피해복구를 지원하는 사업
2. 식량난 해소를 위한 농업개발지원에 관한 사업
3. 보건위생상태의 개선 및 영양결핍 아동과 노약자 등을 지원하는 사업
4. 자연재해예방 차원에서 산림복구 및 환경보전 노력을 지원하는 사업
5. 기타 대북지원사업의 특성을 고려하여 통일부장관이 인정하는 사업[2]

통일부의 '남북관계 추진현황'에 의하면,[3] '인도적 사업현황' 속에 '이산가족', '인도적 지원', 그리고 '북한이탈주민 정착지원'을 포함하여 분류하고 있다. 하지만 '인도적 지원'이라는 별도의 항목이 명확히 구분되어 있으므로, 본 논문에서 사용하고 있는 용어와 일치하는 통일부의 개념은 '쌀', '비료', '재해복구지원' 등의 지원형태를 말한다. 하지만, 인도적 차원에서 대북지원을 한다고 할 때에는 굳이 통일부에서 통용하고 있는 바의 지원에 국한되는 것은 아닌 것 같다. 즉 인도적 전제만 된다면 모든 지원을 망라하는 것으로도 해석될 수 있다는 뜻이다. 하지만 이후 논의를 더욱 집중적으로 하기 위해 통일부의 입장에 근거하여 논의를 진행하고자 한다.

---

2) 통일부, 『인도적대북지원사업처리에관한규정』, 1999. 10. 27(제정), 2001. 2. 10(개정).
3) 통일부 홈페이지(http://www.unikorea.go.kr/), 2004. 7. 31 검색.

3) '인도적 지원'의 유사개념으로서의 '인도적 간섭'[4]

국가들 사이에서 국가 주권에 대한 상호존중은 국제체제에 깊숙이 박혀 있는 약속이다.

국제연합(UN: United Nations)은 제2(7)조에서 '불간섭주의 원칙'을 확인하고 있으며, 제2(4)조에서는 '무력사용금지'를 포함하고 있다. 그런데 의도에서는 간섭이 드러나지 않지만, 결과적으로 간섭하는 경우가 발생할 수 있다. 이때 그 압력을 받게 되는 입장에서는 선의의 지원이 간섭으로 받아들여질 수 있는 것이다.

대체로 '인도적 간섭'(humanitarian intervention)은 다음과 같이 정의되고 있다.

> 인도적 간섭이란 정치 공동체 구성원들의 복지를 부분적으로 또는 총체적으로 보호하기 위해 진행되는 주권국가 또는 광의로는 독립된 정치 공동체에 대한 관할권의 범위 내에서 외부 당사자 또는 당사자들에 의한 강압적인 행동을 말한다(Bull, 1984:1).

'인도적 간섭'은 이중적 해석이 가능하다. 우선 인도적 지원이라는 명분으로 간섭하는 것일 수도 있고, 한편 정상적인 인도주의적 지원이라고 할지라도 과도하게 확대해석하여 간섭이라고 강변할 수도 있다. 이는 결국 인도주의가 보편성을 확보하는 데 상당한 어려움이 있다는 것을 반증하는 것이다.

---

4) '인도적 간섭'에 대한 캐니(Simon Caney)의 연구는 시사하는 바가 많다. Caney(2000:117-131).

3. 대북 인도적 지원의 이론적 근거

이 장에서는 대북 인도적 지원의 이론적 근거와 분석의 기준을 제시하고자 한다. 우선 앞선 장에서 '대북 인도적 지원'의 개념의 다의성에 대해 언급하고 그 범위를 제한하는 시도를 했다. 즉 대북 인도적 지원이란 우선은 '인도주의적 차원에서 시행되는 모든 대북지원'을 의미하기도 하며, 한편으로는 '인도적 차원의 대북지원'이라는 소극적 의미를 동시에 내포하고 있다. 통일부 등 일반학계에서 알려져 있는 대북 인도적 지원이란 후자를 의미하는데, 일부 학자들은 인도적 차원의 모든 대북지원을 다 의미하는 것으로 이해하고 있는 경우도 있다. 본 논문에서는 모두를 동시에 다루기가 사실상 제한되어 있어서 후자에 중점을 두면서 부분적으로 전자의 의미를 추가하고자 한다. 대체로 인도주의가 선행하는 개념이라면, 기능주의는 인도주의가 정착할 수 있도록 거시적 목표를 가지고 추진되는 후행 개념으로 설정한다.

1) 이념적 근거: 인도주의(humanitarianism or humanism)[5]

인도주의란 인간성의 해방과 옹호를 이상으로 하는 사상 또는 심적인 태도를 말한다. 인간과 인간성을 존중하고, 인간을 억압하고 구속함으로써 인간성을 말살시키려는 모든 장애로부터 인간을 해방시키려는 것으로서 인간주의, 인본주의, 인문주의, 인도주의 등으로도 불린다. '인간성'을 의미하는 라틴어 'humanitas'에서 유래하였으며 그 사상이나 운동, 형식 등에서 다양한 모습을 보이지만 인류역사상 어느 시대에나 존재해 왔다. 인간성, 인류, 교양 등 여러 의미로 쓰이나 '인간다움'을

---

5) 인도주의는 우리나라에서는 통용되고 있지만, 영미권의 경우 국제정치 등에서는 'humanitarianism', 문화인류학이나 종교학 등에서는 'humanism'이라는 용어가 선호되고 있다.

존중하는 데 그 본질이 있다. 그리스에서 로마로 전해진 뒤 키케로(M. T. Cicero)가 처음 하나의 용어로 사용하였으며, 14-15세기 르네상스 때부터 역사적 개념으로 쓰이기 시작하였다.

이러던 것이 17세기에 들어서면서, 인간 이상도 이하도 아닌 인간 자체의 입장에서 진리를 탐구하려고 했던 데카르트(R. Descartes) 등이 주창했던 근대과학의 합리적 정신과 결부된다. 신적인 '은총의 빛'에 의해서가 아닌 '자연의 빛'에 의해 세계를 인식하려 노력하였으며, 수학적 방법으로 학문의 확실한 기초에 도달한 그 지점에서 출발하여 인생에 유용한 지혜로서의 철학체계를 완성하려 하였다.

20세기에 접어들면서 자본주의와 과학의 급속한 발달에 따라 만연된 인간소외 현상과 물신주의 풍조는 인간의 자유와 평등, 존엄성을 저해하게 되고, 이로 인해 인간성 회복에 대한 휴머니즘의 이상을 더욱 확산시켰다.

문명이기의 급속한 발달과 국가간의 부의 불균형으로 인해, 자연재해나 국지적 재앙을 극복하기 위해서는 이념과 종교를 뛰어넘어, 같은 인간이라는 이유 하나만으로 상호부조를 위한 노력이 최근 활발하게 진행되고 있다. 특히 UN을 비롯한 국제기구와 NGO 등을 통한 비공식적인 기구에 의해서도 병행하여 이러한 노력이 추진 중에 있다. 그 이념적 바탕은 바로 인도주의인 것이다.

한국의 대북한 인도적 지원도 바로 이와 같은 맥락에서 이해될 수 있다. 기아와 자연재해, 대형사고 등으로 인해 북한이 국제사회에 공개적으로 지원을 호소하고 있고, 한국은 국제사회의 일원이기도 하면서도 같은 민족이라는 이유로 인해 더욱 적극적으로 대북지원을 추진하고 있는데, 이는 인도주의의 발로라고 할 수 있다. 하지만 여기에는 한국 국내적으로는 '퍼주기식 대북지원'이라는 비판과 북한으로부터는 사안에 따라 '남는 것 처분하는 식의 대북지원'이라는 비판을 동시에 안고 있는 상황도 전개되고 있다. 특히 북한으로부터는 북한 스스로가 요청하지 않은 인도적 사안, 즉 '인권' 등에 대한 지원은 '인도적 지원'이 아닌 '인도적 간섭'이라는 불평 내지 비난을 동시에 받고 있는 실정이다.

2) 방법적 근거: 기능주의(functionalism)

대북 인도적 지원 또는 포괄적인 대북지원은 북한으로 하여금 자유민주주의와 시장경제체제를 이해하고 동조하며 동의하게 하고, 북한을 같이 살아갈 수 있는 방향으로 이끄는 데 궁극적인 목표를 두고 있다. 인도적 지원은 그 와중에 인간으로서 기초적인 생존을 보장받을 수 있도록 하자는 데 있어서 가장 원초적인 지원이라고 할 수 있다.

그런데 기능주의는 학문분과별로 용어는 같지만 상당히 달리 사용되고 있다. 주로 사회학, 문화인류학, 국제정치학 등의 인문·사회과학 계통에서 사용되는 용례를 분석하고자 한다.

기능주의란 관습, 제도, 가치 등의 사회적 현상을, 그것들이 사회 속에서 수행하는 '기능'(function)에 의해서 설명하려고 하는 이론이다. 1920년대 말리노프스키(B. K. Malinowski)와 래드클리프-브라운(A. R. Radcliffe-Brown)이라는 두 인류학자에 의해 창시되었다. 이들은 모두 장기간의 야외조사 후에, 그때까지 주류를 이루고 있었던 문화진화론이나 전파론에 대하여, 전체로서의 문화를 개개인의 문화요소로 분화하고 통일체로서의 문화로부터 분리하여 취급하고 있다고 비판하며, 한 사회 속의 문화요소는 언뜻 보기에는 독립해서 서로 무관하게 보여도 실제로는 상호 밀접한 관계를 가지며 유기적으로 결합되어 있다고 주장하였다. 따라서 각기 관습이나 제도를 이해하기 위해서는 이것들이 전체의 문화 속에서 어떻게 기능하고 있는가를 살펴보지 않으면 안 된다고 주장하였다. 결국 이들이 말하고자 하는 기능주의란 문화현상을 제대로 이해하고 설명하기 위한 전체 체계 속에서의 기능 수행을 전제한다(Jarvie, 1973; Goldschmidt, 1996:510).

사회학에서는 대체로 단위 총체를 체계(system)로 가정하고, 이 개념을 사회체계(social system)의 이론에 도입한 예가 많다. 그 중에 대표적인 경우가 파슨즈(Talcott Parsons)의 체계론이다. 그의 사회체계론은 기능주의에 바탕을 두고 있는데, 그에 따르면 모든 체계는 '생존'을 위해서 네 가지 욕구 또는 요건을 충족해야만 한다. 이 네 가지를 기능적 선행요건(functional prerequisites) 또는 기능적 필요요건(functional imperatives)이라 일컫는데, 사회체계에는 이 네 가지 기능들을 주로 수행하는 네 가지의 부분체계 또는 하위체계(subsystems)가 있다. 즉 적응(adaptation),[6] 목표달성(goal attainment), 통합(integration), 잠재유형 유지(latent pattern maintenance)이다. 자세한 내용은 다음과 같다.[7]

한편 국제정치학 분야에서는 사회학에서 말하는 정해진 체계 속에서의 기능에 국한되는 것이 아니라, 동적인 관계 속에서 양자간의 관계를 설명해 주는 논리로 이해되고 있는 초기 기능주의는 미트라니(David Mitrany)에 의해서 비롯되며, 이를 토대로 한 신기능주의는 하스(Ernst B. Haas)에 의해서 더욱 정교화된다.

우선 미트라니의 기능주의에 대해 살펴보자. 미트라니는 양차대전의 중간시기에 그 대부분의 저작을 낸 바 있는데, 그는 정치체계의 복잡성이 증대됨에 따라 정부들이 당면하고 있는 본질적으로 기술적이고 비정치적인 업무가 대대적으로 증가되었다고 주장했다. 그와 같은 임

---

6) 적응기능의 주관 부분체계는 경제체계이기는 하지만, 대북 경제적 지원이 남북 친간의 통합을 위한 적응기능을 수행하는지는 별개의 문제일 수 있다. 왜냐하면 시장의 원칙이 적용되지 않는 경제적 기능은 정치적 기능에 가깝기 때문이다. 따라서 현재 진행되고 있는 대북 경제적 지원은 엄밀히 말하자면 '경제적 부분의 정치적 목적과 정치적 기능에 의한 지원'이라고 말할 수 있다.

7) Parsons(1951); Munch(1987:116-155); Craib(1988), 이온죽(1995:59-60) 재인용.

무는 국가적 차원에서 고도로 훈련된 전문가의 수요를 증대시켰을 뿐만 아니라 국제적 차원에서 기술상의 문제를 또한 야기하였다. 이와같은 문제가 전문가들에게 맡겨지고 다소간의 정치적인 색채를 배제할수 있다면 국제적 통합을 성취할 가능성이 짙어지게 된다. 한 국가단위가 그 독자적인 힘만으로는 해결할 수 없는 기술상의 문제가 늘어나는 것은 기술분야에서의 국제협력을 확산시키는 데 기여할 수도 있다. 미트라니의 이론에는 다음과 같은 분지(ramification)설이 있다. 한 분야에서의 기능적 협력은 어떤 적절한 필요에 따른 것이고 그것은 또다른 분야에서의 기능적 협력에 대한 필요를 낳는다. 미트라니는 기능적인 활동은 국제적 활동의 정향을 바꿀 수 있으며 결국 세계평화에기여하지 않겠느냐라고 생각했다. 기능적 협력은 결과적으로 정치적인데까지 이르지 않을까 혹은 정치적인 것들까지 흡수하지 않을까 하는것이다. 특히 "꼭 그런 것은 아니라 하더라도 경제적 통일은 정치적 합의의 기반이 될 수 있다"고 보았다.[8] 즉 미트라니의 기본적인 과제는국제관계에서 관심의 초점을 논쟁적인 정치적 이슈로부터 비논쟁적인기술상의 문제로 이전시켰다.[9]

이와 같이 미트라니의 연구에서는 현재 통합이론이나 대북 지원관련연구에서 논의되고 있는 이론적인 흔적을 찾아볼 수 있다.

① 한 가지 기술분야에서의 협력은 다른 기술분야에서의 협력을 불러일으킨다.
② 경제적 통일은 정치적 합의의 기반이 될 수 있다.
③ 체제간의 논쟁적인 관심을 비논쟁적인 기술상의 문제로 이전시켰다.

---

8) Mitrany(1966:97), 최창윤 역(1996:376) 재인용.
9) Mitrany(1948:359), 최창윤 역(1996:376) 재인용.

이와 같이 미트라니의 국제관계에서의 통합에 대한 기능주의적 시각은 현재 흔히 알려져 있는 '비정치분야 → 정치분야'로의 분지뿐만 아니라 다양한 형태의 전이를 포괄하고 있다.

기능주의의 계보를 계승발전시킨 신기능주의는 1980년대 실증주의적 경향을 강조하는 영국의 1960년대의 구조기능주의를 발전시킨 것이다. 몇몇 구조기능주의자들은 파슨즈의 영향을 받았는데, 이들은 특이한 기능적 요건의 차원에서 현상을 분석하려고 했다. 결국 신기능주의자들은 문화적 과정(의례, 이념, 가치 등)이 어떻게 사회적 구조를 통합하는지(integrate)에 대해 관심을 갖고 탐구하였으며, 일반적으로 어떻게 현상이 체계의 요구사항을 충족하는지 아닌지에 대해서는 덜 강조했다(Turner and Maryanski, 1991). 신기능주의는 체계수준의 상호작용에 대해 강조하고 있다는 점, 기술적·환경적인 요소, 특히 환경, 생태, 인구, 문화적응 등에 대해 강조점을 두고 있다는 점에서 구조기능주의와는 다르다(Bettinger, 1996:851).

국제정치에 있어서 하스는 통합을 "몇몇 개별국가에서의 정치행위자들이 그들의 충성심과 기대 그리고 정치활동을 새로운 중심체로 전환하도록 설득당하며, 이 새로운 중심체의 제도들은 기존국가에 대한 관할권을 소유하거나 요구하게 되는 과정(process)"이라고 정의하고 있다(Haas, 1968: XXV).

한편 하스는 유럽석탄및철강공동체(ECSC: The European Coal and Steel Community)를 다룬 그의 저작에서 통합에 동조할 것이냐 아니면 반대할 것이냐 하는 결정은 통합하기로 되어 있는 단위 내부의 주요 집단이 갖는 득실에 대한 기대에 달려 있다고 했다. 즉 "이타적인 동기를 행위의 조건으로 삼는 통합구조라는 식의 이야기보다는 대상자체가 독일과 프랑스 간의 평화 혹은 통일유럽으로의 의지라는 말로 간단히 표현해 버릴 수 있기에는 너무 복잡한 바에야 차라리 그들이 지키려고 하는 이익과 가치에 초점을 맞추는 것이 합당하게 보인다"고 주장했다.

하스는 통합에 관한 기능주의적 이론을 재정립하려고 시도한다. 미트라니가 '권력'개념을 충분히 인식하지 못했던 점을 비판하면서 권력이란 복지와 불가분의 관계에 있다고 생각했다. 권력의 추구를 목적 자체로 삼고 있는 사람이란 없으므로, "권력이란 복지의 목표를 실현하기 위해 사용되는 폭력이 가미된 수단을 표현하는 데 편리한 용어일 뿐이다"라고 했다. 하지만 하스는 "만약 산만한 정책방향이 있을 수 없도록 조직적으로 분화되었다면 기능적으로 구체화된 국제정책은 복지와 통합 양자를 공히 극대화시켜 준다"는 명제를 발전시켰다.

나아가 하스는 습득과정의 한 결과로서 권력지향적 정부의 활동은 복지지향적인 활동으로 진전되어 갈 수 있다고 보았다. 하스는 "한 가지 기능의 맥락에서 습득한 통합의 교훈은 여타의 것들에도 적용될 것이고 결국에는 국제정치를 대치할 수 있을 것이다"라는 당연한 귀결로 자신의 논리를 발전시킨다(Haas, 1964:48).

끝으로 하스는 ECSC에 대한 그의 연구에서 석탄과 철강에 직접 관련되어 있던 유럽의 엘리트들 가운데서 ECSC를 처음부터 강력히 지지한 것은 비교적 소수였다는 것을 발견했다. 더욱이 그러한 집단들은 ECSC로부터 그들이 경험한 이득의 결과로서 공동시장을 비롯한 유럽통합을 위한 다른 활동들에서도 전위를 자처하게 되었다. 이와 같이 한 분야에서의 초국가적 제도로부터 이득을 경험했던 사람들이 다른 분야에서의 통합을 시도하려는 경향이 뚜렷하게 나타났다. 여기서 하스는 주장하기를, "새로운 기능적 맥락으로 파급된 초반의 결정들은 초반의 타협이 새로운 문제들을 해결하기 위해 더 많은 인원을 필요로 하게 되고 더 많은 행정부간의 접촉과 협의를 요구하게 된다"는 것이다(Haas, 1961:372).

이상의 하스의 연구에서는 현재 통합이론이나 대북 지원관련 연구에서 논의되고 있는 이론적인 흔적을 찾아볼 수 있다.

① 통합 주체의 이익과 가치에 초점을 둔다.

② 분화가 원만히 이루어진다면 복지와 통합을 동시에 만족시킬 수 있다.

③ 한 가지 기능의 맥락에서 습득한 통합 교훈은 다른 분야에 적용될 수 있다.

④ 초국가적 제도로부터 이익을 경험했던 사람(엘리트)들이 다른 분야에서의 통합을 시도하려는 경향이 높다.

이와 같이 기능주의는 학문분야별로 약간의 개념상의 차이를 보이면서, 신기능주의로의 변화를 보이고 있다.[10] 하지만 기능주의 그 자체는 몇 가지 비판을 받게 되었다. 즉 첫째, 경제적인 면과 사회적인 면을 정치적인 면과 구분한다는 것은 불가능하지는 않더라도 사실상 어려운 작업이라는 것, 둘째, 어느 나라 정부이든 자기들의 정치적 영역을 침범하게 되는 사항들을 국제적인 권위체에 넘겨주지 않으려 한다는 것, 셋째, 경제적인 면과 사회적인 면의 어떤 것은 정치영역으로 '분지되거나'(ramify) '파급되지'(spill-over) 않는다는 것, 넷째, 정치적 통합으로 이르는 길은 경제적 및 사회적 영역에서의 기능적 통합에 있다기보다는 정치적인 '의지를 가진 행동들'(acts of will)을 통합하는 데 있다(최창윤 역, 1996:413). 기능주의는 체계 질서, 통합 그리고 균형의 개념들에 강조점을 두었기 때문에 이념적인 토대에 있어서 현상유지를 위한 보수적인 이론이라는 공격을 받았다.[11]

결국 (신)기능주의는 그 다양성과 한계점에도 불구하고, 이질적인 관

---

10) Andrés Malamud, "Spillover in European and South American Integration: An Assessment", in http://asa.international.pitt.edu/lasa2001/MalamudAndres. pdf. (2004년 10월 8일 검색)

11) Gouldner(1959:241-270; 1970); Horwitz(1962:177-188); Lockwood(1956:134-146); Lopreato(1971:309-343).

계를 좀더 원만한 관계로 변화시켜 주기 위한 과도적 시기에서는 기여하는 바가 크다고 본다.

4. 대북 인도적 지원의 정책적 목표 및 규범적 근거

1) 대북 인도적 지원의 목표

대북 인도적 지원은 포괄적인 대북지원보다 정치적인 색채가 낮으며, 세계보편성을 갖고 있다. 앞서 간략히 언급한 바와 같이 대북 인도적 지원은 인간으로서 기본적인 생활을 할 수 있도록 하는 인도적 차원에 중심을 두는 형태가 있고, 한편으로는 인도적 차원의 모든 지원을 말하는 형태 두 가지가 있다. 이들 모두의 경우에 있어서도 인도주의가 보편성을 확보하고 있듯이, 그것이 지향하는 궁극적인 지향점은 자유민주주의라고 말할 수 있다. 왜냐하면 인도주의의 이념형이 자유민주주의와 친화성이 매우 높기 때문이다. 따라서 대북 인도적 지원을 남북한의 통합을 위한 기능주의적 시각에서 보는 것도 무리는 아니라고 할 수 있다.

대북지원의 궁극적인 목표는 우선 인도적 차원에서 인간이라면 기본적인 생활을 할 수 있도록 하는 보장에 있고, 다음으로는 북한이 자유민주주의의 한국 체제로 무리 없이 동화될 수 있도록 하는 데 있다.

여기서 일반적인 '대북지원'과 '대북 인도적 지원'의 목표상의 차이도 고려해야 하는데, 대체로 전자가 후자보다 정치적인 성격이 다소 강하다고 할 수 있으므로, 세계적인 보편성은 후자가 더 높다고 할 수 있다. 따라서 대북 인도적 지원의 목표는 한국 자체만의 국가이익도 중요하지만 그 자체 또는 방법이 보편성을 인정받도록 해야 한다.

2) 대북 인도적 지원의 규범적 근거

대북 인도적 지원을 위한 법적인 근거는 대체로 국내법규적 근거, 남북관계적 근거, 국제규범적 근거로 대별될 수 있다.

첫째, 대북 인도적 지원을 위한 국내법규적 근거이다. 해당 법률관련 시행령과 규칙 등의 표기는 생략한다. 주요 국내법규적 근거는 다음과 같다.
- 헌법
- 남북교류협력에관한법률
- 남북협력기금법
- 국내기업및경제단체의북한지역사무소설치에따른지침
- 경제협력사업처리에관한규정
- 대북투자등에대한외국환관리지침
- 대외경제협력기금법
- 대외무역법
- 방위산업에관한특별조치법
- 북한지역관광에따른환전지침
- 수출보험법
- 외국인투자촉진법
- 외국환관리법
- 한국수출입은행법
- 인도적대북지원사업처리에관한규정

둘째, 대북 인도적 지원을 위한 남북관계적 근거이다. 주요한 남북한 협의사항은 다음과 같다.
- 7·4공동성명

- 남북사이의화해와불가침및교류·협력에관한합의서
- 남북정상회담관련합의사항
- 남북장관급회담관련합의사항
- 남북군사분야회담관련합의사항
- 남북특사회담관련합의사항
- 남북경제협력관련합의사항
- 남북적십자회담관련합의사항

셋째, 대북 인도적 지원을 위한 국제적 근거이다. 국제적인 대북 인도적 지원은 국제인권법을 위시하여 UN의 관련 회의나 규정을 예로 들 수 있는데, 주요 내용은 다음과 같다.
- 국제인권법(1998)
- 미주인권협약(1969. 11. 22 서명, 1978. 7. 8 발효)
- 세계인권선언(1948)
- 유럽사회헌장
- 유럽인권협약
- 제네바협약 4개 의정서(1949)
- 제네바협약 추가의정서(1977)
- 유엔중심으로 작성된 인권관련 주요 조약([부록 1] 참조)

5. 대북 인도적 지원사업의 추진 결과와 평가

1) 한국의 대북 인도적 지원사업 추진 결과

대북 인도적 지원사업의 일환으로 우리 한국이 북한에 지원한 금액은 공식적인 자료 통계가 실질적으로 가능한 1999년 6월 25일 이후부터 2004년 7월 31일까지 경화(硬貨)로 환산하면 총 10억 5,281만 달러 (정부 3억 7,452만 달러 + 민간 6억 7,829만 달러)이다.

2003년까지는 정부주도의 대북 인도적 지원사업이 추진되어 오다가, 2003년도 하반기부터는 민간주도 사업 규모가 정부주도 사업 규모를 앞지르기 시작한다. 특히 2004년 7월의 경우 정부주도의 대북 인도적 지원은 전혀 없는 상태이다. 이와 같은 추세가 하반기까지 계속해서 지속된다면 인도적 지원사업은 완전히 민간주도로 전환될 것으로 보인다([그림 1] 참조).

[그림 1] 연도별 대북 인도적 지원형태(정부주도·민간주도) 변화

(단위 : 만 달러)

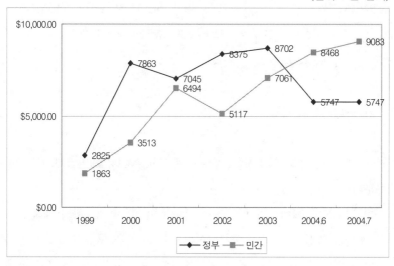

자료 : 통일부, 『남북관계 추진현황』, 2004. 6. 30; 2004. 7. 31.

한편, 한국의 대북 인도적 지원사업에서 일반구호, 농업복구, 그리고 보건의료 분야에 있어서의 변화양상을 보면, 초창기에는 일반구호의 형태가 많았고, 이후 농업복구나 보건의료와 같은 개발구호 형태의 지원사업이 증가하는 추세를 보이고 있다([그림 2] 참조).

[그림 2]　연도별 대북 인도적 지원형태(일반구호·농업복구·보건의료) 변화

(단위 : 만 달러)

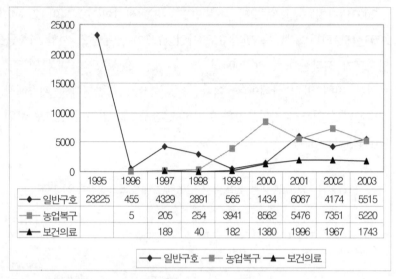

	1995	1996	1997	1998	1999	2000	2001	2002	2003
◆ 일반구호	23225	455	4329	2891	565	1434	6067	4174	5515
■ 농업복구		5	205	254	3941	8562	5476	7351	5220
▲ 보건의료			189	40	182	1380	1996	1967	1743

자료 : 이금순(2003:52) 참조.

2) 국제사회의 대북 인도적 지원[12]

　국제사회의 대북 인도적 지원은 크게 UN, NGO, 개별국가 차원으로 구분된다.

　첫째, UN 차원에서의 대북 인도적 지원이다. 국제사회의 대북 인도적 지원은 명실공히 UN에 의해 시작되고, 이것을 구심점으로 하여 추진되고 있다.[13] 유엔기구의 요원들은 북한지역에서 인도적 지원을 하

---

12) 국제사회의 대북지원에 대한 논의의 틀은 다음의 연구를 토대로 작성함. 이금순(2003:34-50).

13) 유엔의 인도적 지원은 다음과 같은 국제적인 인도주의 법과 인권법에 근거하고 있다. 즉 1948년 세계인권선언, 1949년 제네바 4개 의정서, 1966년 시민적·정치적 권리에 관한 국제협약, 1966년 경제·사회·문화적 권리에 관한 국제협약, 1977년 제네바협약 추가의정서, 1981년 여성차별금지에 관한 협약서,

기 위한 몇 가지의 원칙을 설정하였다. 이는 1991년 유엔총회에서 북한이 이미 세 가지는 동의한 바 있는 원칙인데, 여기에 두 가지가 추가되었다. 그 내용은 ① 비당파성(impartiality), ② 중립성(neutrality), ③ 독립성(independence), ④ 인간성(humanity), 그리고 ⑤ 검증가능성(accountability)이다.[14]

1995년 9월 12일 대북지원 관련 유엔기구 공동으로 인도적인 대북지원을 위한 모금을 국제사회에 호소한 이래 유엔인도지원국(UN OCHA: United Nations Office for the Coordination of Humanitarian Affairs)[15]은 7차에 걸쳐 기구간 공동지원호소(UN Consolidated Inter-Agency Appeal for DPRK)를 발표하고, 유엔기구들의 대북지원사업을 조정하여 왔다. 식량농업기구(FAO: Food and Agriculture Organization)와 세계식량기구(WFP: World Food Program)는 공동으로 매년 2차에 걸쳐 식량 및 작황평가팀(food and crop assessment team)을 파견하여 투입요구량을 산정하게 되며 이는 매년 대북 인도적 지원사업 설정의 기초가 되어 왔다.

유엔기구들은 기구간 공동지원호소(Consolidated Appeal)를 준비하면서 민주적 과정을 거쳐 공동인도지원 활동계획을 작성하여 왔다. 즉 모든 유엔기구, NGO 대표, 북한에 주재하는 기부국 대표들이 작업반을 편성하여 활동계획을 마련하였다. 즉 공통적인 인도지원 활동계획은 식량안보(식량지원, 농업복구), 보건(긴급한 공중보건 수요), 식수공

1989년 아동권리에 관한 의정서, 아동매매·아동성학대·아동매춘 및 무력충돌지역의 어린이를 포함하는 아동권리에 관한 추가의정서, 1991년 12월 19일의 유엔총회 결의 46/182호 등이 그 구체적인 예이다(*UN Office for the Coordination of Humanitarian Affairs*, Nov. 2004, 3.2 footnote 6).

14) *UN Office for the Coordination of Humanitarian Affairs*, Nov. 2004, 3.2 footnote 5.

15) 당시에는 UNDHA(United Nations Department of Humanitarian Affairs)라는 이름이었음.

급 및 위생, 역량형성, 교육, 조정분야로 이루어지며, 이미 인도적 지원 원칙도 수립한 바 있다.

전반적으로 UN 차원에서의 대북 인도적 지원은 매우 중요한 부분을 차지하고 있으며, 무엇보다도 국제적 공감대를 형성할 수 있고, 북한에게도 명분을 제공해 주고 있기 때문에 향후 지속적으로 추진될 것으로 보인다.

둘째, NGO 차원에서의 대북 인도적 지원이다. 국제 NGO들이 북한과 접촉하기 시작한 것은 1990년대 중반 자연재해발생 이전부터이며, 오랜 관계를 유지해 온 단체들도 있다. 해외 한인들은 정치적 제재에도 불구하고 예술, 학술, 스포츠 분야에서 북한인들과 교류하여 왔으며, 일부 종교단체들은 북측 상대와 교류를 유지하여 왔다.

가장 대표적인 NGO인 국제적십자연맹은 1995년 이후 북한의 수해지역에 대한 식량 및 주거시설복구 지원 등 수재민에 대한 긴급구호에 치중하였다. 이후 지원이 장기화되면서 보건부문과 재난대비 역량 구축 지원으로 사업방향을 전환하였다.

북한당국의 공식 지원요청을 받은 최초의 NGO인 국경없는의사회 (MSF: Médecins Sans Frontières)는 1995년 10월부터 12월까지 약 3개월 동안 북한 수해지역에 구호단을 파견하여 의료구호활동을 실시하였다.

옥스팜(OXFAM)은 1997년 8월 본부, 홍콩지부, 호주지부(CAA)가 북한을 방문하여 현장조사를 실시하고 북한당국에게 3개 지역에 대한 식수, 위생, 공중보건, 영양 등에 대한 포괄적인 구호계획을 제시하였다.

그외 유럽의 NGO들(ADRA, CAD, CAMPUS FUR CHAIRSTUS, CESVI, CONCERN WORLWIDE, GAA, PMU, ACF, MDM)과 미국의 민간단체연합(PVO)도 북한 내 상주하면서 분야별 지원사업을 전개하여 왔다.

식량원조중개단(FALU: Food Aid Liaison Unit)은 1997년 5월에 개설되었는데, 6개의 NGO협의체에 의해 통제되며, 유엔기구와 NGO의 혼합체 성격의 독특한 조직으로 운영되었다.

전반적으로 북한당국은 국제인도주의 기준을 포괄적으로 수용하지 않고, 다른 기준만을 고집함으로써 북한 내에서 구호활동을 전개해 온 주요 단체들의 활동을 제약하여 왔다. 즉 구호단체들의 취약계층에 대한 접근 및 인도적 지원활동에 필요한 주요 사회지표 및 통계(사망률, 환자율 및 기타 주요지표)에 대한 접근 요구를 거부하여 왔다. 이러한 한계들이 부분적으로는 특정 단체에 의해서는 좋게 진전되기도 했으나, 전반적으로 잘 이루어지지 않았다. 1998년 이후 관련된 국제적 NGO들이 속속 철수하고 있는데, 이는 인도적 지원의 소요가 없기 때문이라기보다는 북한의 내부적 사정이 이를 충분히 허용하지 못하기 때문인 것으로 보인다.

셋째, 개별국가 차원에서의 대북 인도적 지원이다. 우선 일본은 1995년 유상 35만 톤, 무상 15만 톤의 쌀 지원 이후 1998년 북한의 미사일 시험발사까지 총 58만 2,000톤의 쌀을 지원하였으며, WFP를 통해서도 쌀 지원을 추진하여 왔다. 일본 정부는 북한의 납치범문제로 인한 국내의 부정적인 여론에도 불구하고 수교논의의 재개와 함께 2000년 10월 50만 톤의 식량지원을 발표하였고, 지속적으로 인도적 지원에 참여할 계획이 있음을 밝힌 바 있다.

중국의 경우, 6개년 경제계획과 더불어 매년 식량 50만 톤, 원유 130만 톤, 석탄 250만 톤을 매우 싼 양도가격으로 공급해 오고 있으며, 무상지원도 병행하여 왔다.

미국의 경우, 유엔기구간 통합지원에 참여하는 한편 미국의 NGO를 통한 인도적 지원을 추진하여 왔으며, 국제사회의 대북지원에서 주요한 역할을 수행하여 왔다.

스위스의 경우, 대외원조기구인 스위스개발협력청(Swiss Development Cooperation)을 통해서 곡물지원, 냉동육류 등을 지원해 왔으며, 이모작 생산을 위한 종자와 비료를 공급하여 왔다.

유럽연합은 식량안보단(DG VIII)과 유럽연합인도지원국(ECHO: European Community Humanitarian Office)을 통해 NGO에 자금을 지원했다. 유럽연합은 1995년 이후 현재까지 3,760만 유로화를 지원하였다. 최근 들어 북한이 대외관계 개선을 적극적으로 추진하여 왔다.16)

전반적으로 개별국가 단위의 대북 인도적 지원은 약간의 한계를 가지고 있다. 자국의 국가이익에 직·간접적인 관련이 없을 경우, 아무리 인도주의적 취지라고 하나 국내 여론 등의 요인에 의해 장기적인 추진이 계속 이어질 것 같지 않다.

3) 대북 인도적 지원사업에 대한 평가

국제사회와 우리 한국은 대북한 인도적 지원을 지속적 추진과 함께 여러 가지 남북한간의 교류·협력을 위한 노력으로 인하여, 남북한간의 긴장이 완화되고 평화 분위기가 조성되어 가고 있음은 주지의 사실이다. 하지만 가시적인 약간의 변화는 있었다고 하더라도 근본적으로 북한 체제가 변화했다고 단언할 수는 없는 상황이다. 국제사회 또한 대북한 인도적 지원에 긍정적인 평가를 보이고 있지 않은 듯하다.

대북 인도적 지원사업의 추진에 대한 평가를 앞서 분석한 분야별로 나누어서 정리하면 다음과 같다.

첫째, 우리 한국의 대북 인도적 지원사업에 대한 평가이다. 2003년 하반기부터 민간주도의 사업이 정부주도의 사업 규모를 앞지르기 시작했다. 지원사업의 종류면에 있어서도 점차 농업복구나 보건의료와 같

---

16) 대북 인도적 지원을 한 국가는 이외에도 캐나다, 노르웨이, 이집트, 호주, 체코, 스웨덴, 핀란드, 덴마크, 독일 등이 있다(http://www.reliefweb.int).

은 개발구호 형태의 지원사업이 증가했다.

둘째, 국제사회의 대북 인도적 지원사업에 대한 평가이다. 전반적으로 국제사회의 대북 인도적 지원은 초창기에는 상당한 효과를 발휘하다가 점점 그 효과가 떨어지는 방향으로 전개되고 있다. 즉 공여자는 좀더 조직적이고 합리적인 지원을 위해 각종 사회통계자료를 요청하고 있는데, 북한은 이를 체제유지에 긴요한 '국가기밀'로 취급하고 있는 듯한 소극적인 반응을 보이고 있다. 이로 인해 양자간의 관계가 소원하게 된 것으로 본다.

전반적으로 대북 인도적 지원은 북한을 자유민주주의와 시장경제체제로 이끌어내는 데 상당한 역할을 하는 것으로 보인다. 북한 내부에서의 개성공단 사업 등이 무리 없이 진행되고 있음은 그 예인데, 이것이 지속가능한지는 현단계로서는 미지수이다.

6. 맺음말: 통일정책 시사점

최근 국가보안법의 개폐 논란의 와중에서도 국가의 안전보장과 민족간의 화해·협력 그리고 평화적 통일을 위한 노력은 지속되어야 한다. 이 모든 것이 헌법에 명기된 오늘날 우리 한국과 북한의 과제이기 때문이다. 그 동안 대북 인도적 지원은 자체의 실효성은 차치하고서라도 대북 인도적 지원과 관련된 모든 요인들의 작위적인 판단에 따라 상당히 달리 평가되어 온 것도 사실이다. 따라서 이 장에서는 이와 같은 앞선 논의를 토대로 남북한간의 지속적인 관계개선을 보장하기 위한 대북 인도적 지원정책의 방향을 제시하고자 한다.

첫째, 대북지원에 있어서 '기능주의'의 개념에 대한 학문적 공감대 형성이 필요하다고 본다. 앞서 살펴본 바와 같이 기능주의는 학문분과별로 매우 다양한 형태로 발전해 왔으며, 그 용도 또한 변천과정만큼이나 복잡하고 다양하다. 향후 기능주의를 논함에 있어서는 선행연구에서 주로 논의되는 '영역'(예: 정치, 경제, 사회·문화, 교육, 군사 등)에 따른 '기능'의 구분 이외에, '역할 또는 특성'(예: 경성적, 연성적 등)에 따른 '기능'의 구분도 고려해야 할 것이다.17) 또한 기능주의적 접근에 있어서 한 가지 오해도 불식해야 할 것이다. 즉 대북지원의 기능적 접근이라는 전략 자체에 문제가 있는 것인지 아니면 대북지원 과정에 있어서 수반되는 행정적·절차적 문제에 의해서 문제가 되는 것인지를 명확히 구분할 필요가 있다고 본다. 예컨대 후자의 문제로 전자의 기능주의적 접근 전략 자체에 문제제기가 된다면 '범주의 오류'(fallacy of category)라고 본다.

둘째, 소위 '퍼주기식'이라는 '민족중심적 인도주의'를 지양해야 할 것이다. '같은 민족이기 때문에 마땅히 지원해야 한다'는 논리보다는 '우리의 삶이 보장되면서, 도와줘야 한다면 같은 민족에게'라고 하는 우리 대한민국의 삶과 문화, 그리고 공동체가 존중되고 보장되며 전제될 때의 인도적 지원이 되어야 한다. 따라서 무분별하게 '민족공조'의 선동성 구호의 기치 아래 대북지원을 행하는 것은 바람직하지 않다고 본다. 이는 지양해야 할 것이다.

셋째, '주권적 인도주의'를 논의함에 있어서는 철저히 상호주의를 지켜서 우리가 요구할 것은 반드시 요구할 수 있도록 해야 할 것이다. 주권적 인도주의란 앞서 언급한 바와 같이 인도주의 사안이기는 하지만 주권에 포함된 내용을 말한다. 예컨대 전쟁포로나 타방 강제억류자 등이 여기에 해당될 것이다. 특히 김영삼 정부시기에 비전향장기수인 '이인모' 씨를 북한에 돌려보낸 일이 있었는데 당시의 근거는 인도주의였다. 그러나 그 이후 우리 대한민국의 국군포로에 대해 북한은 일언반

---

17) 예컨대, 연성적(soft) 분야의 교류·협력이 활발히 이루어지면, 경성적(hard) 분야로까지 발전된다는 해석이 가능하다. 각 분야, 즉 정치, 경제, 사회 등의 분야별로도 이러한 분화가 가능하기 때문이다.

구의 긍정적 대답도 없이 국군포로는 한 명도 없다는 대답을 할 뿐이다. 개별적으로 생존·귀환하고 있는 사례들을 우리는 쉽지 않게 찾아볼 수 있으므로 이를 근거로 하고 또한 증언을 토대로 하여 우리도 요구할 수 있을 것이다. 적어도 이 분야에 있어서는 '마땅히' 돌려보내 주되, 요구할 말한 것은 '반드시' 요구해야 한다.

넷째, '보편적 인도주의'의 집행 협의체를 조속히 신설해야 할 것이다. 보편적 인도주의는 그 집행절차에 있어서 대상선정과 실행주체에 따라 상당히 주관적으로 추진될 개연성이 높다. 즉 주는 사람과 받는 사람의 여건에 따라 마땅히 전달되어야 할 인도적 지원이 성사되지 못하게 되는 경우가 발생하게 된다. 필자는 이와 같은 문제 발생의 원인이 기존의 인도지원사업의 준거가 공여자의 입장에서 투명성을 지나치게 많이 강조했기 때문인 것으로 본다. 물론 처음에서부터 끝까지의 모든 절차는 투명하게 이루어져야 함은 말할 것도 없다. 그러나 간혹 그 지원을 받는 측에서 자존심이 상할 수도 있고, 주권적 간섭으로 오해할 수도 있기 때문에 이 분야에 대한 세심한 배려가 필요하다. 그래서 인도적 지원을 공여자의 입장에서 새롭게 접근할 필요가 있다. 공여자 입장에서 선의의 인도적 지원이 계속해서 이루어질 수 있도록 하기 위해서는 투명성의 원칙보다는 일관성의 원칙이 더 많이, 더 강도 높게 강조되어야 할 것이다. 이를 위해서는 대북 인도적 지원을 위한 집행기구를 별도로 또는 잠정적으로 구축할 필요가 있다.

다섯째, 북한의 투명성 확보를 위한 다각적인 노력을 해야 할 것이다. 앞서 투명성의 원칙이 일관성의 원칙에 비해 못하다고 했으나, 그 자체로도 매우 중요한 의미를 갖는다. 왜냐하면 북한 정권이 악정과 실정으로 인해 인도주의적 생활에 대한 예산할당 및 집행을 하지 않고, 이 분야를 외부의 지원으로 충당하려고 하는 생각을 차단할 수 있기 때문이다. 따라서 북한 정권에 대한 투명성 확보를 위해서는 우선 먼저 정책집행관련 정확한 예산을 청구해야 할 것이다.

여섯째, 다양한 형태의 개발구호 사업을 개발하여, 내구성을 가지고 지속적으로 추진될 수 있도록 해야 할 것이다. 앞서 살펴본 바와 같이 북한은 단순구호보다는 개발구호를 선호하고 있다. 그렇다면 같은 지원이라고 할지라도 개발구호를 우선적으로 생각해 볼 수 있을 것이다. 그런데 이 개발구호 중에서도 다양한 형태를 생각해 볼 수 있을 것이다. 소위 개발구호의 지원을 위한 가이드라인을 설정할 필요가 있다고 본다. 예컨대 '환경보전'과 관련된 개발구호를 생각해 볼 수 있을 것이다.[18]

일곱째, 대북 인도적 지원에 있어서, 개별국가의 대북 직접지원은 '인도적 간섭'의 오해를 불러일으킬 소지가 있으므로 2개 국가 이상 또는 국제기구 또는 NGO와의 협조체제를 통해서 시행할 수 있도록 국제적 연대를 강화해 나가야 할 것이다. 개인간에 있어서도 자존심이 있는데, 국제간에도 자존심을 상하게 하는 '선물'이 충분히 있을 수 있다. 이러한 점을 경계해야 한다는 주장이다.

여덟째, 대북 인도적 지원에 있어서 이를 구체화하고 체계화하기 위한 다각적인 방안을 강구하여 유형의 실체를 설립할 필요성이 있다. 기금, 기구, 다국적 주식회사를 생각해 볼 수 있다. 기금은 재원을 마련하여 일정한 지원의 소요가 발생하면 지원하게 되는 것이다. 기구로는 한반도에너지개발기구(KEDO: Korean Peninsula Energy Development Organization)가 구체적인 예가 될 수 있는데, 한국과 북한을 포함하는 다양한 국가가 공동으로 참여하여 사안 발생시 지원하는 형태이다. KEDO의 경우 비정치적 분야이기 때문에 논의 및 추진 과정에서 큰 어려움이 없이 진행되었지만 결국 과도한 경제적 비용과 사업 자체의 설립목적에 부합되는 북한 내부의 비핵화 노력이 지지부진해짐

---

18) 환경보전에 대한 개발구호에 대한 내용과 비무장지대에 유엔환경기구를 유치해야 한다는 내용은 이금순(2003:70-71); 손기웅(2000; 2001) 등 참조.

에 따라 큰 효력을 발휘할 수 없게 되었다. 하지만 인도적 지원을 위한 기구는 재원마련을 위한 방안만 확고하다면 KEDO에 비해 진행과정상의 큰 어려움은 없을 것으로 본다. 그리고 다국적 주식회사를 생각해 볼 수 있을 것이다. 현재까지 북한에 인도적 지원을 해준 기구 또는 국가를 중심으로 주식회사를 설립해서 소기 목적을 달성할 수 있을 것이다.

본 연구는 대북 인도적 지원사업에 대한 진단을 토대로 남북한 관계 진전에 도움이 될 수 있는 방향으로 그 발전적 대안을 제시하였다. 논의를 더욱 효율적으로 진행하기 위해, 인도적 지원의 정의에 대해 살펴보았는데, 대외원조의 여러 유형 중에서 인도적 지원이 갖는 정확한 정의 및 관련 정황을 중심으로 언급하였다.

이러한 개념적 토의를 진행하기 위한 기준점은 선행연구를 면밀히 분석해 본 결과, 대북 인도적 지원을 지속적으로 추구하기 위해서는, 세계보편적 인도주의에 근간을 두고(＝보편적 인도주의 지원), 지나친 감성적 대북지원(＝민족중심적 인도주의 지원)을 지양하고, 북한의 주권적 요소에 대한 지원(＝주권적 인도주의 지원)을 간헐적으로 시행해 나가야 할 것이다.

결론적으로 대북 인도적 지원을 통해 남북관계 개선을 이끌어내기 위해서는 북한에 대한 지원의 성과 확인을 위한 '투명성'의 원칙을 중심으로 살펴보는 것보다는 인도주의적 지원의 요건에 해당하기만 하면 지속적으로 지원해 줄 수 있는 이른바 '일관성 또는 지속성'의 원칙을 강조해야 할 것이다.

심화 탐구 주제

1. 김대중 정부와 노무현 정부 기간 동안 대북 인도적 지원의 성과를 진단해 보세요.

2. 인도적 지원과 인도적 간섭의 개념을 비교하여 설명해 보세요.

3. 인도주의의 보편성과 한계성에 대해 '민족중심적 인도주의', '주권적 인도주의', '보편적 인도주의' 등의 개념을 활용하여 의견을 개진해 보세요.

참고문헌

『로동신문』
『연합뉴스』
김병조,「인도주의적 통일론과 정부 및 NGO의 대북 인도적 지원」,『국제고려학회 서울지회 논문집』제2호, 국제고려학회 서울지회, 2000.
사회과학출판사,『국제법사전』, 평양: 사회과학출판사, 2002.
손기웅,『남북환경공동체 형성방안』, 통일연구원, 2001.
손기웅,『비무장지대 내 유엔환경기구 유치 방안』, 통일연구원, 2000.
이금순,『대북 인도적 지원의 영향력 분석』, 통일연구원, 2003.
이온죽,『북한사회의 체제와 생활』, 법문사, 1995.
최창윤 역,『국제정치론』, 박영사, 1996.
통일부,『남북관계 추진현황』, 2004.
통일부,『인도적대북지원사업처리에관한규정』, 1999.10.27(제정), 2001.2.10.(개정)

Bettinger, Robert, *Neofunctionalism*, in *Encyclopedia of Cultural Anthropology*, vol. 3, David Levinson and Melvin Ember, eds., New York:

MacMillan Publishing Company, 1996,

Bull, Hedley, "Introduction", in Hedley Bull, ed., *Intervention in World Politics*, Oxford: Clarendon Press, 1984, p.1.

Caney, Simon, "Humanitarian Intervention and State Sovereignty", Andrew Valls, ed., *Ethics in International Affairs*, Rowman & Littlefield Publishers, Inc., 2000, pp.117-131.

Craib, Ian, *Modern Social Theory: From Parsons to Habermas*, Brighton, Sussex: Harvester Press, 1988.

Goldschmidt, Walter, *Functionalism*, in *Encyclopedia of Cultural Anthropology*, vol. 2, David Levinson and Melvin Ember, eds., New York: Henry Holt and Company, 1996.

Gouldner, Alvin W., "Reciprocity and Autonomy in Functional Theory", Llewellyn Gross, ed., *Symposium on Sociological Theory*, New York: Harper and Row, 1959.

Gouldner, Alvin W., *The Coming Crisis of Western Sociology*, N.Y.: Basic Books, 1970.

Haas, Ernst B., *Beyond the Nation State*, Stanford: Stanford Univ. Press, 1964.

Haas, Ernst B., *The Uniting of Europe: Political, Social and Economic Forces, 1950-1957*, Stanford, 1968.

Haas, Ernst, B., "International Integration: The European and the Universal Process", *International Organization*, XV, Autumn, 1961.

Horwitz, Irving Louis, "Consensus, Conflict and Cooperation: A Sociological Inventory", *Social Forces* 41, 1962.

Jarvie, I. C., *Functionalism*, Minneapolis: Burgess Publishing Company, 1973.

Lockwood, David, "Some Remarks on 'The Social System'", *British Journal of Sociology* 7, 1956.

Lopreato, Joseph, "The Concept of Equilibrium: Sociological Tantalizer",

Institutions and Social Exchange: The Sociologies of Talcott Parsons and George C. Homans, ed., Herman Turk and Richard L. Simpson, New York: Bobbs-Merrill, 1971, pp.309-343.

Malamud, Andrés, "Spillover in European and South American Integration: An Assessment", in http://asa.international.pitt.edu/lasa2001/MalamudAndres.pdf.

Mitrany, David, "The Functional Approach to World Organization", *International Affairs*, XXIV, July, 1948.

Mitrany, David, *A Working Peace System*, Chicago: Quadrangle Books, 1966.

Munch, Richard, "Parsonian Theory Today: In Search of a New Synthesis", in Anthony Giddens and Jonathan Turner, eds., *Social Theory Today*, Stanford, CA: Stanford University Press, 1987, pp.116-155

Parsons, Talcott, *The Social System*, Glencoe, III, Free Press, 1951.

Turner, Jonathan H. & Alexandra Maryanski, *Functionalism*, in *Encyclopedia of Sociology*, vol. 2, Edgar F. Borgatta, ed., New York: MacMillan Publishing Company, 1991.

UN Office for the Coordination of Humanitarian Affairs, Nov. 2004.

http://www.kcna.co.jp/index-k.htm

http://www.reliefweb.int

http://www.unikorea.go.kr

	명 칭	채택일	발효일	체약국수
1	경제적, 사회적 및 문화적 권리에 관한 규약(A규약)	1966.12.16	1976.1.3	119
2	시민적 정치적 권리에 관한 규약(B규약)	1966.12.16	1976.3.23	115
3	B규약의 선택의정서	1966.12.16	1976.3.23	67
4	B규약 제2선택의정서(사형폐지)	1989.12.15	1991.7.11	12
5	모든 형태의 인종차별철폐에 관한 조약	1965.12.21	1969.1.4	133
6	아파르트헤이트 범죄금지 및 처벌에 관한 조약	1973.11.30	1976.7.18	94
7	스포츠분야에서의 아파르트헤이트금지 조약	1985.12.10	1988.3.4	55
8	여자에 대한 모든 형태의 차별철폐 조약	1979.12.18	1981.9.3	120
9	Genocide 조약	1948.12.9	1951.1.12	108
10	전쟁범죄 및 인도에 대한 죄에 대한 시효부적용에 관한 조약	1968.11.26	1970.11.1	34
11	노예개정조약			
	(1) 1926 노예조약	1926.9.25	1927.3.9	72
	1926 노예조약개정의정서	1953.10.23	1953.12.7	53
	(2) 1926 노예조약개정조약	1953.12.7	1955.7.7	36
12	노예제도, 노예거래 및 노예제도에 유사한 제도 및 관행의 폐지에 관한 조약	1956.9.7	1957.4.30	109
13	인신매매 및 타인의 매춘금지조약	1949.12.2	1951.7.25	65
14	난민지위에 관한 조약	1951.7.28	1954.4.22	111
15	난민지위에 관한 의정서	1967.1.31	1967.10.4	112
16	무국적 감소에 관한 조약	1961.8.30	1975.12.13	16
17	무국적자 지위에 관한 조약	1954.9.28	1960.6.6	38
18	기혼여자의 국적에 관한 조약	1957.1.29	1958.8.11	60
19	여자의 참정권에 관한 조약	1952.12.20	1954.7.7	100
20	혼인의 동의, 최저연령 및 등록에 관한 조약	1962.11.7	1964.12.9	38
21	고문 및 그 밖의 잔혹한 비인도적 또는 품위를 손상시키는 취급 또는 형벌의 금지에 관한 조약	1984.12.10	1987.6.26	70
22	아동의 권리에 관한 조약	1989.11.20	1990.9.2	127
23	모든 이주노동자 및 그 가족의 권리의무에 관한 조약	1990.12.18	미정	0

자료 : 국가인권위원회 홈페이지 참조(http://www.humanrights.go.kr/information/
external/un/info02_01).

제 10 장

베트남전쟁 기억 승화 방향

1. 서 론

1) 연구배경

"뭣 하러 나라를 위해 싸웠소. 고통스럽게 살다가 죽는 날까지 이렇게 혼자 갈 것을 …." 2005년 3월 1일 서울 도봉구 세종병원 영안실. 이날 새벽 서울 노원구 상계동 7평짜리 임대주택에서 숨을 거둔 이모(62·복지관 청소원)씨 동료들은 이씨의 죽음을 안타까워하며 오열했다. 이씨를 처음 발견한 동료 김모(43·여)씨는 "가끔 (이씨가) '나라를 위해 그렇게 고생했는데 결국 내 몸에 병만 남았다'고 한탄했다"며 "그래도 항상 성실히 살려고 노력했던 분"이라며 눈물을 쏟았다.[1] (강조는 필자)

---

* 이 장은 필자의 국방부 연구보고서(「베트남전쟁 기억 승화를 위한 연구」, 『베트남전쟁 연구 총서 3』, 국방부 군사편찬연구소, 2005, pp.1-103)를 발전시킨 것이다.

이 내용은 「남베트남전 용사의 쓸쓸한 죽음」이라는 제목으로 한 일간지에 실린 기사이다.[1] 여기에는 복합적인 의미가 스며 있는데, 첫째, "나라를 위해"라는 대목에서 '국가에 대한 봉사'와 그 '반대급부'를 생각해 볼 수 있고, 둘째, "싸웠소"라는 대목에서는 자신의 신변의 위험을 무릅쓰고 군인으로서 소임을 다했다는 의미와 참전자를 소위 '용병'으로 평가하는 사람들의 군인에 대한 폄하 감정이 동시에 느껴지며, 셋째, "고통스럽게"라는 대목에서는 참전용사의 후유증이 직접 드러나고 있다. 이렇듯 베트남전쟁은 중층적 복합성을 갖고 있을 뿐만 아니라 아직도 현재 진행되고 있는 문제라고 할 수 있다.

이 문제를 해결하기 위해서는 한국사회와 직접적으로 관련이 있는 전쟁에 대한 해석방법에 관심을 집중할 필요가 있다. 현재 한국사회는 전쟁해석에 있어서 국가와 시민사회의 갈등상황에 놓여 있다고 할 수 있다.[2] 1945년 광복과 1948년 헌법 제정 후, 국가로서의 제 모습을 갖고 치른 6·25한국전쟁과 베트남전쟁은 그 이념적 갈등양상과 민족적 범주를 뛰어 넘어 한국민 스스로에게 많은 갈등요인으로 남아 있는 상황이다.[3] 특히 베트남전쟁이 공산주의와 자유민주주의의 이념적 갈

---

1) 『세계일보』, 2005. 3. 2.
2) 전쟁에 대한 국가와 시민사회의 갈등요인의 배아에 대해 대한민국 건국 이전까지 소급하는 연구도 있다(오윤호, 2004:93-94).
3) 흔히 '베트남전쟁'이라고 할 때, 베트남 사람들이 겪은 전쟁은, 첫째, 제2차 세계대전이 계속되고 있던 1943년 11월 전쟁수행과 전후처리를 위한 카이로회담 결과에 따라 프랑스가 인도차이나에 대한 사실상의 지배권을 다시금 확보하게 되자 이에 대항한 항불전쟁을 말한다. 이를 민족해방전쟁이라고도 한다. 둘째, 디엔 비엔 푸(Dien Bien Phu) 전투에서 프랑스에 대항한 베트남의 승리로 1954년 7월 20일 제네바 협정이 조인됨으로서 북위 17도선을 군사분계선으로 남북으로 단절된 채 베트남 민족끼리의 전쟁을 벌이게 된다. 그런데 각각의 남북 베트남에 대해 이념적인 기준에 따라 주변 및 관련국들의 전쟁 참여로 인해 남북베트남을 중심으로 한 이념전쟁이 펼쳐지게 된다. 셋째, 관련국들이 철수하고 난 뒤, 남베트남이 일방이 되고 북베트남과 남베트남 내의 민족해방전선 (NLF: National Front for the Liberation of South Vietnam, 약칭으로는

등양상으로 전개된 것은 그 형태로 볼 때 한국전쟁의 연장선상에서 이해될 수도 있다. 바로 이 점은 한국의 국가 탄생이 시민사회의 자발적 동기유발에 의해 비롯되지 않았기 때문에, 이제는 시민사회가 중심이 되어 기존 국가중심의 전쟁해석에 대한 반론을 제기하기에 이르렀다.

구체적으로 한국사회에서 베트남전쟁이 국가중심에서 시민사회중심의 재해석이 촉발된 것은 한국군에 의한 베트남전 '양민학살' 문제가 심각하게 제기된 1999년 9월이었다.[4] 이 시기는 한국전쟁 중 미군에 의한 '노근리에서의 민간인 사살' 사실이 국내에 알려지면서, 그 진상규명과 피해보상을 요구하는 운동이 활발하게 진행되었던 시기였고, 또한 정신대 할머니들이 일본정부의 사과와 피해배상을 요구하는 시위를 벌이던 시기였다.

양민학살 문제가 제기되고 난 후, 그러한 일들이 사실로 속속 드러남에 따라 한 언론사에 의해 지속적인 '베트남전 캠페인'이 이루어졌으

National Liberation Front)이 일방이 되어 쌍방간에 진행된 외부개입 없이 진행된 베트남 민족 내부의 이념전쟁이다. 한국은 이상의 세 가지 전쟁 중에서 두 번째에 참전하게 된 것이다. 따라서 본 논문에서의 베트남전쟁이란 특별한 제한을 하지 않는 한, 두 번째의 전쟁을 말하는 것이다.

4) 최초의 보도는 『한겨레21』의 베트남 현지의 구수정이라는 한국 유학생 통신원에 의해 「아, 몸서리쳐지는 한국군!」이라는 제하의 기사내용(『한겨레21』 제256호, 1999. 5. 6)이며, 이어서 9월에는 「특집 베트남 종단 특별르포」총 7개 기사가 특별취재 형식으로 실렸다(『한겨레21』 제273호, 1999. 9. 2). 사실 1992년에 이 문제가 처음으로 제기된 바 있다. 즉 민간인을 베트콩으로 오인 사살하고 귀를 잘라 전과를 보고하였으나, 그 중 한 명이 생존하여 심각한 문제를 일으켰던 당시 상황을 보도함으로써 베트남전에서의 민간인 학살의 존재를 최초로 기사화했다고 할 수 있다(「전두환 연대에서의 학살사건」, 『월간 조선』 4월호, 1992). 하지만 이 보도는 당시 노태우 정부 말기 문민화를 요망하는 사회적 요구를 반영한 것으로 볼 수 있다. 다시 말해 베트남전쟁 자체에 초점이 맞추어진 것이 아니었다. 최근에 이와 관련된 단행본이 출간되었는데, 전문외교관에 의해 저술되었다. 이용준(2003).

며, 지식인과 학생 그리고 시민들이 참여하는 '베트남전 진실위원회'가 결성되기도 했다. 이 단체는 '베트남전 역사기념관' 건립 추진운동 등 베트남전쟁과 관련된 '진실찾기'를 위해 노력하고 있다. 이 과정에서 베트남전 참전자들은 실제 전쟁에 참여도 하지 않은 사람들로부터 자신들의 행위에 대한 평가를 받는 것이 못마땅하다는 불편한 심기를 드러내는가 하면, 자신의 과거에 대한 자기고백을 하기도 했다.5)

이와 같이 적어도 한국 내에서의 베트남전쟁 문제는 처음부터 그 자체적인 요인에 의해 부각된 것이 아니라, 한국 내의 다른 쟁점적 사안들과 매우 밀접한 관련을 갖고 논의되기 시작했다. 이와 같은 국가의 전쟁해석에 대한 시민사회의 일종의 도전은 6 · 25한국전쟁의 정사(正史)에 공식적으로 반영되기도 했다.6)

---

5) 참전용사 자기고백의 경우, 김진선을 꼽을 수 있다. 그는 베트남전쟁에 맹호부대 중대장으로 참전했는데, 베트콩들에게 현상금이 붙었을 정도로 강경한 전투를 했다고 한다. 후에 4성장군까지 진출하였다. 그런데 자신의 참전기간 중 겪었던 일들을 지나치게 일반화하여 책자로 펴내게 되어 같이 참전한 많은 사람들로부터 패배감과 배신감을 안겨주었다는 평가를 받기도 한다. 그의 한글본 책자는 첫 주한 베트남대사를 지낸 응웬푸빙에 의해 2002년 베트남어로 『전쟁의 기억』이라는 제목하에 출판되었다(『경향신문』, 2002. 8. 12). 김진선(2000).

6) 국방부 군사편찬연구소는 2004년 7월 발간 · 배포한 『6 · 25전쟁사』(2004. 7) 중 4 · 3사건 관련 내용을 수정 · 배포했다. '무장폭동'이란 용어는 '제주4 · 3특별법'에 명시한 대로 '4 · 3사건' 또는 '소요사태'로 대체되었고, "포로가 된 인민유격대도 처형하지 않았고, 양민으로 인정된 자는 전원 귀향조치했다", "주민들의 협조로 남원면 의귀리에서 30여 명 사살" 등의 내용은 삭제되었다. 반면 "제주도경비사령부가 1948년 10월 17일 해안선부터 5km 이외의 지점에 대한 통행금지를 포고했고, 이를 위반할 때에는 그 이유 여하를 불문하고 폭도배로 인정, 총살에 처할 것" 등을 추가했다. 이와 같은 배경에는 행정자치부 산하 제주4 · 3기인단, 제주4 · 3유족회 등 관련단체, 그리고 이 문제에 대해 전향적으로 연구했던 많은 사람들(권귀숙, 2001; 2004 등)의 공이 컸다고 할 수 있다. 이와 관련된 일련의 과정은 전체적인 맥락에서 볼 때, "전쟁해석에 대한 시민사회의 도전과 국가의 권위 실추"로 요약된다. 따라서 전쟁에 대한 국가의 권위를 확보하기 위해서는 전쟁 자체 및 작은 전투사에 이르기까지 국가의 평가에 있어서 권위 확보가 이루어져야 함을 알 수 있다. 권귀숙(2001:

따라서 한국사회에서의 베트남전쟁 문제는 그 전쟁 자체의 문제로 접어 둘 수 없게 된 것이다. 역으로 베트남전쟁에 대한 전향적인 재해석의 틀을 제시하는 것은 현대 한국사회의 여러 가지 쟁점 사안들에 대한 일종의 기준점을 만드는 것과 같다. 이것이 본 연구를 착수하게 된 기본적인 배경이라고 할 수 있다.

2) 연구목적

본 논문은 베트남전쟁의 당사자들이 역사적 사실로서의 전쟁 자체에 대한 기억을 긍정적인 방향으로 승화할 수 있는 방향을 모색하고, 이를 위해 실천적 대안을 제시하는 데 그 목적을 두고 있다.

한국과 베트남에게 있어서 베트남전쟁은 일반적으로 전쟁이 갖는 복합성보다 훨씬 더 복잡한 특성을 갖고 있다(Keegan, 1996). 전쟁의 구도를 객관화시켜 보면, 전쟁을 수행하는 실질적인 당사자 즉 군인들의 대치국면 이외에도 이를 둘러싸고 있는 여러 가지 환경적인 요인이 동시에 작용하게 된다. 이를 좀더 시간적으로 입체화시켜 보면, 세대간에도 매우 복합적인 현상을 야기한다.

한국과 베트남 국민들에게 있어서 베트남전쟁이 갖는 이와 같은 복합성은 베트남전쟁을 다룬 창작뮤지컬 『블루 사이공』에서 쉽게 찾을 수 있다.7) 그 줄거리는 다음과 같다.

주인공 김문석 상사는 함경북도 북청군 신창읍 토속리 1033번지가 고향으로 10대의 소년시절에 빨갱이라고 놀림을 받았으며, 위협에 굴복하여

199-231; 2004:107-130).

7) 이 뮤지컬은 1996년 초연 이후 뮤지컬 관련 온갖 상을 휩쓸며 지난 8년간 꾸준히 공연된 후 2004년 2월 6일-18일간 서울 대학로 문예진흥원 예술극장 대극장에서 고별 공연을 했다.

마을주민들을 인민군들의 총탄의 희생양으로 만들고, 그 일로 인하여 아버지는 마을을 떠나 객사하는 등 이데올로기가 만들어낸 6·25라는 동족 상잔의 비극과 전쟁의 아픈 상처를 가슴에 안고 있는 퇴역 군인이다.

김추자의 노래 '월남에서 돌아온 김상사'가 조용히 흐르다 음악이 차차 고조되면서 막이 오르고 무대에는 고엽제 후유증을 앓고 있는 퇴역군인 김상사가 휠체어에 앉아 있다. 이를 끌고 있는 것은 같은 병을 앓고 있는 딸 김신창이다.

박정희 정부 시절, 태극기와 베트남 국기가 나란히 걸리고 그 좌우로는 '한국은 공산주의를 타파하고 자유를 수호한다', '이기고 돌아오라'는 선전구호가 아로새겨진 가운데 '6·25전쟁 당시 우방의 파병에 보답한다'라는 내용의 박정희 대통령의 연설과 함께 남베트남 파병식이 성대하게 펼쳐진다.

남베트남에서 지내던 어느 날 김상사는 댄스클럽 파라다이스 바에서 운명의 여인 후엔을 만나게 된다. 후엔의 아버지를 포함한 선대 가족은 프랑스로부터 독립운동을 하다 비참한 죽음을 맞이하였으며 이러한 집안의 과거 가족사가 동기가 되어 후엔 또한 베트콩으로 활동하고 있던 여인이었다. 전쟁의 상처를 공유하고 있는 김상사와 후엔은 서로의 과거 전쟁에 의한 상처를 보듬으며 불같은 사랑에 빠져들게 되고 사랑의 결실을 맺게 된다. 그러나 이들의 사랑도 잠시에 지나지 않았다.

케산전투에 참전하게 된 김상사에게 후엔은 참전을 만류하고 같이 도망갈 것을 제의하지만 상관의 명령에 무조건 복종해야 하는 김상사는 자신의 아기를 가진 그녀의 만류를 뿌리치고 참전을 결심한다. 후엔은 자신의 힘으로 김상사의 케산전투 참가를 막지 못하게 되자 그의 죽음을 예감한다. 김상사는 그녀가 낳을 아이의 이름을 북청이라고 지어주고 그녀에게 북에 있는 자신의 고향집 주소를 외우게 한다. 둘은 쫑투(베트남의 추석)의 화려한 연등 속에서 마지막 이별의 긴 포옹을 한다.

결국 케산전투에서 김상사의 부대는 전멸하게 되고, 김상사는 적의 포로가 되지만 후엔의 도움으로 국내로 귀환할 수 있게 된다. 그는 귀국해서 결혼했지만 고엽제 후유증으로 오랜 병고에 시달리게 되고, 정신이 온전치 못한 딸을 낳게 되자 부인이 도망가고 만다. 병원에서 신음하던 김문석 상사는 끝내 권총으로 자살하고 만다. 후엔의 아들 라이따이한 김북

청이 김상사의 영정을 가지고 김신창을 찾아간다. 남매는 해후한다. 테마 음악 '블루 사이공'이 장중하고 장엄하게 흐르면서 막이 내린다.

여기서 이 뮤지컬의 내용은 실제 한국군이 참여한 바 없는 케산전투를 운운하고 있는 점 등에서 분명한 역사적 사실에 근거하고 있지는 않다. 그러나 문화가 사회적 동물인 인간의 자연스러운 사고를 반영한다고 할 때, 베트남전쟁이 한국과 베트남 국민들에게 얼마나 많은 정신적 반향을 불러일으키는가를 적나라하게 보여주는 사례라고 할 수 있다. 이 줄거리를 보면 쉽게 짐작할 수 있겠지만, 베트남전쟁에 대한 실질적인 경험을 공유했던 베트남과 한국의 관계가 적대적 관계의 연장선상에서 이분법적으로 나뉘어 단순화되기에는 너무나 복잡한 점이 있음을 시사한다. 본 논문이 탐구하고자 하는 첫 번째 목표점은 바로 베트남전쟁이 갖는 복합성을 규명하는 것이다.

이러한 복합적인 특성을 갖고 있는 베트남전쟁은 또한 베트남과 한국이 현재와 미래를 설계함에 있어서 매우 중요한 기준점이 되고 있다. 양국 모두 이 전쟁을 '접어두고 가자'는 식으로, 과거청산 문제에 대한 분명한 논리를 제시하지 않고 나중에 문제가 되면 다시 들추어내어 토론할 여지를 계속해서 남겨두고 있다. 이러한 갈등요인을 극복하기 위한 방안을 탐색하고자 하는 것이 두 번째 과제이다.

본 연구가 세 번째로 탐구하고자 하는 바는 베트남전쟁에 대한 평가에 있어서 새로운 준거를 찾고자 하는 데 있다. 사실 한국은 베트남전쟁 이전에도 베트남과의 역사적 인연이 있었으며, 전쟁 자체에도 베트남만의 문제가 아니라 한반도 내의 여러 가지 문화적 연결고리가 부분적으로 베트남과 직·간접적으로 관계되어 있다. 따라서 앞서 언급한 베트남전쟁의 복합성을 규명하기 위한 새로운 접근과 더불어 베트남전쟁 자체를 어떻게 평가할 것인지에 대한 진지한 검토를 해야 할 필요성을 느끼게 된다.

본 논문은 한국과 베트남의 과거 군사적 경험을 정리할 수 있는 논리적 근거를 명확히 정립함으로써 향후 양국간의 선린우호관계를 도모해 나가는 데 있어서 전쟁이라는 공유경험으로 인해 더 이상 불필요한 대립과 갈등이 지양되기를 기대하면서, 그 해법으로 다음 세 가지 점을 탐구하여 대안적 비전을 제시하고자 하는 것이 주요 목적이다. 즉 첫째, 베트남전쟁 자체가 갖는 복합성을 규명하고자 한다. 둘째, 베트남전쟁에 대한 한국 내부의 갈등적 여론 극복논리의 개발이다. 셋째, 베트남전쟁에 대한 평가기준을 명확히 하고자 한다.

3) 연구방법

본 연구는 전쟁에 대한 문화적 · 윤리적 접근법(cultural and ethical approach)을 취할 것이다. 이는 한국과 베트남 간 현재의 문제점을 해결하고 미래의 비전을 제시하기 위한 분석틀이다. 선행연구가 주로 거대담론 위주의 이념적 · 주제적 접근이었다면, 본 연구는 생략된 행간을 읽고, 불편부당하지 않은 입장에서 공고한 향후의 양국관계를 정립할 수 있는 토대를 마련한다.[8]

---

8) '문화적 접근'은 Keegan(1996)과 van Peurson(1994)의 생각에서 찾을 수 있다. Keegan은 자신의 책자 서문에서 '전쟁은 문화적 행위'(cultural activity)라고 정의하고, 단순한 군사적 다툼행위로 생각하지 않고, 다양한 문화의 맥락 속에서 이해하려고 했다. 최근 이집트 공영방송이 한국 드라마 『겨울연가』를 방영했는데, 이를 계기로 이슬람국가들의 한국군(자이툰부대)에 대한 부정적인 인식이 많이 바뀌었다고 하는 보도는 이러한 맥락에서 바라볼 수 있다(『연합뉴스』 [http://www.yonhapnews.co.kr], 2005. 2. 23 검색). 또한 van Peurson은 문화에 대해 언급하기를 "정태적(static)이라기보다는 역동적(dynamic)이며, 따라서 명사라기보다는 동사에 더 가깝다"고 말한 바 있다. 한편 '윤리적 접근'은 기존의 전쟁관련 연구가 군사학적 전략 · 전술을 주로 다루어 온 것에 대해 반성적 전제를 하고, 전쟁을 정의전쟁론의 시각에서 바라보려고 하는 것이다. 정의전쟁론의 핵심은 도덕적으로 정당한 조건이 전제되면 전쟁을 개시하는 것을 허

실제로 전쟁에 대한 역사적 현상은 그에 관여한 모든 사람, 사물 그리고 사건들을 복합적으로 재구성함으로써 제대로 이해될 수 있다. 역사는 공존의 장이다. 이 역사의 장에는 과거, 현재, 그리고 미래가 유기적으로 연계되어 있고, 매순간마다 대립과 화합이 시간적·공간적으로 공존한다. 따라서 하나의 진리만이 강요될 수 없다. 한국 국민과 베트남 국민에게 있어서 베트남전쟁의 기억은 아직도 살아 있고, 앞으로도 지속되는 일종의 역사적 개념이다.

과거의 역사적 사실(또는 진실)에 대한 기억은 이와 관련된 개인과 공동체의 오늘과 내일의 삶과 매우 밀접한 관련을 갖고 있다. 객관적 사실 자체가 비록 특정 순간과 장소에서 실재했다고 하더라도 모든 공동체의 구성원들이 그 시간과 장소에 공존할 수 없기 때문에 부득이 요약, 재해석될 수밖에 없다. 또한 시간의 흐름에 따라 구성원들도 자연히 바뀌게 됨에 따라 전승의 절차도 밟게 되면서 과거사에 대한 주관적 해석의 폭은 점점 넓어져 간다.

베트남전쟁의 과거 기억은 현재에도 그대로 지속되고 있는데, 본 연구에서 주로 탐구하고자 했던 베트남전쟁 자체의 복합성과 베트남전쟁에 대한 평가기준의 재설정 등을 해소하기 위해서는 크게 세 가지의 가설적 방법론을 동원해야 한다. 첫째, 전쟁공동체(war community) 개념이다. 전쟁의 중층적 복합성을 해소하기 위한 조치이다. 모든 전쟁에는 전투 당사자의 실질적인 전투행위 이외에도 다양한 인적·물적인 요소들이 개입된다. 이러한 제반요소를 복합적으로 고려하기 위해서는 가상의 전쟁공동체 개념이 필요한 것이다.

둘째, 정의전쟁론(just war theory)의 개념이다. 정의전쟁론은 크게 '전쟁 자체의 정당성'(Jus ad Bellum)과 '전쟁수행상의 정당성'(Jus in

---

용하고, 또한 그러한 명분에 입각하여 실제 전투행위에 있어서도 도덕적 취지가 구현되는 것을 전제한다. 정의전쟁론의 연구에 대해서는 이후에 더 상세히 다룰 것이다.

Bello)으로 나뉜다. 소위 '베트남전쟁에 참전하는 것은 명분이 없다'는 주장이 어느 정도 적실성을 갖기 위해서는 전쟁 자체의 성격에 천착하여 논의되어야 함에도 불구하고 '전투행위에 있어서 반륜적인 만행을 저질렀다'는 사실로 인해 그 전쟁 자체의 정당성이 문제시된다는 것은 논리적인 모순이다. 역으로 부당한 전쟁에 참전한 군인이 정당한 행동을 했을 경우 이를 정당한 전쟁이라고 말할 수 없기 때문이다. 이렇듯 전쟁을 평가하기 위해서는 전쟁 자체에 대한 평가와 전투행위에 있어서의 행위에 대한 평가로 이원 분류할 수 있는 근거가 필요한데 정의 전쟁론은 이러한 필요성을 해소해 준다. 여기에 정의전쟁론의 또 하나의 분석도구로 '전쟁 자체와 전투행위 간의 상관적 정당성(corelated justice)'의 개념을 생각해 볼 수 있다. 이는 전쟁 자체의 정당성과 전투행위에 있어서의 정당성이 어떤 상관관계를 갖고 있는지를 다루는 것이다.

4) 연구 전제 및 시각

본 연구는 기본적으로 베트남과 한국의 과거 아픈 공유경험을 토대로 발전적 미래를 설계하고자 하는 데 기본적인 취지가 있다. 따라서 선행연구 및 현존관례에 있어서의 여러 가지 편견을 긍정적으로 승화해야 하는데, 이를 위해 다음 몇 가지를 전제하고자 한다.

- 평화를 실현하기 위한 전쟁은 방어적인 목적뿐만 아니라 공격적
  인 목적도 허용가능하다.
- 전쟁은 합목적적인 조건에 의해 개시되며, 진행되어야 한다.
- 과거의 특정 시점(또는 장기전일 경우 기간)에서의 전쟁이라고 하
  는 역사적 사건은 현재에도 그 영향력이 지속되고 있다.
- 장기적인 전쟁일 경우, 전쟁 자체의 성격이 계속해서 변화하기 때

문에 그 평가에 있어서도 다른 평가가 이루어질 수 있다.

- 전쟁 자체는 전투행위자뿐만 아니라 관련된 제반 인적·물적 요소가 동시에 혼재되어 고려되어야 한다.
- 전쟁에 대한 평가에 있어서 전쟁 자체의 성격에 대한 진단과 전투행위에 대한 진단은 분리해서 고려될 수도 있고, 동시에 연계되어 고려될 수 있지만, 무분별하게 혼재되어서는 안 된다.
- 전쟁은 평화를 위한 수단이므로, 전쟁공훈자에 대한 평가에 있어서 '잘 싸운 것 자체'만이 고려되어서는 안 된다.
- 전쟁공훈자를 추념하기 위한 작업은 국가적 권위가 전제되어야 한다.
- 전쟁의 결과 참전유공자가 마땅히 추모되는 바는 그 결과(＝전공)가 아니라, 국가로부터 부여된 특수한 임무(mission)에 근거한다.

본 연구는 상기 연구목적을 객관적이고 전체적인 안목에서 기술하기 위해 전반적인 중심 시각(core scope)을 전제한다. 대체로 한국의 입장에서 베트남으로부터의 어떤 교훈을 도출해 내고자 하는 연구수행기관(국방부 군사편찬연구소)의 기본적인 입장을 참작하였다.

따라서 분석의 시각 자체는 한국의 입장이 될 것이지만, 베트남 자체의 관련 내용에 대한 더욱 구체적인 진술은 이미 한국 내에 알려진 시각이나 자료의 재생이 아니라 베트남측 연구자의 '있는 그대로'의 입장을 반영하고자 한다. 이 부분에 대한 이해에 있어서 본 연구에 참여하고 있는 한국측 연구자들의 이념적 편향성은 직접적으로 개입되어 있지 않음을 밝힌다.

2. 베트남전쟁의 개황과 관련연구의 이론적 배경

1) 베트남전쟁에 대한 선행연구 개황

(1) 전쟁 자체에 대한 개황

베트남전쟁의 개황은 배경, 규모, 결과(피해 등), 그리고 철수로 구분해서 살펴볼 수 있다. 첫째, 베트남전쟁의 배경은 당시의 국제정세에서 그 요인을 찾는 경우가 지배적이다.[9] 한국의 참전은 미국과의 공조 속에서 진행되었다. 미국은 공산주의가 동남아 지역으로 확산되는 것을 차단하면서 중국과 소련의 태평양 진출을 봉쇄해야 할 필요성을 더욱 절실하게 느끼던 와중에 베트남 내부에서의 공산주의 확산을 예방하기 위한 데 총력을 기울였다. 미국의 베트남전 참전은 여기에서 그 요인을 찾을 수 있다(최용호, 2004:127-130). 전쟁참전 배경은 미국과 한국의 사정이 상이한 면이 있다. 우선 미국이 베트남전에 참전하게 된 것은 유럽에서의 나치에 의한 패권경향이 전 세계적인 수준에서 재발되지 않도록 하는 데 있었다.

프랑스가 베트남에서 철수를 결심했던 1954년은 공산주의 팽창의 도미노 현상이 극에 달했다. 이미 동유럽과 중국이 공산화되었으며, 한반도에서 발생한 6 · 25전쟁이 겨우 봉합된 상태였다. 그러나 이념의 대립은 여기서 그치지 않았다. 한반도 적화에 실패한 공산주의 팽창의 기세가 동남아시아로 방향을 바꿈으로써, 베트남이 이념전쟁의 소용돌이에 휩싸이게 된 것이다. 베트남 입장에서 볼 때 이와 같은 상황은 '독립과 민족의 통일을 위한 투쟁'이었다. 그러나 자유진영의 입장에서

---

9) 당시 프랑스의 '공산주의 저지 전략'은 미국의 그것과는 질적으로 상당히 다른 측면을 갖고 있다. 전자는 기존의 식민지배체제를 복구하기 위한 저의를 갖고 있었으며, 미국은 반패권(비록 그것이 공산주의가 아닐지라도)의 기본골격을 견지했었다.

보면 '냉전체제에 의한 이념 대립의 일환'이었다. 이 때문에 프랑스가 베트남에서 철수하자, 동남아시아에서 공산주의 팽창을 막기 위한 후견국의 역할을 미국이 떠맡게 되었다.

이와 같은 배경에 따라 미국의 강력한 지원을 받게 된 남베트남의 젊은 지도자 응오딘지엠(Ngo Dinh Diem)은 1955년 10월 26일, 호치민의 북베트남에 대항하는 베트남공화국(Republic of Vietnam)을 건국하고 대통령에 취임했다.10) 이로서 베트남은 북위 17도선을 경계로 하는 새로운 남·북 분단체제가 형성되었다. 미국이 베트남 사태에 개입하자 호치민은 강력히 반발했다. 그리고 남부에서 활동하고 있던 남베트남민족해방전선(NLF)과 함께 지엠 정부의 전복을 시도함으로써,11) 제2차 베트남전쟁, 즉 항미(抗美)전쟁에 돌입했다. 남베트남이 전쟁의 소용돌이에 휩싸이게 되자, 미국은 '공산주의의 확산을 막는다'는 명분으로 '군사고문단'에 이어 전투병력을 파병하여, 베트남전쟁에 본격적으로 개입했다. 그리고 우방국의 지원을 호소함에 따라 한국정부도 2개의 전투사단을 파병하게 되었다.12) 미국이 베트남전쟁에 적극 개입하자, 당시의 많은 사람들은 "남베트남 정부가 머지 않아 국내의 게릴라를 제압하고, 동남아에서 공산주의 팽창을 막는 보루의 역할을 충실

---

10) 호치민(Ho Chi Minh, 胡志明)의 본명은 응웬아이꾸억(Nguyen Ai Quoc)이다.
11) 이와 관련된 다음 자료 참조. "1959년에 하노이의 공산당 지도자들은 남베트남의 무장반란을 지원하기로 결정했다. 1954년에 북쪽으로 철수했던 남베트남 출신의 공산당 간부들이 게릴라 투쟁을 지도하기 위해 다시 파견됐다. 이제 공산당의 정책은 베트민처럼 모든 계급이 참여하는 민족해방전선(NLF)을 구축하는 것이었다. 이 정책 방향은 수십만 명의 무토지 농민이 게릴라 부대로 몰려드는 상황에서 무엇을 해야 할지의 문제를 해결해 주기도 했다."(Neale, 2004: 85)
12) 미국은 철저히 반패권을 주장했고, 공교롭게도 당시의 공산주의 국가들이 패권적 경향을 가지고 있었기 때문에 미국의 정책은 반공을 지향할 수밖에 없었던 것이다. 다른 어떤 이념일지라도 당시의 미국의 이미지를 훼손하는 경우는 사살이 묵인될 수 있었을 것으로 사료된다.

하게 수행할 수 있을 것"으로 낙관했다.

한국전쟁이 발발하면서부터 미국정부는 베트남의 프랑스 세력을 노골적으로 지원하기 시작했다. 워싱턴이 보기에 이 모든 것은 하나의 전쟁이었다. 중국 공산당이 이미 내전에서 승리를 거두고 권력을 장악했다. 이제 그들이 세력을 확장해 북동쪽 국경으로는 한반도의 공산주의자들을 지원하고 남동쪽으로는 베트남의 공산주의자들을 무장시킬 것처럼 보였다. 그리하여 1953년에 미국은 베트남에서 프랑스 군대가 사용한 무기와 탄약의 대부분을 공급했고 전쟁비용도 3분의 2 가량을 지원하고 있었다. 그리고 전쟁을 끝내기 위한 베트민과 프랑스의 협상이 제네바에서 체결된 한반도 평화협정에 덧붙여졌다(Neale, 2004: 84-85). 트루먼 대통령의 인도차이나에 관한 인식은 1945년과 1952년 사이에 심각한 변화를 일으켰다. 1945년 프랑스와 호치민 간에 적대행위가 일어났을 때 트루먼은 단호하게 호치민의 편을 들었다. 그는 전쟁을 일으킨 것은 프랑스이므로 프랑스가 식민지 야망의 대가를 치러야 한다고 생각했다(Stoessinger, 1988:112).

그러나 그후 트루먼 대통령과 미국 지도층의 이러한 인식이 바뀌게 되었다. 이와 같은 반전현상은 인도차이나에서 벌어지고 있는 실제사태에서 기인된 것이 아니라 그 지역 외부에서 전개된 국제적 상황변화 때문이었다. 1948년에 이르러서 미국 국민들의 세계적 역할에 대한 개념이 크게 바뀌었다. 위기는 베를린에서, 그리스에서 그리고 체코슬로바키아에서 꼬리를 물고 일어났다. 동서간의 분단현상도 더욱 구체화되고 굳어졌다. '철의 장막'과 '봉쇄'라는 개념이 미국의 대외정책을 온통 지배하게 되었다. 이리하여 동서 양진영의 틈은 날마다 더 깊어만 갔다. 북대서양조약기구의 창시자인 트루먼 대통령은 자신을 무자비한 전체주의의 팽창을 저지하기 위하여 싸울 자유세계의 지도자로 생각하기 시작하였다(Stoessinger, 1988:115).

트루먼 대통령은 무서운 적이 동남아에서 활동하고 있는 것을 보았기 때문에, 프랑스가 인도차이나에 계속 주둔하기를 바랐다. 1950년 5월, 그리핀 사절단은 인도차이나 주둔 프랑스군에 2천 3백만 달러의 경제원조와 1천 5백만 달러의 군사원조를 제공하자는 원조계획을 건의하였다. 한국전쟁이 발발한지 며칠 후, 트루먼 대통령은 인도차이나로 수송될 첫 항공기의 선적을 승인하였다. 이외에도 상호방위원조계획에 따른 1억 1천 9백만 달러의 군사원조를 프랑스에 제공하였다. 1952년에 이 원조는 3억 달러로 증액되었다(Stoessinger, 1988:116).

1954년 중엽 제네바회담과 그 몇 주 후 동남아조약기구(SEATO)의 체결을 계기로, 인도차이나에서 프랑스의 군사개입은 종결되고 미국의 군사력이 출현하기 시작하였다. 제네바협상에서는 인도차이나에서의 적대행위를 종식시키고 라오스, 캄보디아, 베트남 3개의 독립국가를 수립하기로 하는 등 몇 개의 협정을 체결했다. 이 협정에서 베트남에 대한 조항은 17도선에 '임시군사분계선'의 설치를 규정하고 있었다. 호치민군은 이 선의 북쪽에서 재편성하게 되었다. 그 선은 군사적 의미만을 띠었고, 남베트남의 정치적인 통일은 2년 후에 캐나다, 인도, 폴란드 등 3개 중립국으로 구성된 국제관리위원회의 감시하에 실시되는 총선거를 통하여 이루어지게 되어 있었다. 호치민으로서는 1956년의 총선거에서 승리를 확신하고 있었기 때문에 협정조항을 수락할 수 있었다. 소련과 중공은 그들이 최근에 채택한 평화공존노선에 따라 호치민에게 선거에서 그의 승리가 확실하니 걱정 말고 협정조항을 수락하도록 압력을 가하였다. 하지만 미국은 제네바협정에 서명하지 않았다. 다만 미국정부는 제네바회담의 막바지에 일방적으로 화해를 방해하는 위협이나 힘의 사용을 자제하기로 서약하고, 협정의 어떠한 위반사항일지라도 깊은 관심을 가지고 지켜보겠다고 덧붙였다. 이 회담에서 미국의 일반적인 입장은 국회의원의 선거를 앞두고 아이젠하워가 아시아 평화의 창조자라는 것을 국내 여론에 심어주는 것이 대단히 중요하였기 때문에 양면성을 지니고 있었다. 더욱이 인도차이나의 평화적 해결을 방해한다면, 유럽 방어계획에 프랑스가 참여하지 않을 우려도 있었다. 이러한 상충되는 고려사항으로 말미암아 아이젠하워 행정부는 제네바협정과 관계를 끊고 아시아가 더 이상 공산화되는 것을 막을 수 있는 다른 해결방법을 모색하게 되었다. 그 해답이 바로 동남아조약기구를 만드는 것이었다. 덜레스 국무장관은 이제 전쟁이 끝났으므로 미국은 침략에 대응하기 위한 집단방어체제를 만들어 "캄보디아, 라오스, 남베트남이라는 진정한 독립국가를 건설하여야 할 것이다"라고 단언하였다. 마닐라에서 동남아조약기구를 결성하는 조약에 서명하던 날, 8개 조약국은 부가적인 의정서에서 캄보디아, 라오스, 자유남베트남을 이 기구의 보호하에 두기로 하였다. 미국은 이처럼 이미 제네바에서 결론이 난 일을 뒤집기 위하여 동남아조약기구를 창설하였고, 남베트남을 하나의 독립국으로 간주하기로 결정한 것이다(Stoessinger, 1988:121-122).

한편 한국이 베트남전쟁에 참전한 배경은 미국의 경우와 비교해 볼 때 국지적인 요인이 많이 작용했다. 즉 한국 내부의 요인과 미국의 국제전략 속에서 협력자로서의 역할 충족으로 요약된다. 그런데 그 순서는 미국의 요청에 의한 것이 아니라 한국의 요청에 의한 것이다.[13] 실질적으로 베트남전쟁에 한국군의 파병이 이루어진 것은 1962년 4월에 박정희 당시 국가재건최고회의 의장이 베트남의 응오딘지엠 대통령으로부터 "베트남에 공산위협이 심각하다. 도움을 바란다"라는 내용의 서한을 받고,[14] "한국 정부와 국민은 국내자원과 국제적인 관계, 그리

---

13) 이 요청의 순서가 중요한 것은 후에 소위 '용병' 논의에 있어서 매우 중요한 단초가 되기 때문이다. 또한 그 요청이 박정희 대통령 이전의 이승만 대통령 재임시에도 필요성이 제기되었다는 점은 소위 '과거사청산'의 범주 속에서 박정희 대통령을 비난하기 위한 도구로서의 베트남전 파병논리에도 배치될 수 있는 요소가 될 수 있다.

14) 1962년 4월의 경우 박정희 대통령의 지위(국가재건최고회의 의장 겸 대통령 권한대행)를 고려해서인지는 정확히 알 수 없지만, 베트남 정부의 응웬 칸

고 한국의 이익이 허용하는 한도 내에서 자유베트남을 지원하는 데 가능한 노력을 다할 것이다"라는 내용의 답신을 보냄으로써 비롯되었다.[15] 한국의 베트남전 참전의 배경에 대해서는 당시 박정희 대통령이 1965년 1월 26일 발표한 다음의 담화문에서 찾을 수 있다.

자유베트남이 공산화될 경우, 첫째, 공산주의 침략에 대항하는 자유세력의 대공전선에 커다란 혼란과 차질이 생기고, 둘째, 공산세력은 한반도를 포함하는 전 태평양 지역의 자유국가들에 대하여 노골적이고 급진적인 도발행위를 감행한다는 것이다. 그러므로 한국군의 베트남 파병은 첫째, 전 아시아인의 평화와 자유를 수호하기 위한 집단안전보장의 도의적책임의 일환이고, 둘째, 자유베트남에 대한 공산침략은 곧 한국의 안전에대한 중대한 위협이므로 간접적 국가안보이며, 셋째, 과거 1950년 6·25전쟁시 16개국 자유우방국의 지원으로 공산침략을 격퇴시킨 우리가 또다른 우방이 공산침략에 희생되는 것을 좌시할 수 없다는 정의감에 의한것이다.[16]

둘째, 베트남전쟁의 규모현황이다. 우선 인력면에서는 62만 이상의 미군을 포함한 140여만 명의 반공진영의 병력과 250만의 북베트남 베트콩이 대치하여 싸웠다. 한편 전투행위에 참가한 부대규모는 지역별로 [표 1]과 같다.

(Nguyen Khanh) 수상으로부터 한국군 파병을 요청하는 공식적인 서한은 이후 1964년 7월 15일에 다시 접수되었다. 실제로 1963년 12월 17일에 제3공화국이 출범했음을 볼 때 이러한 추측은 가능하다.

15) 국방군사연구소(1996:163). 물론 그 이전에 미국을 상대로 베트남전쟁에 참전하겠다는 의사를 표명하기는 했지만 그것이 본격화된 것은 미국이 아닌 베트남의 요청에 따른 것이 중요하다.

16) 박정희, 「남베트남 파병에 즈음한 담화문」, 『박정희 대통령 연설문집 2』, 대한공론사, 1973, pp.302-303, 신종호(2000:17) 재인용. 좀더 상세한 막후의 이야기는 최용호(2004:137-144) 참조.

[표 1] 베트남전 참전부대 현황

지 역	북베트남군	VC	남베트남군	미 군	한국군 포함 동맹군
1군단지역 남베트남 북부	304, 308, 312, 320B, 324, 325, 711, 316사단 (라오스)	지방 VC	1, 2, 3보병사 단, 해병사단, 1수색기갑여 단	해병1, 3사단, 101공정사단, Americal 단 (전23사단), 82공정사단, 3여단	한국해병 2여단(청룡)
2군단지역 남베트남 중부	2, 3, 320사단	지방 VC	22, 23보병사 단, 2수색기갑 여단	4보병사단, 173공정여단	한국수도사단 (맹호), 한국9보병사 단(백마)
3군단지역 사이공 주변	7사단	7, 9VC 사단 지방 VC	5, 25, 18보병 사단 (전10사단), 공정사단, 3수 색기갑여단	1, 25보병사단, 1기갑사단 (공중 기동)	태국1의용사 단, 호주1독립여 단
4군단지역 메콩델타	1(캄보디아), 6사단	5VC 사단, 지방 VC	7, 9, 21보병 사단, 4수색기 갑여단	9보병사단	
북베트남	330, 350, 250사단				
북베트남	338훈련사단, 전차CMD사 단, 351포병 사단				
비고 (공군)			1, 2, 3, 4, 5, 6 비행사단	2, 834비행사단, 제7공군	

자료 : Summers(1983[1982]:307-308).

[표 2] 연도별 한국군의 베트남전 참전 현황

| 연 도 | 총 계 | 정규군 | | | | | 기 타 |
		계	육 군	해 군	공 군	해병대	
1966	45,065	45,065	40,564	722	54	4,295	-
1967	48,839	48,839	41,877	735	83	6,144	-
1968	49,869	49,838	42,745	785	93	6,215	31
1969	49,755	49,720	42,772	767	85	6,096	35
1970	48,502	48,478	41,503	772	107	6,096	34
1971	45,663	45,632	42,345	662	98	2,558	31
1972	37,438	37,405	36,871	411	95	28	33

자료 : 최용호(2001:18).

한국군의 경우, 연도별로 그 구체적인 참전현황은 [표 2]와 같다.

셋째, 베트남전쟁으로 인해 빚어진 결과이다. 베트남전쟁을 통해 발생한 사망자 통계는 미군의 경우 20만 명이 넘었으며, 베트남 병력이 80만 명, 한국을 비롯한 자유우방이 1만 7천여 명, 북베트남 및 베트콩의 군대는 250만 명에 이른다([표 3] 참조). 여기서 한국군에 국한해서 보면 전사망자가 5천 명이 넘으며, 부상자는 1만 1천 명이 넘는다([표 4] 참조).

넷째, 베트남전쟁의 철수 현황이다. 많은 군사작전의 성공에도 불구하고, 남베트남 내부의 정치·사회적인 혼란으로 인해 전세는 호전되지 않았다. 다음은 미국 내의 당시 베트남전쟁에 대한 인식을 소개한 내용이다.

미국 내에도 베트남전 참전을 거부하는 분위기가 강해졌고, 병역기피 현상이 나타나기 시작했다. 전쟁수행을 위한 정치적 결단에도 우유부단한 면이 보였다. 이러한 분위기에서 미군의 사기 역시 높아질 수가 없었다. 당시 베트남의 암시장은 유명했다. 베트남인들은 일부 부패

[표 3] 베트남전에서의 피해통계(1965-1973)

		최대투입병력 (1969.3.27)	총사상자	전사와 부상으로 인한 사망	부 상	포로 및 실종	비전투 사망
미 군	총 계	625,566	205,013	46,226	133,371	5,456	10,276
	육 군	440,691	130,359	30,644	76,811	2,904	7,173
	해 군	37,011	6,433	1,477	4,178	788	880
	해병대	86,727	64,486	12,953	51,389	114	1,631
	공 군	61,137	3,735	1,152	993	1,650	592
남베트남군		1,000,000	800,000	196,863	502,383	미상	미상
기타 자유세계군대 (1969)		72,000	17,213	5,225	11,988	미상	미상
북베트남군 및 베트콩(추정)		1,000,000	2,500,000	900,000	1,500,000	미상	미상

주 1) '기타자유세계군대'는 한국, 오스트레일리아, 필리핀, 뉴질랜드, 태국을 말함.
  2) 미군의 경우, 당시 전 세계에 산재되어 있던 총 병력은 3백만 명이었으며, 육
   군 160만 명, 해군 60만 명, 해병대 40만 명, 공군 40만 명이었음.
자료 : Summers(1983[1982]:308).

[표 4] 베트남전에서의 한국군 피해통계(1965-1973)

	참전 연병력	전사망자				부상자			실종자
		계	전 사	순 직	사 망	계	전 투	비전투	
계	325,517	5,099	4,601	272	226	11,232	8,380	2,852	4
육 군	288,656	3,850	3,476	243	140	8,211	5,567	2,644	4
해 군	36,246	1,240	1,125	29	86	3,021	2,813	208	
공 군	615								

자료 : 최용호(2004:429).

한 미군과 짜고 군용 식료품이나 탄약을 몰래 훔쳐냈다. 마약거래가 성행했고 1972년 성병보균율이 심할 경우 10명 중 7명이나 되었다 (Summers, 1983[1982]:276).

이와 같은 군의 대민관계에서 발생한 불미스러운 사건들은 작전 자체에는 물론 미국 내의 여론이나 베트남인들의 이탈감 그리고 세계 여론에까지 영향을 끼쳤다. 1968년 3월 16일에 있었던 밀라이(My Lai) 학살의 경우는 이러한 분위기에 불을 지폈다. 미군 제23 보병사단 제20 보병대대 C중대의 특수임무 부대가 꽝아이(Quang Ngai) 성의 밀라이 4개의 마을에서 아녀자를 포함한 200여 명의 비무장한 민간인을 살해한 사건이다. 1년 이상 공개되지 않았던 이 사건이 세상에 알려지자 자유세계의 충격은 엄청났다. 이러한 분위기에서 1969년 1월 25일 대통령 보좌관이었던 키신저(Henry Kissinger)와 르 둑 토(Le Duc Tho) 사이에 비밀회담이 파리에서 진행되었다. 1971년 7월 9일 미군은 베트남의 방위책임을 남베트남군에게 인계했고, 이를 시작으로 국방장관 레이어드(Melvin Laird)는 '베트남전쟁의 베트남화 계획'(Vietnamization of War Program)의 첫 단계를 완료했다고 발표했다. 이 계획에 따라 모든 지상전투의 책임이 남베트남군에게 인계된다는 것이다. 한국군도 그해 12월부터 이듬해 4월 초에 걸쳐 해병 제2 여단이 다낭(Da Nang)에서, 제100 군수사가 캄란(Cam Ranh)에서 철수하였다. 이때 베트남 주둔 제7 공군 사령관 라벨(John Lavelle) 대장이 북베트남군에 대하여 허락 없이 공중폭격을 명령했다는 이유로 물러나 중장으로 강등, 예편되었다.

우여곡절 끝에 키신저와 르 둑 토 사이에 정전협정이 발표된 것은 1973년 1월 23일이었다. 1월 28일 오전 8시(베트남시간)부터 정전에 들어간다는 내용이었다. 1월 29일 파리에서 조인된 이 협정에는 미군 포로의 석방, 잔류 미군의 철수, 휴전감시를 위한 국제군의 설치 등이 규정되어 있었다. 이 파리협정에 따라 3월 29일 북베트남이 67명의 미군포로를 석방함으로써 미국 민간인 기술자 8천 5백 명을 제외한 모든 미군이 베트남을 떠났다. 한국군도 지원부대를 포함한 모든 병력이 1973년 2월 3일에서 3월 23일 사이에 철수하였다. 그러나 파리협정에는 남베트남 내에 10만 이상의 북베트남 병력이 잔류한 것에 대하여 한마디 언급도 없었다.[17]

베트남은 다시 전쟁상태로 돌입했고 그해 6월 13일 미국, 남·북베트남, 그리고 베트콩 대표간에 휴전협정의 종식을 위한 새 휴전협정을 조인하였다. 그러나 전투는 계속되었고, 북베트남군의 공세가 치열해져 갔다. 1975년 1월에 프억 빈(Phuoc Binnh)이 함락되었고, 3월에는 후에(Hue)가, 4월엔 다낭(Da Nang)이 무너졌다. 4월 21일 티우(Thieu) 대통령이 사임하고 일주일 후에는 후임자 흐엉(Huong) 대통령이 사임하게 된다. 드디어 1975년 4월 30일 오전 11시 30분 남베트남 4개 군단이 붕괴되고 북베트남군에게 항복함으로써 4월 30일 35년에 걸친 전쟁은 막을 내리게 된다. 북베트남의 20개 사단, 베트콩의 3개 사단으로 구성된 일방과 남베트남군 19개 사단, 미군 11개 사단, 한국을 포함한 우방군 3개 사단을 다른 일방으로 하는 전투가 끝이 난 것이다.

마침내 전쟁과 국민들의 반대에 지친 존슨 정부는 평화협상을 모색하게 되었다. 1973년 1월 27일 평화협정을 체결하고, 파병했던 모든 군대를 철수시키게 되었다. 이로써 미국중심 측과 북베트남중심 측과의 베트남전쟁은 끝나고, 남북의 베트남은 새로운 전기를 맞게 되었다.

미국과 평화협정이 체결되자, 남베트남은 자신의 힘으로 자신의 나라를 지켜야 했다. 그러나 외세 척결을 외쳐오던 대부분의 남베트남 국민들은 모든 외국군이 철수했음에도 북베트남과 NLF의 도발에 대해 방관적 자세로 일관했다. 당시 남베트남은 미군이 철수하면서 넘겨준

---

17) 당시 미군 측에서는 남베트남에 주둔했던 북베트남 병력을 14만 5천 명으로 추산했다(김한식, 2004:438).

최신 장비와 함께 100만 명이 넘는 지상군, 세계 4위의 공군력 등 막강한 전력을 보유하고 있었다. 따라서 낡은 재래식 장비와 빈약한 보급체계를 가지고 있는 북베트남과 NLF의 전력은 결코 비교될 수 없는 수준이었다. 하지만 1975년 1월, NLF와 북베트남군의 총공세가 시작되자, 이에 맞선 남베트남군은 전투다운 전투도 해보지도 못한 채, 4월 30일 최후를 맞이했다. 그리고 허수아비와 같았던 NLF 정권은 1976년 7월 2일, 북베트남이 주도하는 '베트남사회주의 공화국'(The Socialist Republic of Vietnam)에 흡수 통일되었다.

이와 같은 전반적인 베트남전에서의 철수과정에서 한국군의 철수는 1971년에 접어들면서 '베트남전쟁의 베트남화 정책'에 따라 파병병력의 철수가 검토되고 있었다. 이에 따라 국방부는 훈령 71-1호(주월 한국군의 철수, 1971. 8. 30)와 동 훈령 수정1호(1972. 2. 21)에 의거, 1971년 12월 4일 제2 해병여단의 철수를 시작으로 1972년 4월 1일까지 9,476명의 병력을 철수시켰다. 반면 2개 보병사단을 주축으로 한 전투병력 37,000여명은 1973년 초 휴전이 될 때까지 계속 잔류하였다. 주베트남 한국군의 제2 단계 철수는 1973년 1월 8일, 파리에서 체결된 휴전협정의 규정사항인 "모든 외국군대는 휴전 후 60일 이내에 베트남으로부터 철수한다"는 조항에 따라 실시되었다. 이에 따라 한국군은 잔류부대의 철수를 지시한 국방부 훈령(1973. 1. 26)에 의해 1973년 1월 30일 125명의 선발대가 항공편으로 철수하였으며, 3월 14일까지 본대가 철수하고, 3월 23일 후발대 118명이 항공편으로 철수함으로써, 남베트남에 주둔하였던 모든 부대가 철수하였다.[18]

---

18) 최용호(2001:20-22). 베트남전에서의 한국군 철수에 관한 상세한 분석은 이미숙(2002:107-142) 참조.

(2) 선행연구의 개황

베트남전쟁에 대한 선행연구는 대체로 다음 몇 가지의 접근법을 취해 왔다. 첫째, 군사적 접근이다. 전쟁을 통해서 전략전술상의 승패요인을 분석하고, 그 교훈을 도출해 내는 등의 사안을 주로 다룬다. 현재까지의 우리나라 국방부 군사편찬연구소의 연구는 주로 이러한 접근을 취하고 있다. 대체로 이 접근법은 공간사적(公刊史的)인 접근과 전투경험담 등이 주류를 이룬다.[19]

둘째, 경제적인 접근이다. 경제적인 문제는 현대 자본주의 사회에서 매우 중요한 주제 중의 하나이다. 전쟁을 통해서 국가경제에 얼마나 많은 이익을 가져왔는가, 전쟁을 통해서 얼마나 많은 사회간접자본이 파괴되었는가 등의 사안은 바로 이러한 접근법의 주제라고 할 수 있을 것이다.[20]

셋째, 정치·외교적 접근이다. 주로 전쟁발발의 배경 및 전쟁을 위한 정책결정과정 등이 어떻게 이루어졌는지 등에 관심을 갖고 연구를 하는 접근법이다.[21]

넷째, 사회문화적 접근이다. 전쟁 자체가 갖는 여러 가지의 파생되는 요인들에 대해 분석하는 접근이다. 예를 들어 전쟁으로 인해 '라이따이한' 문제라든지, 민간인 학살 논란 등과 같은 전쟁윤리적 문제 등이 바로 여기에 해당된다. 이 접근은 주로 문학이나 비판적 지식인들의 작품을 통해서 나타났다. 또한 이러한 작품들은 이후 영화화되거나, 다른 비판적 지식인들의 연구에 일종의 전거 역할을 함으로써 그 잘못된 파장은 더욱 심화되었다. 한국의 작가들이 베트남전을 소설화하는 작업

---

19) 공간사적인 접근은 국방군사연구소(1996); 국방부 전사편찬위원회(1978); 국방부 군사편찬연구소(2002); 최용호(2001); 최용호(2004) 참조. 전투경험담 위주의 접근은 이훈섭(1993); 서경석(1991); 서경석(1999); 허만선(2000) 참조.
20) 신종호(2000); 김성철(2000); 정영규(2003a); 정영규(2003b) 등 참조.
21) 이동원(1992); 최동주(1996) 등 참조.

을 한 것은 1970년대 이후 본격적으로 이루어졌다. 다음은 관련된 몇 명의 작가를 중심으로 한 문학작품의 개황이다.

① 1977년 발간된 박영한의 『머나먼 쏭바강』은 베트남전에 참전했던 작가의 체험을 바탕으로 쓴 것으로, 전쟁 중 삶이 망가지는 인간의 고통을 그린 소설이다. 오늘의 작가상을 수상하면서 작가의 출세작이 된 이 소설은 베트남전쟁을 본격적인 소재와 공간으로 도입한 작품으로 평가받고 있다.

② 황석영은 1970년대 베트남전의 상처와 자기반성을 다룬 단편 『탑』을 시작으로, 장편 『무기의 그늘』(1985) 등 많은 작품들을 발표했다. 특히 『무기의 그늘』은 암시장이라는 독특한 상황 설정을 통해 베트남전쟁의 실상을 객관적 시각으로 조명한 것으로 평가받기도 한다. 황석영은 1967년 다낭 합동수사대의 시장조사원으로 전쟁에 참가했던 경험을 토대로 이 소설을 썼다.

③ 안정효는 장편소설 『하얀전쟁』(1983)을 발표했다. 이 책은 미국에서 번역·출간되고 영화로도 만들어져 주목을 받았다. 안씨의 등단 작품이기도 한 이 소설은 이후 3권 분량의 장편으로 개작되었다. 정훈병으로 베트남전에 참전했던 작가가 당시 전쟁경험을 충실하게 기록해 놓은 것이 글의 밑거름이 되었다고 한다. 베트남전쟁을 심각하지 않게 생각했던 주인공 한기주 병장이 동료들의 죽음을 목도하면서 전쟁의 참극을 알게 된다는 이 소설은 전쟁의 후유증에도 주목한다. 귀국한 뒤에도 베트남전쟁의 기억을 잊지 못하고 괴로워하면서 사회에 재대로 적응하지 못하는 주인공의 삶은 전쟁이 얼마나 오랫동안 인간의 삶을 괴롭히는지를 고발한다.

④ 이원규의 1987년 장편 『훈장과 굴레』는 명분 없는 전쟁에 참가한 박성우 소위의 후회와 자각을 그렸다. 동료들이 전쟁의 돈과 명예에 집착하다가 죽어가고, 사랑했던 베트남 여성이 한국 군인과 비밀리

에 가깝게 지냈다는 이유로 몰살을 당하는 등 고통을 겪은 주인공은 자신이 전쟁의 부속품에 불과하다는 것을 깨닫게 된다는 내용이다.

⑤ 이상문이 1989년 펴낸 『황색인』은 베트남 전쟁 중 군수품 유출 과정에 몸담은 주인공이 역사의 모순과 미국의 제국주의적 면모 등을 차례차례 알아나가는 소설이다. 특히 베트남 민족의 독립운동, 한국과 베트남의 동질성 등을 조명해 새로운 시각으로 베트남전쟁을 짚었다는 평가를 받았다.

⑥ 이대환은 2001년 장편 『슬로우 불릿』으로 베트남전쟁 후 고엽제로 고통받는 사람들의 삶을 생생하게 묘사했다. 베트남전쟁의 가해자인 동시에 피해자인 우리의 상처가 아직도 계속되고 있음을 알리는 작품이다.22)

2) 베트남전쟁 재조명을 위한 이론적 틀

(1) 전쟁의 범주를 고려한 입론으로서의 전쟁공동체(war community)

17세기 이후 세계사가 경험한 16개 혁명의 결과를 정치, 경제, 사회 문화 및 국가권력의 영역에서 분석한 짐머만(Zimmermann)에 의하면, 이 가운데 가장 두드러진 것은 국가권력의 강화 내지 공고화였다.23) 이 혁명을 일으킨 정부는 정당성과 정통성을 제고하기 위해 정치적 자유화나 경제발전 혹은 사회복지의 신장과 같은 유화정책(butter policy)을 구사하기도 하지만 지속성과 효과면에서 일관성이 약했으며, 그 대신 단기적으로 권력의 중앙집중화나 억압적 국가기구의 성장을 통한 강경책(gun policy)이 더 보편적으로 나타났다고 한다(전상인, 2001: 309).

---

22) 이 내용은 필자의 공식적인 평가가 아니라 해당 작품들에 대한 언론의 평가 결과를 정리하여 제시한 것이다.
23) Zimmermann(1990:33-47), 전상인(2001:309) 재인용.

그런데 이와 같은 국가기구에 의한 강압적인 행위의 편린을 베트남 전쟁에서 찾아볼 수 있다. 이 문제에 대해서는 다각적인 문화·윤리적 분석이 요구되지만, 그 가치판단이 가장 긴요하게 요구되는 주체는 바로 이 전쟁에 참여하게 된 국가의 후손들이다. 이 전쟁을 어떻게 기억하느냐가 적어도 향후 이 전쟁에 관련된 나라들간의 호혜적 관계 진전에 도움이 될 것이다.

사실 기억은 고정된 역사적 순간에 대한 재발견이 아니라, 사건 이후 일상생활을 통해 선택되고, 재해석되고, 왜곡된 결과이다(Popular Memory Group, 1982:205-252; Burke, 1989:77~96). 역사는 연대순으로 정리되면서 그 원인, 과정, 결과의 체계적 분석이 강조되지만, 기억은 특정 경험, 이미지 등도 부각될 수 있고 사회집단에 따라 서로 차이가 있을 수 있다. 알박스(Maurice Halbwachs)는 기억의 사회성에 대해 연구한 바 있는데, 그에 의하면 기억이 사회집단에 따라 다르게 나타난다고 한다(Halbwachs, 1980). 즉 국가 등 사회집단은 과거에 대해 서로 동의할 수 있는 부분을 강화해 가는 과정에서 자신들의 고유한 세계관을 형성해 나간다는 것이다(Fentress & Wichham, 1992).

일찍이 앤더슨(Bemjamin Anderson)은 탈식민주의 시대를 벗어나면서 이민, 난민, 국가 없는 사람들이 구성하는 공동체는 이들이 원래 고국에서 구축하고 있었던 공동체와는 전혀 다른 '상상의 공동체'(imagined community)라고 명명했다.24) 한국과 베트남이 '베트남전쟁'

---

24) Anderson(2002[1983]). 이후 코헨(Anthony P. Cohen)은 '상징적으로 구성된 공동체'(symbolic construction of community)라는 용어를 사용했다(Cohen, 1985). 한편 정보윤리를 위해 사이버 공간을 의미하는 '가상공동체'(virtual community)라는 개념도 등장하고 있는데(Rheingold, 1992), 특히 하겔과 암스트롱(Hagel III & Armstrong, 1997)은 이 가상공동체를 참가자들의 공동체에 대한 욕구에 근거하여, 거래공동체(community of transaction), 이익공동체(community of interest), 재미공동체(community of fantasy), 그리고 관계공동체(community of relationship)로 분류하고 있다. 특히 관계공동체는 힘들었던

에 연루되게 된 곡절은 매우 다양하게 분석될 수 있지만, 전쟁이라고 하는 일종의 상상의 공동체 속에서 연루되었다는 진단은 누구도 부인할 수 없다. 이러한 점에서 양국간의 관계의 해법을 찾기 위한 실마리로서 전쟁공동체의 개념은 그 필요성이 높다고 볼 수 있다.

이러한 시각은 한국 현대사에 있어서 베트남전쟁에도 그대로 적용된다. 이미 종전 30년이 지났음에도 불구하고 아직도 베트남 사람들과 한국사람들은 생활 속에서 베트남전쟁을 말하고 있다. '사회적 기억'이라는 메타포는 집단의 정체성을 형성하려는 기억 행위의 가능성을 사회적으로 중재된 선택과 조합이라는 메커니즘에 고착시키는 것이다(최문규 외, 2003:143). 집단기억에 대한 조작은 반드시 권위주의 시대에서만 가능한 것은 아니다. 감성적 사실주의 속에 포장된 현대판 포퓰리즘도 이러한 오류를 범할 수 있다.[25]

이 전쟁공동체의 개념은 우선 전쟁 당사자인 한국과 베트남이라는 국가공동체가 포함되며, 여기에는 국가적 필요성과 개인적 필요성에 의해 전쟁에 참가하게 된 군인, 민간인 등이 모두 포괄될 수 있다. 더 나아가서는 전쟁에 동참했던 다른 나라들, 그리고 그 군인 및 민간인도 포함될 수 있다. 매우 광의적으로는 인간이 아닌 공동체적 상징이나 문화적 요소도 생각해 볼 수 있을 것이다.

본 연구에서 상정한 전쟁공동체 개념은 한국과 베트남 사이에서의

삶의 경험을 토대로 깊은 대인관계를 형성하는 기능에 초점을 두고 있어, 본 논문에서의 베트남전쟁공동체의 개념에 부합된다고 할 수 있다(Hagel III & Armstrong, 1997; H. Rheingold, "A Slice of Life in My Virtual Community", at http://www.communities.com/paper/settlement.html, 배상현 외, 2001: 209-210 재인용).

25) 임지현은 "사람들을 자발적으로 굴종하게 만들어 일상생활의 미세한 국면에까지 지배권을 행사하는 보이지 않는 규율, 교묘하게 정신과 일상을 조작하는 고도화되고 숨겨진 권력장치로서의 파시즘"을 '일상적 파시즘'이라고 불렀다(임지현, 2000:30).

과거 일정 시기에 경험했던 전쟁의 기억을 더욱 긍정적인 방향으로 승화하기 위한 하나의 개념상의 토대로서 기능할 것이다.

(2) 전쟁에 대한 평가를 위한 정의전쟁론[26]

① 정의전쟁론의 전통

평화주의가 전쟁을 부도덕하다고 보는 한 극단이라면, 현실주의는 전쟁을 도덕과 무관하다고 보는 한 극단이다. 이를 수렴할 수 있는 방안으로 정의전쟁론이 등장했다. 정의전쟁론에서는 일부의 전쟁은 도덕적으로 정당하지만, 일부의 전쟁은 부도덕하다고 말한다. 정의전쟁론이 중간에 위치해 있다고 하는 점은 양측의 장점을 수용했다는 의미도 있지만, 양측의 약점을 동시에 갖고 있다는 의미이기도 하다.

정의전쟁론의 전통은 아주 오래 전까지 소급된다. 서구에 있어서 가장 친숙한 전통은 기독교인들과 특히 4세기와 5세기의 아우구스티누스(St. Augustinus)에 이르기까지 거슬러 올라간다.[27] 이후에 기독교화된

---

26) 정의전쟁론에 대한 선행연구는 많다. 여기서는 Fotion(2004:55-86)과 Valls (2004:137-163)를 토대로 언급하고 뒤에서 좀더 구체적인 언급을 하고자 한다. 한편 공산주의에서도 정의전쟁론을 주장하기 때문에 일반적인 전쟁에 있어서, 특히 공산주의와 자유주의의 대결의 전쟁에 대해 정의전쟁론의 시각으로 조명한다는 것에 대해 회의적인 비판이 제기될 수도 있을 것이다. 하지만 이미 마르크스(K. Marx), 레닌(Lenin) 등 초기 공산주의자들에 의한 계급주의적 전쟁 개념 자체의 허구성은 그 실효성이 낮다는 평가가 이루어졌을 뿐만 아니라 대부분의 공산주의 국가들이 국가파멸에 가까울 정도의 결말에 이르렀음은 그러한 국가 이데올로기에 입각한 전쟁이 정당성을 확보하지 못함을 직접 대변해 주고 있다. 다만 계급적 시각이 아닌 초기 마르크스가 천착했던 인간 자체의 소외(alienation) 문제, 그리고 이와 맥을 같이 하는 메를로-퐁티(M. Merleau-Ponty)와 레비나스(E. Levinas) 등의 소위 '몸' 또는 '신체'를 강조하는 현대 철학자들의 노력은 이 문제와 관련하여 새롭게 조명될 필요가 있다고 본다.

27) 특히 아우구스티누스의 『신국론』(De civitate Dei contra paganos libri viginti duo) 제19권이 참고가 된다. 우리나라에서는 최근 라틴어와 대본으로 3권이

로마제국을 유지해야 된다는 현실에 직면하여 아우구스티누스는 전쟁과 타협해야 한다는 입장을 표명하게 되었다. 그는 초기의 힘없는 기독교인들이 그랬던 것처럼 전쟁에 대한 평화주의적인 입장을 쉽게 채택할 수 없었다. 당시 로마제국이 각종 이교도들의 공격을 받고 있었기 때문에, 그는 기독교인들로 하여금 전쟁에 참전하도록 재촉하는 방안을 고려할 수밖에 없었을 것이다. 그리하여 그는 이러한 현실에 직면하여 우리가 오늘날 알고 있는 정의전쟁론의 원칙 중 일부를 명료하게 표현해 냈다. 그는 그 중에서도 특히 정당한 명분의 원칙(principle of just cause), 적절한 권한의 원칙(principle of proper authorization)을 제시하고 있다. 이후 13세기에는 토마스 아퀴나스(St. Thomas Aquinas)가 정의전쟁론을 더욱 발전시켰고, 그로티우스(Hugo Grotius)는 이 전통을 더욱 세속적으로 구체화시켰다.

정의전쟁의 전통은 우리에게 가장 익숙한 전통인 기독교 전쟁론보다 훨씬 더 오래되었다. 아우구스티누스 이전에 암브로스(St. Ambrose)는 이 주제에 대한 글을 남기고 있지만, 그 이전에는 로마인들과 심지어 그리스인들에게까지 정의전쟁론의 전통은 소급된다. 로마인들 중에는 키케로(Cicero)와 그리스인들 중에는 플라톤(Plato)과 아리스토텔레스(Aristotles) 등은 지도자들과 군인들이 전쟁에 임할 때 당면하는 도덕적인 문제에 대해 언급했다.

한편 동양에서도 정의전쟁에 대한 언급이 없는 것은 아니다. 맹자(孟子)와 묵자(墨子)는 사람들이 직면하는 부정부패에 대해 때로는 무기를 들고 이러한 것들을 제거할 필요성이 있다고 했다. 인도의 『마누법전』(The Laws of Manu)과 『바가바드 기타』(Bhagavad Gita)에서는 전쟁과 전쟁윤리에 대한 언급을 찾을 수 있다.

이상의 정의전쟁의 전통 속에서 발견할 수 있는 대체적인 구조는 전

번역 출간되었다(아우구스티누스, 2004).

쟁 자체와 전쟁을 실제 행하는 것을 구분하고 있다는 점이다. 전자는 '전쟁의 정의'(Jus ad Bellum)라 하고, 후자는 '전쟁수행상의 정의'(Jus in Bello)라 한다. 정의전쟁주의자는 국가가 전쟁을 개시하는 것이 '도덕적으로 언제 정당화되는지'를 '전쟁의 정의' 문제로 보고, 그러한 전쟁이 '어떻게 도덕적으로 싸워져야 하는지'를 '전쟁수행상의 정의' 문제로 주장하고 있다.

② 전쟁 자체의 정당성(Jus ad Bellum)

이 원칙에 대해서는 많은 연구가 있지만, 대체로 다음 일곱 가지로 요약된다. 첫째, '정당한 명분'(just cause)의 원칙이다. 이 기준은 '공정한 명분'(righteous cause), '정당화'(justification) 또는 '매우 충분한 이유'(very good reasons)라고도 일컬어진다. 언제 전쟁이 정당하고, 언제 그렇지 않은가를 결정하는 일반적인 기준으로서의 정당한 명분은 장단점이 있다. 그것은 우리에게 전쟁이 도덕적인 선택사항으로서 심각하게 고려되기 전에 어떠한 조건들이 적용되어야 하는지를 말해 주면서도, 우리에게 어떠한 조건들이 적용되면 안 되는지를 말해 주기도 한다.[28]

대체로 이 전쟁을 위한 정당한 명분의 기준은 방어적이다. 즉 한 국가가 적의 공격에 대하여 스스로를 방어할 때, 그것은 정당한 명분을 가진다고 간주된다. 그 공격에 대응한 공격은 자국의 영토보전이나 정치적 독립을 위해(危害)하려고 하는 것에 반한 대응이거나 즉각적인 대응위협을 의미하기 때문이다(Walzer, 1992[1979]). 따라서 정의전쟁론의 정당한 명분의 원칙은 기본적으로 특정 국가는 다른 국가로부터

---

28) 비토리아(Francisco de Vitoria)는 "무력을 물리치기 위한 무력은 (항상) 정당하다"(vim vi repellere licit)고 말하면서, 이 경우에는 제반 원칙이 없이 전쟁의 정당성이 부여된다고 주장한다(Vitoria, 1991[1539]:297). 왜냐하면 방어적 공격은 그 자체가 명분이 될 수 있기 때문이다. 이와 같은 유사한 입장의 연구로는 Finnis(1996:19, 21); Suarez(1944[1621]:815-816) 등이 있다.

의 공격에 대항하여 자기방어의 권리를 가진다는 점을 전제하고 있다.

둘째, '좋은 의도'(good intentions)의 원칙이다. 과거에 이 기준은 한 국가가 가슴에 증오심을 품고서 전쟁을 개시하려고 하면 안 된다고 말하는 것으로 이해되었다. 오늘날 좋은 의도는 대체로 측정하기가 좀더 쉽고 더 적은 노력을 요구하는 것을 의미한다. 여기에 대한 평가는 전쟁이 원만히 진행된 후 당사국의 의도가 얼마나 좋았는지를 말할 수 있다.[29)]

셋째, '비례성'(proportionality)이다. 이것은 전쟁을 수행하는 데 예상되는 비용이 그 이득과 조화되어야 한다는 것을 의미한다. 가장 쉬운 해석은 예상되는 비용이 이득보다 두드러지게 압도적으로 클 때 전쟁을 개시하지 말라는 뜻으로 받아들이는 것이다. 하지만 누구의 이득인가에 따라 해석의 주관적 왜곡을 가져올 수도 있을 것이다.

넷째, '성공가능성'(likelihood of success)의 원칙이다. 이 기준과 이전의 비례성의 기준은 둘 다 결과를 다루기 때문에 어느 정도 연관성이 있다. 이 기준은 전쟁개시를 고려하고 있는 국가가 전쟁을 개시하여 좋은 결과를 얻을 것 같지 않다면, 그 국가는 전쟁을 해서는 안 된다는 것이다.

다섯째, '최후의 수단'(last resort)의 원칙이다. 혹자는 이 기준이 온갖 수단을 강구한 이후에만 전쟁으로 나아가기를 재촉하는 것으로 파악한다. 하지만 모든 선택사항을 들여다보는 과정은 말 그대로 끝이 없기 때문에 최후의 수단을 이러한 방식으로 표현하는 것은 아마도 과장된 면이 있다. 최후의 수단은 최후의 합리적 수단을 의미하는 것으로 이해되어야 한다.

여섯째, '적법한 권위'(legitimate authority)의 원칙이다. 이 기준은

---

29) 이러한 차원에서, 추후에 그 의도가 거짓으로 판명 났을 경우에는 제재할 수 있는 방안이 어떤 것인지도 고려해 연구해 볼 만하다.

임박한 전쟁을 어떻게 다룰지를 우리에게 직접적으로 말해 주지 않는다는 점에서 다른 기준과 조금 다르다. 대신에 특정한 사람들만이 전쟁을 개시할지, 개시하지 않을지를 결정할 수 있도록 권한을 부여받았다는 점을 시사한다. 이 요건은 종종 국가들만이 전쟁을 정당하게 시작할 수 있다는 의미로 해석된다. 그것은 사설 단체가 전쟁을 벌이고, 그 정당성을 주장하는 경우를 배제하고 있다. 국가는 무력의 적법한 사용을 독점하고 있기 때문에, 무력을 행사할 수 있는 유일한 권위를 부여받은 실체에 의해서만 전쟁이 이루어질 수 있다는 것인데, 이것은 재고되어야 할 소지가 있다.30) 예컨대 이스라엘과 대치하고 있는 팔레스타인 사람들의 자치기구인 '팔레스타인해방기구'(PLO: Palestine Liberation Organization)가 적법한 방어전쟁을 수행할 자격이 없다는 것은 이스라엘 편향적 사고일 수 있다. 따라서 국가기구라고 하는 대원칙에는 동의할 수는 있지만, 그것이 반인류적인 도발행위를 지속적으로 해왔고, 그러한 것을 표방하지 않는 한 국제사회에서 통용되는 원칙이 수용되는 방향도 고려해 볼 수 있다. 이 원칙이 국내적으로 적용될 경우, 특정 국가 내의 제반 법·제도적인 절차에 근거하여 전쟁이 고려되어야 함을 시사한다.

일곱째, '일관성'(coherence)의 원칙이다.31) 전쟁의 발발 순간은 한순간이지만, 시간의 흐름에 따라 전쟁의 최종 책임자 또는 야전군 사령관이 바뀔 수 있고, 전쟁의 성격이 바뀔 수도 있다. 또한 중간에 잠시 동안의 정전상태가 유지되다가 다시 전쟁이 계속될 경우도 있다. 여기서 말하는 일관성이란 바로 일단 발발한 전쟁이 장기적으로 지속될 경우, 각 '단위전쟁'32)은 계속해서 발생하게 되는 셈이다. 그럴 경우 서로

---

30) 이와 같은 필자의 견해를 지지해 주는 연구가 있다. Coates(1997:128).
31) 여기서 제기된 '일관성'이라는 개념은 기존 학계에서 거론된 적이 없다. 필자에 의해 처음으로 제기된 것인데, 향후 충분한 검증이 요구된다.
32) 여기서 말하는 단위전쟁이란 하나의 성격으로 규정될 수 있는 전쟁을 말한다.

성격이 다른 전쟁을 같은 시간과 같은 장소에서 발생했다고 해서 같은 부류에 넣을 수는 없을 것이다.

③ 전쟁수행상의 정당성(Jus in Bello)

앞의 전쟁 자체의 정당성이 전쟁이 일어나기 전의 내용을 다루는 기준이라면, 전쟁수행상의 정당성은 실제 전투행위를 함에 있어서의 정당성을 다루는 기준이다. 실제로 오늘날의 전쟁은 무기체계와 미디어의 발달로 인해 피해가 매우 폭이 넓으며, 전쟁상황이 거의 동시에 전파되고 있는 실정이다. 이러한 점은 앞선 전쟁 자체의 정당성보다는 전쟁수행상의 정당성이 얼마나 중요한가를 시사한다.

일찍이 그로티우스는 선행학자들의 연구를 토대로 하여 다음 세 가지의 기준에 의해 전쟁수행상의 정당성(Jus in Bello)의 범주를 설정하고 있다. 즉 첫째, 누가 정당하게 공격받을 수 있는가, 둘째, 그들에 대한 공격을 위해 어떠한 수단이 사용될 것인가, 셋째, 전쟁포로에 대한 대우를 어떻게 할 것인가 등의 기준이다(Christopher, 2004[1994]:91). 이후 많은 학자들에 의해 보완되었는데, 교회의 전통에 호소함으로써 정의전쟁론의 어떤 부분의 한 이론을 정당화하기도 하고(U.S. Catholic Bishops, 1986), 권리에 기반을 두고 접근하기도 하고(Walzer, 1992 [1979]), 어떠한 중간단계의 '직관적인 원칙'(intuitive principles)에 호소하기도 하고(Childress, 1986), 계약이론의 한 변형에 호소하기도 하였으며(Rawls, 1993), 공리주의적인 입장을 취하기도 했다(Brandt, 1979; Fotion, 1997:209-225; Hare, 1979).

여기서는 오브라이언(William V. O'Brien)과 존슨(James Turner Johnson)의 연구를 토대로 전쟁수행상의 정당성 기준을 정리하면 다음과 같다(O'Brien, 1981); Johnson, 1981). 첫째, '비례성'(proportiona-

---

시간적으로나 공간적으로 하나의 성격으로 묶이는 부분적인 전쟁을 말한다.

lity)의 원칙이다. 이 원칙은 전쟁수행시 사용되는 군사수단이 전쟁의 목적과 비례해야 한다는 것이다. 즉 군사목표와 군사수단과의 관계로 어떠한 군사수단도 정의로운 군사목표와 비례해야 한다는 것이다. 따라서 정의로운 군사수단은 군사목표에 비례해야 하고, 전쟁의 궁극적인 목적인 정당한 이유와 비례해야 한다(Johnson, 1981:61-62; Suarez, 1944[1621]:805-806; Vitoria, 1991[1539]:304).

둘째, '분별성'(discrimination)의 원칙이다. 이 원칙은 비전투원과 비군사목표에 대한 직접적이고 의도적인 공격을 금지하는 원칙으로서 승전의 필요성에 관계없이 군사수단의 선택을 제한한다고 할 수 있다. 비전투원을 공격대상으로 삼지 않는 분별의 원칙의 기본입장은 17세기 이후 실증적 국제법의 발달과 함께 더욱 강화되었다. 하지만 현대적 전면전의 출현과 함께 분별의 원칙은 변화되어 비전투원에 대한 면제가 절대적인 것이 아님을 의미하게 되었다.

셋째, '이중효과'(double effect)의 원칙이다. 이 원칙은 앞의 수단과 목적에 있어서의 비례성의 원칙과 공격목표를 선정하는 데 있어서의 전투원과 비전투원 사이에 분별성의 원칙을 동시에 고려하는 의도를 갖고 있다.[33]

넷째, 금지된 수단(prohibited means) 사용금지의 원칙이다. 먼저 본질적 위반으로서 금지된 수단이란 고유의 부정의로서 결코 행해져서는 안 된다는 것이다. 즉 종족학살(genocide)을 통해서 전쟁의 목적을 달성하려고 하는 범죄를 경계하는 것이다. 한편 실제 전쟁을 수행함에 있어서 금지된 약품이나 기법을 동원하여 상대측에 공격수단으로 활용하는 것을 금지하는 것도 있다.

역사적으로 전쟁수행상의 정당성을 확보하기 위한 조치는 많았다.

---

33) 여기에 관해서는 하버(Frances V. Harbour)의 베트남전과 연계한 연구를 참고할 것(Harbour, 2004:113-134).

1907년의 「헤이그협약」(Hague Convention Respecting the Laws and Customs of War on Land)과 이후 보완규칙, 1925년의 「제네바의정서」(Geneva Protocol)와 이후 보완규칙, 1968년의 「핵확산금지조약」(NPT: Nuclear Nonproliferation Treaty), 그리고 1972년의 「생물학무기협약」(BWC: Biological Weapons Convention) 등 각종 전쟁관련 규칙 등이 그 예이다.

④ 전쟁 자체와 전투행위 간의 상관적 정당성(corelated justice)[34]

전쟁이 장기화·광폭화(廣幅化)되면서, 전쟁 자체가 갖는 특성은 시·공간적으로 길고 넓은 장 속에서 평가되기에 이른다. 우선 시간적인 측면에서 볼 때, 단기전일 경우 대부분 전쟁 자체의 정당성과 전투행위에서의 정당성은 매우 밀접한 관련을 가지면서 거의 정비례하게 된다. 한편 그 범위면에서 볼 때, 산업문명의 발달과 국가 사이 또는 국가간의 동맹에 의한 전쟁이 발생하면서부터 이 양자간의 정당성은 더욱 사려 깊은 척도를 요청하게 된 것이다. 그 예로 연계성의 원칙과 상황성의 원칙을 생각해 볼 수 있다.

첫째, 연계성(connection)의 원칙이다. 이는 '전쟁 자체의 정당성'과 '전쟁수행상의 정당성' 간의 상관성을 말하는 것이다. 즉 전쟁 자체가 갖는 정당성과 전투행위를 함에 있어서의 정당성이 얼마나 잘 연계되어 있느냐의 문제이다.

[유형 1] : 전쟁 자체의 정당성 (○) / 전쟁수행상의 정당성 (○)

[유형 2] : 전쟁 자체의 정당성 (○) / 전쟁수행상의 정당성 (×)

[유형 3] : 전쟁 자체의 정당성 (×) / 전쟁수행상의 정당성 (○)

---

34) 여기서 제기된 '상관적 정당성'이라는 개념은 기존 학계에서 거론된 적이 없다. 필자에 의해 처음으로 제기된 것인데, 향후 충분한 검증이 요구된다.

[유형 4] : 전쟁 자체의 정당성 (×) / 전쟁수행상의 정당성 (×)

가장 이상적인 전쟁 형태는 [유형 1]이 될 것이다. 그리고 가장 바람직하지 않은 형태는 [유형 4]가 될 것이다. 그런데, 적어도 전쟁 자체와 전쟁수행상의 정당성을 묻는 '연계성' 측면에서 볼 때, [유형 2]와 [유형 3]은 같은 평가를 얻는다. 왜냐하면 그 결과에 관계없이 둘 다 상호연계성이 완전하지 못하기 때문이다.

둘째, 상황성(situation)의 원칙이다. 이는 앞선 연계성의 원칙을 보완해 주는 개념이다. 즉 [유형 2]와 [유형 3]에 대한 변별력을 높여주기 위해 고안되었다. [유형 2]는 초기에 전쟁 자체의 정당성은 확보되었지만, 전투를 진행함에 있어서는 정당성을 확보하지 못한 것으로서 심정적으로 많은 동정을 얻지 못한다.35) 반면 [유형 3]은 처음에는 전쟁 자체가 갖는 정당성을 얻지 못했지만, 실제 전투를 행함에 있어서는 정당성을 확보한 것으로서 앞선 [유형 2]에 비해 상대적으로 좋은 평가를 받을 수 있다.36)

[유형 2]와 [유형 3]에 대한 변별력은 어느 정도 확보할 수 있지만, 어느 경우에도 그 적정선을 명확히 가늠하기는 상당히 어려운 한계를 노정하고 있다. 즉 상대주의의 비판을 완전히 벗어나기는 어렵다. 이러한 유형적 척도는 앞선 '전쟁 자체의 정당성'과 '전쟁수행상의 정당성'이라는 두 가지 주요 변수를 보조하는 역할을 할 때 효용성이 더 잘 드러난다.

---

35) [유형 2]의 경우, 주로 그 전쟁을 개시한 최고책임자는 추앙받고, 전투를 행한 군인들은 비난받게 된다.

36) [유형 3]의 경우, 최고정책결정자에 대한 최초의 신뢰도는 낮지만, 후반으로 갈수록 신뢰수준이 높아진다. 하지만 실제 전투를 행하는 군인들에 대한 평가는 별개일 수가 있다. 즉 비윤리적 행동을 자행함으로써 획득한 승리일 경우, 전쟁법 미준수의 처벌을 면하기 어려울 것이다.

3. 한국과 베트남의 교류 · 협력을 위한 토대로서의 전쟁기억 승화

1) 한국과 베트남의 교류 · 협력 개황

한국은 1956년 남베트남 사이공 정부와 공사관계를 수립했고, 1958년에 대사급 외교관계를 가진 바 있으나 1975년 4월 말 베트남이 전쟁에서 승리하자 한국대사관의 철수와 함께 외교관계가 단절되었다. 1983년 이후 소규모 간접교역이 이루어졌고, 1988년에 이르러 직교역이 이루어지면서 1990년 한국의 대베트남 수출이 1억 달러를 상회하는 등 민간차원에서 양국간의 경제교류가 활발히 추진되기 시작하였다. 1991년 대베트남 경제제재조치 완화 및 경협확대 추진방침을 발표했고, 1992년 4월 양국이 상호연락대표부 설치를 합의하였다. 1992년 12월 22일 국교 정상화를 계기로 양국간 경제협력이 본격화되었다.[37]

한국은 최근 베트남의 주요 투자국가 중의 하나이며([표 5] 참조), 한국과 베트남은 베트남전쟁 이후 비약적인 발전을 거듭하여 한국의 우수한 기술자본이 투입되어, 특히 베트남의 남부 해상유전에서는 하루 생산량이 2007년에는 14만 배럴 가량으로 늘어날 것으로 예상되고 있다. 이는 양국간의 공동이익을 객관적으로 보여주고 있는 예시이기도 하다.[38]

이와 같이 한국과 베트남의 양국관계는 가시적인 성과뿐만 아니라 앞으로의 미래 또한 상당히 높은 공동이익을 가져올 것으로 예상된다. 특히 경제적인 측면에서의 기대치는 상당히 높을 것으로 보인다.

---

37) 대한민국주재 베트남사회주의공화국 대사관/대한민국주재 베트남사회주의공화국 명예 총영사관(2002:114).

38) 『연합뉴스』(http://www.yonhapnews.co.kr), 2004. 10. 26.

[표 5] 국가별 베트남 투자현황(기간 : 1998-2004.5.20, 자본단위 : 백만 달러)

국 가	프로젝트 수	투자자본
싱가포르	298	3234.57
대 만	1136	2642.54
일 본	440	4061.32
한 국	729	2770.97
홍 콩	304	1809.32
프랑스	139	1049.28
B.V. Island	195	1076.88
네덜란드	52	1954.55
태 국	119	648.01
미 국	190	709.08

자료 : Bo ke hoack va dau tu(베트남 투자기획부) at http://www.Mpi.Gov.vn
(2004. 6. 25 검색)

2) 교류·협력의 토대로서의 전쟁기억 승화의 필요성

역사적 사실은 과거의 특정 시점과 공간에서만 존재하지 않는다. 베트남전쟁은 한국과 베트남 양국간에 있어서 매우 중요한 하나의 역사적 사실이다. 이것이 양국 최고 정상간의 선언적 술사에 의해 한순간 묻혀질 수는 있겠지만, 긍정적인 방향으로 정리되지 않으면 이후 제반 재화 및 기회가 충돌될 경우 양국간의 분쟁의 소지로 작용할 수도 있을 것이다. 이 문제에 대해 양국은 어떠한 전략으로 이 아픈 과거를 극복해 나갈 것인지의 문제를 해결하고자 하는 것이다. 더 나아가 한국이 베트남과 이념적으로 동일한 공산주의를 지향하고 있는 북한과 현실적인 대치관계에 놓여 있다는 사실은 한국과 베트남 간의 과거사 문제의 완전한 청산을 위해 그렇게 쉽지 않은 과제로 다가오는 듯하다.

베트남은 자국의 여러 가지 자존심까지도 버려가면서 국익제고를 위해 엄청난 노력을 기울이고 있다. 베트남은 "과거는 접어두고, 미래를

향해 나아가자"(khep lai qua khu, huong toi tuong lai)라는 슬로건을 내세우고 있으며, 제 8 차 공산당 전당대회에서는 "지역 및 세계의 경제에 빠르게 화합해 나가야 한다"(Day nhanh qua trinh hoi nhap kinh te khu vuc va the gioi)라는 결정을 내린 바 있다.39) 과거에 얽매이기보다는 미래의 발전적인 관계정립에 더 많은 관심을 갖고 있다.40)

한편 한국은 김대중 대통령 집권시에 가장 많은 양국관계의 진전이 있었는데, 1998년 3월 10일 베트남 국회의장단 일행을 접견하는 자리에서, "베트남전쟁 당시 미국과 우리나라와 베트남 사이에 불행한 관계가 있었으나 베트남은 이를 극복하고 새로운 화해 · 협력의 길로 나가겠다는 용단을 내려 미래지향적 자세를 취했다. 베트남이 보여준 중요한 변화와 결단에 대해 경의를 표한다"는 입장을 표명했다.41) 김대중 대통령은 1998년 12월 15일 베트남을 방문하여 베트남 국가주석과의 회담에서 "양국이 과거 한때 불행했던 일을 겪었던 시기가 있었다. 하지만 이를 극복하고 미래지향적 우호협력관계로 발전시키기 위해 공동의 노력을 하자"고 했다. 그리고 2001년 8월 23일 방한한 베트남 주석과의 정상회담에서 김대중 대통령은 "불행한 전쟁에 참여해 본의 아니게 베트남인들에게 고통을 준 데 대해 미안하게 생각하고 위로의 말씀을 드린다"며 과거사에 대한 사과의 뜻을 거듭 표시했다.42)

---

39) *Van kien Dai Hoi VIII Dang cong san Viet Nam*[베트남공산당 제8기 대회문서], NXB su that Ha Noi[하노이 사실출판사], 1996.

40) *Chinh sach ngoai giao cua Viet Nam*[베트남 외교정책], Bo Ngoai giao[외교부], 1992-1996.

41) 『한겨레신문』, 1998. 3. 11, 4면.

42) 『문화일보』, 2001. 8. 24, 5면. 여기서 '불행한 전쟁'이라고 표현한 것에 대해서는 더 많은 논의가 필요하다. 정의전쟁에 있어서 정당하지 못한 전쟁으로 스스로 인정한 것이라고 할 수 있는데, 사실 그렇지 않다. 한국이 베트남에 잘못한 점이 있다면 전쟁 중에 일어난 일들 때문이라고 할 수 있을 것이다. 베트남이 취한 전략과 전술(예 : 게릴라전, 전국민 동원 등)은 이러한 결과를 초래할 수밖에 없었던 측면이 있다. 만약 과거의 중국 침략 등이 현대적 문명의 이기(미

이와 같이 양국 정부차원에서 베트남전쟁에 대한 기본적인 인식은 세부적인 언급을 회피하는 소극적 입장을 취하고 있다.[43] 그런데 민간 차원에서의 베트남전쟁에 대한 인식에서는 정부의 입장표명과는 달리 향후 문제시될 수도 있는 앙금이 아직 남아 있음을 알 수 있다. 베트남 전쟁 당시 북베트남군 제5사단 20연대장이었던 한 예비역 준장은 "한 국군 양민 학살 지역의 일부 주민들도 '과거를 닫자'라는 정부시책을 그대로 따라서 이야기할 것이다. 하지만 그 가슴의 한과 고통이 어떻게 접어지겠는가"라고 지적하고 있다(김현아, 2002:149). 시인 이니는 "과거를 닫자는 말은 외교적 수사에 불과하다"고 단언한다(김현아, 2002:150). 푸옌성의 당서기장인 응웬탄꾸앙은 "'과거를 닫고 미래를 보자'는 말은 진실을 이야기하자는 것이다. 과거를 접어두자는 말이 아니라, 과거의 잘못을 인정하는 것이다"라고 말하면서, 베트남의 잘못은 없으며 한국의 잘못이 크다고 지적하고 있다(김현아, 2002:151).

이에 반해 한국의 민간인의 의견은 매우 다양하다. 대체로 반전평화주의적 입장을 취하면서 첫째, 한국 내 반독재운동과 연계하는 입장, 둘째, 참전용사이면서 과거를 반성하는 입장, 셋째, 참전용사이면서 과

디어의 발달 등)에 노출된다면 더 많은 잔인상이 빚어졌을 수도 있을 것이다. 이러한 모든 문제를 하나의 측면에서 볼 수는 없는 일이다.

43) 베트남 외무장관인 응웬지니엔이 2000년 7월과 8월에 이 문제를 처음으로 보도한『한겨레21』과 베트남 통신원인 구수정 씨 앞으로 보낸 친서를 통해 베트남 정부의 공식적인 입장을 엿볼 수 있다. 다음은 베트남 외무장관의 서한 중 일부이다. "… 베트남 인민에 대항하는 침략전쟁에 참여했던 일부 국가들 속에 한국이 존재했었다는 것은 엄연한 역사적 사실입니다. 물론, 현재 베트남이 관용과 인도주의, 우호의 전통에 따라 미래를 위하여 잠시 과거를 접어두자고 주장하고 있긴 하지만, 각 관련국가들은 그 전쟁의 후유증의 극복을 위하여 베트남과 함께 진정하고도 효과적으로 협력할 필요가 있습니다. 그것이야말로 도의적으로 합당한 일일 뿐만 아니라 과거에 대한 열등감을 지우는 일이며, 베트남과 각 관련국가들 간에 좀더 아름다운 새 역사의 장을 열어가는 데 기여하는 일이 될 것입니다."(http://www.hani.co.kr, 2005. 3. 6 검색) (강조는 필자)

거의 공적을 자랑스럽게 생각하는 입장으로 요약된다.

한국군에 의한 민간인 학살이 있었다고 주장되는 마을에는 위령비 혹은 증오비들이 서 있다. 주로 사람들이 집단으로 죽은 현장에 서 있는 이 비들은 지방정부가 세운 것이 대부분이다. 1980년 이전에 세워진 비들은 '증오비'라 이름 붙여졌고, 사건이 일어난 연도와 날짜, 죽은 사람의 이름과 나이가 적혀 있다. 그러나 1980년 이후에 세워진 비들에는 '위령비'라고 적혀 있다. '과거를 접고 미래를 보자'라는 사회적 분위기가 나타난 것으로 보인다(김현아, 2002:79).

이와 같이 베트남측과 한국측의 베트남전쟁에 대한 이해는 상당히 다른 방향으로 재해석될 여지를 남겨놓고 있다. 문제는 베트남과 한국 양측의 자체적인 대립과 갈등이다. 피해를 입은 베트남측은 문제가 간단하게 보여지지만, 한국은 상당히 많은 사회갈등요인을 안고 있다. 현재 한국 내에서는 베트남전쟁을 소위 '명분 없는 전쟁'이라는 이름으로 참전한 대부분의 사람들의 공적을 모두 과소평가하고 있는 경향이 많다. 이에 반해 실제 참전한 사람들의 대부분은 이러한 사회적인 반응에 대해 상당한 수준의 불만을 표시하며 여기에 대한 적절한 국가적 보상과 명예회복을 요구하고 있는 실정이다. 이러한 갈등요인을 극복하기 위한 방안을 탐색하고자 하는 것이 두 번째 과제이다.

따라서 우리 한국은 베트남 사람들과의 관계개선을 통해서 양국간의 군사적 앙금을 해소하고 동남아 시장 개척의 교두보를 확보하며, 베트남은 선진경제 경험을 배우고, 또한 양국은 한반도의 통일에도 어느 정도 공통된 교감을 갖게 될 것으로 가정해 본다.

4. 베트남전쟁관련 주요 기억유형 분석

베트남전쟁에 대한 기억은 한국과 베트남 사이에서 상당한 차이가 있다. 한국 내에서도 이해관계에 따라 차이가 있고, 베트남 내부에서도 이러한 차이는 여전히 드러나고 있다. 이러한 베트남전쟁에 대한 기억은 각 국가의 내부적인 문제뿐만 아니라 국가간의 문제이기도 하다. 여기에서는 한국과 베트남 간의 주요한 이슈로 부각된 주요한 기억유형을 중심으로 그 개괄적인 내용을 다루고자 한다. 다만 연구목적을 더욱 분명하게 하기 위해 한국의 경우를 중심으로 언급할 것이다.

1) 용병 문제

한국군의 베트남전쟁 참전에 대한 부정적 시각 가운데 대표적인 것이 용병 문제이다. 용병에 관한 법리적 근거는 1977년 6월 8일에 채택된 제네바협약추가 제1의정서 제47조의 규정에서 찾을 수 있다.

[제네바협약추가 제1의정서 제47조 용병]
1. 용병은 교전자 또는 포로가 될 권리를 갖지 아니한다.
2. 용병이라 함은 다음과 같은 자이다.
① 무력충돌에서 싸우기 위하여 지방 또는 국외에서 특별히 모집된 자
② 적대행위에 사실상 직접 참가하는 자
③ 본질적으로 사적 이익을 위한 욕망에 의해 적대행위에 참가하게 되고, 그리고 충돌당사자로부터 또는 충돌당사자를 대신하는 자로부터 동 당사자의 군대 내의 동일한 계급 및 기능의 전투원에게 약속되거나 지불되는 액을 실질적으로 초과하는 물질적 보상을 사실상 약속받고 있는 자
④ 충돌당사자의 국민도 아니고 충돌당사자가 지배하는 영토의 주민도 아닌 자
⑤ 충돌당사자의 군대구성원이 아닌 자
⑥ 충돌당사자의 국가가 아닌 국가에 의해 그 군대의 구성원으로써 공적 임무를 띠고 파견된 것이 아닌 자(김찬규, 1984:13).

이 용병론이 한국 내에서 처음으로 제기된 것은 파병 당시 야당이었던 신한당(新韓黨)의 윤보선 총재가 1966년 5월 26일 남원에서 한국군의 남베트남 파병을 '청부전쟁'이라고 언급한 데서 비롯된다.[44] 이후 베트남전쟁에 대해 부정적으로 평가하는 많은 사람들의 가장 핵심적인 말 중의 하나가 되었다.[45]

이에 대해 국방부는 여러 가지 측면에서 베트남전쟁에 참전한 한국군이 용병이 아니었음을 주장하고 있다. 첫째, 해외근무수당과 용병과의 관계 측면에서 용병이 아님을 주장한다. 관련 내용은 다음에서 확인할 수 있다.

해외근무수당은 전투지역에 근무하는 장병들에게 지급되는 특별수당으로 1964년 9월 11일, 파병된 이동외과병원 및 태권도 교관단의 경우는 미국의 지원과 관계없이 정부가 특별예산을 편성해 지급했다. 그러나 건설지원단을 파병하면서부터 많은 인원이 장기간 파병될 경우, 한국정부의 지불능력이 제한되기 때문에 이병 1.25달러부터 중장 10달러까지 계급별로 차등 편성된 금액을 미국정부가 한국정부를 대신해서 지급하기로 했다. 해외근무수당이 가난했던 나라의 장병들을 파병지원서에 서명하게 했던 하나의 유인책이었던 것은 틀림없지만 해외근무수당만으로 파병되었던 것은 아니었다(최용호, 2004:437-438).

둘째, 한국에 대한 미국이 대규모 경제적 지원으로 인해, 한국군이 용병이라는 주장에 대한 반응이다. 관련 내용은 다음에서 확인할 수 있다.

---

44) 허의도(1994:207-209), 신종호(2000:109) 재인용.
45) 베트남전쟁에 대한 가장 부정적인 말은 '명분 없는 전쟁'과 '용병'으로 요약된다. 이중 용병은 '반미'(反美)를 주장하기 위한 구호로 이용되고, 국내의 다른 유사한 상황이 발생할 경우 언제나 등장하는 용어가 되었다. 이러한 시각의 가장 전형적인 자료는 다음이 있다. 베트남전 민간인 학살 진실위원회(2000).

한국정부는 베트남 파병에 따라 미국의 직·간접 지원과 전쟁특수 등을 통해 50억 달러 정도의 외화를 획득할 수 있었다. 그리고 경제위기 극복은 물론 국내경기 활성화와 국내기업의 해외진출 경험 획득 등 파병의 간접적인 효과를 감안한다면 그 결과는 상상을 초월한다. 현실적으로 우리의 국방을 주한미군에 의탁하고 있었기 때문에 한국에 주둔하고 있는 미군 2개 사단을 베트남으로 전환할 경우 국가의 존망을 보장할 수 없게 될 것이었다. 따라서 어차피 전투부대를 파병해야 한다면 최대한 경제적 실리를 획득한다는 것이 정부의 대미협상 방침이었으며, 또한 당연한 결론이었던 것이다(최용호, 2004:439-440).

셋째, 작전지휘권으로 인해 한국군이 용병이라고 하는 주장에 대한 입장이다. 채명신 당시 한국군사령관은 주월 한국군이 독자적인 작전을 구사할 수 있도록 현지에서 미군과 협조를 했으며, 한국군의 단독 작전을 수행했다(최용호, 2004:219-220).

이상의 논의를 토대로 볼 때, 베트남전쟁에 참전한 한국군에 대해 일부 학자와 시민단체를 중심으로 '용병주장'을 제기하고 있으나 법리적으로(de jure) 볼 때는 명백히 용병이라고는 할 수 없다.

2) 고엽제 피해 문제

고엽제(枯葉劑)는 식물의 잎을 고사시키는 기능을 가진 약품인데, 인체에도 매우 유해한 것으로 알려지고 있다.[46] 베트남전에서의 고엽제 살포는 미군의 작전 목적을 달성하기 위해 이루어졌다.[47] 맹독성의 고엽제는 이후 많은 피해자를 낳았으며, 국제적으로도 매우 많은 피해

---

46) 고엽제 환자 문제에 천착한 선행연구로는 다음이 많은 참고가 된다. 문송희 (1999).

47) 고엽제 살포를 통한 미군의 작전 목적은 첫째, 시야확보, 둘째, 적의 농작물 파괴, 셋째, 아군의 화력지원 용이, 넷째, 적의 군사기지와 보급로 차단, 다섯째, 미군의 군사위력 과시와 적의 심리적 제압 등이다(신종호, 2000:77).

보상 요구가 있었다. 특히 미국에서는 1978년 7월에 한 참전자가 고엽제 제조회사를 상대로 소송을 제기한 바 있는데, 이를 계기로 이후 소송이 끊이질 않았다. 그러던 것이 1983년 12월 16일에는 약 2만 명의 미국, 호주, 뉴질랜드의 참전군인과 가족들이 원고가 되어 7개의 고엽제 제조회사와 미국정부를 상대로 단체 소송을 제기하였다. 그 결과 기금을 조성해야 한다는 내용의 판결이 나서, 이 기금은 고엽제 참전용사, 고엽제 단체, 호주 참전자 기금조성, 뉴질랜드 참전자 기금조성, 변호사 기금 등에 사용되었다. 국가별 참전군인에 대한 분배는 참전군인의 수에 비례하여 분배되었다(전우신문사, 1997:400-402).

이와 같이 미국과 호주 등 서구에서는 베트남전에서 고엽제 사용 문제와 그 심각성이 이미 1970년대 후반부터 알려지기 시작했다. 하지만 한국에서는 아무런 문제가 제기되지 않고 있다가 1991년 6월 호주에 정착한 한 교민을 통하여 '남베트남전 참전자' 중에는 고엽제로 고통받는 환자들이 많다는 사실이 국내에 최초로 알려지게 되었다(전우신문사, 1997:393-394). 한국의 경우 고엽제 피해자가 10만 명을 상회하는 것으로 알려지고 있다([표 6] 참조).

[표 6] 고엽제 후유증 환자현황(기준 : 2004. 6. 30.)

총인원		국가심의/결정					심의진행
대상	보훈대상	계	후유증	후유의증	2세환자	비대상	
112,997	76,724	108,730	21,189	55,489	46	32,006	4,267

자료 : 『국가보훈처 자료』, 최용호(2004:429) 재인용.

이 문제는 이후 1992년부터 참전용사와 국내 인권단체, 그리고 종교단체 등에 의해 사회적인 문제로 본격적으로 대두되기 시작했다. 참전군인으로서 원인 모를 질병에 시달리던 사람들은 그들의 질병이 고엽제 노출에 의한 후유증이 아닌가 의심하기 시작하였고, 1992년 9월 26

일 독립기념관에서 파월의 날 행사를 마치고 돌아가던 전 파월용사 5천여 명 가운데 4백여 명이 경부고속도로를 막고 정부의 고엽제 피해자 보상대책을 요구하여 농성을 벌임으로써 여론이 집중된 바 있다. 또한 1994년 6월 6일 낮 12시 참전용사들의 모임인 '대한해외참전전우회' 부산시회 소속 회원 1천여 명은 부산 동구 초량동 부산역 광장에서 순국전우추모행사를 갖고 고엽제 및 전쟁후유증 피해자들에 대한 정부의 대책을 요구하며 1시간여 동안 연좌농성을 벌이기도 했다. 이와 유사한 참전용사들의 고엽제 관련 보도는 계속해서 언론의 주목을 받아왔다([표 7] 참조).

[표 7] 언론매체에 나타난 연도별 고엽제관련 빈도

연 도	건 수	연 도	건 수
1991년	7	1998년	73
1992년	233	1999년	412
1993년	111	2000년	364
1994년	126	2001년	151
1995년	110	2002년	175
1996년	84	2003년	183
1997년	141	2004년	310

주 : 『KINDS』 정보는 국내 언론매체(181개 매체, 2005. 3. 3 기준)의 기사내용을 망라하고 있는데, 여기에 제시된 건수도 망라된 수치임.
자료 : 한국언론재단 『KINDS』 정보(http://www.kinds.or.kr)

한국 내부에서의 고엽제 문제는 처음에는 환자 및 그 가족에 의한 치료를 목적으로 하는 보상문제로 시작되었다가, 참전자 모두의 보상 및 기념을 위한 상징물로 변화해 갔다. 이와 같은 움직임은 국내의 인권운동의 조류와 함께 많은 반향을 불러일으켜 법제화되게 된다.

정부는 관련부처 대책회의를 열고 1992년 10월 29일 「고엽제후유의증환자지원등에관한법률」안을 입법예고하였으며, 1993년 2월 국회 본회의에 상정하여 의결을 거쳐 동년 3월 10일 법률로 공포, 동년 5월 11일부터 시행하기 시작했다. 이후 1995년 1월과 12월에 다시 개정되었으며, 1997년 12월 24일 전문개정, 1999년 1월과 2000년 2월에 일부 개정되는 등의 과정을 거쳐, 2003년 5월 29일부터는 2007년 연말까지 법적 시효가 제한되게 되었다.[48]

---

48) 「고엽제후유의증환자지원등에관한법률」(일부개정 2003.5.29 법률 6919호)<한시법 : 2003.5.29-2007. 12.31>

제2조 (정의) 이 법에서 사용하는 용어의 정의는 다음과 같다.<개정 2000.2.3>
1. '고엽제'라 함은 남베트남전 또는 대한민국 비무장지대 남방한계선의 인접지역으로서 국방부령이 정하는 지역(이하 '남방한계선 인접지역'이라 한다)에서 나뭇잎 등을 제거하기 위하여 사용된 제초제로서 다이옥신이 함유된 것을 말한다.
2. '고엽제후유증환자'라 함은 다음 각목의 1에 해당하는 자를 말한다.
　가. 1964년 7월 18일부터 1973년 3월 23일 사이에 남베트남전에 참전하여 고엽제살포지역에서 병역법, 군인사법 또는 군무원인사법에 의한 군인이나 군무원으로서 복무하고 전역 · 퇴직한 자와 정부의 승인을 얻어 전투나 군의 작전에 종군한 기자(이하 '남베트남전에 참전하고 전역된 자등'이라 한다)로서 제5조 제1항 각호의 1에 해당하는 질병을 얻은 자
　나. 1967년 10월 9일부터 1970년 7월 31일 사이에 남방한계선 인접지역에서 병역법, 군인사법 또는 군무원인사법에 의한 군인이나 군무원으로서 복무하거나 고엽제살포업무에 참가하고 전역 · 퇴직한 자(이하 '남방한계선 인접지역에서 복무하고 전역된 자등'이라 한다)로서 제5조 제1항 각호의 1에 해당하는 질병을 얻은 자
3. '고엽제후유의증환자'라 함은 남베트남전에 참전하고 전역된 자등 또는 남방한계선 인접지역에서 복무하고 전역된 자등으로서 제5조 제2항 각호의 1에 해당하는 질병을 얻은 자를 말한다.
4. '고엽제후유증 2세환자'라 함은 제4조 및 제7조의 규정에 의하여 고엽제후유증환자로 결정 · 등록된 자 및 제8조의 규정에 의하여 이미 사망한 고엽제후유증환자로 인정된 자의 자녀(남베트남전에 참전한 날 이후 또는 1967년 10월 9일부터 1970년 7월 31일 사이에 남방한계선 인접지역에서 복무하거나 고엽제살포업무에 참가한 날 이후에 임신되어 출생한 자녀를 말한다) 중 제5조 제6항에 해당하는 질병을 얻은 자를 말한다.
제3조 (적용대상자) 이 법은 고엽제후유증환자 · 고엽제후유의증환자 및 고엽제후유증 2세환자로서 제4조 및 제7조의 규정에 의하여 결정 · 등록된 자에게

고엽제 피해 보상면에서 볼 때, 한국은 1992년부터 '대한해외참전자전우회'와 '파월유공자전우회' 그리고 '베트남고엽제피해자전우회' 등이 중심이 되어 미국의 고엽제 제조회사를 상대로 소송을 준비해 왔으나, 막대한 소송비용과 소송에 필요한 역학조사 자료 등의 부족으로 인해 1994년에 이르러 '대한해외참전전우회'의 이름으로 미국의 다우 케미컬사 등 7개 고엽제 제조회사를 상대로 미국 법원에 소송을 제기하였다.49) 그 결과 미국 법원은 원고승소판결을 하지 않았다. 하지만 한국의 고엽제 피해자들은 이후에도 한국과 미국의 법원에 계속해서 소송을 제기하였다. 1996년 4월, 1997년 5월에 각기 소송이 제기되었으나 당시 법원은 베트남전에서 한국정부는 고엽제 살포에 대한 결정권이 없었으며, 국가를 상대로 한 금전적 청구권의 소멸시효가 지났다는 이유로 모든 사건을 기각했다. 또한 미국을 대상으로 1993년 5월과 8월에 '베트남고엽제피해자전우회'가 소송을 제기한 바 있고, 1994년 3월과 1997년 7월에는 '대한해외참전전우회'가 미국의 고엽제 제조회사를 상대로 소송을 제기하였으나 모두 패소하였다. 그런데 다우 케미칼사 등 미국의 3개 고엽제 제조회사는 1993년 8월 손해배상 청구소송을 취하하는 조건으로 '베트남고엽제피해자전우회' 측에 3천만 달러를 제시했으나 전우회 측이 거절한 바 있다.50)

　　이상에서 볼 수 있듯이, 베트남전쟁에서의 고엽제는 전쟁에 관련된 모든 사람들에게 피해를 입혔다. 심지어는 고엽제를 살포한 미군 측에도 피해를 가져다줬다. 고엽제로 인한 애환은 많은 문학작품과 영화 등을 통해 베트남전쟁 자체에 대한 이미지를 형성하는 데 지대한 영향을 미쳤다.

　　적용한다.

49) 『국민일보』, 1999. 5. 20.

50) 『국민일보』, 1994. 1. 6.

3) 라이따이한 문제

베트남에서 라이따이한(Lai Daihan)이라는 단어는 경멸적인 '혼혈잡종'이라는 의미를 가진다. 이들은 베트남전쟁에 '참가'했거나 전쟁 이후 교류기간 동안 베트남에 간 '한국인'들과 '베트남인' 사이에 태어난 '후손'을 가리킨다.[51] 베트남전쟁으로 인한 라이따이한은 최소 5천 명에서 많게는 3만 명으로 추산되고 있다. 현재 30-40세 사이의 연령층에 속해 있는 그들은 지난 30년간 베트남 사회에서 '적군의 자식'으로 따돌림을 받으며 살아왔다. 가난하게 살면서 교육의 기회가 충분하지 못해 대개 힘든 노동이 요구되거나 멸시받는 직업에 종사해 왔다. 외모도 베트남인들과 구별되어 더욱 차별을 많이 받았다고 한다.[52] 이러던 것이 한국과 베트남의 수교 이후 양국간 교류가 증대되면서 '신(新) 라이따이한'이 생겨나고 있는 실정이다. 사업상 베트남에 장기적으로 가 있는 한국인들과 현지 배우자 사이에서 태어난 혼혈 2세들이 그들이다. 이들은 모두 정상적인 가정을 갖지 못함으로 인한 아픔과 인종적 차이

---

51) 여기서 주목할 단어는 네 가지인데, 그 범주는 세 가지이다. 범주별로 그 의미를 되새겨보면, 첫째, 라이따이한을 생성하게 한 주체가 민간인이냐 군인이냐의 문제이다. 둘째, 라이따이한을 생성하게 한 한국 측의 주체가 남자인가 여자인가 문제이다. 이러한 점을 고려한다면, 가치객관적인 입장을 취하기 위해 '참전'이라는 용어보다는 '참가'가 더 어울리고, '한국 군인'보다는 '한국인'이 더 잘 어울린다고 할 수 있다. 김현아(2004)의 연구는 전쟁 자체를 남자들의 전유물인양 전제하고, 베트남전쟁과 한국전쟁 등을 같은 맥락에서 살피면서 여성들의 피해상을 제시하고 있다. 셋째, '후손'이다. 초기에는 '2세'만을 지칭했다. 하지만 1992년 한국과 베트남 수교 이후 급격한 교류로 인해 한국인과 베트남인 사이에서 태어난 사람들까지 포함할 수 있을 것이다. 후자의 경우 베트남전과 직접적인 관련은 없지만 전쟁으로 인한 긴 단절 후에 도래한 급격한 교류의 기회라는 점에서 전혀 관련이 없다고는 할 수 없다. 따라서 포괄적인 정의가 필요하다고 보고 여기서는 '후손'이라는 용어를 선호한다.

52) 조홍국, 「'적군의 자식' 멸시 속 성장, 베트남전 당시 현지 여인 출산 한국계 혼혈아」, 『부산일보』, 2004. 9. 18.

에 의한 아픔, 그리고 경제적 빈곤의 삼중고를 겪고 있는 실정이다.

그런데 베트남전쟁과 결부한 라이따이한 문제를 좀더 새롭게 바라보기 위해서는, 베트남전쟁 이전 시기까지 소급해서 올라가야 한다. 한국교포가 베트남에 첫발을 디디게 된 것은 1939년경, 일본군학병에 입대를 강요당하자 이를 피하기 위해 중국을 거쳐 베트남에 간 사람도 있고, 상인으로서 중국을 거쳐 베트남에 가서 정착한 사람도 있었다. 하지만 베트남에 본격적으로 한국 사람이 상당한 규모로 정착하게 된 것은 1941년부터 인도차이나 반도에 일본의 통치가 시작되면서부터이고, 이들은 일본군에 징병되거나 징용되어 군인이나 군속으로 근무하다가 해방과 더불어 이곳에 영구히 정착한 사람들로 초기에는 대략 50명에 달하였다고 한다. 이들은 한국군이 베트남전에 참가하게 되자 한국과 베트남 양국간의 관계증진에 커다란 역할을 했다고 한다. 1973년 휴전 당시, 장기체제 한국인 교포는 42세대 170명에 달했으며, 그 중 교포 1세는 30명, 2세와 1세의 부인들이 140여 명에 이르렀다. 이들은 대부분 1975년 베트남 공산화 이후 베트남 정부의 출국허가를 받아 상당수가 한국으로 귀국하였다.[53)]

일상의 문화현상 속에서 라이따이한의 문제가 어떻게 구현되고 있는지를 살펴볼 필요가 있다. 우선 영화 『라이따이한』이 있다. 이 영화는 1994년에 개봉되었는데, 남자주인공은 한국인이고 여자주인공은 베트남인이었다([그림 1], [그림 2] 참조).

남자주인공(상우)이 베트남 격전지 관광코스 개발을 위해 베트남을 방문했을 때 여자주인공(수잔)이 안내를 맡게 되는데, 이를 계기로 둘은 서로 사랑하여 결혼을 약속하게 된다. 그후 남자주인공이 여자주인공의 어머니를 만난 자리에서 애인의 아버지 사진을 보게 되는데, 그 사진 속의 인물이 바로 자신의 아버지였다.

---

53) 『동아일보』, 1975. 5. 14, 김기태(2002:189-190) 재인용.

[그림 1]

[그림 2]

영화에 이어 문학작품 속에서도 라이따이한 문제는 다루어지고 있다. 현재까지 알려진 관련 문학작품으로는 두 편의 시가 있다. 우선 최승호의 시 「라이따이한의 노래」가 있다. 그 내용은 다음과 같다.

「라이따이한의 노래」

엄마는 예 있는데
아빠는 어디 있나
얼굴도 못 본 나,
새똥처럼 던져놓고
아빠는 어디 갔나 어디로 갔나
<메콩강> 줄기 따라 핏줄 이리 흐르건만
모르겠네 모르겠네 뿌리를 모르겠네
내 나이 스물 넘고 서른 넘어도
모르겠네 모르겠네 아빠 나라 <따이한>
궁금치도 않다던가 뿌려놓은 씨앗들
야자수 뒤흔든 <스콜> 바람에
행여나 오시려나 아빠의 소식
그러나 바람만 …
무심한 바람만 …
무정한 아빠처럼
그저 그냥
그렇게 지나네요(최승호, 2002:132-133).

시작품 중 두 번째는 학위논문의 일환으로 작성되었다. 그 내용은 다음과 같다.

「라이따이한」

1. 야자나무 숲 그림자에

검은 빌로오드처럼
출렁이던 기인 머리칼
싹둑 싹둑 잘라내던
후에의 희푸른 달빛
마지막 밤을 기억하고 계신지요

분홍빛 아오자이는
밤물결 바람소리에 젖어
머나먼 포성을 반주 삼아 이별의 노래를 불렀지요
-- 메콩강 델타에서 맺은 사랑아
    떠난 님은 산이 되어 돌아온다네
    메콩강 우기에 돌아온다네

포연에 젖어 잎새에
쏟아지는 푸른 별빛
그대 품속에 안긴 나른한 잠 속에서
결박을 풀고 해방되는 꿈을 꾸었던가요
고향이 동두천 어디라며
꼭 돌아오겠다며
신 새벽 하이반고개를 넘어
다낭으로 달려가던 바람같은 따이한
검광처럼 스쳐간 이십년
세월의 소매끝을 끌어 안으며
그대가 뿌린 씨앗은
어느덧 키 큰 야자나무가 되었지요

2. 동두천 미군 막사 지붕 위로
철새가 날아 오르고
새의 날개를 겨누는 엽전 한닢의 총구
희한하게 눈이 내린다
수상스럽게 얼굴도 모르는 한 사내를

꼭 만나려고 바다 건너 온 것은 아니다
한 줌의 흙
한 줄기 바람에도
혹 내 피가 흐르고 있는 것은 아닌지
빈들에 내리는 저 눈발에도
어머니의 눈물 한 방울
뿌려져 있는 것은 아닌지
확인되지 않은 물결처럼 스쳐간
외로운 소문을 붙들고
낯선[54] 한 사내의 초상을 얼마나 그려 왔던가
희끗 희끗 흰머리도 보이는 슬픔을
가슴 속 골편을 꺼내 적은 어머니의 편지를 이제 태우려 한다
철조망 너머 씹어 뱉는
노랑머리 키 큰 사내의 껍딱지를 보며
품어온 칼바람을 잠재우련다
빈 들에 내리는 눈발 속에 흩날리고 있을지도 모르는
이제 낯설지 않은 사내여
돌아 가련다
저무는 들판에 이십년 아픈
세월의 잔해를 뿌리나니
안녕 따이한(임익문, 2003:11-12).

　　이상에서 살펴보았듯이, 라이따이한 문제는 매우 복잡한 고려가 필
요함을 알 수 있다. 가장 중요한 점은, 라이따이한 문제가 소위 말하는
'명분 없는 전쟁'의 하나의 증거물로 제시되고 있다는 점이다. 그리고
이 문제는 베트남 내부에서보다는 국내의 일부 급진적 인권운동가들에
의해 제기되었고, 한국 내의 다른 인권문제와 결부해서 연계되어 강조
되고 있다는 점이다. 한편 이 라이따이한 문제를 접근함에 있어서 베

---

54) 원래는 '낯선'으로 표기되었으나 오기로 보고 바로잡음.

트남전쟁과 직접적인 관련 속에서 조망하려는 경향을 가지고 있다. 특히 이 문제는 국가의 부(富)의 불균형이 일어나는 상황 속에서는 언제나 일어날 수도 있는 개연성을 안고 있다. 이러한 점을 고려해 본다면 최근의 소위 말하는 '신라이따이한'의 문제는 전쟁과 관련된 양국민의 혼혈아 문제보다는 일종의 국가간의 사회문제의 현안으로 생각될 수 있을 것이다.

4) 민간인 피해 문제[55]

베트남전쟁 기간 중 한국군에 의해 빚어진 베트남 민간인 사망자 수는 아직 권위 있게 조사·발표된 바는 없다.[56] 대개의 경우 몇 천 단위가 될 것으로 추정되고 있다. 베트남 군인 사살자 수가 4만 1,400여 명이었던 점을 고려해 본다면, 매우 많은 숫자이기는 하지만 전투상황의 복잡성과 자연환경 등을 고려한다면 그렇지 않다는 주장도 제기될 수 있다.

한겨레신문의 통신원이었던 구수정의 취재를 토대로 한 베트남전쟁 기간 중 한국군에 의한 민간인 사망자 현황은 [표 8]과 같다.

---

55) '민간인 피해'의 문제는 국내에서 '주민 또는 양민(대량)학살'이라는 용어로 사용되고 있는데, 이는 하나의 용어라기보다는 매우 주관적인 편견을 전제하고 사용된 것이다. 군이 전쟁법을 운운하지 않더라도, 군인이 작전수행 중이거나 평상시 재미 삼아 민간인을 살해하도록 명령을 부여받지도 않고 자발적으로 그러하지도 않는다. 즉 설령 부당하게 민간인이 피해를 입었을 경우라도, 가치 중립적인 입장에서 기술해 보면, '전투수행 중 부당한 절차에 의해 민간인에 대한 피해를 가했다'는 시오로 말한 수 있다는 것을 막하다

56) 한국군에 의한 베트남 민간인 사망자수는 5천 명 정도가 될 것이라는 주장이 있다(구수정, 「베트남의 원혼을 기억하라」, 『한겨레21』 제273호, 1999. 9. 2). 현재까지 한국군의 공식적인 자료에 의하면, 정상적인 작전수행 중 민간인 피해가 일부 있을 수 있었겠지만(얼마인지는 공식적으로 밝힌 자료가 없음), 순수한 민간인임을 알고 있는 상태에서 발포를 했다는 데는 동의하고 있지 않다.

[표 8] 구수정의 취재에서 나타난 한국군에 의한 베트남 민간 피해 내역

지 역	일 시	가해자/내용
푸이엔성 뚜이호아	1965 1966.1.1 1966.6.18(음) 1966.12.26	- 맹호부대 - 백마부대에 의해 45명 - 35명 - 42명
꽝아이성 빈선현	1966.10.3-10.6	- 청룡부대에 의해 430명
꽝남성	1968	*
빈딘성 따이선현	1966.2.15(음 1.23)-2.26(음)	- 맹호부대에 의해 실종자 포함 1,200여 명 - 신원확인자 728명, 어린이 166명, 여성 231명, 노인 88명
빈딘성 뀌년시	1966.12.22	- 어린이, 임산부 포함 50여 명
중남부 판랑시	1969.10.14	- 승려 4명

주 : '＊'의 꽝남성의 중부 각성의 전쟁범죄 조사회의(1966.3.19-20)는 한국군이 1966.1.23-2.26까지 베트남인 1,200명 사살, 1,535채의 가옥파괴, 양곡 850톤 소각, 물소 649마리를 도살했다고 함.
자료 : 김기태(2002:439-440).

이와 같은 민간인 피해가 많이 발생하게 된 데에는 여러 가지 요인을 생각해 볼 수 있다. 첫째, 베트남 내부의 전장환경이다. 베트남의 지형은 경사가 심한 산악이 국토의 80%를 점유하고 있으며, 북부의 홍강 삼각주와 남부의 메콩강 삼각주, 그리고 동쪽의 해안선을 따라 20% 정도의 평야가 형성되어 있다. 베트남의 기후는 국토가 길게 형성되어 있는 만큼, 열대몬순기후부터 아열대기후까지 다양한 분포를 나타낸다. 열대몬순기후에 속하는 남부지역의 계절은 우기(5-10월)와 건기(11월-다음해 4월)로 구분되며, 기온은 평균 21-35℃의 분포를 보인다. 습도는 월평균 83%, 연평균 강우량은 2,151mm이다.[57] 이와 같

---

57) 대한민국주재 베트남사회주의공화국 대사관/대한민국주재 베트남사회주의공화국 명예 총영사관(2002:9); 최용호(2004:5).

은 조건은 전투를 수행함에 있어서, 적과 아군을 구분하는 데 매우 어려운 환경요인이 되었다.

둘째, 북베트남측의 '인민전쟁'(people's war) 개념이다. 호치민은 오랜 기간 중국의 침략에 대항하면서 베트남 민족이 터득한 전쟁수행방법을 '인민전쟁'이라고 이름 붙이고, 이를 사상적·이론적으로 체계화하여 프랑스와 미국에 대한 베트남 민족의 항쟁의식을 불러일으켜서 대항하기 위한 전쟁이론으로 삼았다. 호치민의 인민전쟁 사상을 군사적으로 발전시킨 보응웬지압(Vo Ngyuen Giap) 장군은 호치민의 인민전쟁 개념을 다음과 같이 요약했다.

베트남이 디엔비엔푸 전투와 미국과의 전쟁에서 승리한 것은 인민전쟁 전략 때문이었다. 흔히 인민전쟁 전략과 게릴라 전술을 혼동하기도 하는데, 인민전쟁 전략의 개념과 게릴라 전술의 개념은 서로 관계가 있을 수도 있고 없을 수도 있다. 그러나 일반적인 개념에서 게릴라 전술은 인민전쟁 전략의 한 가지 수행방식에 불과하다. 게릴라 전술이 단순히 전투방식만을 일컫는다면 인민전쟁 전략의 개념은 한마디로 '인민에 의한 인민을 위한 전쟁'이라고 표현할 수 있다.

인민전쟁 전략의 개념은 좀더 복합적이고 종합적인 것으로서 군사적·정치적·경제적 영역 모두를 포함한다. 여기서 '인민에 의한'이란 뜻은 단순히 군대뿐만 아니라 국민 모두가 참여한다는 뜻이며, '인민을 위한'이란 독립과 통일 또는 인민의 행복 등 인민이 목표로 하는 것을 성취하기 위한 전쟁이라는 뜻이다. 인민전쟁 전략의 개념은 물적 자원보다는 인적 자원을 더 중요시한다. 그래서 호치민 주석에 의해 지도된 인민전쟁 전략은 모든 인구를 동원하는 광범위한 것이다.[58]

이와 같이 호치민은 자국의 제한된 군사력의 한계를 극복하기 위해 민간인을 군사작전에 동원해야 했다. 이는 전시에 적국의 정규군이 자

---

58) CNN 인터뷰, 1998. 11. 23, 김종수(2003:241) 재인용.

국민의 민간인에게 피해를 입히게 되는 주요한 요인이라고 할 수 있다. 여기서 민간인에 대한 오인사살의 개연성이 있는 것이다.

셋째, 북베트남의 군사전략가들의 전시 민간인 활용계획에 대응하여, 남베트남과 우방들의 군사전략가들에 의해 동원된 소위 '전략촌 계획'(Strategic Hamlet Program)의 집행에 따른 민간인 피해이다. 이 계획은 한마디로 농촌지역에서 물(대중)과 물고기(VC)를 분리시키기 위해서 새로운 농촌 마을을 건설한다는 계획이다. 남베트남의 디엠(Diem) 정부는 이미 1957년 전략촌 계획과 유사한 계획을 실시해 본 바 있다. 농촌개발센터라고 명명된 집단 이주촌을 건설하는 것이었다. 취약지역에 산재한 마을들을 폐쇄하고 막대한 비용을 들여 문화적이고 근대화된 농촌을 만드는 것이었다. 그러나 새로운 논란은 위치와 규모가 표준화되어 있었기 때문에 농민들에게 필요한 외양간은 없고 잔디로 단장된 공원은 있는 실태라 주민들의 원성이 높았다고 한다.[59] 이 전략촌 계획은 1961년부터 입안하기 시작하여 1962년 2월 초 공식 발표되었다. 약 1,000여 명의 주민을 단위로 하는 11,000개의 전략촌을 건설한다는 계획이었다. 마을 주변에 철조망이나 목책, 선인장 같은 가시나무로 울타리를 조성하고 주민들은 그 마을의 자체 경계를 담당하고 VC가 공격시에 구원을 요청할 수 있는 무기도 지급되었다. 남베트남군도 이 계획에 맞춰 전략촌을 보호할 수 있는 지역에 배치되었고 헬기도 가용한 대로 대기시켰다. 1962년 9월까지 3,200여 개, 1963년 8월까지 8,100여 개가 설치된 것으로 집계되었다(류제현, 1992:126-128).

---

59) 이에 대해 김기태 교수는 베트남전쟁에서 미국인들이 베트남인들의 '마을공동체' 개념을 깊이 인식하지 못했다고 지적하고 있다. "베트남 사회의 요람인 마을은 커다란 대나무로 둘러싼 울타리 속에 하나의 독립된 단일조직체를 이루고 있다. 마을은 그들 자신의 인구와 풍습과 심지어는 공회당에 그들 자신의 수호신을 모시고 있으면서 베트남이라고 하는 우주 속의 소우주를 만들었다." (김기태, 2002:196-197)

이러한 전략촌 계획은 최초의 의도와는 달리, 시간이 경과하면서 단순히 공격대상만을 결정하는 것은 아니라, '의무의 범주'(university of obligation)를 구획하게 된다. 의무의 범주란 도덕적 의무를 지켜야 하는 경계를 말하는데, 우리 편에게만 이 의무를 지키면 된다는 것이다. 우리 편이 아닌 다른 편에 대해서는 특정한 도덕적 의무를 지킬 필요가 없다는 것이다(Gamson, 1995:3). 이러한 현상은 전쟁이 지속되면서 점차 관성적인 힘에 의해 심지어 민간인에 대한 학살마저도 전과로서 기록하는 사례를 보이기도 한다(Kelman & Hamilton, 1989:17). 더 나아가서는 반복적으로 상대편에 대한 잔학행위에 적절한 조치를 취한 것으로 전제하고 양심의 가책은커녕 국가를 위해 공헌했다고 믿게 된다는 것이다(Kelman & Hamilton, 1989:18). 이와 같은 경계짓기를 합리화시키고 당연시하는 사례는 베트남전쟁에서도 찾아볼 수 있는데, 지휘자는 특정 마을을 '적성지역', '의심지역', '후원지역' 등으로 나누어 우리와 적의 경계를 만들었던 것이다(Hirsh, 1995:106-107).

이에 대해 한국 국방부는 당시 베트남전쟁의 특수성에 대해 다음과 같이 평가하고 있다.

베트남전쟁은 전형적인 비정규전 형태의 전쟁으로, 중국의 마오쩌둥(毛澤東) 이론을 기초로 북베트남이 발전시킨 3단계 전법을 베트공이 현지에 맞게 적용한 게릴라전 양상으로 전개되었다. 북베트남이 마오쩌둥 유격전 이론을 기초로 발전시킨 3단계 전법은 제1단계, 산악요새로 도피, 전력강화, 제2단계, 적의 노출된 시설 기습, 제3단계, 전면공세로 전환 등의 단계로 진행된다. 즉 베트공은 열세한 병력과 장비로 월등히 우세한 연합군을 상대하기 위해 전형적인 유격전술로 자신들이 필요한 시간과 장소에서만 전투할 수 있도록 하면서, 습격과 기습, 테러 및 파괴전술을 시도했다. 그들의 무장세력은 조직의 형태를 갖추지 못한 개인으로부터, 사단급 제대에 이르기까지 다양한 형태의 조직과 편제를 가지고 있었다. 즉 마을이나 읍·면 단위로 분대 및 소대규모의 민병대를 편성하고, 성 및 군 단위로 중대 및 대대 규모의 지방군을 편성하며, 중앙정부 차원에서 사단급 규모의 정규군을 편성했다. … 결국 '베트공은 있는 곳도 없고, 없는 곳도 없다'고 할 수 있었다(최용호, 2004:216-218).

이러한 상황판단 아래, 6·25전쟁시 유격대인 '백골병단'을 지휘해 북한군 후방지역에서 활동했던 경험이 있었던 한국군사령관 채명신 장군은 1965년 10월 전투부대의 파병 당시 현지에서 미군이 사용했던 '수색 및 격멸'(search & destroy)의 개념을 한국군 독자적인 작전개념으로 바꾸어나갔다. 즉 미군의 작전개념을 발전시킨, 분리(separation)-차단(interception)-격멸(destroy)의 3단계 개념이었다.[60] 그 같은 한국군의 독자적인 작전개념은 주민과 유격대의 관계를 '물과 물고기'(水魚之)와 같은 관계로 규정했던 마오쩌둥의 유격전술에 따라 활동하고 있던 베트공 전술을 역이용하는 것이었다(최용호, 2004:219-220).

이상에서 볼 수 있듯이, 베트남전쟁 기간 동안 민간인의 피해는 전장환경과 당시의 전쟁당사자들의 군사전략적인 특징 등을 통해 볼 때 충분히 개연성이 있어 보인다. 이와 같은 정황은 민간인의 사망가능성도 배제할 수 없게 한다. 이 문제에 대한 베트남 정부의 입장은 상당히 유연하면서도 포용적이다. 상세한 내용은 다음에서 확인할 수 있다.

한국과 베트남 양국 사이에 있었던 과거의 일을 지금에 와서 거론할 필요가 없다. 지금은 과거를 접어두고 한국과 베트남 양국의 현재와 미래를 위해 상호 협력해야 한다. 전쟁과 관련하여 책임을 따진다 하더라도 전쟁의 주체였던 미국정부와 따질 것이다. 따라서 그와 관련해 한국정부와는 더 이상 할 얘기가 없다. 오히려 베트남의 상처를 치유하기 위해 한

---

60) 한국군의 3단계 작전개념은 다음과 같다. 제1단계, 수어지 관계인 베트공과 주민을 분리시킨다. 제2단계, 주민과 베트공의 상호관계를 차단해 베트공을 고립시킨다. 제3단계, 고립화 또는 무력화된 베트공을 압도적으로 우세한 병력과 화력을 집중하고, 신속한 기동으로 포위 및 포착 섬멸한다(최용호, 2004:220).

국군이 주둔했던 중부지역에 학교와 병원을 건설해 주는 등 한국정부의 인도적 지원에 감사하고 있다.[61]

한편 베트남전쟁 참전용사단체는 "양민학살은 있을 수 없으며, 베트남전쟁의 특성상 상당수의 '민간인 피해'가 있었을 뿐이다"라고 주장한다.

베트남전쟁 기간 중 발생한 민간인 피해는 이 전쟁을 이해함에 있어서 매우 복잡한 현상 중의 하나이다. 기간 중 발생한 모든 사망, 실종사건은 해당지역 내 작전에 참여했던 군대의 소행으로 간주될 개연성까지도 안고 있다. 더욱 상황의 심각성을 더하게 하는 일은 이 문제가 베트남에서보다는 한국 내, 그것도 한국의 정부에 의해서 공식적으로 제기되는 것이 아니라 특정 이념적 성향을 가진 학자, 단체, 그리고 언론매체 등에 의해 지속적으로 거론되고 있다는 점이다.

5) 난민문제

베트남전쟁에 있어서 난민의 문제는 새로운 쟁점이다. 베트남전쟁을 계기로 한 인도차이나 전반의 난민문제는 현재까지 베트남전쟁을 연구함에 있어서 소홀히 다루어졌다. 1979년 7월 20일부터 21일까지 제네바에서 열렸던 인도차이나 난민문제를 해결하기 위한 회의에서 난민문제를 전담하고 있는 유엔난민판무관실(UNHCR)의 보고에 따르면, 1975년 인도차이나 반도가 공산화된 이후, 약 1백만 명 이상이 인도차이나 반도를 벗어나 제3국으로 떠났다고 한다.[62] 즉 23만 5,000명이

---

61) 베트남 인문사회과학원장(Nguyen Duy Quy) 한국 국방부 군사편찬연구소 방문시 인터뷰(2002. 5. 7), 최용호(2004:431-433) 재인용.
62) 1975년 4월 베트남 공산주의자들에 의해 남베트남이 점령된 이후, 남·북 베트남으로부터 피난민들이 그들의 고국을 떠나는 수가 점점 증가하였는데, 그 배후에는 하노이 당국이 난민들의 국외탈출을 사주했다는 주장도 제기되었다.

중국으로 탈출했으며, 1975년에는 13만 명이 미국에 정착했다. 55만 명이 동남아 여러 나라, 특히 태국, 말레이시아, 인도네시아, 홍콩, 그리고 필리핀 등지에서 제3국에 정착했다. 이 회의가 끝난 이후에도 인도차이나 반도로부터 난민의 물결은 그치지 않고 1980년 중반까지 5만 명의 베트남인, 5만 명의 라오스인, 그리고 3만 명 내지 4만 명 정도의 캄보디아인들이 그들의 고국을 떠났다. 1980년 중반까지 35만 명의 '보트피플'을 포함하여 약 75만 명이 베트남으로부터, 약 50만 명이 캄보디아로부터, 그리고 약 30만 명이 라오스로부터 떠나 난민생활로 방황했다.63)

인도차이나 전체의 난민 중에서도 베트남 난민들의 경우, 한국에 입국한 난민은 총 1,341명이었으며, 이 중 순수 베트남인과 한국인과의 혼혈인은 총 988명이었고([표 9] 참조), 이 중 941명이 제3국으로 이주했으며([표 10] 참조), 이후 베트남계의 난민은 50명 미만이 한국 내에 살고 있다. 이후 여러 가지 곡절에 의해 총 72명이 한국에 체류하고 있는 것으로 나타났다. 이는 제3국으로부터 한국으로 재입국하거나 추가로 입국한 경우인 것으로 보인다([표 11] 참조).

[표 9] 한국입국자 중 베트남 난민의 국적분포표(단위 : 명)

한국인	한국인과 베트남인 사이의 자녀	순수 베트남인	중국인	필리핀인	계
309	659	329	33	1	1,341

자료 : 『동아일보』, 1975. 5. 13, 김기태(2002:191) 재인용.

하지만 베트남 측은 이들 난민들이 비생산적이며 자본주의적인 소비풍조에 물든 자들로서 사회주의 체제 내의 새로운 경제에 적응할 수 없는 자들이라고 말했다(*Asian Survey*, XIX(1), Jan. 1979, 김기태, 2002:185 재인용).

63) *Asian Thought & Society*, V(14), Sept. 1980, 김기태(2002:183) 재인용.

[표 10] 베트남 난민 제3국 이주자의 나라별 현황(단위 : 명)

미 국	캐나다	프랑스	자유중국	필리핀
668	164	51	43	1
일 본	서 독	호 주	홍 콩	계 : 941
4	1	5	4	

주 : 『이산가족백서』, 대한적십자사, 1976, p.237, 김기태(2002:191) 재인용.

[표 11] 각국에 산재한 인도차이나 난민현황(기준 : 1979. 10, 단위 : 명)

한 국	말레이지아	싱가폴	홍 콩	마카오	일 본	태 국	필리핀
72	45,743	1,956	64,754	3,447	1,205	174,671	6,567
뉴질랜드	캐나다	프랑스	영 국	미 국	인도네시아	중 국	호 주
599	15,365	28,903	3,013	98,313	32,800	250,000	20,212*
(355)	(12,304)	(5,346)	(2,837)	(65,317)			(16,809)

주 : '*'는 1978-1979.9.30 동안의 정착자에 한함. ( )안의 숫자는 보트피플임.
자료 : *Asia Year Book*, 1980, p.110, 김기태(2002:183) 재인용.

이와 같은 인도차이나 반도의 난민문제는 1970년대 말부터 1980년
대까지도 계속해서 이어졌다. 특히 이 문제가 한국과 밀접한 관련을
가진 사례가 있다. 다음은 관련기사 내용이다.

「전제용 선장 유엔 난센상 후보에 / 85년 '보트피플 96명' 목숨 구해」
　1985년 11월 침몰 직전의 목선에서 사투를 벌이던 보트피플 96명을
구한 참치잡이 어선 선장 전제용(64, 양식업/경남 통영시 당동) 씨가 유엔
난센상 후보에 올랐다. 미국 로스앤젤레스에 있는 '캡틴 전' 난센상 추천
위원회는 최근 스위스 난센상 심사위원회로부터 전씨가 수상후보 기운데
1명이라는 통보를 받았다고 24일 밝혔다. 난센상 심사위는 2005년 3월
수상자를 발표할 예정인데 전씨는 소말리아와 이라크, 아프가니스탄 출신
후보 10여 명과 경합 중인 것으로 알려졌다. 19년 전 베트남 난민을 구한
이름 없는 '영웅' 전씨는 지난 8월 캘리포니아주 오렌지카운티에 기반을

둔 베트남계 커뮤니티의 초청을 받아 미국을 방문하기도 했다. 난센상은 국제적인 난민구호·원조에 기여한 개인이나 단체에 수여하는 유엔의 최고상이다.[64]

이 기사의 내용은 많은 것을 시사하는데, 우선 1980년까지도 인도차이나 반도의 난민문제가 해결되지 않고 있다는 점, 그 도움을 준 사람이 참전한 나라의 적대국의 민간인이었다는 점, 도움을 준 사람이 국제적인 인권상 후보로 선정되었다는 점, 그리고 그 도움을 받은 사람이 현재의 베트남 정권과 같은 계열이 아니라는 점이다.[65]

이와 같이 베트남 난민을 포함한 인도차이나 반도의 난민문제는 베트남전쟁을 재평가하는 데 있어서 중요한 고려요소가 되어야 하며, 향후 관계를 지속해 나가는 데 있어서도 중요한 관건이 될 수 있을 것으로 보인다.

6) 참전용사 추모 및 기념 문제

현재 한국 내에서의 베트남전쟁은 기억하고 싶지 않은 전쟁으로 평가되는 경향이 있다. 참전유공자들과 전사적 맥락에서 중요성을 인지하고 있는 측에서는 그 중요성에 대해 스스로 자부하고 있을 뿐만 아니라 다른 사람들에게도 적극적으로 알리고자 하는 노력을 하고 있는 실정이다. 베트남전쟁을 기억하기 위한 법률적인 근거는 다음 법령에

---

64) 『세계일보』, 2004. 12. 27.
65) 이 중에서 마지막의 내용은 향후 베트남정부가 세계 보편적 입장에서 한국과의 교류를 활성화할 수 있느냐의 중요한 관건이 될 것이다. 또한 이 문제를 포함한 인도차이나 반도의 난민의 문제는 현재의 북한의 인권문제뿐만 아니라 베트남전쟁 당시 한국군에 의한 '반인륜적 행위'(만약 그것이 고의로 자행된 바가 있다면)를 평가하는 데 있어서 중요한 고려요소가 되어야 하며, 향후 관계개선을 위한 베트남 정부의 중요한 과제가 되어야 한다고 본다.

서 찾을 수 있다.

「참전유공자예우에관한법률」(일부개정 2003.5.29 법률 6922호)

제4조 (국가등의 책무) 국가 및 지방자치단체는 참전유공자의 예우와
　　　지원을 위하여 다음 각호의 사업을 행한다. (개정 2002.1.26)
1. 참전유공자의 명예를 선양하기 위한 사업
2. 참전유공자의 호국정신을 승계하기 위한 사업
3. 참전유공자의 복리를 증진하기 위한 사업
4. 6 · 25전쟁 참전국과의 우호증진을 위한 사업

「참전유공자예우에관한법률시행령」
(일부개정 2004.1.17 대통령령 제18226호)

제4조 (국가 및 지방자치단체의 사업범위) 법 제4조의 규정에 의하여
　　　국가 및 지방자치단체가 참전유공자의 예우 및 지원을 위하여
　　　행하는 사업의 구체적인 범위는 다음 각호와 같다.
1. 참전기념탑 및 참전기념비 등 조형물의 건립
2. 참전유공자의 명예를 선양하기 위하여 대통령이 수여하는 참전유공
　　자증서의 교부
3. 참전유공자가 사망한 경우 영구용 태극기의 증정
4. 참전기념사업에 관한 교육 및 홍보와 이에 관한 간행물의 발간
5. 참전관련 연구 및 학술활동 등의 지원
6. 참전유공자의 명예선양 또는 호국정신을 계승하기 위한 참전기념사
　　업을 추진하는 법인 · 단체 및 개인에 대한 지원
7. 6 · 25전쟁 참전국과의 우호증진을 위하여 국가보훈처장이 필요하다
　　고 인정하는 사업
8. 그밖에 참전유공자의 명예선양 및 복리증진을 위한 사업

이와 같이 베트남전쟁 참전자에 대한 예우를 위한 법률적 근거(참전
유공자예우에관한법률 및 시행령)에 의거 예외조항 없이 다른 전쟁의

참전자와 같이 규정하고 있다.

그런데 외형적으로는 법률적 장치가 되어 있음에도 불구하고, 참전용사들은 상당한 불만을 토로하고 있는 실정이다. 그 대표적인 예는 '베트남전 참전 국군 파병의 날 제정'에 관한 여론이다.66) 6 · 25한국전쟁의 경우, 참전용사들을 추모하는 기념물들은 출신별, 병과별, 지역별 등으로 다양하게 추모되고 있다. 하지만 베트남전 참전자를 위한 별도의 국가주도적 기념물이나 의례의 날은 아직까지 공식적으로 전무한 실정이다. 최근 강원도에 건설 중인 '파월용사 만남의 장'에 세워지는 참전기념물에 국가보훈처에서 5억 원을 지원했다고 하지만(심주형, 2003:75), 이것도 지원사업이지 주관사업은 아니다. 뿐만 아니라 베트남전쟁에 참전했다가 적에게 붙잡혔던 한국군 포로가 3명뿐이라는 국방부 공식발표와는 달리 20명 이상이라는 주장이 제기된 것도 같은 맥락에서 불만요인으로 작용했다.67)

이와 같이 베트남전쟁에 대한 국가적 추념사업의 미온적 실태는 다음 몇 가지 사례에서 더 찾을 수 있다. 첫째, 국립묘지 안장실태이다. 동작동 국립현충원의 경우, 베트남전 참전이 지속되면서 전사자가 늘

---

66) 국가보훈처 홈페이지(국민참여 코너)에 베트남참전전우회의 회원이 2002년 7월 19일부터 8월 18일까지 1개월간 전국의 네티즌에게 호소하는 글이 실렸다.

67) 이러한 주장은 한나라당 박승환 의원이 연합뉴스와의 인터뷰에서 선행연구자료(경북대 허만호 교수, 「북한 인권문제의 다자간 협의」, 구체적인 출처가 불분명하여 표기하지 못함)를 토대로 밝힌 내용이다. 여기에는 구체적인 이름까지 직시되고 있는데, 조준분, 김홍삼, 김수근, 김성모, 이창훈, 이길영, 이윤동, 민경윤, 박양정, 신창화 등은 한국정부가 1994년 4월 22일과 2000년 7월 27일에 발표한 베트남전쟁 한국군 실종자 명단에서 누락된 사람들이라는 것이다 (http://bbs.yonhapnews.co.kr, 2005. 2. 13). 국방부 발표에서 3명이라고 하는 정확한 근거가 어디에서 비롯된 것인지는 확실치 않으나, 국방부 군사편찬연구소의 최용호 선임연구관(2001:18)에 의하면, 총 실종자는 육군 6명, 해군 3명으로 9명이라고 이미 밝힌 바 있다. 이를 감안한다고 하더라도 추가해서 밝혀진 것은 추후 명확히 규명되어야 할 것이다.

어나자 1971년부터 1973년까지 묘역 증설을 하게 되는데, 충분히 준비
되지 않은 묘역과 관리체계는 그나마 전사자들을 사건사적으로 한데
모일 수 있게 하기보다는 뿔뿔이 흩어지게 했다([그림 3] 참조).

[그림 3]

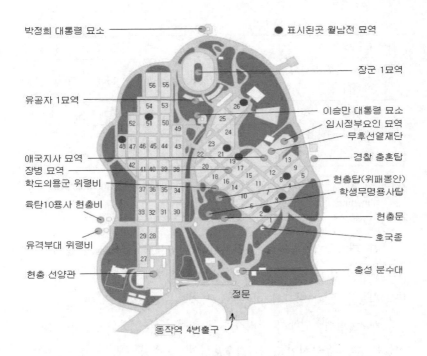

주 : 초기 파월자는 26번 묘역에 많고, 1970년 이후는 2번, 3번 묘역에 많이 묻혀
   있음. 파월 전사자는 총 4,646위로 주로 제 2, 3, 8, 19, 21, 26, 48, 51묘역에
   안장되어 있으며, 묘역별로는 사병이 총 4,341기로, 2번 묘역 971기(7104-
   7303), 3번 묘역 565기(7103-7301), 8번 묘역 67기(6903-7005), 19번 묘역
   284기(6904-6910), 21번 묘역 407기(6803-6903), 26번 묘역 1,482기(6611-
   6804), 48번 묘역 231기(6604-6611), 51번 묘역 334기(6511-6605) 등이며, 장
   교는 총 305기로, 장교 3 묘역 57기, 장교 51 묘역 248기로서, 전체 파월장
   병 안장은 총 4,646기임.
자료 : 국립현충원, http://www.vietvet.co.kr 재인용(2005. 3. 6 검색).

[표 12] 국립현충원 사진전시실 구성 내용

	전시거리	영상매체	판넬수	사진수
제1부 민족의성역 국립묘지소개	35M	1개	8개	33매/3점
제2부 민족사관(우리민족의기원)	27M	-	11개	52매/19점
제3부 국권피탈과 항일투쟁	47M	1개	35개	189매/12점
제4부 국권회복 (조국광복과 대한민국수립)	13.5M	1개	6개	23매
제5부 6·25전쟁과 동족상잔의 비극	32M	1개	17개	87매
제6부 휴전 이후 북한의 도발 및 북한의 실상	12M	1개	15개	70매/167점
제7부 통일로 가는 길	5M	-	3개	11매/1점
제8부 우리의 나아갈 길 (자랑스런 한국인)	28.5M	1개	1개	40매/1점

자료 : 국립현충원(대전) 홈페이지(http://www.mnd.go.kr:8088/html/memorial_html/
memorial.html, 2005. 2. 15 검색)

한편 대전국립현충원의 사진전시실의 규모를 살펴보면([표 12] 참
조), 베트남전 관련사항은 전무하다. 제5부에 이어서 베트남전 및
PKO활동을 통해 전사했거나 순직한 경우도 고려해 볼 수 있다.

둘째, 국립현충원에서 관리하는 '현충시설물'의 경우이다. 이 현충시
설물은 '독립운동시설'과 '국가수호시설'로 나뉘는데, 국가수호시설은
총 852개소로, 지역별로는 강원 125, 경기 118, 경남 93, 경북 86, 광
주 6, 대구 12, 대전 6, 부산 18, 서울 26, 울산 6, 인천 16, 전남 79,
전북 84, 제주 63, 충남 48, 충북 66로 편재되어 있다. 지역적으로 상
당히 편차가 심한데, 특히 강원도에 상대적으로 많은 국가수호시설물
이 건립되어 있다.[68] 이 중에서 베트남전과 관련하여 인터넷에 탑재하

---

68) 국가보훈처(민족정기선양센터) 홈페이지(http://narasarang.mpva.go.kr, 2005. 2.
14 검색).

[표 13] 국가보훈처(민족정기선양센터) 국가수호시설 중 베트남전 관련 시설현황

전경사진	주요 내용
	소재지 : 강원 강릉시 강동면 안인진리(통일공원내). 실제관리자 : 강릉시 . 건립자 : 베트남참전기념사업회 강릉시지회. 건립연도 : 2001. 11. 6 .명칭 : 베트남참전기념탑 건립취지 : 베트남에 파병되어 세계평화와 자유수호를 위해 몸과 마음을 바쳤던 영동지역출신 베트남참전용사들의 위국헌신 정신을 기리기 위함
	소재지 : 전북 진안군 진안군 진안읍 군하리 58 공설운동장 입구 실제관리자 : 대한해외참전전우회진안군지부(문종운). 건립자 : 베트남참전유공기념비 건립추진위원회(위원장:문종운). 건립연도 : 2003. 3. 21 명칭 : 베트남참전유공 기념비 건립취지 : 세계평화와 민주주의를 수호하기 위해 1963~1973년까지 자유의 십자군으로 베트남에 참전하여 우리민족의 용맹성을 세계만방에 떨친 불굴의 정신을 기념하기 위함.
	소재지 : 충남 논산시 공설운동장 내. 실제관리자 : 논산시. 건립자 : 논산시 건립연도 : 2002 명칭 : 참전 공적비(논산) 건립취지 : 국가와 민족 그리고 자유민주주의를 위하여 한국전쟁과 베트남전쟁에 참여한 참전용사와 무공수훈자의 나라사랑에 대한 참 뜻을 다시 한번 되새기고 오늘날 자유와 평화를 사랑하는 아름다운 정신으로 승화시키고자 건립
	소재지 : 전북 무주군 무주읍 당산리 지남공원 내. 실제관리자 : 무주군수 건립자 : 베트남 참전 전우회 무주지회. 건립연도 : 2002. 11. 11 명칭 : 해외(남베트남)참전기념비 건립취지 : 세계평화와 민주주의를 수호하기 위해 1963~1973년까지 자유의 십자군 베트남에 참전하여 우리민족의 용맹성과 전쟁의 신화를 세계만방에 떨친 불굴의 정신을 기념하기 위함
	소재지 : 강원 동해시 천곡동 45-1 실제관리자 : 동해시. 건립자 : 동해시 무공수훈자회. 건립연도 : 2000. 12. 21 명칭 : 호국유공자명비(동해) 건립취지 : 6.25전쟁 50주년을 기하여 6.25전쟁, 베트남전쟁 및 침투작전 참전용사인 전사자, 전상자 및 무공수훈자의 국가에 대한 공헌과 희생을 높이 기리고 이들의 명예를 선양함으로서 참전용사 및 유가족이 기금심을 교양하고 나아가 전국민의 호국정신을 함양하며 또한 전쟁 미경험 세대들에게 6.25전쟁의 역사적의미과 안보의 중요성을 올바르게 인식시키기 위하여 동해 시민의 뜻을 모아 건립

자료 : 국가보훈처(민족정기선양센터) 홈페이지(http://www.narasarang.mpva.go.kr,
　　　2005. 2. 14 검색)

[표 14] 베트남전 참전 기념물 현황(2002년 기준)

번호	명 칭	건립연도	건립주체	위 치	관련행사 명칭 및 시기
1	충혼비(삼기면)	1961. 11.11	삼기면	전남 곡성군 삼기면 원동리	현충일 추모행사
2	충령탑/충령사	1963.6.6	금산군	충남 금산군 금산읍 하옥리 남산중턱	현충일
3	충혼탑(양양군)	1966.6.6	양양군	강원 양양군 양양읍 군행리	현충일 추념식
4	육군소령 강재구상	1966.5.6	창영초등학교 총동창회	인천 동구 창영동 창영초등학교 내	
5	고 이인호 소령 동상	1967	해군 교육사령부	경남 진해시 경화동	현충일 추념식
6	고 이인호 소령 동상	1967	해군사관학교	경남 진해시 앵곡동	인호제(8.11)
7	고 지덕칠 중사 동상	1967	해군 작전사령부	경남 진해시 현동	지덕칠제(2.1)
8	충령사(예산군)	1967.6.6	예산군	충남 예산군 대술면 서산리	현충일
9	충혼탑(양구군)	1967. 5.23	양구군	강원 양구군 양구읍 중리	현충일 추념식
10	충혼탑(횡성군)	1968.6.6	횡성군	강원 횡성군 읍하리	현충일 추념식
11	충혼탑	1973	무안군수	전남 무안군 무안읍 성남리	현충일 추모행사
12	보국충령비/충령사	1974	부여군	충남 부여군 부여읍 관북리	현충일 추념식
13	충용탑	1976	육군종합학교 전우회	서울 송파구 신천 (향군회관 광장)	충용탑 건립 기념식(10.22)
14	위령탑(통영시)	1981.6.6	내향마을	경남 통영시 한산면 비진리	위령제(현충일)
15	충혼비(강정동)	1982	강정동민일동	제주도 서귀포시 강정동	
16	충렬탑(은천동)	1982. 12.31	아산군청	충남 아산시 은천	현충일
17	강재구 소령 추모비	1986. 11.30	육사16기 화랑동기생	강원 통천군 북방면 성동2리	매년 10월9일
18	국가유공자 무훈탑	1990. 6.25	국가유공자 무훈탑 건립추진위원회	충남 서산시 읍내	현충일
19	우리고장 국가유공자 기념비	1992	남이면	충남 금산군 남이면 하금리	
20	우리고장 국가유공자 기념비(금성면)	1992	금성면	충남 금산군 금성면 상가리 (금성면 사무소)	

번호	명 칭	건립연도	건립주체	위 치	관련행사 명칭 및 시기
21	우리고장 국가유공자 기념비(남일면)	1992	남일면	충남 금산군 남일면 초현리	
22	우리고장 유공자 기념비(부리면)	1992	부리면	충남 금산군 부리면 현내리	
23	우리학교출신 국가유공자 기념비	1992. 9.28	남이면	충남 금산군 남이면 하금리 (남이초등학교 내)	
24	남베트남참전 기념비(청산면)	1992.5.5	참전전우회 옥천군지회	충북 옥천군 청산면 교평리	
25	전몰호국용사 충혼비	1992.5	전몰호국용사충혼비 건립추진위원회	충남 부여군 은산면 응산리	전몰호국용사 추모제
26	호국전몰동문 추모비(합포구)	1992	마산고등학교 총동창회	경남 마산시 합포구 완월동	
27	남베트남참전 기념비	1996.9.6	대한해외참전전우회 진천군지부	충북 진천군 진천읍 교성 잣고개 현충공원	현충일 기념행사
28	충혼의 햇불	1996	중도면 지역사회개발위원회	전남 신안군 중도면 중동리	현충일 추모행사
29	충혼탑(암태면)	1996	신안군수	전남 신안군 암태면 단고리	현충일 추모행사
30	현충탑(여수시)	1996	여수시	전남 여수시 종화동 자산공원 내	
31	해외(남베트남) 참전기념일	1997. 11.3	해외참전전우회 영동군지부	충북 영동군 영동읍 부용리 난계로 공원 내	
32	현충탑(영광군)	1997	영광군	전남 영광군 영광읍 무령리	현충일 추모행사
33	남베트남참전 기념탑	1997. 11.10	참전기념탑 건립추진위원회	충남 보령시 성주면 성주리	추모제향 (11.10)
34	대한민국 무공수훈자 기념비	1998	무공수훈자회 창녕군지회	경남 창녕군 창녕읍	
35	무공수훈자 전공비(강구)	1998	영덕군 무공수훈자회	경북 영덕군 강구면 삼사해상공원 내	
36	남베트남참전 기념비	1998. 10.31	남베트남참전 전우회	전북 남원시 산곡 교통산성 공원 내	추모행사(6.25)
37	남베트남참전 기념탑	1998. 4.16	남베트남참전전우회 파주시지부	경기 파주시 조리면 장곡리 체육공원 내	현충일 기념식 (6.6)

번호	명 칭	건립연도	건립주체	위 치	관련행사 명칭 및 시기
38	남베트남참전 기념탑(포천군)	1998. 6.10	남베트남참전전우 회 천군지부	경기 포천군 포천읍 청성문화체육공원 내	
39	남베트남참전 기념탑(음성)	1999. 12.18	남베트남참전전우 회 성군지회	충북 음성군 음성읍 소여리	
40	참전용사탑	1999	참전용사탑 건립추진위원회	강원 강릉시 옥계 천남리	
41	무공수훈자 전공비(경주)	2001	경주시 무공수훈자회	경북 경주시 황성동	
42	남베트남참전 기념탑 (청주 봉명동)	2001. 11.17	남베트남참전 전우회	충북 청주시 흥덕구 봉명동 솔밭공원 내	

주 : 참전 관련 기념물은 그 명칭 혹은 비문에서 '남베트남 참전'을 언급하고 있거
　　나 추모 및 기념 내용에 관련사항을 포함하고 있는 것을 대상으로 함.
자료 : 국가보훈처 홈페이지(http://www.pvaa.go.kr, 2002년 기준), 심주형(2003:72-
　　74) 재인용.

여 공식적으로 관리대상에 포함된 것은 5개소에 지나지 않다([표 13]
참조).

　그런데 다소 이전의 자료에 근거하고 있기는 하지만, 민간에서 주관
이 된 베트남전 참전 기념물은 총 42건으로([표 14] 참조), 이 중 9건
이 명칭에서 '베트남전' 관련 기념물임을 분명히 하고 있는데, 이 기념
물들은 1996년 이후 현재까지 건립된 것이다. 이 중 5건이 참전영웅
관련 기념물인데, 이 기념물들은 한때 교과서에까지 실렸던 장재구, 이
인호, 지덕칠에 관한 것이다. 나머지 28건은 충혼탑, 위령탑 등의 명칭
에서 알 수 있듯이, 기념물의 추모 또는 기념대상이 한국전쟁 등 다른
전쟁들까지 포괄하고 있다.

　베트남전이 종료되기 이전에 건설된 9건 중에서 참전영웅 관련 기념
물 4건을 제외한 5건은 본래 한국전쟁 관련 기념물이었다가 그 의미가
후에 덧붙여진 것이다(심주형, 2003:74).

5. 베트남전쟁에 대한 재평가 및 기억 승화 방향

1) 베트남전쟁에 대한 재평가

(1) 재평가 도구 개요

아무리 현재에까지 영향을 미치고 있는 현상이라고 하더라도, 과거의 특정 시점의 상황을 현재의 시점에서 재평가한다는 것은 매우 어려운 일이다. 특히 순식간에 진행되었던 전쟁이 아니고 몇 년간이나 지속된 전쟁상황을 하나의 척도로 단순화시킨다는 것은 그 주관적 척도가 갖는 한계 이외에도 다른 여러 가지 요인에 의해 제대로 된 평가가 이루어지기 힘들 것이다.

따라서 본 연구가 전제하고, 또한 상정한 바 있는 베트남전쟁에 대한 재평가 척도를 기준으로 해서, 베트남전쟁의 주요한 기억들을 중심으로 새로운 평가를 시도하고자 한다. 평가의 기준은 앞선 제3절에서 논한 바와 같이, 세 가지 범주, 총 13개 원칙으로 요약된다([표 15] 참조).

(2) 주요 기억 유형별 재평가

첫째, 용병문제에 대한 재평가이다. 한국군의 베트남전 참전에 대한 '용병시비'는 법리적 문제라기보다는 심리적 문제로 받아들여지고 있다. 즉 한국군을 용병으로 평가하는 측은 "한국의 베트남전 참전은 그 자체로도 부당할 뿐만 아니라 특히 미국의 경제적 지원을 받고 이루어진 것이다"라고 주장한다. 이와 같은 주장은 국방부가 공식적으로 참전을 통해 전쟁경험을 체득할 수 있었고, 국가발전을 이룩할 수 있었기 때문이라고 주장하는 데서 그 근거를 찾고 있다. 하지만 국방부의 논리도 문제가 있다. 왜냐하면 최초 국가가 베트남전쟁에 참전하고자 했던 의도 자체가 국가이익 도모, 전쟁경험 체득 등을 포함하고 있었

[표 15] 베트남전쟁 재평가를 위한 척도

범 주	원 칙	주요 내용
전쟁 자체의 정당성	① 정당한 명분	- 공정한 명분, 정당화, 충분한 이유 - 특정국가의 자기방어적 권리를 전제
	② 좋은 의도	- 좋은 의도로 전쟁 개시 . - 전쟁이 원만히 진행된 후 당사국의 의도에 대한 평가 가능
	③ 비례성	- 전쟁수행 비용이 예상되는 이득과 조화되어야 함 - 전쟁해석의 주관적 한계점
	④ 성공가능성	- 제반요건이 갖추어진 전쟁일지라도 성공할 가능성이 있을 때 개시해야 함.
	⑤ 최후의 수단	- 합리적인 제반 수단을 동원한 후에도 문제해결 안 될 시 전쟁개시
전쟁 자체의 정당성	⑥ 적법한 권위	- 국제사회에서 통용되는 제반기구(국가 등)에 의해 전쟁개시 - 국가 내부적으로는 적법한 법 절차에 의해서 전쟁개시
	⑦ 일관성	- 장기전일 경우, 제반 요건을 갖춘 최초 전쟁의 의도가 계속해서 지속되어야 함
전쟁수행상의 정당성	① 비례성	- 전쟁수행의 군사적 수단이 전쟁목적과 비례해야 함
	② 분별성	- 승전의 필요성에 무관한 군사적 수단의 사용제한 (예 : 비전투원과 비군사적 목표 구분)
	③ 이중효과	- 비례성의 원칙과 분별성의 원칙 동시 고려
	④ 금지된 수단사용금지	- 금지된 제반 수단을 활용한 군사작전 제한
전쟁 자체와 전쟁수행상의 상관적 정당성	① 연계성	- '전쟁 자체의 정당성'과 '전쟁수행상의 정당성' 간의 상관성
	② 상황성	- '전쟁 자체의 정당성'과 '전쟁수행상의 정당성'에 대한 평가에 있어서 상황에 따라 전쟁 개시자의 정당성에 대한 상쇄적 보완

고, 그 결과 이를 달성했다는 주장을 했어야 함에도 불구하고, 논리적 순서를 거꾸로 주장함으로써 마치 전쟁 자체를 특정 목표 달성만을 위한 수단으로 과소평가하는 우를 범했던 것이다. 이와 같이 한국군이 베트남전에 참전했다는 것이 용병이냐 아니냐의 문제는 결국 베트남전쟁 자체가 어떠한 전쟁이며, 그 전쟁에 참전하는 것이 윤리적으로 정당한가라는 문제와 직결된다고 할 수 있다.

우선 베트남전쟁이 어떠한 성격을 가지고 있는지에 대해 평가할 필요가 있다. 베트남전쟁은 이념전쟁의 성격이 강하다.[69] 베트남전쟁이 일어나기 전의 당시 프랑스 상황은 세계적인 공산주의 운동의 시험장이라고 해도 과언이 아니었다. 1949년 5월부터 프랑스 공산주의자들은 "인도차이나 전쟁에 한명의 사람도, (보내지 말고) 한푼의 비용도 (사용하지 말자)"라는 구호를 외치기 시작한다. 1949년 12월 공산당 지도부는 평화를 위한 투쟁을 발전시킬 방안을 강구하기 위하여 소집되는데, 공산당 언론 사무국장 파종(Etienne Fajon)에 의해 소개된 보고서 서문은 "현 시점에서 가장 본질적인 과업인 평화를 위한 투쟁은 모든 민주세력들의 의무이다"라는 점을 명백히 밝힌다.[70] 이 모임에서 처음으로 베트남에서의 전쟁에 사용될 전쟁물자의 제조와 운송과 적재를 반대하는 투쟁이 공산당의 가장 중요한 임무처럼 소개되었던 것이다. 결국 1949년 이후부터 공산주의자들은 '더러운 전쟁'(sale guerre)에 반

---

69) 베트남의 입장에서 볼 때, 베트남전쟁에 대해 민족해방전쟁이라는 평가도 정당할 수 있다. 왜냐하면 민족해방전쟁과 이념전쟁에 대한 평가의 준거가 다르기 때문이다. 전자는 외부세력으로부터 민족의 자주권을 확보하기 위한 전쟁이라는 점에서 비롯된 것이고, 후자는 대치하고 있는 양상 자체가 어떠하냐를 객관적으로 볼 때의 긴장에서 비롯된 것이다. 다만 여기서는 전형적으로 소위 일부 시민단체에서 주장하는 전쟁 자체의 정당성을 확보하기 위해 고의로 미국이 조작했다고 주장하는 그러한 '이념전쟁'은 아니다. 필자는 여기서 베트남전쟁을 이념전쟁으로 진단하게 된 것은 프랑스의 공산주의 운동과 국제공산주의 운동의 연장선상에서 평가하고자 한다.

70) *L'Humanité*, 1949. 12. 10, 이재원(2004:60) 재인용.

대하며,71) '인도차이나의 평화'를 위한 적극적인 선전활동을 진행해 나간다. 프랑스의 일반국민들도 점차 인도차이나에서의 전쟁수행에 대해 비판하는 경향이 높아갔다([표 16] 참조).

[표 16] 프랑스 국민들의 인도차이나에 대한 정책 선호도(1947-1954, 단위 : %)

	1947.7.	1949.7.	1950.10.	1953.5.	1954.2.
질서를 회복하고 증원군을 보낼 것	37	19	27	15	7
베트민과 협상을 할 것	15	-	24	35	42
인도차이나를 포기하고 군대를 소환할 것	-	11	18	15	18
좀더 단호해지든지, 아니면 포기할 것	-	2	3	4	2
UN이나 미국에 도움을 요청할 것	-	-	8	6	1
다른 방안 강구	5	5	-	2	1
무응답	21	25	20	23	29

자료 : *Sondages: Revue française de l'opinion publique*, 1947-1954, 이재원(2004: 77) 재인용.

전쟁 초기에 본질적으로 '식민지 전쟁'의 성격을 띠었던 인도차이나 전쟁은 1949년 말 중국에서 공산당이 정권을 잡고, 중국과 소련 등 공산권 국가들에 의해 북부 베트남 지역을 장악한 호치민의 베트남 정부가 승인되며, 미국 등의 서방세계에 의해 남부 베트남의 '바오다이' (Bao-Dai) 체제가 인정되면서 반공산주의 운동의 성격을 띠게 된다.

---

71) 인도차이나 전쟁 당시 종종 사용되었던 '더러운 전쟁'이라는 용어는 프랑스 공산주의자들에 의해 처음 사용되지는 않았지만 그들에 의해 대중화되었다. 미국의 순회대사였던 불리트(William Bullitt)는 이 용어를 *Life*(1947. 12. 29)에서 처음으로 사용했으며, 프랑스에서는 *Le Monde* 편집장인 뵈브-메리(Hubert Beuve-Méry)가 *Une semaine dans le monde*라는 주간지에서 처음으로 인용하였다. 공산당이 이 표현을 처음으로 사용한 것은 원로 국회의원인 까생 (Marcel Cachin)이 작성한 *L'Humanité*(1947. 1. 21) 기사를 통해서였다(이재원, 2004:78).

이 시기부터 1954년 7월 종전까지, 인도차이나 지역은 서구진영과 공산진영 사이의 냉전의 전초기지로 변하게 된다.

이와 같이 베트남전쟁은 적어도 발단단계에서부터 그 성격이 점차 변화되어 가는 경향이 나타났다. 이는 새롭게 재편되는 국제정세의 변화를 전쟁이라고 하는 변화기제 속에 담아내려고 했던 당시의 열강들의 염원이 반영되었기 때문인 것으로 보인다. 여기서 우리는 베트남전쟁 자체가 갖는 성격이 시간적으로 상당히 오랜 기간에 걸쳐 있다는 점과 이로 인해 그 정체성을 정확히 판단하기가 쉽지 않음을 알 수 있다.

그렇다면 흔히 비난받고 있는 미국의 전쟁 개입에 대해서는 어떤 평가를 내릴 수 있는지를 살펴보아야 할 것이다. 초기에 미국이 인도차이나 반도에서 절대적 강자가 등장하지 못하도록 하기 위한 조치의 일환으로 베트남전쟁에 대한 개입은 대체로 정당했다고 본다.[72] 다만 사태의 진행단계별로 중요한 국면이 있었는데, 즉 미국의 외교업무를 총괄하는 국무부의 정보 사장 또는 왜곡과, 프랑스와의 외교적 관계,[73]

---

72) 그 구체적인 예로, 호치민은 미국의 적대감을 사지 않기 위해 1945년 9월 2일 '베트남민주공화국'의 독립을 선언할 당시, '사회주의 국가'임을 선언하지 않았으며, 독립선언문 첫머리에 미국의 독립선언서의 문구를 사용했다. "우리는 다음과 같은 것을 자명한 진리라고 생각한다. 모든 인민은 평등하게 태어났으며, 조물주는 몇 개의 양도할 수 없는 권리를 부여했는데, 그러한 권리 중에는 생명과 자유와 행복의 추구가 있다."(유인선, 2003:363). 또한 추후에 해지된 비밀문서인 Pentagon Papers(제2차세계대전부터 1968년 5월까지 인도차이나에서의 미국의 역할을 기록한 보고서)에는 호치민의 대미외교활동에 대한 기록이 있다. "1945년 말부터 1946년 말까지, 호치민은 백악관에 베트남 정부의 승인을 요청하는 건문을 계속해서 보냈고, 편지를 쓰기도 했다. 처음에는 대서양헌장에서 천명한 내용을 인용하기도 했으며, 얼마 뒤에는 민족자결주의에 관한 유엔헌장을 발췌하기도 했다. 하지만 호치민은 아무런 회신을 받지 못했다." (Maclear, 2003:43)

73) 이와 관련된 내용은 1945년 경 일본 점령군에 대항하여 싸우던 연합군(영국군, 미군, 중국군, 프랑스군 등)을 지원하기 위해 베트남 지역에 파견된 미국 OSS

인도차이나 반도 내의 공산주의 운동,74) 그리고 미국 최고 정치지도자의 판단착오75) 등으로 인해 전쟁의 전략적 기조를 일관성 있게 유지하지 못하였으며, 결국에는 일정 수준의 매듭도 짓지 못하고 중간단계에서 허무하게 빠져나감으로 인해 전체 전쟁의 원성을 모두 안게 되었다.76) 이것이 오늘날 미국이 비난받고 있는 바의 요체이다.

이상에서 살펴본 바와 같이, 미국은 처음부터 베트남을 지배속국으로 삼겠다는 의도가 없었으며, 단지 어떤 형태로든 국제적인 유대를 가진 패권국가가 동남아에 새롭게 등장하는 것을 꺼렸던 것으로 보인다.

이와 같이 미국이 베트남전쟁에 개입하려고 할 당시의 상황은 반패

(Office of Strategic Service) 소속의 파티(A. Patti)라는 소령에 관한 취재형식의 책자에 상세히 나타나 있다(Maclear, 2003:19-50). 트루먼 대통령 재임시 국무부 정세분석가로 일했던 번디(W. Bundy)는 "만약 미국이 프랑스에게 '돕지 않겠다'고 말했다면, 북대서양조약기구(NATO) 국가들의 효과적인 조직화와 재무장이 상당히 힘들었을 것이다"라고 증언하고 있다(Maclear, 2003:61). 또한 풀브라이트(W. Fulbright) 상원의원도 "동맹국 프랑스가 자국의 이익을 위해 우리를 기만한 것이다"라고 프랑스에 대해 비판을 제기했다(Maclear, 2003:47-48).

74) 당시에 베트남뿐만 아니라 인도차이나 전반의 공산주의 운동에 대한 내용은 Maclear(2003:345-353) 참조.

75) 미국의 정치지도자가 베트남전쟁에서 얼마나 많은 실수와 오판을 했는지에 대해서는 다음의 책을 참고. John G. Stoessinger(1988:111-148); 유인선(2003: 404-426).

76) 프랑스의 철수와 베트남공화국의 수립 와중에서 미국의 기본적인 입장은 세계적 수준에서 유럽에서의 혼란이 다시는 일어나지 않도록 하는 데 주된 관심을 가졌던 것으로 보인다. 이 와중에서 가장 문제가 되었던 것은 남베트남 정치지도자의 정치적 신뢰도였다. 실제로 1955년 10월 23일 남부의 정치체제를 군주제로 할 것인지 공화제로 할 것인지를 결정하는 국민투표에서 당시 사이공 유권자는 45만 명이었는데 실제 투표자는 이보다 3분의 1이나 많은 60만 5천 명이나 되었다고 한다(유인선, 2003:396). 미국은 당시 구시대의 황제가 있던 곳을 자연스러운 정치적 거점으로 생각했기 때문에 남부를 베트남에서 더 정통성이 있는 곳으로 생각했을 것이라고 보인다.

권적 동남아시아의 질서 회복과 유지라는 분명한 목표하에 이루어진 것이고, 남베트남 정부의 한국군 참전요청, 그리고 6·25전쟁의 공유 경험과 한·미안보동맹을 근거로 한 미국의 파병협조요청 등은 적어도 미국과의 관계에 있어서 용병이라고 폄하될 만큼의 종속적 관계는 아니었음을 알 수 있다.[77]

이렇게 하여 개시된 베트남전쟁에 한국군이 참전하게 된 것이 과연 용병이라고 말할 수 있는지에 대해 살펴보아야 한다. 한국군의 참전은 우선 먼저 한국 측이 외교적인 의사표명을 국제적으로 한 뒤, 남베트남 측이 공식적으로 요청하여 이루어지게 된 것이다. 오히려 미국은 한국 측의 파병제의 초기 단계에서는 상당히 회의적으로 생각하고 있었다고 본다.[78] 그리하여 초기 파병은 비전투병과 위주로 이루어졌고, 이후 전쟁 양상이 계속해서 확전됨에 따라 미국은 전투를 위한 새로운 우군이 필요했는데, 외교적으로 새로운 나라를 섭외할 만큼의 여유도 없었을 뿐만 아니라 한국 측에서 긍정적으로 생각하고 있는 상황이라 경제적 지원을 약속하면서 전투병의 파병을 요청하게 된 것이다. 그러나 여전히 한국이 미국의 용병이라는 문제제기에 대한 단서는 찾을 수가 없다.

결국 한국군이 용병이라는 문제제기는 "어떤 결과적 성과를 달성했기 때문에 그 원인은 정당하다"고 하는, 결과주의적으로 베트남전쟁을 이해하려고 하는 사람들에 의해 빚어진 것으로 사료된다. 따라서 한국군이 미국의 용병이었느냐 아니냐의 논의는 그 자체로 가치 없는 논쟁이라고 할 수 있다. 여기서 중요한 점은 한국이 최초 의도했던 바가 정당했으며, 그 의도대로 진행되었는가이다.

베트남 파병은 1964년 9월 의무요원과 태권도 교관 파견, 1965년 3

---

77) 이와 관련된 미국, 베트남, 그리고 한국 내에서 이루어진 공식적인 문건을 망라한 총 48건에 대한 문헌자료는 최용호(2003:909-972) 참조.
78) 이승만 정부의 해외파병 시도에 대해서는 최용호(2004:135-137) 참조.

월 공병대인 비둘기부대 파견, 1965년 10월 전투부대인 해병 청룡부대와 육군 맹호부대 파견, 1966년 9월 백마부대 파견 등으로 이어졌다. 8년 8개월 동안 모두 합쳐 32만 5,517명의 국군이 베트남 땅을 밟았으며, 그 결과 전사망자 5,066명, 부상자 1만 1,232명, 미상의 실종자, 그리고 전후 고엽제에 의한 고통을 호소하는 수만 명의 환자가 발생했다.

한국군의 파병은 절차상에 있어서 큰 문제점이 없었다. 특히 최초 파병안에 대해서는 국회에서도 만장일치로 의결, "자유베트남의 지원, 공산위협에 공동대응, 당시 헌법정신에 입각한 국제평화유지와 침략전쟁 부인"의 명분으로 이루어졌고, 당시 파병된 이동외과병원 및 태권도 교관의 파견은 소기의 목적을 달성했다. 그리고 그 국내법적인 모든 절차를 거쳤다.

이후의 추가파병에서는 예의 주시할 필요가 있다. 소위 "베트남전쟁이 명분이 없고 미국의 용병이었다"고 주장하는 측의 주장은 당시 야당에서 극렬하게 반대했는데도 불구하고 한국정부는 이를 강행했다는 점에 주목한다. 하지만 당시의 모든 추가파병은 국내법적인 절차와 국제적 관례를 잘 따르고 있다.

제2차 파병과정에서 공병 및 수송부대 등 비전투요원 2,000명의 추가파병이 있었을 경우에도, 국민의 민의를 직접적으로 대변했던 제47회 국회 제7차 본회의(1965. 1. 26)는 정부의 원안대로 동의하였다. 당시 소수의견으로 "현단계로서는 국토방위에 차질을 가져온다"는 입장이 있었을 뿐이다. 이 과정에서도 큰 문제를 발견할 수가 없다.79)

하지만 실질적인 쟁점으로 부각되었던 것은 전투부대의 파병이 이루

---

79) 이때 이 제2차 파병(비둘기부대) 안건이 야당 측이 빠진 상태에서 가 106, 부 11, 기권 8표로 본회의를 통과되었고, 제3차 파병(맹호부대, 청룡부대) 안건은 1965년 8월 13일 본회의에서 가 101, 부 1, 기권 2표로 통과되었으며, 제4차 파병(백마부대)의 안건은 1966년 3월 20일 대부분의 야당의원들이 불참한 가운데 동의안이 통과되었다.

어졌던 제3, 4차 파병의 경우이다. 이 경우 파병의도(= 명분)와 결과
는 어느 정도 부합되는지 살펴볼 필요가 있다. 그 과정에서 정치인 등
은 편견 없이 지지하는 분위기를 연출하였다. 국내법적으로 전혀 문제
가 없이 작동하고 있었다. 물론 야당인사들 중에는 극렬한 반대를 하
는 사람들도 있었는가 하면 반면에 찬성하는 자들도 있었다.[80] 심지어
여당인사 중에서도 반대하는 경우가 있었다. 이와 같이 당시 파병반대
는 정치적 의사결정의 정상적인 과정에서 일어난 일시적인 현상이었지,
야당이 일색으로 반대하고 여당이 일색으로 찬성하는 파벌적 국면은
아니었음을 알 수 있다.[81] 즉 박정희 대통령이 전횡하여 파병을 주도
했다고 하는 세간의 비판은 설득력이 떨어져 보인다. 당시 국회동의안

---

80) 후에 한국의 대통령이 된 김대중 당시 민중당 대변인은 1966년 맹호부대가 주
   둔한 뀌년을 방문하여 장병들을 격려한 바 있으며(『서울신문』, 1998. 12. 14),
   또한 민중당의 박순천 총재도 9월 3일, 주월 한국군부대를 방문하여 참전장병
   들을 격려하기도 했다. 귀국 후 박순천 총재는 『동아일보』 기고문을 통해, "결
   과적으로 파병을 잘했다고 생각한다. 그리고 더 많은 우리 장병을 베트남에 보
   내고 싶다"고 말했다고 한다. 또한 박총재는 비행기 위에서 풍요의 대지를 내
   려다본 뒤 너무도 황홀한 나머지 베트남 땅에 입을 맞추며, "우리 민족이 처음
   으로 남의 나라에 군대를 보내고 민족의 위력을 발휘한 이 감격, 이 비옥하고
   광활한 땅이 우리의 것이라면 얼마나 좋겠는가"라는 소회를 남겼다.
81) 하나의 예시로 당시 야당의원 조윤형 의원(민중당)은 "38선의 연장이 남베트남
   이고 동남아이므로 파병을 찬성한다"고 했고, 여당 측에선 박종태 의원이 "미
   국과 한국의 입장은 본질적으로 다른 만큼 파병을 반대한다"고 자신의 입장을
   밝히기도 했다(이종각, 「'파월' … 뜨거웠던 국회공방 / '페만파병' 계기 되돌아
   본 '그때'」, 『동아일보』, 1991. 1. 9.). 여기서 한 가지 재미있는 일화가 있다.
   당시 공화당 의원 중에서도 박정희 대통령의 핵심 측근이었던 차지철 의원이
   베트남 파병을 반대했던 것은 박대통령의 지시에 의한 것이었다는 주장이 있
   다. 진투부대 파병을 계기로 미국으로부터 실리를 얻어내려 했던 바대통령의
   입장에서는 국회에서 파병을 반대하고 있다는 사실을 미국에 보여줄 필요가
   있었다. 그리하여 박대통령은 차지철에게 파병을 반대하는 여론을 일으키도록
   지시했다는 것이다. 그러나 상황이 고조되었는데도 불구하고 계속해서 파병반
   대를 주장하는 바람에 박대통령이 "그만 끝내라"는 지시를 내리기도 했다는
   것이다(최용호, 2004:167-168).

상정시 야당의원이 배제된 상태에서 의결된 것은 당시 한일협정비준안이 동시에 국가적 이슈로 부각되어 같이 계류되었기 때문에 파병반대의 명분이라기보다는 오히려 후자에 더 많은 관심을 가지고 이루어진 것으로 보인다.[82]

이러한 일련의 과정을 통해서 볼 때, 한국군이 베트남전쟁에 참전하게 되는 과정에서 미국의 용병으로 참전하게 되었다는 근거를 확인할 수 있는 대목을 찾기란 매우 어렵다. 그렇다면 소위 '용병론'이 지향하고자 했던 '명분 없는 전쟁'이라는 평가에 대해 진단해 볼 필요가 있다. 제3, 4차 파병에 있어서 절차적 정당성은 이미 전제되어 있음을 앞서 밝혔기 때문에 여기서는 그 의도(이유)를 중심으로 살펴보고자 한다.

1965년 7월 14일 전투부대(맹호부대와 청룡부대)를 파병하기 위한 '동의요청 이유'는 다음과 같다.

1. 대한민국 정부는 지난 1965년 6월 21일, 남베트남공화국 수상으로부터 1개 사단 규모의 전투부대를 파병해 달라는 요청을 접수했다.
2. 자유남베트남에 대한 공산주의 위협은 동남아 자유진영은 물론 우리나라의 안전보장에도 직·간접으로 큰 영향을 미치므로 공산주의 침략에 대항하는 대공방위력을 강화해 남베트남의 안전을 회복하는 데 공헌함으로써 아시아에 있어서 반공보류를 구축하고, 나아가서 세계평화에 기여하고, 동시에 6·25 당시 우리나라에 대한 자유우방의 집단방위노력에 보답하고자 한다.
3. 남베트남공화국의 대공투쟁을 원조하기 위하여 조속한 시일 내에 국군 1개 사단 및 필요한 지원부대를 파견하고자 한다(최용호, 2003:950).

1966년 3월 2일 정부가 국회에 추가 전투부대(백마부대)를 파병하기 위한 '동의요청 이유'는 다음과 같다.

---

82) 『동아일보』, 1991. 1. 9.

1. 남베트남에 파견되어 있는 국군은 남베트남 도착 이래 그 용감성과 한국전에서 얻은 경험을 살려 공산침략자 소탕, 재건 및 대민사업에 유래 없는 성과를 거양함으로써, 남베트남공화국 정부당국은 물론 남베트남 국민들로부터 두터운 신뢰를 받고 있으며, 남베트남을 지원하는 자유우방국들로부터도 용감한 정예군대로 널리 알려짐으로써 대한민국의 국위를 해외에 널리 선양하였음.

2. 남베트남에 파견된 맹호사단은 편제상의 3개 연대 중 2개 연대만으로 구성, 파견했으나 전술운영상 완전편성이 요구됨.

3. 현재 남베트남의 군사정세는 미국의 북폭과 병력증강 및 한국군 전투부대 투입으로 인해 작년에 비해 상당한 호전을 보이고 있으며, 반면 공산군은 미 공군의 강타로 막대한 피해를 입어 보급, 군수, 연락, 통신 등 불선(不尠)한 타격을 받고 있음. 이러한 기회에 한·미·월 3국을 비롯한 우방각국의 병력증강은 남베트남 정세를 급속히 호전시키고, 단 시일 내에 승리를 가져올 수 있을 것임.[83]

이상의 제3, 4차 추가파병의 경우에 있어서 그 파병의 의도는 이후 실제 전쟁을 추진함에 있어서 일관되게 적용되었다. 다만 제4차 추가파병을 하는 과정에서 소위 '브라운 각서'(Brown Memorandum, 1966. 3. 4)의 성격은 '용병' 의혹과 '명분 없는 전쟁' 등의 경우 일견 의혹이 제기될 수 있다. 하지만 이는 당시 미국 내의 반전운동 등으로 인해 전쟁수행을 위한 국민적 지지가 하락하고 있는 상황에서 우방국을 상대로 한 협력요청의 산물로 보는 것이 타당하다고 본다. 따라서 상대적으로 전쟁의 정당성이 낮게 평가되는 제3, 4차 추가파병의 경우도 절차적 정당성은 전제되고 있다. 한 가지 유념해야 할 사실은 베트남 참전에 있어서, 한국의 1-2차, 3차, 4차 파병의 경우는 성격이 다소 다르며, 미국의 경우 대통령별로 전쟁수행 방식 및 철학이 상이하므로 이를 고려한 전쟁 자체의 정당성 진단이 요구된다.

---

83) 국방부(1966), 최용호(2004:188-189) 재인용.

둘째, 고엽제 피해 문제에 대한 재평가이다. 이 문제는 베트남전쟁에 참여한 모든 사람들이 관련되어 있다. 심지어 민간인도 포함되어 있다. 일부 시민단체에서는 베트남의 민간인에 많은 관심을 갖고 있지만, 사실상 베트남전쟁에 참전한 한국의 군인 이외의 상사원이나 기술자 등도 여기에 포함될 수가 있다. 물론 그들이 모두 고엽제와 관련된 법령에 수혜자가 될 수 있을지는 별개의 문제이다.

당시 미군은 1962년부터 1971년 1월 사이에 오렌지제(Agent Orange)와 같은 고엽제를 사용했다. 하지만 당시에 이 약품은 '신경작용제'(nerve agents), 포스겐(phosgene) 등과 같은 '치명적인 화학무기'(lethal chemical weapons)로 알려지지는 않았다.[84] 이것이 화학무기금지협약(Convention on the Prohibition of the Development, Production, Stockpiling and Use of Chemical Weapons, and on Their Destruction)의 금지무기에 포함된 것은 1993년의 일이다(Valls, 2004: 113).

고엽제 문제에 대한 윤리적 정당성 문제는 전쟁수행상의 범주에 속한다. 베트남전쟁에서 미군에 의한 고엽제의 살포는 전쟁수행상의 정당성 측면에서 평가가 혼재되어 있다. 우선 전쟁수행의 군사적 수단이 전쟁목적에 비례해야 한다는 비례성의 원칙에 입각해 볼 때 어느 정도 정당성이 있어 보인다. 왜냐하면 당시 전장상황 속에서 적정의 불명확, 민간인과 정규군의 혼재, 그리고 소위 '호치민 루트'를 통한 예상치 못한 중간 침투 등은 어느 정도 이 원칙을 충족해 준다고 사료된다. 또한 금지된 수단 사용금지 원칙에 의한 비난은 어느 정도 벗어날 수 있다고 본다.[85] 왜냐하면 당시 기준에 의하면 고엽제가 국제적인 금지화학

---

84) 하버(Frances V. Harbour)는 여기에 대한 선행연구를 제시하고 있다(Harbour, 2004:113). Ballingrud(1998); Bowen & Gard(1998); Priest(1998); Harbour(1999:47-51).

85) 호치민 루트는 북위 17도선 북족의 꽝빈(Quang Binh)성에서 시작해 베트남 중

무기 목록에 등록되지 않았기 때문이다. 하지만 비전투원과 비군사적 목표물을 고려하는 분별성의 원칙 측면에서 볼 때, 정당성을 충분히 확보하지 못한 것으로 본다. 의도하지는 않았을지 모르지만 베트남의 민간인 희생이 객관적으로 있었다는 사실은 이러한 분석을 지지해 주고 있다. 이와 같이 비례성과 분별성의 원칙에 있어서 평가가 각기 다르기 때문에 이 둘을 동시에 고려하는 이중효과의 원칙 또한 명확한 평가가 어렵다.

전반적으로 베트남전쟁에서의 고엽제 사용은 전투승리를 보장하기 위한 수단으로서의 정당성은 있었지만, 그 사용대상 및 지속시간 등에 있어서 더 많은 관심을 갖지 못하여 전반적인 정당성 확보는 다소 어려울 것으로 보인다.

셋째, 라이따이한 문제에 대한 재평가이다. 전투를 수행하는 군인이 전장에서 자신의 임무 이외의 활동을 통해 빚어진 불상사는 불법적이며, 비난받아 마땅하다. 하지만 베트남전쟁에 있어서 한국군에 빚어진 혼혈의 문제는 상당히 신중한 접근이 필요하다. 앞서 언급한 보도에 의하면, 현재까지 알려진 라이따이한은 최소 5천 명에서 최대 3만 명까지 추산되고 있는데, 이들이 과연 베트남전쟁 당시의 한국군에 의해 빚어졌는지가 매우 중요하다. 그럴 가능성도 있을 수 있지만, 그렇지 않을 가능성도 동시에 상존하고 있다. 예컨대 당시의 한국 군인을 포함하는 일반적인 한국인에 의해 비롯되었을 것이라는 증거도 있다([표 17] 참조). 반면에 한국 군인의 책임을 더 세차게 주장하는 사람들은 "군인이 어떻게 동반 귀국을 할 수 있겠는가"라고 반문할 수도 있을

부의 험준한 라오스와 캄보디아 국경선의 쯔엉선(Truong Son, 長山) 산맥을 따라 라오스와 캄보디아 지역 내에 설치된 북베트남군의 보급로를 말한다. … 라오스와 캄보디아는 북베트남이 자신들의 영토에 군사도로를 건설하고, 이 통로를 통해 수많은 군대가 투입되는 사실에 대해 하등의 문제도 제기하지 않았을 뿐만 아니라 이를 방관하거나 묵시적으로 인정했다. …(최용호, 2004:95)

[표 17] 베트남 난민과 한국인 배우자의 베트남 현지에서의 직업현황

	한국인 배우자	베트남 난민
응답자	51명	89명
응답자 직업분포	전기기사 9, 회사원 8, 정비공 6, 상업 6, 기술직 5, 교직 5, 운전기사 4, 용접공 3, 건축기사 3, 기계공 2, 화학기사 1, 인쇄공 1, 군인 1	주부 31, 산업 22, 회사원 12, 학생 6, 공무원 6, 군인 4
비 고	여자 1명 포함	

주 : 베트남 난민의 한국인 배우자 중 군인의 경우는 1명에 지나지 않음. 확률적으로 단 2%도 되지 않음.
자료 : 김기태(2002:201-206) 참조.

것이다. 여기에는 "군인이 어떻게 전장상황에서"라는 재반박을 방어해야 할 과제가 또 남아 있다.

더욱이 이 라이따이한 문제는 1945년 이전 시기의 한국인들, 베트남전쟁 기간 중 군인 이외의 많은 한국인들, 소위 '한류열풍'으로 인한 한국과 베트남의 국가간 부의 불균형으로 인해 빚어진 '신라이따이한' 문제 등과 함께 매우 복합적으로 심층분석되어야 할 것이다.

이 문제가 모두 해소되고 난 뒤, 전쟁 중에 한국군인이 '라이따이한'의 탄생을 위한 원인제공을 했다면, 매우 심각한 문제이다. 전쟁수행상의 정당성 중에서 비례성의 원칙, 분별성의 원칙을 동시에 파기하고 있다. 이는 군법으로 엄중히 다스려져야 할 것이다.

넷째, 민간인 피해 문제에 대한 재평가이다. 웨스트모어랜드(W. Westmoreland) 장군은 베트남전쟁 중 민간인 피해에 대해, "지난 3년간 전장에 있었던 사람으로서 나는 베트남전쟁만큼 민간인의 재앙을 피하기 위해 많은 주의를 기울였던 전쟁은 유사 이래의 전사에서 찾아볼 수 없다고 단호하게 이야기할 수 있다"고 했다(Maclear, 2003:286). 그만큼 베트남전쟁이 열악한 환경 속에서 진행되었으며, 이러한 상황

은 어려움 속에서 야전군인으로서 전쟁수칙을 준수하기가 쉽지 않음을 보여주고 있다. 전쟁 중 베트남의 민간인들이 피해를 입게 된 것은 전쟁수행상의 분별성의 원칙에 엄격히 반하는 행동이다. 또한 전장상황의 혼란스러움과 자연환경 등을 충분히 알면서도, 북부 호치민이 민간인을 전투원으로 활용했던 점, 남베트남에서의 공산주의 운동 지원, 그리고 국경을 넘는 호치민 루트의 건설 등으로 인해 자신들의 민간인 피해가 급증하게 되었다는 점도 동시에 고려되어야 한다. 이러한 점을 모두 감안하여 연합군 측의 '전략촌 계획' 추진은 그 계획이 누구에 의해 만들어졌는지와는 별개로 전쟁수행상의 비례성의 원칙과 분별성의 원칙, 이중효과의 원칙, 그리고 금지된 수단 사용금지의 원칙 등을 모두 충족하고 있다. 다만 그 시행상의 강압성, 신속성 등은 단점으로 평가되며 충분한 공감대 형성이 부족했던 점도 지적을 면하기 어렵다.

다섯째, 난민문제에 대한 재평가이다. 베트남전쟁과 그 이후 이로 인해 베트남을 비롯한 주변국으로부터 탈출한 난민들의 문제는 국제적으로 매우 심각한 문제로 제기되었고, 현재도 그 영향의 편린은 쉽게 찾아볼 수 있다. 적어도 이 문제에 있어서는 다른 사안과는 달리 쌍방 모두의 적극적인 노력이 요구된다. 특히 베트남 측의 노력은 더욱 혁신적으로 바뀌어야 할 것이다. 왜냐하면 이 문제를 차치하고 "과거를 덮고 미래를 향하자"고 하는 슬로건하에 한국과 베트남 양국간의 상호국익을 추구하려는 것은 이전 시기에 "국익을 위해 또는 민족을 위해 전쟁을 수행한다"고 했던 논리를 크게 벗어나지 못하기 때문이다. 베트남 정부가 진실로 '과거를 덮고자' 한다면, 자신들의 사회주의 운동과정에서 탄압을 못 이겨 이탈한 국제난민들에 대해 더 많은 관심을 가져야 할 것이다. 물론 베트남전쟁에 참여한 모든 주체들의 책임 있는 대안 마련도 동시에 강구되어야 할 것이다. 만약 이 문제가 해결되지 않는다면 베트남으로서는 자신들이 이미 쟁취한 승리의 전쟁 속에서 전쟁 자체의 정당성을 확보할 수 없게 된다. 또한 전쟁 자체와 전쟁수행상의 상관적 정당성도 매우 낮게 평가될 것이다.

여섯째, 참전용사 추모 및 기념 문제에 대한 재평가이다. 현재까지 참전용사에 대한 평가는 두 가지로 요약된다. 우선 대부분의 참전자들이 견지하고 있는 바와 같이, "우리가 거기 있을 때, 너희들은 뭐했느냐"는 입장이다. 한편 일부 시민단체 또는 인권운동을 주장하고 있는 학자들에 의한 "명분 없는 전쟁에 동원된 용병들의 잔혹한 민간인 학살행위"라는 입장이다. 양자 모두 논리적인 오류를 범하고 있다. 우선 전자의 경우, 전쟁에 참여하는 행위 자체를 국가와의 숭고한 계약에 의해 자신의 '임무'를 다한 것에 초점이 있지 않고, 자신의 '공적'이 얼마인가를 기초로 하여 스스로를 정당화하고자 한다. 이는 비합법적인 수단을 동원하더라도 '전공'(戰功)을 달성하기만 한다면 자신의 행동은 합법적이라고 하는 오류를 범하고 있는 것이다. 이 행위는 오히려 국가의 의지를 항구적으로 유지하는 데 반하는 것으로서, 결국 자신이 추구하고자 했던 본원적인 의도와 이율배반적인 관계에 놓이게 만든다.

한편 시민단체 등에서 주장하는 소위 '명분 없는 전쟁'의 주장도 논리적인 오류를 범하고 있다. 그들이 주장하고 있는 바 또는 전후 베트남정부가 조사하여 밝혔다고 하는 자료에 근거하여 베트남의 민간인이 전쟁수행 중에 부당하게 사망한 경우가 설령 있다고 하더라도, 그것은 베트남전의 '수행상의 정당성'을 평가하기 위한 자료는 될 수 있겠지만, '전쟁 자체의 정당성'을 모두 평가하기 위한 합목적적인 근거가 되기에는 불충분하다.

이러한 논의에 있어서, 참전자들의 행위에 대한 기념사업은 객관적인 선상에서 출발할 필요가 있다. 위의 양자의 오류 가능성을 배제한다면, 참전자들의 행위는 숭고한 군인정신에 근거한 것이다. 설령 권위를 확보하지 못한 국가에 근거한 명령이었다고 할지라도 '(그것이 어떤 것인지를 전제하지 않더라도 법적으로) 마땅히 해야 할 바를 행한 것'에 대해서는 높이 추모되어야 한다.

이와 관련하여 박효종 교수는 국가의 권위가 갖는 근거를 의무론, 결과론, 그리고 철학적 무정부주의에서 찾고 있다. 특히 그는 현실세계가 갖는 한계점을 상정하면서 국가의 모습이 항상 좋을 수만은 없다는 점을 지적하고, 이와 같은 '불완전한 국가'에 대한 공동체 성원들의 복종 의무는 언제나 지향되어야 함을 주장하고 있다(박효종, 2001:39).

현재 베트남전쟁 참전자를 위한 기념시설이 전국에 부분적으로 산재해 있는 실정이지만, 그것도 대다수가 공공기관(국가 등)에 의해서가 아니라 개별단체에 의해서 이루어졌다. 이 점은 국가가 스스로 행한 '전쟁'에 대해 스스로 부정하고 있는 것으로 비판받을 소지가 높다. 더욱이 앞서 살펴본 바와 같이 국가적 현양시설물 중에서도 거의 고려의 대상에 포함되지 않고 있음은 이를 반증하고 있다고 사료된다.

(3) 베트남전쟁에 대한 종합 재평가

한국에서 국가에 의한 기억 독점의 위기는 1987년 소위 '6월 항쟁' 이후 시민사회의 다양한 세력들에 의해 도전을 받게 된다. 그 대표적인 유형이 '5·18 광주민주화운동'이다. 1980년대 중반까지도 5·18 참여자들은 국가에 의해 '폭도'로 인식되었다. 베트남전쟁에 대한 국가의 기억 독점도 바로 이와 같은 연장선상에서 볼 수 있다.

현재까지 베트남전쟁에 대한 선행연구는 특정 부분 하나만을 가지고 전부를 해석하려고 하는 '범주의 오류'(fallacy of category)를 범한 경우가 많았다. 앞서 살펴본 바와 같이 한국의 베트남전쟁 수행은 전쟁의 명분이 가장 낮았다고 평가되는 전투부대의 파병(3, 4차)의 경우에 있어서도 분명하고도 국내법상 절차적 정당성을 확보하고 있었으며, 향후 전쟁이 종결된 이후 이를 대비해 본다고 하더라도 의도한 명분에 합당한 결과를 도출해 냈다고 볼 수 있다. 요컨대 전쟁을 성공적으로 치른 것이었다. 다만 여기서 성공한 결과를 도출해 냈기 때문에 그 의도가 정당했다고 하는 역논리는 또 다른 빌미를 제공하기 때문에 선호되어서는 안 된다는 점을 유념해야 한다.

이것이 이후 소위 '문민화' 과정을 거치면서 '민주화' 또는 '인권' 등의 개념과 부합되면서 상당히 다른 방향으로 와전되기에 이른다. 즉 한국사회에서의 베트남전쟁은 파병 당시의 법논리 또는 정서논리와는 전혀 새로운 조명을 받게 된 것이다. 이는 다른 말로 표현하면 전쟁기억에 대한 국가의 독점적 해설 권위가 도전받게 되었다고 할 수 있다.

한국군의 베트남전쟁 참전은 다음 [그림 4]의 a-b 구간에서 일어났다. 현 상태는 적어도 전쟁기억 측면에서 보면, c-d-e의 '국가권위 실추기'라고 할 수 있다. 적어도 국가권위의 내구성을 회복하는 e지점 이후의 단계에서는 전쟁기억에 대한 국가권위가 안정적 범위 내에서 논의될 수 있을 것으로 본다.

한편 베트남의 베트남전쟁 수행도 전쟁 자체의 정당성을 확보하고 있다고 평가된다. 베트남의 경우 전쟁 자체의 정당성 하위 원칙 중 몇 개(적법한 권위 등)는 완전하게 충족하지 못하고 있다. 특히 북베트남과 같은 편에 서서 전쟁을 치른 남베트남 내부의 VC는 적법한 권위를 확보하지 못했다는 점에서 북베트남 측에 대한 정당성 평가에 있어서 부정적 요소로 작용하고 있으며, 민간인의 전투참여 문제 등도 흠으로 작용한다.

이와 같이 한국과 북베트남 측(VC 포함)이 치른 전쟁은 전쟁 자체의 정당성은 충분히 확보하고 있는 것으로 보인다. 상대적으로 한국 측은 전쟁수행상의 정당성 측면에서 약점이 많고, 북베트남 측은 전쟁 자체의 정당성 확보에 약점을 드러내고 있다.

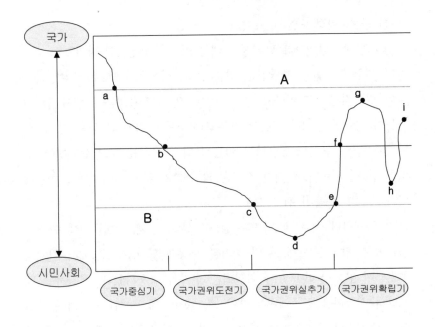

[그림 4] 한국에서의 국가 - 시민사회의 중심축 추이도

주 : A/B는 각 분야의 임계선을 의미함. a-i는 추이과정에서의 중대한 변환점을 말
하는 것으로, a는 국가중심적 경향을 다소 벗어남을 의미하며(이 지점 이전에
는 시민사회에 의한 시민혁명이 일어남), b는 국가중심에서 점차 벗어나기 시
작하는 지점이며, c는 국가중심으로부터 완전히 벗어나서 시민사회중심의 사
회를 의미하며, d는 시민사회중심의 최고조를 의미하며(이때, 국가 강제력을
행사하는 집단에 의한 쿠데타가 발생할 수 있음), e는 시민사회가 국가의 권위
를 어느 정도 인정하기 시작하는 시점이며, f는 시민사회가 국가의 권위를 상
당한 수준으로 인정하는 수준이며, g는 국가중심적 경향으로 경도되지 않는
한에서의 시민사회와의 조화상태이며, h는 시민사회중심적 경향으로 경도되지
않는 한에서의 국가와의 소화상태이니, 이후부디는 본격적인 그회의 균형의
주기를 보여주고 있다는 것임. 여기서 대체로 e-i 사이의 일련의 추이는 국가
와 시민사회의 원만한 조화상태로 볼 수 있음.

2) 베트남전쟁의 기억 승화를 위한 모델[86]

(1) 공유문화적 모델

한국과 베트남의 베트남전쟁에 대한 기억을 긍정적인 방향으로 승화하기 위한 첫 번째 출발점은 양국(민)의 공유문화에서부터 출발하는 것이 현실적인 대안이라고 본다. 일상적인 인간관계를 통해서 알 수 있듯이 경험이 같거나 비슷할 경우 의사소통이 훨씬 잘 됨을 알 수 있다. 국가간의 관계도 공유하고 있는 문화에 근거할 때 훨씬 교류·협력이 잘 될 것이다. 이러한 접근은 과거 좋지 않은 공동기억을 치유해 나가는 데도 도움이 될 것으로 사료된다.

그 구체적인 예로 몇 가지를 들 수 있다. 첫째, 언어문화에 근거한 접근이다. 양국은 고래로부터 한자를 사용해 왔다. 베트남에서 현재의 베트남어 표기방식이 있기 이전에는 한자가 통용되었다. 현전하는 베트남의 시골마을 공동체에서 꺼우 도이(cau doi, 句對)는 쉽게 발견된다. 이는 대립되는 한자로 된 한 쌍의 긴 나무판의 글귀로서, 유적과 관련된 역사 또는 전설의 내용이나 후대에 전하는 교훈의 글귀로 이루어져 있다. 베트남 대부분의 마을에서 전설상의 시조로 알려진 옥화 (Ngoc Hoa, 玉花)라는 인물이 마을 수호신으로 모셔지고 있는데,[87]

---

86) 사회·문화적 측면에서 동남아시아(태국)와의 교류협력 방안을 제시한 연구는 김한식(2004:519-534) 참조. ① 대학수준의 학술교류의 폭 증대, ② 근대화 및 국가발전 모색을 위한 공동협의, ③ 인류학·고고학 분야에서의 공동학술조사, ④ 동·식물 및 산림·해상자원에 대한 공동조사, ⑤ 관광증대를 통한 문화교류(문화관광도시간 자매결연, 관광·문화 협력위원회 구성, 관광지의 연계사업 추진), ⑥ 문화원 상호 개설, ⑦ 청소년 지도자회의 창설을 통한 청소년 교류 확대, ⑧ 태국 내 새마을운동 확산을 위한 공동노력, ⑨ 한국 태권도와 타이 복싱의 상호교류, ⑩ 스포츠 전지훈련장 대여 및 합동훈련, ⑪ 마약퇴치를 위한 협조 등.

87) 지역 거주 베트남 사람들은 덕성(duc thanh, 德聖) 또는 성황(thanh hoang, 城隍)이라고 부른다(최호림, 2003:185). 특히 후자는 한국 전통의 '성황당'과 자

482

그 비명과 비문에는 한자로 내용이 새겨져 있다.[88] 베트남의 지도자였
던 호치민의 한시 작품도 그 한 예이다.[89] 일상의 언어적 편린 중에서
도 한국 전통의 음력 명절 때 입는 어린이의 옷인 '떼떼옷'을 예로 들
수 있다. 즉 베트남어로 '떼뜨'(Tet)가 명절을 의미하는 '절'(節)이기 때
문이다.[90] 그리고 베트남전쟁 기간 중에 통역자가 없을 경우에는 한자
로 필담을 나누기도 했다.[91]

둘째, 음력을 바탕으로 하면서 양력 사용을 동시에 고려하는 접근이
다.[92] 한국의 경우 현재 24절기의 편성 자체가 그 대표적이 표본이라
고 할 수 있다. 한편 베트남에서는 음력중심의 전통적 문화양식이 심

구의 음과 훈이 비슷한 형태를 갖고 있다.

88) 비명은 '玉花公主之墓'이며, 비문은 "一陣還軍殿安宇宙 九玲破賊扶李江
山 婦界出英雌微趙而後 國朝隆布諡生死非凡"이다(최호림, 2003:185,
190). 이 비문의 내용에 대한 해석은 "한번의 진지전으로 적군을 물리치고 땅
을 안전하게 지키고 우주를 빛나게 하였네. 아홉 살의 어린 나이로 적을 평정
하고 리왕조의 강산을 지키도록 하였네. 여자 영웅이 탄생하니 쫑 자매의 뒤를
잇고, 조정이 칙령을 내려 그 삶과 죽음의 모범됨을 기리나니"로 풀이된다. 여
기서 말하는 쫑 자매는 쫑짝(Trung Trac, 徵側)·쫑니(Trung Nhi, 徵貳) 자
매를 말하는 것으로 이들은 AD40-43 기간 동안 한(漢)나라에 대항하여 반란
을 일으켜, 이후 베트남의 외침항쟁의 상징적 인물로 존경받게 된 인물들이다.
그리고 이들의 행적을 기록하고 있는 베트남의 한 민화에서도 두 자매의 이름
이 한자로 표기되어 있다(최용호, 2004:10). 그밖에 현지 주민들의 한국군부대
환영을 위한 각종 플래카드에서도 한자를 쉽게 발견할 수 있다(최용호, 2004:
375).

89) 호치민은 유려한 붓글씨로 1961년 5월 23일자의 한시 한 편을 남긴 바 있다
(김용옥, 2005:56).

90) 이러한 추측에 대해 청운대학교 베트남학과 김종욱 교수는 설득력이 부족하다
고 평가했다(2005. 3. 9, 전화인터뷰)

91) 『한겨레21』 제273호, 1999. 9. 2.

92) 약간의 차이가 있기는 하다. 즉 한국에서의 양력은 기독교의 유래와 서구화와
관련이 있으며, 베트남에서의 양력은 공산주의와 관련이 있다. 이러한 차이점
도 결국은 양국가에 있어서 양력은 외생문화의 도입이라는 점에서는 공통점으
로 인식될 수 있다.

[표 18] 베트남의 주요 국가기념일 현황

일 자	기념일 이름	비고
1.1	양력설(Tet duong lich) *	양력
12.29-1.3	음력설(Tet am lich) *	음력
1.2	람썬 의거(Khoi Nghia Lam Son)(1418년)	음력
1.5	동 다 승전일(Le Dong Da)(1789년) : 꽝쯩(Quang Trung) 장군이 청군을 대파한 기념일	음력
1.6	베트남민주공화국 제1기 초대 국회 총선거일(1946)	양력
1.29	원(몽고)군에 대한 최초 승전일(1258)	양력
2.3	베트남공산당창립일(Ngay Thanh Lap Dang Cong San VN)	양력
2월	하이바쯩(Hai Ba Trung) 의거(40년 3월)	음력
3.8	국제여성의 날(Ngay Quoc Te Phu Nu)	양력
3.8	바익 당(Dach Dang)의 제3차 승전일(1288년)	음력
3.10	훙 브엉(Gio To Hung Vuong)의 제사일	음력
3.26	호치민공산청년단(Doan Than nien Cong san HCM) 창립일(1931년)	양력
4.25	통일베트남 국회 총선거일(1976년)	양력
4.30	승전 및 남부해방일(Ngay Chien Thang, Giai Phong Mien Nam)(1975년) *	양력
5.1	국제노동절(Quoc Te Lao Dong) *	양력
5.7	디엔 비엔 푸 승전일(Ngay Chien Thang Dien Bien Phu)(1954년)	양력
5.19	북베트남전선(Mat Tran Viet Minh) 창립일(1941년)	양력
6.11	호치민 주석의 애국의 경쟁 호소일(1948년)	양력
7.2	제6기 국회에서 국호 "베트남사회주의공화국" 결정(1976년)	양력
7.20	인도차이나전쟁 종결에 관한 '제네바협정' 체결일(1954년)	양력
7.27	상병 열사의 날(Ngay Thuong Binh Liet Si)(1947년)	양력
7.28	베트남노동조합총연맹(Tong Cong Doan Lao Dong VN)(1929년)	양력
8.19	8월혁명성공기념일(Ngay Cach Mang Thang 8 Thanh Cong)(1945년)	양력
9.2	베트남사회주의공화국 국경일(Quoc khanh)(1945년) *	양력
9.10	베트남조국전선(Mat Tran To Quoc) 창립일(1955년)	양력
9.12	응에 띵 소비에트 기념일(Ngay Xo viet Nghe-Tinh)(1930년)	양력
9.23	남부 항전의 날(Ngay Nam Bo Khang chien)(1945년)	양력
10.10	수도 하노이 해방 기념일(Ngay Giai Phong Thu Do HN)(1954년)	양력
10.14	베트남 농민회(Hoi Nong Dan VN)(1930년)	양력
10.15	인민대중동원(Dan Van, 民運)의 날(1949년)	양력
10.20	베트남 부녀연합회(Hoi Lien Hiep Phu Nu VN) 창립일(1930년)	양력
12.19	전국 승전기념일(Ngay Toan Quoc Khang Chien)(1946년)	양력
12.20	민족해방전선(Mat Tran Giai Phong Dan Toc Viet Nam) 창립일(1960년)	양력
12.22	베트남인민군(Quan Doi Nhan Dan VN) 창립일(1944년) *	양력

주 : ' * ' 표시는 공휴일로 지정된 날짜임.

자료 : 최호림(2003:146~148) 토대로 정리.

지어 공산주의식이 국가의 기본 개념에까지 영향을 미치고 있는 부분도 있는 것으로 보고되고 있다. 즉 사회 저변의 압력을 통해 국가가 정책을 바꿀 수도 있다는 입장이다.[93] 현재의 베트남 국경일 중에서 이와 같은 흔적을 발견할 수 있다([표 18] 참조).

셋째, 지역공동체 단위의 유대를 통한 접근이다. 한국에서는 지역별로, 문화적 양식(유교학풍 등) 등에 따라 지역별 전통이 현전하고 있으며, 최근에는 지방자치제가 도입되어 정착단계에 있다고 할 수 있다. 한편 베트남에서도 전통적인 지역공동체 의식이 강하게 존속되어 오고 있다. 그 예가 종호(dong ho)제도이다.[94]

(2) 보편문화적 모델

한국과 베트남의 베트남전쟁에 대한 기억을 긍정적인 방향으로 승화하기 위한 두 번째 출발점은 세계보편적인 문화에 근거하는 방안이다. 평화, 인권, 자비 등은 보편문화의 상징적 이념들이다. 과거의 어떠한 공과(功過)를 떠나서 현재 양국가가 인간적인 고통을 안고 있는 점이 있다면 인간적인 차원에서 도움을 줄 수 있는 접근인 것이다. 그 구체

---

93) Kerkvliet(1995:346-418); Porter(1993:118-126). 공산당 및 국가가 제재하는 조직 외부에 있는 일반 인민들로부터의 압력이 국가정책에 어떠한 영향을 미쳤는지에 관한 연구로는 White(1985:97-114); Fforde(1989); Ngo Vinh Long (1993:165-207); Beresford(1988) 등이 있다.

94) "종호(dong ho)라는 명칭은 독립적인 두 단어 '종'과 '호'로 구성된다. '종'은 혈통(descent)에 '호'는 성(surname)에 해당된다. 종호는 부계 혈통규정에 의해 형성된 혈연집단으로 영어의 리니지(lineage)에 해당된다. 종호는 혈통의 선을 따라 계보적으로 연결된 사람들로 구성되며, 이 구성원들이 계보적 연속성과 공동의 관계를 띠길 수 있는 근거이다. 전통적 베트남 사회에서 종호는 한국의 종족과 거의 흡사하다. 즉 부계제 확대가족의 핵을 형성하는 남성들과 이 남성들과 계보로 연계된 사람들로 이루어진다. 다른 곳에 거주하는 여성구성원(딸, 자매, 고모)은 종호의 성원자격을 가지고 있지만 그들의 배우자나 자식은 포함되지 않는다. 또한 종호구성원은 성(姓)의 부계적 계승을 바탕으로 동성집단(name group)을 형성한다."(전 후 인 로안[Tran Huu Yen Loan], 2003:10)

적인 예로 생각해 볼 수 있는 것은, 첫째, 질병퇴치를 위한 상호협력이다. 그 대상은 인간뿐만 아니라 동식물도 포함될 수 있을 것이다. 우선 베트남전쟁으로 인한 고엽제 환자치료를 위한 의료정보의 교환과 한국의 대베트남 의료지원을 생각해 볼 수 있을 것이다. 가축의 경우, 현재 베트남은 지역적 특수성으로 인해 조류의 바이러스성 질병인 SARS (Severe Acute Respiratory Syndrome) 문제로 매우 어려움에 처해 있다. 여기에 한국이 조력을 할 수 있을 것이다. 최근 보도에 의하면, 서울대 연구팀이 김치 유산균을 활용하여 그 치유방안을 개발했다고 한다.95) 여기에 대한 정보를 베트남에 지원해 주는 방안도 고려해 볼 수 있을 것이다.

둘째, 베트남전쟁 희생자를 추모하는 사업에 공동으로 참여하는 것이다. 베트남에서는 전통적으로 제례의식이 많이 발달되어 있다. 2001년 12월 11일, 베트남 꽝남성 디엔 반현 즈엉읍 하미마을에서는 베트남꽝남성인민위원회와 꽝남성재향군인회의 후원 아래 한국의 (사)남베트남참전전우복지회가 주최하는 베트남전쟁 희생자들을 위한 추도기념비 제막식을 가진 바 있다.96) 매우 고무적인 일이라고 할 수 있다. 하지만 그 형식에 있어서 국가단위의 대형 프로젝트식으로 추도하는 것은 국립묘지급에서 지원·현양하는 것이 더 좋고, 이와 같이 지역단위나 특정 단체에 의한 것은 기금형식으로 '여러 곳에(= 포괄성), 계속해서(= 지속성)' 하는 방식이 더 효율적이라고 사료된다. 왜냐하면 베트남은 전통적으로 농경사회였고, 현재는 부의 평등을 중시하는 공산주의사회이기 때문이다. 따라서 조금씩 나누어서 거출하는 기부문화가 정착되어 있다. 한꺼번에 너무 많은 기부를 한다면 우선 당장 거부반응이 있을 수 있으며, 더욱이 추후에 지속적인 관심이 이어지지 않으

---

95) 『연합뉴스』(http://www.yonhapnews.co.kr), 2005. 3. 7.

96) 사단법인 남베트남참전전우복지회 홈페이지(http://kosvet.price.co.kr, 2005. 2. 16 검색).

486

면 더 많은 실망감을 안겨다 줄 수 있을 것이다.

(3) 실용문화적 모델

체제와 이념 이전에 인간으로서의 생존문제는 언제나 선행한다. 때로는 특수한 경우에 있어서, 특정 개인이 체제와 이념을 위해 자발적으로 희생하는 경우도 있지만 이것이 그 역의 논리에 의해 희생되는 피동적 조치가 아니라면 이 또한 같은 범주에서 논의될 수 있을 것이다.

이와 같은 생존은 사상이나 체제와 같은 상징문화와는 달리 항상 실용적인 생활세계의 문제이다. 따라서 베트남전쟁의 성격에 대한 이념적 평가와 그 성격과는 별개로 현재 베트남 국민과 한국 국민이 상호 공존할 수 있는 현실적인 대안을 모색하는 것이 바로 이 접근법이라고 할 수 있는 것이다. 여기에는 다양한 세부 실천방안이 강구될 수 있을 것이다. 대체로 이러한 접근법에 입각한 몇 가지의 방안을 제시하면 다음과 같다.

첫째, 교육활동을 통한 교류의 활성화이다. 한국의 교육서비스 수지 적자가 OECD국 중에서 최악이라는 보도가 있었다. 즉 한국인이 해외로 가서 유학 및 연수를 하는 데 지출한 금액이 해외의 학생들이 한국에서 유학하면서 지출한 금액보다 월등히 많다는 얘기이다.[97] 그것도 미국 등 몇 개 국가에 국한되어 이루어지고 있음은 다양성이 중시되는 국제화시대에 바람직한 현상이 아니다. 최근 들어 정부는 한국을 잘 알면서 한국에 대해 우호적인 시각을 갖도록 하기 위해 해외인력을 개발하는 동시에 유학수지 적자를 개선하고 국내 대학의 국제화를 촉진하기 위해 해외유학생을 유치하는 데 많은 관심을 쏟고 있다.[98] 이는

---

97) 『동아일보』, 2005. 2. 7.
98) 『중앙일보』, 2004. 12. 6.

매우 고무적인 노력이다. 교육부(국제교육진흥원)에서는 이러한 차원에서 몇 년 전부터 '해외유학박람회'를 개최하여 중국, 인도, 러시아, 캐나다, 베트남, 태국 등에 직접 방문하여 적극적인 홍보전략을 강구하고 있는 실정이다.99) 이 사업에 대상국가로서 베트남이 누락되지 않도록 하는 배려를 해야 할 것이다. 그리고 소위 베트남에서의 '한류열풍'으로 인해 개별적인 유학생이 급증하고 있는데, 이 또한 양국관계의 긍정적 관계변화를 도모하는 데 있어서 중요한 역할을 할 것이다.

둘째, 산업연수 프로그램의 활성화이다. 학술적인 활동 이외에 산업연수를 위해, 베트남의 연수생들이 한국을 방문하고 있는데, 이들은 향후 양국간의 경제교류를 활성화하는 데 많은 기여를 할 것으로 기대된다.

셋째, 다양한 메타적 접근(meta approach)을 활성화할 필요가 있다. 예컨대 의료봉사의 기능도 하면서 수익성 있는 사업도 할 수 있는 것들을 생각해 볼 수 있다.100)

3) 베트남전쟁의 기억 승화를 위한 세부 실천과제

(1) 한국의 과제

첫째, 국가의 권위를 확보해야 한다. 전쟁에 대한 기억과 그에 대한 추념사업 등에 있어서도 권위를 가진 국가의 권력행사가 이루어져야 할 것이다. 오늘날 국가의 개념은 과거 군국주의, 전제주의 시대의 것

---

99) 현재까지 베트남 학생의 장학생 선발은, 1990년 이전까지 2명, 1994년 2명, 1995년 6명, 1996년 6명, 1997년 5명, 1998년 1명, 1999년 5명, 2000년 4명, 2001년 3명, 2002년 2명, 2003년 3명, 2004년 4명이었으며, 2005년에도 4명이 계획되어 있다고 함(국제교육진흥원 정미례 연구사(02-3668-1380)와의 전화인터뷰, 2005. 2. 18).

100) 베트남 호치민시에 성모안과병원(원장: 이경헌)이 개설된 바 있다. 『연합뉴스』(http://www.yonhapnews.co.kr), 2005. 1. 31.

과는 전혀 상이하다. 국민으로부터 위임받은 권력을 제도상으로 갖고 있는 것이다. 그 권력의 위임절차와 권력행사 과정이 합리적으로 되지 않을 경우에, 시민은 국가의 권위에 대한 도전을 하게 된다. 이제 한국 사회는 모든 국민의 사랑을 받으면서, 모든 사람에게 권위를 가진 국가 개념을 창출해야 하는 과정에 있다. 따라서 일부 우익세력에 의한 과거 국가에 의한 모든 권력의 행사는 정당하다는 논리도 지양되어야 겠지만, 일부 좌익세력에 의한 과거 모든 국가의 권력행사는 부당하며 오늘날의 국가 권력행사에 부당하게 개입하려고 하는 행태 또한 지양 되어야 할 것이다.

둘째, 건전한 평화의식을 정착시켜야 하겠다. 전쟁은 평화를 위한 수단에 불과한 것이다. 전쟁을 수행했다는 것 자체만으로 모든 것으로부터 면죄부를 얻으려는 사고는 문제이다. 동시에 평화를 확보하는 길은 모든 전쟁을 반대하는 이른바 반전평화만이 능사라고 생각하는 시각도 극복되어야 할 것이다. 정당한 요건, 정당한 절차에 입각한 전쟁은 정당화되어야 하는 것이다.[101]

셋째, 전쟁의 정당성을 고려함에 있어서, 전쟁의 주요 국면별로 구분하여 평가할 필요가 있다. 예컨대 정책결정자별 또는 전쟁의 성격이 바뀌는 단위별 또는 주요 전투국면별로 구분하여 살펴볼 필요가 있다. 앞서 언급한 바와 같이 베트남전쟁은 한국의 경우 4차 파병단계별로 약간의 성격이 바뀌었으며, 미국의 경우 대통령별로 성격이 다르다. 물

---

101) 이와 같은 입장을 견지하고 있는 사람으로는 사르트르(Jean-Paul Sartre)를 꼽을 수 있다. "… 작가는 폭력을 선험적으로 비난해서는 안 된다. 오히려 그것을 수단으로 생각하면서 그러한 수단의 범주 내에서 비난을 가해야 한다. 특히 중요한 것은 폭력을 일반적이고도 추상적으로 비난하는 것이 아니라 각각의 경우에 있어서 필수불가결한 폭력을 최소화하도록 노력해야 한다는 것이다. 오늘날에는 폭력 없이는 아무 것도 할 수 없으며, 모든 것이 폭력이다. 따라서 문제는 모든 폭력을 비난하는 것이 아니라 무용한 폭력을 비난하는 일이다."(Sartre, 1947:71, 정명환 외, 2004:114 재인용)

론 베트남의 경우도 호치민의 생전 시기와 사후의 시기로 구분하여 살펴볼 수도 있을 것이다.

넷째, 전쟁기록 채집과 해석에 대한 권위를 확보하는 데 더 많은 노력을 해야 하겠다. 현재 전쟁에 대한 역사는 국방부의 군사편찬연구소에서 전담을 하고 있다. 현재로서는 이와 같은 역사적 일들을 다루어 나감에 있어서 큰 문제점이 없을 수도 있지만, 일정기간이 경과되면 나라 전체의 역사와 밀접한 관련 속에서 비교·분석해야 될 필요성이 있다. 이때 새로운 접근과 새로운 연구를 별도로 하는 것보다는 현 단계에서 국방부 군사편찬연구소와 국사편찬위원회가 유기적인 인적·물적 교류를 활성화하는 것이 바람직하다고 본다. 전쟁해석의 권위확보를 더욱 공고히 하기 위해서는 국가 차원의 다양한 전쟁해석을 해야 한다. 소위 정치인들의 파병정책이나 군인들의 전투사를 중심으로 하는 접근 이외에 민간영역에서 제기하는 다양한 요구를 수용하는 방향으로 베트남전쟁 연구를 다변화해 나갈 필요가 있다.

다섯째, 전쟁수행원칙을 세워야 한다. 최근 이라크 파병 때 한국사회는 국론분열의 양상을 보였었다. 군사적 요소를 포함하는 국가 전반적인 제반요소를 고려하는 전쟁수행원칙을 수립해야 한다. 미국의 경우 다음과 같은 요건을 제시한 바 있다. 1984년 11월 28일 와인버거(Caspar Weinberger) 국방장관은 내셔널 프레스클럽 연설을 통해 해외에서 위협받고 있는 미국의 국익을 위해 군사적으로 개입할 때 심사숙고해야 할 여섯 가지의 선행조건, 즉 '와인버거 독트린'(Weinberger Doctrine)을 제시하였다.[102]

---

[102] Avella(1991:217-240), 손규석(2004:252-254) 재인용. ① 사활적 이익(vital interest), ② 최후의 수단(last resort), ③ 명확한 정치 및 군사목표(clear political and military objective), ④ 분명한 승리의 의지(clear intention of winning), ⑤ 의회와 국민의 지지(congressional and public support), 그리고 ⑥ 임무의 재부여와 재평가(reassessment and revaluation)

여섯째, 군법교육을 강화해야 한다. 법률이란 재판 등 송사에 계류될 때 확인하는 조문에 그치는 것이 아니다. 생활 속에서 누구나 알고, 지켜야 하는 도구이기도 하다. 군법도 마찬가지이다. 설령 정당성이 명확히 확보된 전쟁이라고 하더라도, 개개의 군인들이 전투행위를 함에 있어서 부당한 행위를 하게 된다면 전체의 전쟁 자체까지도 매도당할 수 있다. 전투행위와 평시생활 속에서 군인이 행해야 할 규범을 적시해놓은 것이 군법이므로, 평상시에 군인으로서 행해야 할 규범을 가르치고, 그것이 생활화될 수 있도록 해나가야 할 것이다.

일곱째, 베트남전쟁 자체를 기릴 수 있는 상징적인 기념물을 국가에서 주체가 되어 건립할 필요가 있다. 앞서 살펴본 바와 같이 베트남전쟁 참전유공자를 기리기 위한 국가 주체의 독자적인 기념물은 전무하다. 이 속에는 참전자뿐만 아니라 베트남전쟁으로 인해 발생한 민간인 피해자를 추념할 수 있는 공간도 같이 포함하는 등의 이른바 '베트남전쟁공동체'라고 하는 가상공동체 개념에 따라 기획해야 할 것이다. 권위주의 시대에 이러한 논의를 한다면, 일종의 스스로의 합법성과 정체성을 정당화하기 위한 연장선상에서 추진되는 것으로 곡해될 수 있겠지만, 지금은 이 문제가 정권 차원이 아니라 국가적 차원에서 새롭게 논의되어야 할 필요성이 있다. 길리스(Gillis)는 "기념비는 기억보다는 망각을 유도하는 데 주요 목적이 있다"라는 주장을 한 바 있다. 베트남전쟁 자체가 정당하냐 아니냐의 문제는 실제 베트남 참전 용사들에게 있어서 적합한 주제가 아니다. 그들에 대한 평가는 전쟁수행 중에 임무에 충실했느냐의 여부와 임무수행 중에 군법에 따른 행위를 했느냐의 여부에 따라 결정되는 것이다. 베트남전쟁 참전자들의 불만과 원성이 사회문제로 전개되기 전에 기념공동체를 건립함으로써 적어도 베트남전쟁 자체에 대한 아픈 기억을 긍정적인 방향으로 망각해 나가는 노력이 필요한 것이다. 실제 과거 한국의 민주화운동에 대한 기억들이 공간화되면서, 국가와 정부를 상대로 한 저항적 기억투쟁의 강도와 실천이 현저하게 감소된 점은 시사하는 바가 많다(정호기, 2004:243). 이와 같은 맥락에서 '베트남평화포럼'(가칭)을 만드는 것도 제안해 본다.

여덟째, 베트남전에서 희생된 한국군 유해 발굴 작업을 계속해 나가야 할 것이다. 비단 이 문제는 베트남전뿐만 아니라 이후의 파병을 대비해서도 상설 운영될 필요가 있다. 베트남 한국군 유해 발굴 작업은 2003년에 처음 공식적으로 시작되었다.[103] 이 작업은 지속적으로 추진되어야 한다. 왜냐하면 죽은 군인에 대한 예우는 산 자의 사기에 결정적인 영향을 미치기 때문이다. 이러한 논리를 일반화시킬 수는 없겠지만, 외국의 사례 등을 잘 참조하여 기구를 상설화해서 지속적인 유해 발굴 사업이 추진되도록 해야 할 것이다.[104]

아홉째, 베트남전쟁 참전유공자가 추념될 수 있도록 보훈문화의 개념을 개발해야 할 것이다. 그 한 예로 현재 국가적 보훈업무를 가장 권위 있게 담당하고 있는 국가보훈처의 관리대상 시설물의 명칭 중에 '국가수호시설'의 명칭에 국한하여 볼 때, 이는 전쟁 자체가 우리 국토 내에서 일어난 것이어야 한다는 협의적 개념만을 떠올리게 한다. 오늘날의 안보는 한 나라만에 국한된 국지적인 문제가 아니라 국제적인 연대와 협력 속에서 이루어지며, 더욱이 이를 위해 우리의 군대가 여러 가지 자격으로(UN 평화유지군 등) 파병되고 있으며 이를 위한 임무수행 과정에서 순직하는 사례가 발생하고 있다. 베트남전 파병은 해외 파병의 측면에서 보면 건국 이후 처음 있었던 일인데도 불구하고 우리의

---

103) 『KBS 1TV』(밤9시 뉴스, 2003. 9. 26); http://vietvet.co.kr/photo3/youhae01.jpg.

104) 미군에서의 유해발굴 임무는 합동포로및전시행방불명자신원확인사령부(JPAC: The Joint POW/MIA Accounting Command)에서 담당한다. 이 사령부는 2003년 11월 1일부로 창설되었는데, 기존 미육군중앙신원감식연구소(CILHI: U.S. Army Central Identification Laboratory, Hawaii)와 합동태스크포스 (Joint Task Force Full Accounting)가 통폐합되어 만들어진 것이며 425명의 인력으로 구성되어 있다(http://www.cilhi.army.mil, 2005. 3. 10 검색).

안보 및 보훈 개념의 범주가 국가 내부에 머무르고 있기 때문에 이들을 추념하기 위한 현실적 여건을 마련하지 못했다고 본다. 이러한 여건을 감안하여 기존의 '국가수호시설'이라는 용어는 '국가와 임무'를 중심으로 다시 그 바탕을 재정립하여 '애국충혼시설'로 바꾸어 사용하는 것이 바람직하다고 본다.

(2) 베트남의 과제

베트남전쟁에 대한 베트남의 과제는 상대적으로 그 의무의 수준이 높지 않다. 왜냐하면 일종의 피해자로 생각될 수 있기 때문이다. 하지만 베트남 측의 책임이 전혀 없다거나, 앞으로 해야 할 과제가 없다는 뜻은 아니다. 베트남전쟁의 기억에 대한 진정한 승화를 위해 다음 몇 가지를 해야 할 것이다.

첫째, 진정하게 과거를 접어두고자 한다면 자유를 찾아 자신의 나라를 떠난 자신들의 동포를 안아야 한다. 베트남전쟁 이후 국가정비 단계에서 수많은 사람들이 육지로 바다로 자유를 찾아서 베트남을 떠났다. 이들과 화해할 수 있는 계기를 마련해야 한다. 만약 그렇지 않다면 베트남전쟁의 당사자였던 국가, 특히 한국과의 교류·협력을 위한 슬로건으로서의 '과거를 덮자'라고 하는 제의는 하나의 전략적 구호에 그치고 말 것이다.

둘째, 베트남전쟁 과정에서 주변국에 끼친 피해에 대한 정리를 해야할 것이다. 예컨대 호치민 루트는 베트남의 국토에서만 건설된 것이 아니었다. 인접국가들의 영토를 넘어서서 구축되었다. 이로 인해 당시 주변국들은 여러 가지 국가적인 위기감 내지 심리적 위축을 겪었을 것이다. 이에 대한 진정한 화해가 있어야 할 것이다.

셋째, 베트남전쟁의 정당성을 평가함에 있어서 자신들만의 정당성을 고집하지 말아야 하며, 전쟁 자체와 전쟁상황 속에서의 정당성을 직결시키는 아집을 버려야 한다. 베트남의 위정자들은 베트남전쟁 당시 '민족해방전쟁'을 수행하는 자신들의 전쟁만이 정당성을 확보하고 있다는 입장을 갖고 있었다. 하지만 '민족'이라는 집단을 기준으로 하는 '해방전쟁'이 윤리적 판단의 기준이 될 수 있는지에 대한 문제는 그 전쟁 자체가 윤리적 정당성을 가지고 있느냐의 문제와는 별개이다. 더욱이 자신들이 적대시했던 '반공이데올로기에 입각한 전쟁수행자'(미국, 한국 등)의 입장이, 종전 30년이 지난 지금의 시점에서 보면, 베트남 사회에서 그대로 구현되고 있다. 이러한 현상은 전쟁 자체의 정당성에 대한 당시 베트남 위정자들의 사고가 잘못된 것임을 입증해 주는 셈이다. 또한 베트남 사람들은 호치민이라는 개인적 성품(청렴 등)을 기준으로 전쟁 자체의 성격을 평가하려고 하는 경향이 많은데, 논리적인 한계가 있다. 물론 훌륭한 인품을 가진 지도자가 주도하는 전쟁은 도덕성이 높을 개연성이 있으며, 그 휘하 지휘관에 의해 주도되는 전투는 도덕성이 확보될 수 있을지 모른다. 그러나 그 하나의 요인에 전체 전쟁의 성격을 좌우할 수는 없는 것이다.

6. 결 론

역사에 대한 평가는 언제 어디서나 열려 있다. 하지만 지나친 주관적 평가는 현재와 미래의 삶을 방해할 수도 있다. 오늘날 베트남 국민과 한국 국민에게 있어서 베트남전쟁의 역사와 그 기억은 양국의 교류·협력과 공동번영을 위해 새롭게 거듭나야 하는 과제를 안고 있다. 우선 한국 내에서는 베트남전쟁이라고 하는 역사적 사실이 보수와 진보의 대립, 참전자에 대한 엇갈린 평가, 참전자 단체 사이에 있어서의 갈등, 이 문제로 인한 세대간의 갈등, 그리고 이 문제와 관련된 한국 내의 다른 역사적 사실(민주화운동 등)과의 관련성 등 매우 복잡한 갈등양상을 자아내고 있다. 한편 베트남 내부에서는 비록 공산화에 의한 통일을 이루어냈지만 최근에 와서는 베트남전쟁 당시 전제되었던 이념인 공산주의 대신에 자유시장경제 체제로 급격히 선회하고 있으며 특히 이 과정에서 한국과의 절대적 경제교류의 필요성으로 인해 전쟁의 기억을 제대로 정리하지 않고 '접어두자'는 식으로 입장을 정립하고 있는 상황이다. 특히 베트남전쟁 당시 베트남인과 한국 국민(군인 포함) 사이에서 태어난 소위 '라이따이한'이라고 하는 혼혈인의 문제는 양국 간의 빈번한 교류과정에서 새롭게 부각된 '신라이따이한' 문제와 결부되면서 양국간의 새로운 국제문제로 대두되기에 이르렀다.

이와 같은 베트남전쟁에 대한 국가간, 국가 내의 상황을 제대로 진단하고 향후 양국의 발전과 양국가간의 여러 가지 갈등양상을 극복하기 위해, 본 연구는 베트남전쟁을 재평가하려고 했다. 즉 베트남전쟁과 관련된 여러 가지 기억의 파편들을 중심으로 심층적 논의를 해보고, 거기에 합당한 재평가를 단행하고자 했다. 이러한 작업을 위해 전쟁에 대한 '문화·윤리적 접근'을 동원했는데, 이는 전쟁을 하나의 전투행위로 생각하지 않고 일종의 문화적 양식으로 전제하고, 이러한 문화양식으로서의 전쟁을 윤리적으로 재평가하는 순서로 진행했다. 이를 위해 전쟁에 대한 정당성을 평가하는 고전적 척도로서의 '정의전쟁론' 개념을 원용하였다.

정의전쟁론의 핵심적 특징은 전쟁 자체와 전투수행의 과정을 구분하는 것과 그 각각에 대한 윤리적 정당성을 평가하는 것이다. 본 연구는 이와 같은 선행연구의 연장선상에서 베트남전쟁의 기억이 베트남 사회와 한국사회에 각기 어떻게 투사되고 있는지를 평가했다. 여기서 베트남전쟁의 기억이 투사되는 모든 영향력의 공동체적 범주를 '베트남전쟁공동체'로 상정하였다. 그리고 더 나아가서 새로운 입론으로서의 '전쟁 자체와 전투수행 간의 관련성의 정당성'에 근거하여 추가적인 논의를 해보았다.

베트남전쟁은 단일이념으로 시작되고 진행되고 매듭지어진 다른 전쟁, 예컨대 우리나라의 6·25전쟁과는 매우 다른 성격을 가지고 있음을 알 수 있었다. 베트남전쟁에 대해 베트남인들은 '민족해방전쟁'이라고 했고, 미국과 한국을 포함한 연합군 측은 '공산주의에 대항한 자유주의 수호의 이념전쟁'이라고 정의했다. 그러나 각기 다른 것으로 보이는 두 가지의 전쟁에 대한 정의는 모순되기보다는 사실은 상호 공존할 수도 있는 개념이다. 왜냐하면 전자는 '민족'이라고 하는 인종이 주된 관심사이고, 후자는 '이념'이 주된 관심사로서 서로 다른 주제를 말하고 있기 때문이다. 그렇다면 이렇게 공존할 수도 있는 성격의 전쟁에 대한 정의가 대치될 수 있었던 것은 무엇인지에 대해 천착할 필요가 있었다. 그래서 최고통치권자의 전쟁에 대한 기본 시각과 철학에서 그 논의의 출발점을 찾았다. 따라서 베트남전쟁을 제대로 평가하기 위해서는 이 전쟁을 최초에 기획하고 개시한 최종책임자의 기본적인 입장을 조명하는 것이 매우 중요하다고 생각하게 된 것이다. 하지만 논점을 흐리게 할 수 있어서 이 문제에 많은 할애를 하지는 않았다. 이 문제는 '전쟁 자체의 정당성'과 관련하여 다루었다.

이와 같은 전쟁 자체의 정당성을 평가하는 작업뿐만 아니라 동시에 중요한 문제는 '전쟁수행 과정에 있어서의 정당성'이다. 이는 실제 전투행위를 함에 있어 각종 규범에 얼마나 근거하고 있느냐의 사안이다. 그 전형이 베트남전쟁 기간 중의 '민간인 피살'의 문제이다. 특히 고의적이었느냐가 윤리적 쟁점이다. 이 문제에 대해서는 명백한 사실규명이 이루어져야 한다. 왜냐하면 군인은 궁극적으로 싸움꾼이 아니라 평화를 위해 전쟁의 임무를 수행하는 평화의 사도이기 때문이다. 그래서 전시규칙이 있는 것이다.

이러한 논의를 토대로, 본 연구는 향후 베트남전쟁의 기억을 긍정적인 방향으로 승화시켜 나가기 위한 몇 가지의 접근모델과 그에 의한 실천과제를 제시하였다. 우선 접근모델로는, ① 공유문화적 모델, ② 보편문화적 모델, ③ 실용문화적 모델로 구분하여 제시하였다. 세부 실천과제는 한국과 베트남의 역할로 구분하여 제시하였다. 우선 한국의 과제로는, ① 국가의 권위확보 노력, ② 건전한 평화의식 정착, ③ 전쟁의 주요 국면별 구분 평가, ④ 전쟁기록 채집과 전쟁해석에 대한 권위 확보, ⑤ 전쟁수행원칙 수립, ⑥ 군법교육 강화, ⑦ 국가주도의 베트남전쟁 기념물 건립, ⑧ 베트남전 한국군 유해발굴 지속, 그리고 ⑨ 보훈문화 정착 등을 제시했다. 한편 베트남의 과제로는, ① 베트남 난민에 대한 포용, ② 베트남전쟁으로 인한 주변국 피해 정리, 그리고 ③ 베트남전쟁 자체에 대한 정당성 재평가 등을 제안하였다.

결론적으로 베트남전쟁의 기억은 재조명되어야 한다. 그것이 반성의 형태냐 추념의 형태냐는 차후의 문제이다. 한국에게 있어서 베트남전쟁은 정당한 절차에 의해 요청을 받았고, 정당한 절차에 의해 정책결정이 이루어졌으며, 정당한 절차에 의해 국민들의 여론(= 국회)의 수렴이 이루어졌다. 따라서 한국이 베트남전쟁에 참전한 것은 정당한 절차를 거쳤다고 볼 수 있다. 다만 한국의 베트남 파병은 여러 단계에 걸쳐서 이루어졌고, 그 과정의 진행방식은 거의 동일하지만 파병 규모와 부대의 특성, 그리고 임무 등이 다소 차이가 있었으므로 베트남전쟁이라고 하는 단일명제 속에 한꺼번에 평가되어서는 안 될 것이다.

한편 베트남에게 있어서 베트남전쟁도 전쟁 자체의 정당성 측면에서 볼 때 정당했다고 볼 수 있다. 오히려 양자를 비교해 보면, 국민 개개인의 의견에 기준해 볼 때, 한국의 전쟁개입이 더 정당했다고 본다. 이렇듯 한국 내의 소위 '명분 없는 전쟁'의 주장은 범주를 다르게 설정함으로 해서 빚어진 오류를 내포하고 있다고 할 수 있다.

설령 베트남전쟁이 명분 없는 전쟁이었다고 할지라도 그러한 평가에 대한 책임은 국가를 상대로 물을 수 있는 것이지, 전투에 참가한 군인의 책임으로 돌려서는 안 된다. 즉 전쟁 자체가 정당했는가의 책임은 이를 결정한 최고책임자나 심의한 국회의원들에게 물어야 한다. 규정된 교전절차를 준수하지 않고 적국의 민간인을 살해했다거나 무단으로

기물 등을 파손했을 경우 군법에 따라 처벌받아 마땅하지만, 적법한 절차에 따라 정당한 전투행위를 한 군인들의 임무수행 정신과 그들의 고귀한 희생은 국가의 이름으로 추념되어야 마땅하다. 만약 국가가 그들의 희생과 기억을 포용하지 않는다면 이는 직무유기라고 할 수 있다. 베트남전쟁과 같은 전쟁이 다시는 일어나지 말아야 하겠지만, 그 전쟁과 직·간접으로 인연을 맺은 모든 구성원들을 기념할 수 있는 기억의 공동체는 구축되어야 한다.

심화 탐구 주제

1. 전쟁은 평화를 구현하기 위한 수단이요, 과정에 불과한 것인데, 이것이 맹목적으로 강요될 때 어떤 결과를 초래하는지 역사적 사례를 찾아서 제시해 보세요.

2. '전쟁 자체의 정당성'과 '전쟁에 있어서의 정당성' 중에서 군인에게 직접 관련되는 정당성은 어느 쪽이라고 생각하며, 그 이유는 무엇인지 의견을 제시해 보세요.

3. 전쟁과정과 전쟁이 끝나고 난 뒤 추모해야 할 대상(인물, 행위 등)은 어떤 근거에 따라 선정되어야 한다고 보는지 의견을 제시해 보세요.

4. 전쟁으로 인해 손상을 입은 비인간적인 요소(문화재, 동·식물 등)를 대변할 수 있는 논리를 개발하여 제시해 보세요.

5. '라이따이한'과 '신라이따이한'의 역사문화적 차이점을 조사해 보고, 그에 대한 자신의 생각을 개진해 보세요.

참고문헌

『경향신문』
「고엽제후유의증환자지원등에관한법률」
『국민일보』
『동아일보』
『문화일보』
『박정희 대통령 연설문집 2』, 대한공론사, 1973.
『부산일보』

『서울신문』

『세계일보』

『연합뉴스』

『월간 조선』

『중앙일보』

『한겨레21』

『한겨레신문』

『KBS 1TV』(밤9시 뉴스), 2003. 9. 26

국방군사연구소, 『남베트남파병과 국가발전』, 1996.

국방부 군사편찬연구소, 『6·25전쟁사』, 2004. 7.

국방부 군사편찬연구소, 『베트남전쟁 연구 총서 1』, 2002.

국방부 전사편찬위원회, 『파월한국군전사 1(상)』, 1978.

국방부, 「남베트남지원을 위한 국군부대 증파에 관한 동의요청」, 『베트남 관련 사료철』, 국방부 군사편찬연구소, 1966

권귀숙, 「기억의 재구성 과정: 후체험 세대의 4·3」, 『한국사회학』 38(1), 한국사회학회, 2004, pp.107-130.

권귀숙, 「제주 4·3의 사회적 기억」, 『한국사회학』 35(5), 한국사회학회, 2001, pp.199-231.

김기태, 『전환기의 베트남』, 조명문화사, 2002.

김성철, 『베트남 대외경제개방 연구: 북한에 주는 함의』, 통일연구원, 2000.

김용옥, 『앙코르 와트·남베트남 가다(上)』, 통나무, 2005.

김종수, 「호찌민과 보응웬지압의 전략전술」, 국방부 군사편찬연구소, 『베트남전쟁 연구 총서』 2, 2003.

김진선, 『산 자의 전쟁, 죽은 자의 전쟁』, 중앙 M&B, 2000.

김찬규, 「전쟁법상의 새로운 개념」, 『경희법학』 19(1), 경희대학교, 1984

김한식, 『동남아 정치: 어제, 오늘 그리고 내일』, 모시는 사람들, 2004.

김현아, 『전쟁과 여성』, 여름언덕, 2004.

김현아, 『전쟁의 기억, 기억의 전쟁』, 책갈피, 2002.

대한민국주재 베트남사회주의공화국 대사관·대한민국주재 베트남사회주의공화국 명예 총영사관,『베트남: 베트남-한국 수교 10주년 기념 (1992-2002)』, 2002.

류제현,『남베트남전쟁』, 한원, 1992.

문송희,『남베트남참전 고엽제 후유증 환자에 대한 합리적 처리 방안』, 국방대학교 안보과정 졸업논문, 1999.

박효종,『국가와 권위』, 박영사, 2001

배상현 외,「이용자의 참여 동기가 가상공동체 의식 및 충성도에 미치는 영향」,『연세경영연구』38(2), 통권 제73호, 2001 가을.

베트남전 민간인 학살 진실위원회,『부끄러운 우리의 역사, 당신들에게 사과합니다!』, 2000. 8.

서경석,『전투감각』, 샘터, 1991.

서경석,『전장감각』, 샘터, 1999.

손규석,「미국의 대외 군사개입 결정요인 분석」,『군사』제52호, 국방부 군사편찬연구소, 2004.

신종호,「한국군의 남베트남참전과 한국에 미친 영향」, 육군제3사관학교 충성대연구소, 2000.

심주형,『베트남전 참전에 대한 기억의 정치』, 서울대학교 대학원 석사학위논문, 2003.

아우구스티누스, 성염 역,『신국론: 1-10; 11-18; 19-22』, 분도출판사, 2004.

오윤호,「한국 영화와 내면화된 전쟁문화」, 한국문화사학회,『역사와 문화 9』, 푸른 역사, 2004.

유인선,『새로 쓴 베트남의 역사』, 도서출판 이산, 2003.

이동원,『대통령을 기리며』, 고려원, 1992.

이미숙,「베트남 전쟁시 한국군의 철수결정과정」,『군사』제45호, 국방부 군사편찬연구소, 2002.

이용준,『베트남, 잊혀진 전쟁의 상흔을 찾아서』, 조선일보사, 2003.

이재원,「문화적 행위를 통한 반전운동」, 한국문화사학회,『역사와 문화

9』, 푸른 역사, 2004.

이훈섭, 『그때 당신은 어디에 있었는가』, 샘터, 1993.

임익문, 『임익문의 시와 시론: 함성과 존재의 이중주』, 한남대학교 대학원 석사학위논문, 2003.

임지현, 『일상적 파시즘의 코드 읽기, 우리 안의 파시즘』, 삼인, 2000.

전 후 인 로안(Tran Huu Yen Loan), 『베트남 홍강델타 지역의 '종호'제도 와 그 변화에 관한 연구』, 서울대학교 대학원 석사학위논문, 2003.

전상인, 『고개숙인 수정주의』, 전통과현대, 2001.

전우신문사, 『남베트남전과 고엽제(上)』, 1997.

정명환 외, 『프랑스 지식인들과 한국전쟁』, 민음사, 2004.

정영규, 『동남아시아 경제의 이해』, 다해, 2003a.

정영규, 『동남아시아 사회와 문화』, 율곡출판사, 2003b.

정호기, 「민주화운동 기념사업의 정치·사회적 과정과 자원 동원」, 『한국 사회학』 제38집 2호, 한국사회학회, 2004.

최동주, 「한국의 베트남 전쟁 참전 동기에 관한 재고찰」, 『한국정치학회 보』 30(2), 1996.

최문규 외, 『기억과 망각: 문학과 문화학의 교차점』, 책세상, 2003.

최승호, 「라이따이한의 노래」, 김우영, 『라이따이한』, 푸른사상, 2002, pp.132-133.

최용호, 『증언을 통해 본 베트남 전쟁과 한국군 1』, 국방부 군사편찬연구 소, 2001.

최용호, 『증언을 통해 본 베트남 전쟁과 한국군 3』, 국방부 군사편찬연구 소, 2003.

최용호, 『한 권으로 읽는 베트남전쟁과 한국군』, 국방부 군사편찬연구소, 2004.

최호림, 『베트남의 의례활성화와 국가-사회관계: 하노이의 한 프엉(坊)을 중심으로』, 서울대학교 대학원 박사학위논문, 2003.

허만선, 『베트남 그 머나 먼 전선』, 21세기군사연구소, 2000.

허의도, 「남베트남 전쟁 실종자를 찾아서」, 『월간 중앙』, 6월호, 1994.

Anderson, Benedict, 『상상의 공동체: 민족주의의 기원과 전파에 대한 성찰』(*Imagined Communities: Reflection on the Origin and Spread of Nationalism*), 나남, 2002[1983].

Avella, Joseph R., "Evaluating Criteria for Use of Military Force", *Comparative Strategy*, vol. 10, 1991.

Ballingrud, David, "It didn't happen … like that", *New York Times*, 18 June 1998.

Beresford, Melanie, *Vietnam: Politics, Economic Development in Vietnam*, London: Macmillan, 1988.

Bowen, Clay & Robert Gard, "Poison Gas Use by U.S.? Not Likely", *New York Newsday*, 22 June, 1998.

Brandt, Richard, "Utilitarianism and the Rules of War", in *War, Morality and the Military Profession*, 1st edition, ed., Malham Wakin, Boulder: Westview Press, 1979.

Burke, Peter, "History as Social Memory", in Thomas Butler ed., *Memory: History, Culture and the Mind*, New York: Basil Blackwell, 1989, pp.77-96.

Childress, James, "Just War Theories: The Bases, Interrelations, Priorities and Functions of their Criteria", in *War Morality and the Military Profession*, 2nd edition, ed., Malham Wakin, Boulder: Westview Press, 1986.

Christopher, Paul, *The Ethics of War and Peace: An Introduction to Legal and Moral Issues*, 3rd edition, N.J.: Pearson Education, Inc., 2004[1994].

Coates, Anthony J., "The New World Order and the Ethics of War", in *The Ethical Dimensions of Global Change*, ed., Barry Holden, London: Macmillan, 1997.

Cohen, Anthony P., *The Symbolic Construction of Community*, London & N.Y.: Routeledge, 1985.

Fentress, James & Chris Wichham, *Social Memory*, Oxford: Blackwell Publishers., 1992.

Fforde, Adam, *The Agrarian Question in North Vietnam: 1974-1979*, Armonk, N.Y.: An East Gate Book, 1989.

Finnis, John, "The Ethics of War and Peace in the Catholic Natural Law Tradition", in *The Ethics of War and Peace: Religious and Secular Perspective*, ed., Terry Nardin, Princeton: Princeton University Press, 1996.

Fotion, N., 「전쟁에 대한 세 가지 접근법: 평화주의, 현실주의, 정의전쟁론」, Andrew Valls 편, 박균열 외 역, 『국제정치에 윤리가 적용될 수 있는가』, 철학과현실사, 2004.

Fotion, N., "A Utilitarian Defense of Just War Theory", *Synthesis Philosophica* 23, 1997, pp.209~225.

Gamson, William, "Hiroshima, the Holocaust, and the Politics of Exclusion", *American Sociological Review*, vol. 60, 1995, pp.1-20.

Hagel III, J. & A. Armstrong, *Net Gain*, Harvard Business School Press, 1997.

Halbwachs, Maurice, *The Collective Memory*, New York: Harper and Row, Publishers, 1980.

Harbour, Frances V., 「정의전쟁의 전통과 베트남전에서의 '비치명적 화학무기'의 사용」, Andrew Valls 편, 박균열 외 역, 『국제정치에 윤리가 적용될 수 있는가』, 철학과현실사, 2004.

Harbour, Frances V., *Thinking about International Ethics: Moral Theory and American Foreign Policy*, Boulder: Westview Press, 1999.

Hare, R. M., "Can I be Blamed for Obeying Orders?" in *War, Morality and the Military Profession*, 1st edition, ed., Malham Wakin, Boulder: Westview Press, 1979.

Hirsh, Herbert, *Genocide and the Politics of Memory*, Chapel Hill: The University of North Carolina Press, 1995.

Johnson, James Turner, *Just War Tradition and the Restraint of War: A Moral and Historical Inquiry*, Princeton: Princeton University Press, 1981.

Keegan, John, 유병진 역, 『세계전쟁사』(*A History of Warfare*), 까치, 1996.

Kelman, Herbert & Lee Hamilton, *Crimes of Obedience*, New Haven and London: Yale University Press, 1989.

Kerkvliet, Benedict, "Village-State relations in Vietnam: the Effect of Everyday Politics on De-collectivization", *The Journal of Asian Studies*, vol. 54(2), 1995.

Maclear, Michael, 유경찬 역, 『베트남: 10,000일의 전쟁』, 을유문화사, 2003.

Neale, Jonathan, 정병선 역, 『미국의 베트남 전쟁: 미국은 어떻게 베트남에서 패배했는가』, 책갈피, 2004.

Ngo Vinh Long, "Reform and Rural Development: Impact on Class, Sectoral, and Regional Inequalities", William S. Turley and Mark Selden, eds., *Reinventing Vietnamese Socialism*, Boulder: Westview Press, 1993.

O'Brien, William V., *The Conduct of Just and Limited War*, N.Y.: Praeger, 1981.

Pagden, Anthony & Jeremy Lawrance, eds., *Vitoria-Political Writings*, Cambridge: Cambridge University Press, 1991[1539].

Popular Memory Group, "Popular Memory: Theory, Politics, Method", in Richard Johnson, Gregor McLennan, Bill Schwarz & David Sutton, eds., *Making Histories: Studies in History-writing and Politics*, Hutchinson: University of Birmingham, 1982, pp.205-252.

Porter, Gareth, *Vietnam: The Politics of Bureaucratic Socialism*, Ithaca: Cornell University Press, 1993.

Priest, Dana, "Pentagon Debunks Poison Gas Report: Probe Finds 'No

Hint' of Mission to Kill Defectors", *Washington Post*, 22 July 1998.

Rawls, John, "The Law of Peoples", in *On Human Rights: The Oxford Amnesty Lectures 1993*, eds., Stephen Shute and Susan Hurley, N.Y.: Basic Books, 1993.

Rheingold, H., "A Slice of Life in My Virtual Community", at http://www.communities.com/paper/settlement.html.

Sartre, Jean-Paul, "La Responsabilité de l'écrivain", Les Conférences de l'UNESCO, Fontaine, 1947.

Stoessinger, John G., 김종구 · 채한국 역, 『전쟁의 원인』, 국방부전사편찬위원회, 1988.

Suarez, Francisco, "A Work on the Three Theological Virtues Faith, Hope and Charity"(De Triplici Virtute Theologicae Fede, Speet Charitate), in *Selections from Three Works of Francisco Suarez*, vol. 2, ed., John B. Scott, Oxford: Clarendon Press, 1944[1621].

Summers, Harry G. Jr., 민평식 역, 『미국의 남베트남전 전략』(*On Strategy: The Vietnam War in Context*), 병학사, 1983[1982].

U.S. Catholic Bishops, "The Just War and Non-Violent Positions", in *War, Morality and the Military Profession*, 2nd edition, ed., Malham Wakin, Boulder: Westview Press, 1986.

Valls, Andrew, 「테러는 정당화될 수 있는가?」, Andrew Valls 편, 박균열 외 역, 『국제정치에 윤리가 적용될 수 있는가』, 철학과현실사, 2004.

van Peurson, C. A., 강영안 역, 『급변하는 흐름 속의 문화』(*Cultuur in Stroomversnelling*), 서광사, 1994.

Francisco de Vitoria, "Relection on the Law of War[Relectio de Iure Belli]", in *Vitoria-Political Writings*, eds., Anthony Pagden and Jeremy Lawrance, Cambridge: Cambridge University Press, 1991[1539],

Walzer, Michael, *Just and Unjust Wars: A Moral Argument with Historical Illustrations*, 2nd edition, N.Y.: Basic Books, 1992[1979].

White, Christine Pelzer, "Agricultural Planning, Pricing Policy and Cooperative in Vietnam", *World Development*, vol. 13(1), 1985.

Zimmermann, Ekkart, "On the Outcomes of Revolutions: Some Preliminary Considerations", *Sociological Theory*, vol. 8(1), Spring 1990.

Chinh sach ngoai giao cua Viet Nam(베트남 외교정책),
Bo Ngoai giao(외교부), 1992-1996.

Van kien Dai Hoi VIII Dang cong san Viet Nam(베트남공산당 제8기 대회문서), NXB su that Ha Noi(하노이사실출판사), 1996.

http://bbs.yonhapnews.co.kr

http://narasarang.mpva.go.kr

http://www.cilhi.army.mil

http://www.kinds.or.kr

http://www.mnd.go.kr;8088/html/memorial_html/memorial.html

http://www.Mpi.Gov.vn

http://www.vietvet.co.kr

http://www.vietvet.co.kr/photo3/youhae01.jpg

http://kosvet.price.co.kr

http://narasarang.mpva.go.kr

http://www.hani.co.kr

http://www.pvaa.go.kr

찾아보기

박 균 열(朴均烈) _ 국방대학교 국가안전보장문제연구소 전문연구원

경상대학교 국민윤리교육과를 졸업하고 서울대학교 대학원 국민윤리교육과에
서 '공동체 의식 및 국가안보(통일)'를 주제로 석사 · 박사 학위를 취득하였다.
ROTC 정훈장교로 임관, 복무 중 서부 사하라에서 UN 평화유지활동(PKO :
Peace Keeping Operation)을 하였고, 국방부 대변인실에서 내외신 공보장교
직을 수행하였으며, 육군제3사관학교 국제관계학과에서 순환직 교수로 복무
하였다. 전역 후 서울대학교와 청주교육대학교 시간강사, 북한연구소 비상근
연구위원을 역임하였으며, 국가안보와 가치교육의 연계성에 관심을 갖고 연
구하고 있다. 주요 저서 및 역서로『국가안보와 가치교육』(2004),『한미관계
의 새 지평』(공역, 2003),『주역과 전쟁윤리』(공역, 2004),『국제정치에 윤리
가 적용될 수 있는가』(공역, 2004) 등이 있다.

국가윤리 교육론
·
2005년 5월 25일 1판 1쇄 인쇄
2005년 5월 30일 1판 1쇄 발행

지은이 / 박 균 열
발행인 / 전 춘 호
발행처 / 철학과현실사
서울시 서초구 양재동 338-10
전화 579-5908 · 5909
등록 / 1987.12.15.제1-583호

ISBN 89-7775-532-8 03190
값 20,000원